国家社会科学基金后期资助重点项目"中国特色国民经济学思想史"（20FJLA001）
辽宁省教育厅创新团队项目"国民经济学"（LZK201904）阶段研究成果

国家"双一流"建设学科
辽宁大学应用经济学系列丛书

学术系列

总主编◎林木西

中国国民经济和
社会发展五年规划演进

Evolution of China's Five-Year Plan for National Economic
and Social Development

赵德起　等著

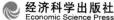

中国财经出版传媒集团
经济科学出版社
Economic Science Press

图书在版编目（CIP）数据

中国国民经济和社会发展五年规划演进/赵德起等
著. —北京：经济科学出版社，2021.9
（辽宁大学应用经济学系列丛书. 学术系列）
ISBN 978 – 7 – 5218 – 2921 – 1

Ⅰ. ①中… Ⅱ. ①赵… Ⅲ. ①国民经济计划 – 五年计
划 – 研究 – 中国②社会发展 – 五年计划 – 研究 – 中国
Ⅳ. ①F123.3

中国版本图书馆 CIP 数据核字（2021）第 199799 号

责任编辑：陈赫男
责任校对：李 建
责任印制：范 艳

中国国民经济和社会发展五年规划演进

赵德起 等著

经济科学出版社出版、发行 新华书店经销
社址：北京市海淀区阜成路甲 28 号 邮编：100142
总编部电话：010 – 88191217 发行部电话：010 – 88191522
网址：www. esp. com. cn
电子邮箱：esp@ esp. com. cn
天猫网店：经济科学出版社旗舰店
网址：http://jjkxcbs. tmall. com
北京季蜂印刷有限公司印装
710×1000 16 开 28.5 印张 410000 字
2021 年 12 月第 1 版 2021 年 12 月第 1 次印刷
ISBN 978 – 7 – 5218 – 2921 – 1 定价：110.00 元
（图书出现印装问题，本社负责调换. 电话：010 – 88191510）
（版权所有 侵权必究 打击盗版 举报热线：010 – 88191661
QQ：2242791300 营销中心电话：010 – 88191537
电子邮箱：dbts@ esp. com. cn）

总　序

　　本丛书为国家"双一流"建设学科"辽宁大学应用经济学"系列丛书，也是我主编的第三套系列丛书。前两套系列丛书出版后，总体看效果还可以：第一套是《国民经济学系列丛书》（2005 年至今已出版13 部），2011 年被列入"十二五"国家重点出版物出版规划项目；第二套是《东北老工业基地全面振兴系列丛书》（共 10 部），在列入"十二五"国家重点出版物出版规划项目的同时，还被确定为 2011 年"十二五"规划 400 种精品项目之一（社科与人文科学 155 种），围绕这两套系列丛书取得了一系列成果，获得了一些奖项。

　　主编系列丛书从某种意义上说是"打造概念"。比如说第一套系列丛书也是全国第一套国民经济学系列丛书，主要为辽宁大学国民经济学国家重点学科"树立形象"；第二套则是在辽宁大学连续主持国家社会科学基金"八五"至"十一五"重大（点）项目，围绕东北（辽宁）老工业基地调整改造和全面振兴进行系统研究和滚动研究的基础上持续进行探索的结果，为促进我校区域经济学学科建设、服务地方经济社会发展做出贡献。在这一过程中，既出成果也带队伍、建平台、组团队，使得我校应用经济学学科建设不断跃上新台阶。

　　主编这套系列丛书旨在使辽宁大学应用经济学学科建设有一个更大的发展。辽宁大学应用经济学学科的历史说长不长，说短不短。早在1958 年建校伊始，便设立了经济系、财政系、计统系等 9 个系，其中经济系由原东北财经学院的工业经济、农业经济、贸易经济三系合成，财政系和计统系即原东北财经学院的财信系、计统系。1959 年院系调整，将经济系留在沈阳的辽宁大学，将财政系、计统系迁到大连组建辽宁财经学院（即现东北财经大学前身），将工业经济、农业经济、贸易经济三个专业的学生培养到毕业为止。由此形成了辽宁大学重点发展理论经济学（主要是政治经济学）、辽宁财经学院重点发展应用经济学的大体格局。实际上，后来辽宁大学也发展了应用经济学，东北财经大学也发展了理论经济学，发展得都不错。1978 年，辽宁大学恢复招收工业经济本科生，1980 年受人民银行总行委托、经教育部批准开始招收国际金融本科生，1984 年辽宁大学在全国第一批成立了经济管理学院，增设计划统计、会计、保险、投资经济、国际贸易等本科专业。到 20 世纪 90 年代中期，辽宁大学已有西方经济学、世界经济、国民经济计划与管理、国际金融、工业经济 5 个二级学科博士点，当时在全国同类院校似不多见。1998 年，建立国家重点教学基地"辽宁大学国家经济学基础人才培养基地"。2000 年，获批建设第二批教育部人文社会科学重点研究基地"辽宁大学比较经济体制研究中心"（2010 年经教育部社会科学司批准更名为"转型国家经济政治研究中心"）；同年，在理论经济学一级学科博士点评审中名列全国第一。2003 年，在应用经济学一级学科博士点评审中并列全国第一。2010 年，新增金融、应用统计、税务、国际商务、保险等全国首批应用经济学类专业学位硕士点；2011 年，获全国第一批统计学一级学科博士点，从而实现经济学、统计学一级学科博士点"大满贯"。

在二级学科重点学科建设方面，1984 年，外国经济思想史（即后来的西方经济学）和政治经济学被评为省级重点学科；1995 年，西方经济学被评为省级重点学科，国民经济管理被确定为省级重点扶持学科；1997 年，西方经济学、国际经济学、国民经济管理被评为省级重点学科和重点扶持学科；2002 年和 2007 年国民经济学、世界经济连续两届被评为国家重点学科；2007 年，金融学被评为国家重点学科。

在应用经济学一级学科重点学科建设方面，2017 年 9 月被教育部、财政部、国家发展和改革委员会确定为国家"双一流"建设学科，成为东北地区唯一一个经济学科国家"双一流"建设学科。这是我校继

1997 年成为"211"工程重点建设高校 20 年之后学科建设的又一次重大跨越，也是辽宁大学经济学科三代人共同努力的结果。此前，2008 年被评为第一批一级学科省级重点学科，2009 年被确定为辽宁省"提升高等学校核心竞争力特色学科建设工程"高水平重点学科，2014 年被确定为辽宁省一流特色学科第一层次学科，2016 年被辽宁省人民政府确定为省一流学科。

在"211"工程建设方面，在"九五"立项的重点学科建设项目是"国民经济学与城市发展"和"世界经济与金融"，"十五"立项的重点学科建设项目是"辽宁城市经济"，"211"工程三期立项的重点学科建设项目是"东北老工业基地全面振兴"和"金融可持续协调发展理论与政策"，基本上是围绕国家重点学科和省级重点学科而展开的。

经过多年的积淀与发展，辽宁大学应用经济学、理论经济学、统计学"三箭齐发"，国民经济学、世界经济、金融学国家重点学科"率先突破"，由"万人计划"领军人才、长江学者特聘教授领衔，中青年学术骨干梯次跟进，形成了一大批高水平的学术成果，培养出一批又一批优秀人才，多次获得国家级教学和科研奖励，在服务东北老工业基地全面振兴等方面做出了积极贡献。

编写这套《辽宁大学应用经济学系列丛书》主要有三个目的：

一是促进应用经济学一流学科全面发展。以往辽宁大学应用经济学主要依托国民经济学和金融学国家重点学科和省级重点学科进行建设，取得了重要进展。这个"特色发展"的总体思路无疑是正确的。进入"十三五"时期，根据"双一流"建设需要，本学科确定了"区域经济学、产业经济学与东北振兴""世界经济、国际贸易学与东北亚合作""国民经济学与地方政府创新""金融学、财政学与区域发展""政治经济学与理论创新"五个学科方向。其目标是到 2020 年，努力将本学科建设成为立足于东北经济社会发展、为东北振兴和东北亚区域合作做出应有贡献的一流学科。因此，本套丛书旨在为实现这一目标提供更大的平台支持。

二是加快培养中青年骨干教师苗壮成长。目前，本学科已形成包括长江学者特聘教授、国家高层次人才特殊支持计划领军人才、全国先进工作者、"万人计划"教学名师、"万人计划"哲学社会科学领军人才、国务院学位委员会学科评议组成员、全国专业学位研究生教育指导委员会委员、文化名家暨"四个一批"人才、国家"百千万"人才工程入选者、国家级教学名师、全国模范教师、教育部新世纪优秀人才、教育部高等学校教学指导委员会主任委员和委员、国家社会科学基金重大项目首席专家等在内的学科团队。本丛书设学术、青年学者、教材、智库四个子系列，重点出版中青年教师的学术著作，带动他们尽快脱颖而出，力争早日担纲学科建设。

三是在新时代东北全面振兴、全方位振兴中做出更大贡献。面对新形势、新任务、新考验，我们力争提供更多具有原创性的科研成果、具有较大影响的教学改革成果、具有更高决策咨询价值的智库成果。丛书的部分成果为中国智库索引来源智库"辽宁大学东北振兴研究中心"和"辽宁省东北地区面向东北亚区域开放协同创新中心"及省级重点新型智库研究成果，部分成果为国家社会科学基金项目、国家自然科学基金项目、教育部人文社会科学研究项目和其他省部级重点科研项目阶段研究成果，部分成果为财政部"十三五"规划教材，这些为东北振兴提供了有力的理论支撑和智力支持。

这套系列丛书的出版，得到了辽宁大学党委书记周浩波、校长潘一山和中国财经出版传媒集团副总经理吕萍的大力支持。在丛书出版之际，谨向所有关心支持辽宁大学应用经济学建设与发展的各界朋友、向辛勤付出的学科团队成员表示衷心感谢！

林木西

2019 年 10 月

序　言

　　回顾中国的经济社会发展历程，中华人民共和国国民经济和社会发展五年计划纲要，即五年计划（"十一五"及以后称为五年规划）始终伴随左右。从"一五"计划到现在的"十四五"规划，五年规划对中国的经济社会发展起到了至关重要的作用，其演变过程很好地呈现了中国经济社会发展的基本逻辑与主要特征。中国的经济社会发展也使五年规划的内容不断丰富，逻辑更加严谨，规划更加精准，效能更加明显。随着中国经济社会的不断发展，具有鲜明中国特色的五年规划已经逐渐成为世界经济社会发展中又一张鲜亮的"中国名片"。

　　当今世界正处于数字智能时代带来的大发展大机遇时期，中国也正处于需求旺盛、供给多元的发展时期，也就是说中国既需要实现经济快速发展，同时又需要抓住重大历史机遇完成经济结构调整、发展方式转变。因此，中国可谓面临着前所未有的机遇，同时也面临着巨大的挑战。但机不可失，刻不容缓，中国需要结合实际，为这一场大变革进行战略布局，彰显中国力量，体现中国特色，实现质的飞跃。"一带一路"建设、区域协调发展、建设现代化经济体系、构建更高水平对外开放格局、乡村振兴等都是中国为了深度践行创新、协调、绿色、开放、共享的五大发展理念，推进经济社会高质量发展，不断增强人民福祉的重大战略选择。而这些重大战略的实施均需要与时俱进的、更科学的、更高效的五年规划支撑与推进，从而走好中国特色的社会主义经济社会发展之路。

　　政府与市场的关系始终是经济社会发展中的基本关系，有效率的市场与有为的政府紧密配合会更好地推动经济的发展。建设具有鲜明中国特色的市场经济体系必须要处理好政府与市场的关系，既要充分尊重市场对资源配置起决定性作用的基本规律，同时也要充分发挥政府的有效干预能力。中国的经济发展，尤其是改革开放以来的经济快速发展，为如何在市场主导下发挥政府的积极作用提供了丰富的经验，并且逐渐形成了鲜明的市场与政府高效协同促进经济发展的思想与理论。中国的五年规划是有为政府发挥其服务有效市场作用的重要载体，是具有鲜明中国特色的经济社会发展的实践，其蕴含的中国特色经济与社会发展思想与理论更能彰显中国国家治理的道路自信与理论自信。

深入了解中国"一五"至"十四五"不同时期五年规划的制定背景、具体内容、重点领域、基本特征，梳理"一五"至"十四五"十四个五年规划的基本脉络、核心逻辑、时代特色，对于总结中国经验、提炼中国特色具有重要的指导意义，对于构建中国国民经济与社会发展的话语体系也具有重要的借鉴意义。基于此，本书从九个方面对中国的"一五"至"十四五"规划的演进进行梳理，分别是经济发展规划、市场经济规划、产权改革规划、需求管理规划、供给管理规划、产业政策规划、区域发展规划、城乡融合发展规划与宏观调控规划。每一章分别从四个层面进行梳理，一是相关概念的内涵与外延，二是"一五"至"十四五"规划的具体内容，三是规划的基本规律，四是规划的展望。这九个方面四个层次的梳理比较全面地对我国十四个五年规划的内容加以明晰，归纳出规划的基本规律，提出未来规划的相关建议。

在对"一五"至"十四五"规划进行梳理研究的过程中，本书得到一些基本的结论。一是中国的五年规划充分体现着历史唯物、辩证唯物的逻辑。各个五年规划与经济社会发展不同阶段的发展特征高度相关，时代特色鲜明，充分体现着不同时期的经济社会发展的主要矛盾与核心问题。五年规划内容、重点的演变也充分体现出了五年规划编制中发展的思维。"一五"至"十四五"五年规划的科学性不断提升。二是五年规划的演进过程显示出中国对政府与市场关系认识的不断深入。从"计划"到"规划"，名称的变化本身就是对政府与市场关系认识的一个变化，从计划主导的内容设置到规划主导的内容设置显示了市场决定资源配置思想在规划中的逐步建立。五年规划内容中宏观调控内容、市场经济体制内容、市场经济内容比重不断增加，充分体现了市场主导资源配置、政府适时干预的基本关系。三是五年规划的内容不断丰富，逐渐全面，重点突出，主线鲜明。"一五"至"十四五"除了篇幅上的增加外，更主要的是规划内容逐渐涉及经济社会发展的各个方面，且不同的规划都有着重点内容。十四个五年规划的内容包括所有制、产业、市场、企业、收入分配、对外贸易、区域发展等各个层次、多个方面，具体而翔实，规划内容越来越明晰，且所有规划始终围绕着经济社会不断发展、不断满足人民需求这一主线进行，具有鲜明的中国特色。四是五年规划与中国实践的有力结合不断产出丰富的思想与理论。五年规划始终贯穿于中国经济社会发展的实践之中，具有鲜明的中国特色，对经济发展的推动作用十分明显，规律也不断地被总结归纳。近年来，中国五年规划中蕴含的思想与理论不断地被归纳出来，国民经济与社会发展的思想与理论体系也初见雏形。随着研究的深入，思想与理论体系也必然不断完善与发展。

在本书的写作过程中，许多同学参与了资料的收集与相关章节的撰写与修订。具体包括解冰洁（第一章）、李飒（第二章）、刘书昊（第三章）、王艾佳（第四章）、朱凯璐（第五章）、方照（第六章）、张家星（第七章）、唐旺（第八章）、魏琳（第九章），赵德起完成了全书的整理、修改与校定。

本书在写作过程中，借鉴诸多学者的研究成果，在此深表谢意！同时，特别感谢经济科学出版社对本书出版的大力协助！

本书的不当之处，请各位方家批评指正。

赵德起

2021 年 3 月 14 日

目　　录

第一章

"一五"至"十四五"时期
经济发展规划

第一节 经济发展的内涵和外延

一、经济发展及其评价指标

中华人民共和国成立以来，我国经济经历了 70 多年的发展历程，对于经济发展这个概念，学术界有较为统一的观点：经济发展是在经济增长的基础上，一个国家或者地区的经济结构和社会结构不断高级化发展的过程。由此可知，经济发展不仅包括经济"量"的积累而且包括经济"质"的变化。

多年以来，学术界一直在从不同的维度、不同的视角构建经济发展测度指标，试图从定量的角度间接地刻画经济发展质量、衡量经济发展水平。在社会主义建设的初期，我国在苏联的帮助下大力开展社会主义工业建设，同时积极进行农业生产以支持工业发展。因此，在那个时期是根据工农业总产值及其构成来判断国家经济实力的增长和工业化程度的。工农业总产值具有一定的综合性，能反映出工农业生产力发展水平，也有利于研究工农业生产各部门之间的物质技术联系。随着社会的不断发展，除了工业与农业，其他部门的产业也逐步壮大，例如建筑业、交通运输业和商业等。因此，对经济发展水平的评价也相应地发生了变化。

王积业（1983）提出工农业生产总值不能反映社会总体产出水平，应该加入统计口径更大的综合性指标——国民收入。他认为国民收入是社会纯产品，其实物形态是可用于扩大再生产的生产资料和改善人民生活的生活资料，能更直接地体现社会主义生产目的，而且国民收入作为综合指标较工农业生产总值更能体现经济发展的速度和效益，可以使速度、比例、效益更好地统一起来。此外，在经济计划工作中，更多的要借助于积累和消费同国民收入的计划平衡。因此，国民经济作为综合性经济指标是把握国民经济综合平衡的关键环节。在党的十一届三中全会之后，我国实施改革开放的重大战略，把工作的重心转移到经济建设上来。我国的产业划分越来越清晰，部门品类越来越多样。延谈（1987）认为服务、科技、教育、卫生等非物质生产劳动属于第三产业的理论事实上已被我们承认，那么用工农业总产值或国民收入作为综合指标衡量国民经济的发展就不够全面了。国民生产总值克服了总产值的重复计算，它能实实在在反映一定时期内国民生产新增加产品的价值；同时，它比国民收入能更好地体现全社会所有产业创造的总价值。工农业生产总值、国民收入以及国民生产总值都是较为简单地反映我国经济增长的情况，并不能真正反映我国的经济结构和发展效益。随着我国经济体制不断改革，人口增长，城镇化加快，经济体量不断扩大，我国的经济生活越来越丰富，经济结构越来越复杂。这需要我们不断设计新的经济指标，更全面、更真实地反映经济发展水平。

华源、张圆（1991）表示要在深刻把握经济发展含义的基础上按照科学性、实用性以及可比性的原则设计经济发展的度量指标体系。用国民生产总值笼统地代表经济增长水平；把经济结构细分为投入结构、产出结构、收入分配结构和人口结构这四大类，采用工农业机械化程度、三大产业分别占国民生产总值的比重、基尼系数、城镇化率等指标分别表示；在经济质量方面，分别从经济效益、经济稳定程度、健康卫生状况以及生态环境四个维度出发，用劳动生产率、通货膨胀率、婴儿死亡率、环境质量指数等一系列指标进行评价。李凤梧、池金明（1991）认为，各国政府长期将经济增长作为重要的目标，从而出现了一系列的社会问题。因此，我们需要重新反思经济发展的意义，在构造经济发展子系统的时候就要考虑到以下三点：积累过程及结构指标，资源配置过程及结构指标，社会、人口与分配过程指标。用投资、储蓄、资本流入三者各自占国内生产总值的比重来反映物质资本积累过程，即国内总储蓄占国内生产总值的比重、国内总投资占国内生产总值的比重、资本流入占国内生产总值的比重。资源配置过程中的结构转化可以通过国内生产结构和外贸结构两方面来反映。社会、人口及分配过程指标包括劳动力在各个产业中的比重，自然出生率、死亡率，城镇居民收入，农民收入等。这样可以对经济发展的动态过程以及结果有一个很好的认识和评价，需要用历史的、发展的眼光看待经济发展。我国长期处于工业化阶段，经济的高速发展走的是一条高投入、高消耗、低产出、低质量的粗放型发展道路，是以环境的日益恶化和资源的快速耗竭为代价的。我国要坚持走可持续发展的道路，在看重经济增长的同时，也强调资源的有效利用以及环境保护问题。赵玉川、胡富梅（1997）指出，设立可持续发展的评价指标就要既不能照搬照抄已有的经济、社会、人口、资源和环境等各项统计的指标，又不可能完全抛弃，另行搜集统计数据。因此，必须在充分利用已有统计数据的基础上，根据具体情况进行发展和创新。例如，可以将它们分为长期指标和近期指标、生存指标和发展指标、流量指标和存量指标等。

　　党的十九大以来，我国社会的主要矛盾已经转化为人民日益增长的美好生活需要和不平衡不充分的发展之间的矛盾。人们对于居住条件、环境卫生、生活设施等有了更高层次的要求，环境治理势在必行。习近平总书记就多次公开强调"绿水青山就是金山银山"，经济发展必须向着更高质量迈进。任保平、李禹墨（2018）认为高质量发展就是在经济增长的基础上，一个国家或地区经济结构和社会结构持续高级化的创新过程或变化过程。伴随着高质量发展，我国经济将从依靠投资拉动升级变为依靠投资和消费的共同拉动，速度和效益也将完成有效的结合，资源利用率将大大提升，生态环境也会得到更好的保护。需要从理论上清楚地研究高质量发展判断体系的构建。抛弃单一的评价指标，要增加反映产业、行业、地区等各方面的结构协调性方面的指标、质量效益指标和新动能发展指标，多用质量效益指标去考核各类主体，并提升就业、收入、消费、生态环境等指标的重要性。

从经济发展阶段来看，中国的经济发展历程大体可以分为两个时期——改革开放前和改革开放后。改革开放前，我国物资匮乏，工农业都相当落后。我国以苏联为学习对象开始社会主义建设的探索，提出了要走工业化的道路。在那个时期，提高劳动生产率、增加工农业总产值、满足人民对物质文化的需要是经济发展的首要任务。1978 年党的十一届三中全会，我国实行改革开放战略，提出了以经济建设为中心，不断解放和发展生产力的发展策略。此后，我国开始加快经济体制的建设，扩大内需，增加基础建设投资，加大国际贸易，不断释放经济发展活力。2010 年，我国超过日本成为世界第二大经济体，近年来我国开始逐步探索高质量发展之路。

总的来看，学者们对经济发展问题的认识是不断深入的，对于衡量经济发展指标的认识也是由单一向复杂变化，由以经济增长为指标逐渐发展到包含各个领域各个层次的指标体系，指标涉及国民经济发展的生产、流通与消费等各个环节，由注重速度到注重结构，由注重"量"，到"量"与"质"并重，各类评价指标不断完善，指标设计越来越科学。

二、经济发展的动力

（一）消费

消费作为拉动经济增长的重要一环，一直以来都是经济学家研究的热点。目前学界关于消费对经济增长的影响和作用主要集中在两个方面：一方面是关注消费数量对经济增长的直接拉动作用；另一方面聚焦消费规模的变化对经济增长的影响，消费规模的变化通常会通过影响需求结构变化间接影响经济的持续发展。当前我国消费增长的速度持续放缓，消费对经济增长的拉动作用逐渐不显著。沈利生（2009）的研究表明，消费的增长率远低于投资和出口，应当采取扩大消费拉动第三产业的快速发展才能进一步提高经济增长速率。王小鲁等（2009）也认为启动消费是推动经济发展更关键的因素，以内需的上升代替对外需求的下降才是扭转消费增长率不断下滑的正确方向。消费低迷的原因无非是需求不旺盛和供给不到位。

从需求方面来看，吕月英（2013）认为影响消费需求不足的原因有居民的收入、消费品价格（通货膨胀）以及消费者预期和消费心理、人口结构等。收入是消费的前提，随着收入分配方式多元化，收入差距逐渐加大，使消费出现分级。但是龚志民、陈笑（2019）认为收入差距拉大仅仅是我国收入分配格局不合理的表现之一，而劳资报酬扭曲、劳动者之间收入分布不均直接影响了居民可支付的购买力数量和购买力布局，影响了有效的消费需求。罗楚亮、颜迪（2020）也发现收入的不均扩大了消费的不平等，但低收入人群消费水平不断提高，消费逐渐向发展和享受型消费转变。不仅当前收入会影响当前消费，消费者对未来的心理预期更会影响当前消费。吴孝政、刘佳刚（2000）的研究表明，近年来消费者由于对未来收入不稳定增长、支出膨胀、价格下跌等悲观的预期是制约消费需求难以启动的重要因素。王勇（2017）认为食品价格上涨虽然有利于城乡消费结构升级，但是在一定程度上也会降低居民的福利，挤出其他消费需求，甚至降低总消费需求。吴崇宇、华斌、王裕雄（2015）的实证分析证明，随着我国老龄化趋势加重，抚养比不断提高会越来越影响消费需求。朱艳春、柳思维（2019）认为消费品质量安全问题会严重影响消费需求，消费者会对国内出现质量问题的产品进行同类进口产品转移，造成进口产品对国产产品的结构性替代，进而使总消费需求被挤出。造成消费低迷的需求因素很多，但是从制度层面思考对消费影响的研究还不是很多。

从供给方面来看，影响消费的主要问题就是高端供给不足，低端供给过剩。周密、刘秉镰（2017）的研究就表明我国普通商品市场出现饱和需求式过剩现象，市场需要适应新的消费结构，探索发现新需求，从供给端解决"供给什么"的问题。孙早、许薛璐（2018）认为消费结构引致技术变革的这种需求推动供给发展的逻辑不能完全说明中国目前的发展现状，供给侧技术水平的提高或者要素配置效率的改善都将对消费需求和经济可持续发展产生重大影响，形成供需闭环才能推动经济良性发展。

消费与投资的比例代表需求结构，需求结构的变化会影响经济增长。改革开放后很长的一段时期，我国经济主要依靠投资驱动，资本的回报率很高。李建伟（2003）的研究也表明消费和投资比例的变化在改革开放后促进了经济快速增长。刘瑞翔、安同良（2011）认为，虽然经济增长主要来源于最终需求，但是动力结构会不断发生变化，农业和第三产业的增长主要依赖于消费需求。荆林波、王雪峰（2011），欧阳峣、傅元海、王松（2016）等认为实际经济运行条件和环境必然要求与之相适应的理论消费率（或最优消费率）及其合意区间，而中国居民消费规模对经济增长的长期效应随居民消费率的变化而变化。消费也可以通过人民生活质量来反映经济发展状况，消费升级也意味着人民生活水平的提高。依绍华（2020）认为要促进消费升级，需要着重从供给端入手，努力提升品牌的价值和内涵，不断促进供给的多样化等。刘允岩（2020）则认为高质量发展需要提升新消费，而促进新消费的发展需要以制度创新和政策优化为先。

由此可知，学术界从影响消费增长的因素、消费对经济增长的作用以及如何提升消费质量等方面都进行了研究。近年来消费疲软，对经济增长的贡献作用逐渐衰退，这源于需求和供给两方面的变化。经济社会的不断发展、生产要素的不断增多致使分配方式也呈现多元化，出现了收入分配不均、收入差距拉大的现象，消费者的消费需求开始分化，再加上人口结构、物价水平等的影响，消费者面临的不确定性增加，降低了消费需求。供给端的问题也频频出现，普通商品市场饱和需求过剩等，这些都抑制了人们的消费。不同时代、不同地区甚至不同收入、不同喜好的人群对于消费的偏好是不一样的，学者们可以从消费结构影响经济发展的逻辑、性质以及优化经济结构的方式等方面进行更多的研究。

（二）投资

投资作为推动经济发展的主要动力之一，一直以来是经济学研究的热点问题。从投资对象来讲，投资主要在房地产、基础建设和制造业等领域；从投资主体来讲，主要是企业或政府委派企业进行投资活动；从投资属性来讲，投资主要分为固定资产投资和存货。存货具有逆周期特性，而固定资产投资是顺周期特性，因此，投资对经济增长的作用主要是通过固定资产投资产生的。

武剑（1999）认为资本形成的规模和质量取决于储蓄、投资和融资机制，改革开放以来，投资对总产出的推动作用超过其他要素总和，成为推动我国经济持续增长的重要因素，高储蓄、高投资的发展模式推动了经济的高增长。索洛模型很好地说明高投资可以加快资本积累，通过资本深化进而促进经济增长。内生增长理论认为新投资产生新知识，并外溢到整个经济，企业的技术得以提高，单个企业的资本积累可以导致总生产函数对全社会资本存量具有不变的规模报酬，从而产生内生增长。王小鲁（2001）认为由于我国投融资体制改革不断深化，加快了改革开放以来我国投资效率的提高。高投资，特别是设备投资还通过提高全要素生产率促进经济增长，产生增长效应。中国的投资率远超发达国家以及投资扩张时期的新兴市场国家，但是投资回报率是比较高的，白重恩（2014）等因此认为中国投资率高是合理的。但是最优的投资率需要综合考虑投资的边际收益和边际成本，李稻葵、徐欣、江红平（2012）认为投资回报率高并不能证明投资率高是合理的，适当降低国民投资率，同时改善投资效率依然可以保持正常的经济增长率。

20世纪90年代，中国经济增长速度有所减缓，但是没有出现产出显著下降和经济衰退的迹象，因此张军（2002）认为投资配置效率的改进在以"增量改革"为特征的经济转轨初期可能推动经济的增长，但是它最终会导致资本深化过程，从而降低产出增长率。高投资驱动的经济增长模式很难持续下去，根据边际经济理论，投资的边际回报率必然会经历下降趋势，影响投资效率。秦朵、宋海岩（2003）认为投资效率低可能来自两个方面，资本在生产过程中被利用的程度低或者资本没有配置在能够产生最高回报的地方。有研究表明产权约束和政府政绩观通常会引起过度投资和投资低效，那么产生的最直接后果就是潜在巨大的金融风险和资产价格泡沫。赵昌文（2015）、袁志刚和张冰莹（2020）等认为中国进入工业化后期以来，服务业和技术密集型制造业迅速发展，投资从制造业转向房地产和基础设施建设方面，同时资本的边际效率不断下降，经济发展动力逐渐由投资驱动转化为创新驱动。潘雅茹、罗良文（2020）认为通过增加基础设施投资刺激国内需求，可以有效缓解经济下行带来的增长压力，但是需要政府科学合理地安排基础设施投资，才能不断促进经济包容性增长。2008年金融危机以来，房地产投资迅速增长也带动了房价的大幅上涨，而赵伟、栾玉荣（2020）认为，虽然房地产投资对中国经济的增长做出了巨大的贡献，但是这种增长模式不利于经济的健康发展。控制资本的流向、提高投资效率才会促进经济健康运行。

投资低效的显著特征就是投资回报率低，影响投资回报率的因素也是多种多样的。舒元（2010）等发现工业资本收益率高的行业多是资源垄断性行业或者国有经济比例高的行业。邵挺（2010）指出企业的所有制差异同资本回报率高低之间存在显著的相关性，国有企业的资本收益率要远远低于其他所有制类型的企业，私营企业的资本收益率最高。胡凯、吴清（2012）发现政府干预可以显著降低资本回报率，产权保护对资本回报率的影响并不显著。黄先海（2011）的研究指出资本深化在短期内可以提高资本回报率，长期中则会降低资本回报率；但从长期来看，技术进步对资本回报率有促进作用。

综上所述，学界对投资的研究一直都是紧跟经济发展步伐的，研究的领域非常广，聚焦的问题非常多。主要包括投资对经济增长的影响路径、投资效率与经济增长的关系以及影响投资回报率的因素等。索洛模型、内生增长理论等成为阐述投资与经济增长关系的底层逻辑。目前国内的文献较多集中在研究微观层面,也就是企业投资的相关问题,以一个经济体为研究对象的宏观研究相对较少。当前我国正处于新旧动能转换时期,更需要从宏观层面关注投资的作用以及如何提高投资的效率。

(三) 进出口贸易

对外贸易是一个经济体参与经济全球化的重要活动,对一个经济体的经济发展至关重要。从早期亚当·斯密(Adam Smith)的绝对优势理论,到大卫·李嘉图(David Ricardo)的相对优势理论,到赫克歇尔—俄林的要素禀赋理论,再到贸易直接利益学说、产业内贸易学说等有关对外贸易的理论,对外贸易一直是学术界研究的重点问题。从一国经济发展的需求端来看,出口、消费和投资并列为拉动经济增长的三大动力,具有非常重要的作用。林毅夫(2003)、彭斯达(2008)等的研究也表明,出口贸易与经济增长呈正相关关系,出口的增长能够直接推动经济增长。

一般来说,新兴经济体的发展都采取以加工贸易为主的出口导向型模式,像韩国、新加坡、中国以及现在的东南亚地区都是依靠出口增长不断发展起来的。付朝阳(2005)采用贝拉·巴拉萨(Bela Balassa)的显性比较优势指数和显性竞争优势指数得出中国出口商品中劳动密集型产品保持着很高的比较优势,这和中国劳动力相对丰裕、资本相对稀缺直接相关。基于人口红利和优厚的对外开放政策,东南沿海地区是我国改革开放以来最早依靠出口劳动密集型产业发展起来的地区。巫强、刘志彪(2009)认为该地区取得的出口增长奇迹,是通过从国外大量进口先进的机器设备来实现的,将其称为"进口引致型出口"模式。进口合适的机器设备能提高消费品厂商短期出口规模与利润,并导致该行业的整体出口扩张,即具备所谓的后发优势。周宇(2019)认为在一般情况下,推动出口增长的动力是后发优势和低劳动力成本优势,中国之所以能够实现更快和更持久的出口增长是因为中国特有的两个优势，即规模优势和制度优势强化并延长了后发优势和低劳动力成本优势的利用。

影响出口增长的因素有很多，国外直接投资（FDI）、工资水平、互联网的发展等在学界引起热烈讨论。王子军、冯蕾（2004）认为 FDI 对提高我国的出口竞争力有决定性作用。国外直接投资进入东道国，在东道国设立生产企业，会为东道国带来资本，增加东道国的资本积累，进而影响到出口商品结构。龚艳萍、周维（2005）通过实证分析得出一国出口量会随着 FDI 的增长而增长。总的来说，FDI 对东道国出口贸易的促进作用包括两个方面：一个是直接效应，通过外商投资企业自身的出口来带动东道国的出口；另一个是间接效应，FDI 通过对当地企业的影响促进其出口。关于工资水平提高对一国出口的影响，学界有不同的观点。蔡昉（2010）、孙楚仁（2013）认为工资提高会使劳动力成本上升，从而降低企业产品在国际市场的竞争力，降低企业的出口份额。铁瑛、张明志（2015）认为工资上升对中国的出口贸易总体上带来了不利的影响，对劳动密集型行业的出口贸易会产生显著的抑制作用，而对资本密集型产业的出口贸易却形成促进作用。程承坪等（2012）的实证研究发现，工资增长会正向影响中国制造业的国际竞争力，即当前适当提高劳动力工资有利于而不是降低中国制造业的国际竞争力，这种影响在短期内很显著。王燕武等（2011）通过计算、比较中国与主要出口竞争国的单位劳动力成本，发现中国制造业仍然具有较大的国际竞争优势，原因是多年来制造业劳动生产率增速明显快于工资增速，使单位劳动力成本保持下降趋势。总的来说，如果工资上升是劳动生产率的提高带来的，且工资上升的幅度低于劳动生产率的提高，那么劳动力成本不会因为工资上涨而出现上升，从而也就不会影响到一国出口产品的国际竞争力。随着移动互联网的普及以及跨境电商的兴起，大大增加了国际贸易的便捷度。施炳展（2016）以中国为例进行实证研究，结果表明，互联网提升了中国企业出口的价值量。潘家栋、肖文（2018）的实证结果表明，互联网发展对于中国出口贸易存在显著的正向影响，影响机制体现在成本路径上，包括降低信息搜索成本、沟通成本以及生产成本。沈国兵、袁征宇（2020）的研究表明，互联网转型的企业应该通过激励其创新能力来提升企业出口。

综上所述，自亚当·斯密开始，国际贸易的理论研究一直在不断更新。实践在理论的基础上充分证明了国际贸易可以促进经济全球化的不断发展，出口是一国参与国际贸易的重要一环，对一国的经济增长做出显著贡献。随着经济发展与科技进步，国际分工也处于动态变化之中，这势必会影响一国出口的结构、质量、数量等。过去，由于人口红利和开放政策的加持，劳动密集型商品为主的大量出口使中国一跃成为"世界代工厂"。如今，FDI增加、劳动力工资水平普遍上涨、互联网的普及，都大力地促进了中国商品的出口。学术界较多从宏观角度论述影响一国出口增长的因素以及通过实证分析影响机制，但是对于出口结构的影响因素以及出口结构的变化对于经济增长影响的文献相对较少。当前中国的经济正面临发展动能转化的问题，经济结构、产业结构正在发生变化，必然会影响出口结构的变化，需要深入研究。

三、产业结构与经济发展

产业结构是一个经济体的经济基础，体现一个经济体的要素禀赋和资源配置。通常按照三次产业分类法将一个经济体的产业划分为包括农、林、牧、渔等在内的第一产业，制造业为主的第二产业，以及服务业为主的第三产业。普遍来说，随着经济发展与技术进步，三大产业的规模会发生改变。华尔特·惠特曼·罗斯托（Walt Whitman Rostow，1961）认为产业结构演进是一个经济增长对技术创新的吸收以及主导产业经济部门依次更替的过程。卢中原（1996）认为地区产业结构的状况和转换能力对地区经济增长和收入水平的提高具有重大作用。如果一个地区产业结构的变动同时呈现出专业化部门多、高增长部门多和高利税部门多的趋势，该地区的经济增长势必加快。林毅夫（2002），林毅夫、刘明兴（2004）从比较优势的角度阐述发展中国家可以通过吸收发达国家的技术和资本，同时应当使要素投入结构和产业结构与本国的禀赋结构相吻合，从而实现产业结构的升级。郑若谷、干春晖、余典范（2011）认为产业结构调整对经济增长的直接影响在短期和长期内均有明显作用。总的来说，产业结构的变动也是资源动态配置的过程，产业结构的升级也意味着资源配置效率和生产要素效率的提高。在技术进步和主导产业依次推动产业结构变迁的过程当中也存在着产业生产率水平的巨大差异，投入要素从低生产率或者低生产率增长率的部门向高生产率水平或高生产率增长率的部门流动，可以促进整个社会生产率水平的提高，由此带来的"结构红利"维持了经济的持续增长（Peneder，2003），这就是产业结构转变促进经济增长的核心原因。因此，黄茂兴、李军军（2009）认为一个经济体可以通过技术选择和合理的资本深化来促进产业结构升级，实现经济快速增长。

从新中国成立以重工业为主的经济发展模式到改革开放以来服务业的不断发展，中国经济的巨大进步离不开产业的"结构红利"，不少学者也进行了深刻的研究。刘伟、张辉（2008）认为在改革开放以来，虽然产业结构变迁对中国经济增长的影响一度十分显著，但是随着市场化程度的提高，产业结构变迁对经济增长的贡献呈现不断降低的趋势，因为某些因素仍然阻碍资源配置效率进一步提高。干春晖、郑若谷等（2009，2011）的研究也表明了产业结构对经济增长有积极的影响，但他们也指出这种"结构红利"随着改革的推进在逐步减弱。福克斯（Fox，2013）也发现了类似现象。他认为产业结构的升级导致劳动力由第二产业流向第三产业，而第二产业的生产率高于第三产业，因此经济发展出现"结构性减速"的特征。袁富华（2012）、于斌斌（2015）等学者认为产业结构调整和生产率提升是影响经济增长的重要因素，从整体层面看，中国城市经济增长动力已由产业结构调整转化为全要素生产率提升，并且产业结构"服务化"倾向的高级化调整是导致中国经济发展进入"结构性"减速阶段的重要原因。孙叶飞、夏青、周敏（2016）认为中国经济发展的"结构红利"因产业结构变迁而减弱，导致中国经济发展出现"结构性减速"的现象，但产业结构变迁的经济增长效应仍然存在。韩永辉等（2016）研究发现中国面临着由产业结构调整带来的经济发展"结构性减速"的困境，且中国经济增长速度将持续下降。柯善咨、赵曜（2014）认为城市规模增大的边际收益随着产业结构向服务业转变而增加。经济发达的大城市应该向服务经济转型，中小规模的地级市应当推动当地制造业发展和人口集聚。

综上所述，产业结构的变迁和升级可以促进一国经济的发展。一般来说，一方面，各产业技术进步速度不同且在技术要求和技术吸收能力上的巨大差异，通常会导致各产业增长速度的较大差异，从而引起一国产业结构发生变化；另一方面，在一国不同的发展阶段需要由不同的主导产业来推动国家的发展，伴随着经济发展的主导产业更替直接影响到一国的生产和消费的方方面面，这在根本上会对一国产业结构造成巨大冲击。中国近年来处于增长动力转换的关键时期。以服务业为主的第三产业规模的扩大不断吸引劳动力流入，但是对经济增长的贡献不显著，因此中国经济出现"结构性减速"的特征，不少学者也对此提出了很多建议。关于产业结构升级影响因素的讨论大多集中于技术创新，产业结构升级是资源配置效率提升的表现，背后少不了创新的支撑，但是关于其他影响因素的文献还比较少，有待于进一步挖掘和研究。

总的来说，经济发展的动力来自供需两侧。从需求结构来说，主要分为消费、投资和出口。著名经济学家约翰·梅纳德·凯恩斯（John Maynard Keynes）曾提出消费具有乘数效应，可以直接拉动经济的增长；消费也可以通过影响需求结构和资源配置间接影响经济增长。经济学界进行了大量的实证和理论研究，论证了消费对经济的影响。近年来，中国消费增长疲软，消费对经济增长的贡献出现下滑，大量的文献研究表明收入差距、消费预期、人口结构、供给质量等问题是主要影响因素，但是关于消费结构的变化及其对经济影响的文献还较少，这也是今后研究的重点。许多经济学理论认为投资对经济增长的影响主要在于资本的积累以及资本的外溢效应，但是投资率高并不一定合理，合理的投资率应该是使投资的边际收益大于边际成本。不少文献的研究表明，中国自改革开放以来的快速发展得益于高投资率，但是实际投资效率不高，近些年的投资弊端逐渐显现，经济增长趋缓。从亚当·斯密的绝对优势学说开始，国际贸易的相关理论一直不断丰富和完善，在一定程度上促进了经济全球化的发展。出口作为一国参与国际贸易的重要一环，可以弥补国内消费不足，刺激国内生产，拉动经济增长。中国依靠开放政策和人口红利，逐渐成为全球最大出口国和世界工厂。当人口红利逐渐消失，中国的发展动力必然发生转换，出口结构也会受到影响，但是这方面的研究还有待一步深入。从新中国成立初期制定的第一个"五年计划"确立了发展重工业的目标，到改革开放后大力发展第三产业，再到如今着重发展以创新驱动引领的高新技术产业，中国的产业结构一直紧跟时代的步伐和人民的需求不断调整、优化。目前，中国面临着由产业结构调整带来的经济发展"结构性减速"的困境，即生产效率下降，不少学者提出并论证了技术创新才是摆脱困境、持续发展的重要法宝。但同时，其他的影响因素，如产业政策、监管制度、人力资本等同样需要进一步深入研究。

第二节　经济发展规划的内容

一、"一五"计划中的经济发展①

1953～1957 年"一五"时期的总任务是逐步实现国家的社会主义工业化，逐步完成对农业、手工业和资本主义工商业的社会主义改造。

基本任务是：集中主要力量进行以苏联帮助我国设计的 156 个单位为中心的、由限额以上的 694 个建设单位组成的工业建设，建立我国的社会主义工业化的初步基础；发展部分集体所有制的农业生产合作社，并发展手工业生产合作社，建立对于农业和手工业的社会主义改造的初

---

① 李富春：《关于发展国民经济的第一个五年计划的报告》，中国政府网，http://www.gov.cn/test/2008 - 03/06/content_910770.htm。

步基础；基本上把资本主义工商业分别地纳入各种形式的国家资本主义的轨道，建立对于私营工商业的社会主义改造的基础。

（一）国民经济增长目标

工业总产值平均每年增长 14.7%，农业及其副业的总产值平均每年增长 4.3%；到 1957 年，私营工业的产值将有一半转变为公私合营；1/3 左右农户参加初级农业生产合作社；五年内工人职员的平均工资增长 33%。

（二）投资

在五年内全国经济、文教建设支出总额为 766.4 亿元，其中属于基本建设的投资为 427.4 亿元，占支出总数的 55.8%。其他的占 44.2%，即 339 亿元。

二、"二五"计划中的经济发展[①]

1958～1962 年的"二五"计划前半期（1958～1960 年）主要是围绕着"大跃进"与"人民公社化"运动展开，而随着经济结构失调导致的三年经济困难；后半期（1961～1962 年）致力于国民经济结构的调整。

"二五"计划的基本任务是：继续进行以重工业为中心的工业建设，推进国民经济的技术改造，建立中国社会主义工业化的巩固基础；继续完成社会主义改造，巩固和扩大集体所有制和全民所有制；在发展基本建设和继续完成社会主义改造的基础上，进一步发展工业、农业和手工业生产，相应地发展运输业和商业；努力培养建设性人才，加强科学研究工作，以适应社会主义经济文化发展的需要；在工农业生产发展

---

① 周恩来：《关于发展国民经济的第二个五年计划的建议的报告》，共产党员网，http://fuwu.12371.cn/2012/09/24/ARTI1348470546428983.shtml。

的基础上，增强国防力量，提高人民的物质生活和文化生活的水平。

"二五"计划提出"调整、巩固、充实、提高"八字方针，即适当调整国民经济各方面的比例关系，主要是调整农业、轻工业、重工业之间的比例关系，尽可能提高农业和轻工业的发展速度，适当控制重工业，特别是钢铁工业的发展速度，同时缩小基本建设的规模，使国家建设和人民生活得到统筹兼顾，全面安排；要巩固国民经济发展中的成果，使其向纵深发展；要以少量的投资充实一些部门的生产能力，使其配套成龙，发挥更大的经济效果；要提高产品质量，增加产品品种，提高管理水平和劳动生产率。

（一）国民经济增长目标

工农业生产方面，1962 年比 1957 年，工业总产值将增长 1 倍左右，农业总产值将增长 35% 左右。到 1962 年，我国工农业总产值将比第一个五年计划规定的 1957 年的数字增长 75% 左右。

（二）投资

第二个五年计划期间，在财政收入增加的基础上，国家的基本建设投资在全部财政收入中所占的比重，将由第一个五年的 35% 左右增加到 40% 左右。

三、"三五"计划中的经济发展[①]

1966～1970 年的"三五"计划编制的指导思想经历了由"解决吃穿用"到"以战备为中心"的变化。

一开始设想提出的"三五"计划的基本任务是：大力发展农业，基本上解决人民的吃穿用问题；适当加强国防建设，努力突破尖端技

---

① 国家计委计划经济研究所：《发展国民经济的第三个五年计划（1966—1970 年）》，载于《计划经济研究》1984 年第 11 期，第 1～11 页。

术；与支援农业和加强国防相适应，加强基础工业，使国民经济建设进一步建立在自力更生的基础上；相应地发展运输业、商业、文化、教育和科研事业，使国民经济有重点、按比例地发展。但是后来，根据党中央提出的"备战、备荒、为人民"的战略方针，调整和修改了第三个五年计划初步设想。要求"三五"计划必须立足于战争，从准备大打、早打出发，积极备战，把国防建设放在第一位，加快三线建设，逐步改变工业布局；发展农业生产，相应地发展轻工业，逐步改善人民生活；充分发挥一、二线的生产能力；积极、有目标、有重点地发展新技术，努力赶上和超过世界先进技术水平。

（一）国民经济增长目标

工农业总产值5年平均增长速度为7%左右，1970年粮食产量要达到4400亿~4800亿斤，棉花4400万~4800万担，钢1600万吨，原煤2.8亿~2.9亿吨，原油1850万吨，职工平均工资水平1970年达到737元，5年提高12%，农民总收入5年提高35.7%。

（二）投资

国家基建投资5年共850亿元。

四、"四五"计划中的经济发展[①]

1971~1975年的"四五"计划一开始的主要任务是狠抓战备，集中力量建设大三线强大的战略后方，改善布局；大力发展农业，加速农业机械化的进程；狠抓钢铁、军工、基础工业和交通运输的建设；建立经济协作区和各自特点、不同水平的经济体系，做到各自为战，大力协同；大力发展新技术，赶超世界先进水平；初步建成我国独立的、比较

---

① 国家计委计划经济研究所：《发展国民经济的第四个五年计划（1971—1975年）》，载于《计划经济研究》1984年第11期，第11~23页。

完善的工业体系和国民经济体系，促进国民经济新飞跃。

1973 年 7 月，国家计委拟订了《第四个五年计划纲要（修正草案）》，对主要经济指标进行了调整，适当改变了以备战和三线建设为中心的经济建设思想，提出有重点建设内地战略后方的同时，必须充分发挥沿海工业基地的生产潜力，并且适当发展；把发展农业放在第一位；把钢铁的品种、质量放在第一位；经济协作区由 10 个改为 6 个。同时，还对一些计划指标进行了调整。

（一）国民经济增长目标

工业增长速度平均每年要达到 12.5%，1975 年钢产量要达到 3500 万 ~4000 万吨，平均每年增长 15% ~18.1%，煤达到 4 亿 ~4.3 亿吨，原油为 7000 万 ~10000 万吨，5 年财政收入为 4000 亿元，粮食 6000 亿 ~6500 亿斤，棉花 6500 万 ~7000 万担。

（二）投资

国家预算内基本建设投资为 1300 亿元。

五、"五五"计划中的经济发展①

1976 ~1980 年的"五五"计划是计划经济体制时期的最后一个五年规划。

1975 年制定的"五五"计划十年规划纲要草案实际未能执行。1978 年 12 月，党的十一届三中全会做出了把工作重点转移到社会主义现代化建设上来的战略决策，从指导思想上实现了拨乱反正。对"五五"计划指标作了较大幅度的调整，提出在以后两年要压缩基本建设投资，降低重工业增长速度，努力发展农业、轻工业，逐步开展多种经营

---

① 《发展国民经济的第五个五年计划（1976—1980 年）》，载于《计划经济研究》1984 年第 11 期，第 23 ~42 页。

形式和开辟多种流通渠道,大力安置城镇青年就业,改善人民生活。1980 年底,国民经济主要比例关系开始逐步改善,生产和建设也取得较大发展。

(一) 国民经济增长目标

"五五" 计划最初的经济指标为:工农业总产值平均每年增长 7.5% ~ 8.1%,农业总产值平均每年增长 4.1% ~ 5.3%。工业总产值平均每年增长 8.8% ~ 9.2%。1980 年要求达到:粮食 6500 亿 ~ 7000 亿斤,棉花 5700 万 ~ 6200 万担,钢 3800 万吨。煤 5.8 亿 ~ 6 亿吨。1978 年国家对 "五五" 计划做了调整,后三年的新目标是:一把农业搞上去;二把燃料、动力、原材料工业搞上去。规定工业总产值平均每年增长 12%,农业总产值增长 6%,到 1980 年要基本实现农业机械化,粮食产量达 6700 亿斤,钢产量 3600 万吨,原煤 6.5 亿吨,原油 1.3 亿 ~ 1.5 亿吨,发电量 3000 亿度。

(二) 投资

国家预算内基建投资 "五五" 后 3 年拟安排 1200 亿元,5 年合计 1780 亿元。

六、"六五" 计划中的经济发展[①]

1981 ~ 1985 年的 "六五" 计划是在认真总结过去长期社会主义建设经验、全面分析当前国民经济和社会发展现状的基础上,按照党的十二大提出的到 20 世纪末经济建设的战略部署制定的,是继 "一五" 计划后的一个比较完备的五年计划,是在调整中使国民经济走上稳步发展的健康轨道的五年计划;是进一步推进我国现代化建设,使人民生活继

---

① 赵紫阳:《关于第六个五年计划的报告》,中国政府网,http://www.gov.cn/test/2008 - 03/11/content_916744.htm。

续得到改善的五年计划；是从我国实际情况出发，走社会主义现代化经济建设新路子的五年计划。

第六个五年计划的具体要求是：继续贯彻执行"调整、改革、整顿、提高"的方针，进一步解决过去遗留下来的阻碍经济发展的各种问题，取得实现财政经济状况根本好转的决定性胜利，并且为第七个五年计划期间的国民经济和社会发展奠定更好的基础，创造更好的条件。

（一）国民经济增长

1985 年包括农业、工业、建筑业、运输业、商业五个部门生产的社会总产品，按照 1980 年不变价格计算，达到 10300 亿元，比 1980 年的 8500 亿元增加 1800 亿元，平均每年增长 4%。1985 年国民收入生产额达到 4450 亿元，比 1980 年增加 783 亿元，平均每年增加 156 亿元，平均每年增长 4%，接近或相等于工农业总产值的计划增长速度。1985 年消费基金占国民收入使用额的 71% 左右，积累基金占国民收入使用额的比重即积累率为 29% 左右。工农业生产总值，在提高经济效益的前提下，计划平均每年递增 4%，在执行中争取达到 5%。

（二）经济效益

工业产品的质量，要符合国家规定的标准，并且努力提高优质产品的比重。由各工业主管部门对现行的产品技术标准进行一次修订，把产品技术标准提高一步。每亿元工业总产值消耗的能源，由 1980 年的 8.15 万吨下降到 1985 年的 6.82 万～7.15 万吨，平均每年的节能率为 2.6%～3.5%。1985 年机械工业系统重点企业的钢材利用率，比 1980 年提高 3%。国营工业企业的全员劳动生产率，平均每年提高 2%。国营工业企业的可比产品成本，每年降低 1%～2%。国营商业企业的商品流通费用，每年降低 1%～2%。流动资金周转天数，国营工业企业由 1980 年的 114 天缩短到 1985 年的 105 天；国营商业企业由 1980 年的 165 天缩短到 1985 年的 163 天。所有领导机关、经济管理部门和基层经济单位,都要把提高经济效益放在首要地位,根据全国的总要求,明确规定出各自的经济技术指标所必须达到的水平,并且采取有效措施,督促和保证其实现。

(三)投资

五年内全国全民所有制单位的固定资产投资总额为 3600 亿元,其中基本建设投资总额为 2300 亿元,用于现有企业设备更新、技术改造的资金为 1300 亿元。基本建设投资,重点用于能源及交通运输建设。

(四)消费

1985 年城乡居民按人口平均的消费水平将达到 277 元,比 1980 年增加 50 元,平均每年增长 4.1%,高于 1953~1980 年平均每年增长 2.6%的速度。

(五)对外贸易

1985 年全国进出口贸易总额达到 855 亿元,比 1980 年增长 51.8%,平均每年增长 8.7%。其中,进口总额达到 453 亿元,平均每年增长 9.2%;出口总额达到 402 亿元,平均每年增长 8.1%。

(六)产业结构

农业总产值 2660 亿元,比 1980 年的 2187 亿元增长 21.7%,平均每年增长 4%。工业总产值 6050 亿元,比 1980 年的 4972 亿元增长 21.7%,平均每年增长 4%。大力增加适合社会现实需要的农产品、轻纺产品和其他日用工业品的生产,争取消费品供应的数量和质量同社会购买力的增长和消费结构的变化大体相适应,保持市场物价的基本稳定。努力调整重工业的服务方向和产品结构,大力降低物质消费特别是能源消耗,使生产资料生产同消费资料生产的发展保持大体协调。有计划有重点地对现有企业进行技术改造,广泛地开展以节能为主要目标的技术革新活动，同时集中必要的资金，加强能源、交通等的重点建设，做好与"七五"计划期间的发展相衔接的工作。

七、"七五"计划中的经济发展[①]

1986～1990年的"七五"计划是全面改革我国经济体制的关键时期，也是在物质、技术和人才方面为20世纪90年代经济的更好发展准备条件的重要时期。

"七五"计划的主要任务是：进一步为经济体制改革创造良好的经济环境和社会环境，努力保持社会总需求和总供给的基本平衡，使改革更加顺利地展开，力争在五年或更长一些的时间内，基本上奠定有中国特色的新型社会主义经济体制的基础；保持经济的持续稳定增长，在控制固定资产投资总额的前提下，大力加强重点建设、技术改造和智力开发，在物质技术和人才方面为90年代经济和社会的继续发展准备必要的后续能力；在发展生产和提高经济效益的基础上，继续改善城乡人民生活。上述三项任务，是相互联系、紧密结合的，其中最重要的是第一项任务。

（一）国民经济增长

1990年国民生产总值，按照1985年价格计算，达到11170亿元，比1985年增长44%，平均每年增长7.5%。1990年国民收入生产额达到9350亿元，比1985年增长38%，平均每年增长6.7%。五年内，消费基金总额为30070亿元，平均每年消费率为70%；积累基金总额为13150亿元，平均每年积累率为30%。

（二）经济效益

逐步对重要产品采用国际标准。开拓新品种、新产品。每万元国民

---

① 赵紫阳：《关于第七个五年计划的报告》，中国政府网，http://www.gov.cn/test/2008－03/24/content_927136.htm。

收入消耗的能源，由 1985 年的 12.9 吨标准煤下降到 1990 年的 11.4 吨标准煤。全社会劳动生产率平均每年提高 3.8%。全民所有制单位基本建设投资固定资产交付使用率，由"六五"期间的 73.6% 提高到 75%。预算内国营工业企业流动资金周转天数，由 1985 年的 101 天下降到 1990 年的 96 天。

（三）投资

五年内，全社会的固定资产投资计划为 12960 亿元。其中，全民所有制单位固定资产投资 8960 亿元，集体所有制单位投资 1600 亿元，城乡个体投资 2400 亿元。

（四）消费

1990 年，全国居民人均实际消费水平提高到 517 元，平均每年增长 5%。其中，城镇居民平均每年增长 4.2%，农村居民平均每年增长 5.1%。

（五）对外贸易

五年内，全国进出口贸易总额平均每年增长 7%，1990 年达到 830 亿美元，其中，出口额平均每年增长 8.1%，进口额平均每年增长 6.1%。

（六）产业结构

在工农业总产值中，农业所占比重由 1985 年的 23.9% 下降为 21%，轻工业所占比重由 38% 上升到 39.4%，重工业所占比重由 38.1% 上升到 39.6%。在国民生产总值中，第三产业所占比重由 1985 年的 21.3% 上升到 25.5%，第一、第二产业所占比重由 78.7% 下降为 74.5%。

八、"八五"计划中的经济发展①

1991～1995 年的"八五"计划强调必须正确处理治理整顿、深化改革和经济发展的关系。在整个"八五"期间，都要根据经济发展的需要和现实条件的可能，在确保经济与社会稳定的前提下，积极深化改革，使改革更好地促进治理整顿和经济发展。

"八五"计划的基本任务是：努力保持社会总需求与社会总供给基本平衡，在控制通货膨胀的前提下，以提高经济效益为中心，促进经济的适度增长。在努力发展生产、全面厉行节约、大力提高经济效益的基础上，采取适当的办法和步骤，合理调整收入分配格局，增加国家财政收入特别是中央财政收入，并严格控制财政支出，逐步改善财政收支不平衡状况。保持合理的信贷规模和结构，严格控制货币发行。更有效地开展对外贸易，积极引进国外资金、技术，巩固和发展对外开放的格局，把扩大对外开放同提高生产技术和经营管理水平更好地结合起来。以增强国营大中型企业活力、健全企业合理的经营机制为中心，协调配套地进行计划、投资、财政、税收、金融、价格、物资、商业、外贸和劳动工资等方面的体制改革，加快社会保障制度和住房制度的改革，促进社会主义有计划商品经济新体制的形成。

（一）国民经济增长

按 1990 年价格计算，1995 年国民生产总值达到 23250 亿元，比 1990 年增长 33.6%，平均每年增长 6%。1995 年国民收入生产额达到 18250 亿元，比 1990 年的 14300 亿元增长 27.6%，平均每年增长 5%。五年合计，国民收入使用额为 81050 亿元。

---

① 《中华人民共和国国民经济和社会发展十年规划和第八个五年计划纲要》，中国人大网，http://www.npc.gov.cn/wxzl/gongbao/2000 - 12/28/content_5002538. htm。

（二）经济效益

所有行业都要大力改进产品质量，增加产品品种，降低能源、原材料消耗，降低产品成本，提高经济效益。到 1995 年，主要行业中按国际标准或国外先进标准组织生产的产品，要由现在的 30% 左右提高到 50% 左右。每万元国民生产总值消耗的能源，要由 1990 年的 9.3 吨标准煤下降到 1995 年的 8.5 吨标准煤，平均每年的节能率为 2.2%。大中型企业主导产品的能源、原材料单耗，要达到国际同行业 80 年代初的平均先进水平。全社会劳动生产率，平均每年提高 3.5%。"八五"期间，全民所有制单位基本建设固定资产交付使用率，要比"七五"时期有所提高。预算内国营工业企业流动资金周转天数，要由 1990 年的 127 天缩短到 1995 年的 95 天。

（三）投资

五年内，不包括物价上涨因素，全社会固定资产投资合计为 26000 亿元，平均每年增长 5.7%。

（四）消费

五年内，全国居民消费水平平均每年增长 3%。

（五）对外贸易

努力增加出口创汇。要把工作的重点放在改善出口商品结构和提高出口商品质量上，促进由初加工制成品出口为主向深加工制成品出口为主的转变；合理调整进口结构。要把有限的外汇集中用于先进技术和关键设备的进口，用于国家重点生产建设所需物资以及农用物资的进口。进一步完善结汇办法和用汇制度。改革汇率形成机制，建立健全在国家管理下的灵活合理的汇率调节制度，健全外汇调剂市场。进一步改善投资环境，严格执行国家统一颁布的、鼓励外商投资的法律法规和政策措施，禁止违反国家规定竞相提高优惠条件的做法。要加强和改进对利用外资的规划和指导，努力提高利用外资的经济和社会效益。进一步扩大技术引进和智力引进。

（六）产业结构

农业总产值达到 8780 亿元，比 1990 年增长 18.9%，平均每年增长 3.5%。工业总产值达到 32700 亿元，比 1990 年增长 37.1%，平均每年增长 6.5%。第三产业增加值，1995 年比 1990 年增长 53.9%，平均每年增长 9%。

九、"九五"计划中的经济发展[①]

1996 ~ 2000 年的"九五"计划提出的主要奋斗目标是：全面完成现代化建设的第二步战略部署，到 2000 年，人口控制在 13 亿以内，实现人均国民生产总值比 1980 年翻两番；基本消除贫困现象，人民生活达到小康水平；加快现代企业制度建设，初步建立社会主义市场经济体制。为 21 世纪初开始实施第三步战略部署奠定更好的物质技术基础和经济体制基础。

（一）国民经济增长

根据经济发展趋势和条件，努力保持总供给与总需求基本平衡，"九五"期间按国民生产总值年均增长 8% 左右把握宏观调控的力度。到 2000 年，按 1995 年价格计算的国民生产总值从 5.76 万亿元增加到 8.5 万亿元。

（二）经济效益

转变经济增长方式取得成效，国民经济整体素质和效益进一步提

---

① 《中华人民共和国国民经济和社会发展"九五"计划和 2010 年远景目标纲要》，中国人大网，http://www.npc.gov.cn/wxzl/gongbao/2001 - 01/02/content_5003506.htm。

高。"九五"期间，国民经济投入产出效益提高，按可比价格计算的资本系数由"八五"时期的 3.6 降为 3 左右。全社会劳动生产率平均每年提高 6.5%。万元国民生产总值消耗的能源由 1995 年的 2.2 吨标准煤下降到 2000 年的 1.7 吨标准煤，年均节能率达 5%。基建固定资产交付使用率提高到 70% 以上，工业流动资金周转次数达到 2 次。

（三）投资

从保持合理的投资规模出发，"九五"期间固定资产投资率按 30% 来把握。考虑价格因素，五年全社会固定资产投资总规模为 13 万亿元，年均增长 10%。

（四）消费

合理引导消费，形成适合我国国情的消费结构和消费方式。

（五）对外贸易

2000 年，进出口总额达到 4000 亿美元，出口与进口额各为 2000 亿美元。优化进口结构，优化外商投资结构，保持汇率的相对稳定。

（六）产业结构

大力促进产业结构的合理化。着力加强第一产业，提高农业对国民经济发展的支撑能力。调整和提高第二产业，继续加强基础设施和基础工业，大力振兴支柱产业，发挥工业对经济增长的带动作用和增加出口的主力作用。积极发展第三产业，形成合理的规模和结构，发挥劳动就业主渠道的作用。继续发展商业和生活服务等传统产业。积极发展旅游、信息、咨询、技术、法律和会计服务等新兴产业。规范和发展金融、保险业。引导房地产业健康发展。健全资产评估、业务代理、行业协调等中介服务。改革管理体制，建立适应市场竞争的运行机制，区别情况，促进符合条件的福利型、事业型单位向经营型、企业型转变。

十、"十五"计划中的经济发展①

2001~2005 年的"十五"计划强调从新世纪开始，我国将进入全面建设小康社会，加快推进社会主义现代化的新的发展阶段。

"十五"期间国民经济和社会发展的主要目标是：国民经济保持较快发展速度，经济结构战略性调整取得明显成效，经济增长质量和效益显著提高，为到 2010 年国内生产总值比 2000 年翻一番奠定坚实基础；国有企业建立现代企业制度取得重大进展，社会保障制度比较健全，完善社会主义市场经济体制迈出实质性步伐，在更大范围内和更深程度上参与国际经济合作与竞争；就业渠道拓宽，城乡居民收入持续增加，物质文化生活有较大改善，生态建设和环境保护得到加强；科技、教育加快发展，国民素质进一步提高，精神文明建设和民主法制建设取得明显进展。

（一）国民经济增长

经济增长速度预期为年均 7% 左右，到 2005 年按 2000 年价格计算的国内生产总值达到 12.5 万亿元左右，人均国内生产总值达到 9400 元。

（二）投资

"十五"期间，促进固定资产投资特别是企业和社会投资较快增长，全社会固定资产投资率调控在 35% 左右。

（三）消费

在提高居民吃穿用等基本消费水平的基础上，重点改善居民居住和

---

① 《中华人民共和国国民经济和社会发展第十个五年计划纲要》，中国政府网，http://www.gov.cn/gongbao/content/2001/content_60699.htm。

出行条件。建立个人信用制度，扩大消费信贷规模。

（四）对外贸易

更好地实施以质取胜、市场多元化和科技兴贸战略，努力扩大货物和服务出口，2005 年货物进出口总额达到 6800 亿美元。

（五）产业结构

产业结构优化升级，国际竞争力增强。2005 年第一、第二、第三产业增加值占国内生产总值的比重分别为 13%、51% 和 36%，从业人员占全社会从业人员的比重分别为 44%、23% 和 33%。国民经济和社会信息化水平显著提高。基础设施进一步完善。地区间发展差距扩大的趋势得到有效控制。城镇化水平有所提高。

十一、"十一五"规划中的经济发展①

2006～2010 年的"十一五"时期是全面建设小康社会的关键时期，具有承前启后的历史地位，既面临难得机遇，也存在严峻挑战。"十一五"规划是全面建设小康社会进程中的重要规划。

"十一五"时期要努力实现的经济社会发展的主要目标是：宏观经济平稳运行；产业结构优化升级；资源利用效率显著提高；城乡区域发展趋向协调；基本公共服务明显加强；可持续发展能力增强；市场经济体制比较完善；人民生活水平继续提高；民主法制建设和精神文明建设取得新进展。

（一）国民经济增长

国内生产总值年均增长 7.5%，实现人均国内生产总值比 2000 年翻

---

① 《中华人民共和国国民经济和社会发展第十一个五年规划纲要》，中国政府网，http://www.gov.cn/gongbao/content/2006/content_268766.htm。

一番。城镇新增就业和转移农业劳动力各 4500 万人，城镇登记失业率控制在 5%。价格总水平基本稳定。国际收支基本平衡。城镇居民人均可支配收入和农村居民人均纯收入分别年均增长 5%，城乡居民生活质量普遍提高，居住、交通、教育、文化、卫生和环境等方面的条件有较大改善。

（二）经济效益

单位国内生产总值能源消耗降低 20% 左右，单位工业增加值用水量降低 30%，农业灌溉用水有效利用系数提高到 0.5，工业固体废物综合利用率提高到 60%。

（三）产业结构

产业、产品和企业组织结构更趋合理，服务业增加值占国内生产总值比重和就业人员占全社会就业人员比重分别提高 3 个和 4 个百分点。自主创新能力增强，研究与试验发展经费支出占国内生产总值比重增加到 2%，形成一批拥有自主知识产权和知名品牌、国际竞争力较强的优势企业。

十二、"十二五"规划中的经济发展[①]

2011～2015 年的"十二五"时期是全面建设小康社会的关键时期，是深化改革开放、加快转变经济发展方式的攻坚时期。

"十二五"规划的主要目标是：经济平稳较快发展，结构调整取得重大进展，科技教育水平明显提升，资源节约和环境保护成效显著，人民生活持续改善，社会建设明显加强，改革开放不断深化。

---

① 《中华人民共和国国民经济和社会发展第十二个五年规划纲要》，中国人大网，http：//www. npc. gov. cn/wxzl/gongbao/2011 – 08/16/content_1665636. htm。

(一) 国民经济增长

国内生产总值年均增长7%，城镇新增就业4500万人，城镇登记失业率控制在5%以内，价格总水平基本稳定，国际收支趋向基本平衡，经济增长质量和效益明显提高。城镇居民人均可支配收入和农村居民人均纯收入分别年均增长7%以上。健全初次分配和再分配调节体系，合理调整国家、企业、个人分配关系，努力实现居民收入增长和经济发展同步、劳动报酬增长和劳动生产率提高同步，明显增加低收入者收入，持续扩大中等收入群体，努力扭转城乡、区域、行业和社会成员之间收入差距扩大趋势。

(二) 经济效益

耕地保有量保持在18.18亿亩。单位工业增加值用水量降低30%，农业灌溉用水有效利用系数提高到0.53。非化石能源占一次能源消费比重达到11.4%。单位国内生产总值能源消耗降低16%，单位国内生产总值二氧化碳排放降低17%。主要污染物排放总量显著减少，化学需氧量、二氧化硫排放分别减少8%，氨氮、氮氧化物排放分别减少10%。森林覆盖率提高到21.66%，森林蓄积量增加6亿立方米。

(三) 投资

发挥投资对扩大内需的重要作用，保持投资合理增长，完善投资体制机制，明确界定政府投资范围，规范国有企业投资行为，鼓励扩大民间投资，有效遏制盲目扩张和重复建设，促进投资消费良性互动，把扩大投资和增加就业、改善民生有机结合起来，创造最终需求。

(四) 消费

建立扩大消费需求的长效机制。把扩大消费需求作为扩大内需的战略重点，通过积极稳妥推进城镇化、实施就业优先战略、深化收入分配制度改革、健全社会保障体系和营造良好的消费环境，增强居民消费能力，改善居民消费预期，促进消费结构升级，进一步释放城乡居民消费潜力，逐步使我国国内市场总体规模位居世界前列。

（五）对外经济

保持现有出口竞争优势，加快培育以技术、品牌、质量、服务为核心竞争力的新优势。

（六）产业结构

农业基础进一步巩固，工业结构继续优化，战略性新兴产业发展取得突破，服务业增加值占国内生产总值比重提高4个百分点。依靠科技创新推动产业升级。面向国内国际两个市场，发挥科技创新对产业结构优化升级的驱动作用，加快国家创新体系建设，强化企业在技术创新中的主体地位，引导资金、人才、技术等创新资源向企业聚集，推进产学研战略联盟，提升产业核心竞争力，推动三次产业在更高水平上协同发展。

十三、"十三五"规划中的经济发展[①]

2016～2020年的"十三五"时期是全面建成小康社会决胜阶段。

"十三五"规划的主要目标是：经济保持中高速增长，创新驱动发展成效显著，发展协调性明显增强，人民生活水平和质量普遍提高，国民素质和社会文明程度显著提高，生态环境质量总体改善，各方面制度更加成熟、更加定型。

（一）国民经济增长

经济保持中高速增长。在提高发展平衡性、包容性、可持续性基础

---

① 《中共中央关于制定国民经济和社会发展第十三个五年规划的建议》，中国政府网，http://www.gov.cn/xinwen/2015－11/03/content_5004093.htm。

上，到 2020 年国内生产总值和城乡居民人均收入比 2010 年翻一番，主要经济指标平衡协调，发展质量和效益明显提高。

（二）经济效益

创新驱动发展成效显著。创新驱动发展战略深入实施，创业创新蓬勃发展，全要素生产率明显提高。科技与经济深度融合，创新要素配置更加高效，重点领域和关键环节核心技术取得重大突破，自主创新能力全面增强，迈进创新型国家和人才强国行列。

（三）投资

围绕有效需求扩大有效投资，优化供给结构，提高投资效率，发挥投资对稳增长、调结构的关键作用。更好发挥社会投资主力军作用，营造宽松公平的投资经营环境，鼓励民间资本和企业投资，激发民间资本的活力和潜能。充分发挥政府投资的杠杆撬动作用，加大对公共产品和公共服务的投资力度，加大人力资本投资，增加有利于供给结构升级、弥补小康短板、城乡区域协调、增强发展后劲的投资，启动实施一批全局性、战略性、基础性重大投资工程。

（四）消费

适应消费加快升级，以消费环境改善释放消费潜力，以供给改善和创新更好满足、创造消费需求，不断增强消费拉动经济的基础作用。增强消费能力，改善大众消费预期，挖掘农村消费潜力，着力扩大居民消费。以扩大服务消费为重点带动消费结构升级，支持信息、绿色、时尚、品质等新型消费，稳步促进住房、汽车和健康养老等大宗消费。推动线上线下融合等消费新模式发展。实施消费品质量提升工程，强化消费者权益保护，充分发挥消费者协会作用，营造放心便利的消费环境。积极引导海外消费回流。以重要旅游目的地城市为依托，优化免税店布局，培育发展国际消费中心。

（五）对外经济

适应国际市场需求变化，加快转变外贸发展方式，优化贸易结构，发挥出口对增长的促进作用。加快培育以技术、标准、品牌、质量、服务为核心的对外经济新优势，推动高端装备出口，提高出口产品科技含量和附加值。扩大服务出口，健全售后保养维修等服务体系，促进在岸、离岸服务外包协调发展。加大对中小微企业出口支持力度。

（六）产业结构

围绕结构深度调整、振兴实体经济，推进供给侧结构性改革，培育壮大新兴产业，改造提升传统产业，加快构建创新能力强、品质服务优、协作紧密、环境友好的现代产业新体系。全面提升工业基础能力，加快发展新型制造业，推动传统产业改造升级，加强质量品牌建设，积极稳妥化解产能过剩，降低实体经济企业成本。

十四、"十四五"规划中的经济发展[①]

2021～2025年的"十四五"时期在全面建设完成小康社会的基础上，开启全面建设社会主义现代化国家的新征程。"十四五"规划的主要目标是：经济发展取得新成效，改革开放迈出新步伐，社会文明程度得到新提高，生态文明建设实现新进步，民生福祉达到新水平，国家治理效能得到新提升。

（一）国民经济增长

经济保持中高速增长。发展必须坚持新发展理念，在质量效益明显提升的基础上实现经济持续健康发展，增长潜力充分发挥，经济结构更

---

① 《中共中央关于制定国民经济和社会发展第十四个五年规划和二〇三五年远景目标的建议》，中国政府网，http://www.gov.cn/zhengce/2020－11/03/content_5556991.htm。

加优化,创新能力显著提升,产业基础高级化、产业链现代化水平明显提高,农业基础更加稳固,现代经济体系建设取得重大进展。

(二)经济效益

坚持创新驱动发展,全面塑造发展新优势。强化国家战略科技力量,健全社会主义市场经济条件下新型举国体制,打好关键核心技术攻坚战,提高创新链整体效能。推进产学研深度融合,支持企业牵头组建创新联合体,承担国家重大科技项目。激发人才创新活力,支持发展高水平研究型大学,加强基础研究人才培养。

(三)投资

拓展投资空间。优化投资结构,保持投资合理增长,发挥投资对优化供给结构的关键作用。加快补齐基础设施、市政工程、农业农村、公共安全、生态环保、公共卫生、物资储备、防灾减灾、民生保障等领域短板,扩大战略性新兴产业投资。发挥政府投资撬动作用,激发民间投资活力,形成市场主导的投资内生增长机制。

(四)消费

全面促进消费。增强消费对经济发展的基础性作用,顺应消费升级趋势,提升传统消费,培育新型消费,适当增加公共消费。以质量品牌为重点,促进消费向绿色、健康、安全发展,鼓励消费新模式新业态发展。推动汽车等消费品由购买管理向使用管理转变,促进住房消费健康发展。健全现代流通体系,发展无接触交易服务,降低企业流通成本,促进线上线下消费融合发展,开拓城乡消费市场。发展服务消费,放宽服务消费领域市场准入。完善节假日制度,落实带薪休假制度,扩大节假日消费。培育国际消费中心城市。改善消费环境,强化消费者权益保护。

（五）对外经济

建设更高水平开放型经济新体制。全面提高对外开放水平，推动贸易和投资自由化便利化，推进贸易创新发展，增强对外贸易综合竞争力。稳步推进海南自由贸易港建设，建设对外开放新高地。推动共建"一带一路"高质量发展。坚持共商共建共享原则，秉持绿色、开放、廉洁理念，深化务实合作，加强安全保障，促进共同发展。积极参与全球经济治理体系改革，维护多边贸易体制，积极参与多双边区域投资贸易合作机制，推动新兴领域经济治理规则制定，提高参与国际金融治理能力。

（六）产业结构

坚持把发展经济着力点放在实体经济上，保持制造业比重基本稳定，巩固壮大实体经济根基。稳步推进数字化发展，推动数字经济和实体经济深度融合，打造具有国际竞争力的数字产业集群。推动全产业链优化升级，补齐产业链供应链短板，打造新兴产业链，发展服务型制造。发展战略性新兴产业，推动各产业深度融合，推动先进制造业集群发展，防止低水平重复建设。

第三节　经济发展规划的规律

国民经济和社会发展五年规划是中国最为重要的宏观经济和社会管理工具，是中国国民经济和社会发展的一个中长期规划，主要是为国民经济和社会发展远景规定目标和方向，对国家重大建设项目、生产力布局、国民经济重要比例和社会事业等做出规划。

我国自 1953 年起在党和政府的主持下开展"一五"计划起，至今已进入"十四五"规划的新阶段。十四个五年规划期间，我国经济社会经历了大致三个阶段：一是计划经济体制下社会主义建设时期；二是从改革开放到党的十八大之前的中国特色社会主义建设时期；三是中国特色社会主义建设新时代。政府依据 "五年规划"，动员与配置全社会的资源，推进经济社会的发展，在中国站起来、富起来到强起来的发展过程中，发挥了重要的作用，充分体现了社会主义制度的优越性。计划经济体制下社会主义建设时期，从 1953 年开始实施新中国第一个 "五年计划" 到 1978 年改革开放之前，在这段传统计划经济时期，中国编制与实施了五个 "五年计划"。这一阶段的中心任务是推进社会主义工业化建设和实现 "四个现代化"，通过政府指令性计划优先发展重工业，建立独立完整的工业化体系。从改革开放到党的十八大之前的中国特色社会主义建设时期，包括 "六五" 计划到 "十二五" 规划的七个 "五年规划"，我国开启了改革开放事业和中国特色社会主义现代化的建设征程，也推进了我国从传统计划体制向社会主义市场经济体制的转变，经济增长方式从粗放型向集约型的不断转型。党的十八大以后，中国进入中国特色社会主义建设新时代。"十三五规划" 和 "十四五规划" 是新时代的前两个 "五年规划"，面临着解决经济发展进入新常态后出现的诸多问题，承载了全面建成小康社会的历史使命，肩负着开启社会主义现代化建设新征程的重任。

纵观十四个 "五年规划"，有太多宝贵的经济发展经验和规律值得借鉴学习，主要体现在政府规划能力、经济效益、消费方式、投资结构、对外经济贸易、产业结构升级、经济体制转变等各个方面。

一、政府规划经济发展的能力持续提升

从十四个 "五年规划" 来看，党和政府一直放眼全局，与时俱进，根据我国国情的变化和时代发展要求不断改进治理方案，提升治理能力。

在规划目标方面，经历了从实现社会主义工业化到实现 "四个现代化"，从解决人民生活温饱再到全面建成小康社会的演变；在规划性质方面，发生了从单纯指令性到兼具预测性和指导性，再到兼具预期性和

约束性的转变；在规划内容方面，实现了从单纯的经济计划到经济社会计划，再到包括政治建设、文化建设、生态建设等国家全面综合规划的发展；在规划体系方面，从单一的经济计划，扩展到编制总体规划、重点领域专项规划、重点经济区域规划、空间发展主体功能区规划等复杂规划体系，规划涉及的区域也从内地的行政区域扩大到港、澳、台地区，规划的指标也从实物产量指标为主演变为价值指标为主，最明显的变化就是政府不再一味地强调国民经济增长速度，取而代之的是对经济更宏观的判断和预期；在规划程序方面，逐渐科学化、制度化和法制化。

国家的发展，是一个复杂的经济社会系统工程，系统运行具有自己的客观规律，尤其是经济的发展必然要遵循经济发展规律。政府制定的"五年规划"，其实质是描绘未来五年经济、社会的发展蓝图，规划制定者可以有高标准制定宏伟计划与规划的主观意愿，有加快经济发展以取得巨大进步的愿景，但一定要遵循经济社会发展的客观规律，正确认识国情国力的客观情况，清晰判断国家所处的历史方位，科学把握经济社会发展大势，这样才能把握发展的正确方向，加快发展的步伐。即使在计划经济体制下，经济发展仍有其客观规律性，比如有计划按比例发展规律等。在社会主义市场经济体制下，经济发展要遵循市场经济的一般规律，如市场供求规律、工业化规律，经济周期规律等，制定和实施"五年规划"，一定要在尊重这些一般规律的基础上把握国情的特殊性。随着发展理念的演进，我国"五年规划"已经从经济发展规划变化为经济社会发展规划，进而形成有关国家整体发展的全面综合发展规划。

二、经济规划产生的经济效益不断提高

经济效益是指对经济资源分配以及资源利用有关的效率的评价，是衡量一国经济发展时资源配置效率的一种方式。在改革开放之前，我国经济发展的主要任务就是集中力量发展重工业，建立基本的工业体系，

因此在前五个"五年计划"中主要规定了国民经济增长指标，尤其是在"四五"计划和"五五"计划中规定的工业部门的增长速度一度超过年均10%的增速①，但是并未对所耗资源、所承担的成本做出明确的预期。经济发展的事实告诉我们，在这个阶段，由于没能建立起重工业和其他产业的协同发展体制机制，产业结构严重失调，消费品短缺，从而制约了人民生活水平的提高，但是在这一时期建立的重工业体系为我国今后的经济发展打下了坚实的基础。

改革开放以后，我国开始逐步重视经济社会发展效益，自"六五"计划开始将经济效益纳入规划中，并在"六五"计划中提出各部门要把经济效益放在发展的首位。规划中规定的经济效益的指标主要是每亿元工业总产值消耗的能源、机械工业系统重点企业的钢材利用率、国营工业企业的全员劳动生产率、国营工业企业的可比产品成本、国营商业企业的商品流通费用、流动资金周转天数、农业灌溉用水有效利用系数、工业固体废物综合利用率等。新计划总是在原有计划的基础上提出更高的要求，这也可以说明我国经济发展过程中效益是不断提高的。这些指标虽然从各个角度衡量经济社会发展的效率，但是随着经济社会的发展，某些指标或者具体的数字要求显得越发过时和生硬。因此从"十二五"规划开始，不再单独提出经济效益的具体要求，而是从更宏观的角度提出节约资源、保护环境的主张，这也符合我国经济社会的发展理念。

三、消费逐渐成为经济发展的主要动力

改革开放之前，我国经济的重心是发展重工业，主要靠投资拉动经济增长。轻工业型的消费品生产有限，极大抑制了我国的消费需求。20世纪70年代末，为了解决国民经济结构严重失衡及矛盾的问题，国家开始着手调整工业化的战略，由优先发展重工业战略逐步转变为消费需

---

① 《第四个五年计划纲要（修正草案）》《1976—1985年发展国民经济十年规划纲要（草案）》。

求导向型工业化发展战略，注重市场导向和广大人民群众的生活需求，战略重点放在农业、交通、能源、教育和科技领域，大力发展和建设轻工业，逐步调整扭曲的国民经济结构。

"六五"计划和"七五"计划期间，继续从片面追求工业特别是重工业产量的增长，转向以提高经济效益为中心，注重农、轻、重协调发展，推动经济、教育、科技、文化等全面发展。因此，整个 20 世纪 80 年代。长期被抑制的消费及生活需求突然大量释放出来，成为牵引和推动我国社会主义工业化的巨大动力。"七五"计划也提出重点发展减轻家务劳动、方便生活、丰富文化生活的家用电器的消费，消费结构由吃穿易耗品向家庭耐用品过渡。90 年代初，大量农村剩余劳动力不断涌向沿海开放城市，为发展第三产业提供了源源不断的劳动力。"八五"计划也顺应时代发展趋势提出逐步改善居民的消费结构，积极鼓励发展为城乡居民生活服务的第三产业，重点发展商业、饮食、修理、服务业，扩大服务项目，增加服务网点，引导居民合理消费。90 年代下半期，为加快中国工业化的发展，"九五"计划要求提高产品的技术含量和市场竞争力，重点发展新型元器件、集成电路、计算机及通信设备等电子信息工业，由此推动居民消费结构再次出现大规模换代升级。"九五"计划的实施，推动我国社会主义工业化基本走完了初期阶段。

从"十五"计划起，消费作为扩大内需的重要战略，也是拉动经济增长必不可少的一环。在注重消费品质升级的同时，比如提高轿车和计算机等高端消费品的普及率、建立个人信用制度、扩大信贷规模等，更强调消费结构的升级，以扩大服务消费为重点带动消费结构升级，支持信息、绿色、时尚、品质等新型消费，推动线上线下融合等新消费模式发展，同时不断强化消费者权益保护，营造放心便利的消费环境。毋庸置疑，消费是拉动经济增长的主力军，也是体现民主的重要指标。

四、投资结构的调整优化同步经济发展

改革开放之前我国经济的重心是发展重工业，国家的投资也主要集

中在重工业部门,农业和其他产业获得的投资很少。经过"一五"计划的启动与奠基,经过"二五"计划、"三五"计划和"四五"计划的推进,国家的工业特别是重工业、国防军工、科技有了很大的发展,建成了大批骨干企业、重点项目,成为中国建立独立的比较完整的工业体系的重要阶段。新中国成立伊始,一穷二白,百业待兴。国家的工业门类严重短缺,工业生产水平低,生产能力弱,生产效率低,工业产品严重匮乏。由于工农业产品生产能力的约束,中国市场体系很不完善,商品生产也不发达。同时,落后的生产关系严重制约生产力的发展,束缚了广大劳动者的生产热情。国家迫切需要进行大规模基础设施建设,发展国民经济,解决民众温饱。国家通过制定五年计划,集中资金投资基础工业和国防基础,推动经济社会的安全发展。

从"六五"计划到"十五"计划期间,全社会固定资产投资总额稳步增加,主要用于基础建设投资和旧城区、旧产业、旧设备的更新改造。基础建设投资从重点用于能源以及交通等重工业领域过渡到农业、轻工业、城市建设、商业外贸等领域,更新改造主要以节约能源和原材料为主。从"八五"计划起,中国开始进行大规模的技术改造,工业生产的技术水平显著提高,中国建设完成了许多较重要的工业基础设施,引进了一大批国外先进的生产设备和技术,一些大中型工业建设项目持续不断地竣工投产,特别是机械工业部门,每年能开发研究出上千种新产品,源源不断地为原材料、交通、科学部门提供先进的、高水平的成套设备。不难发现,这五个五年计划投资规模大,刺激了产业迅速发展,提升了经济增长的速度。

21世纪以来,五年规划更注重完善投资机制体制,明确界定政府投资范围,规范国有企业投资行为,鼓励扩大民间投资,激发民间资本活力和潜能。围绕有效需求扩大有效投资,有效遏制盲目扩张和重复建设,加大人力资本的投资,提高投资效率,发挥投资对稳增长、调结构的关键作用。在这期间,中国的主要工业产品、主要农产品产量都有较大幅度的提升,中国拥有世界门类最全的工业体系,一跃成为仅次于美国的全球第二大经济体。

五、对外经济贸易结构优化量与质同进

1978 年，党的十一届三中全会将改革开放作为实现新时期总任务的根本方针确立下来，逐步打开国门，提倡与各国开展贸易合作，标志着我国经济发展战略由内向外发生转变，拉开了我国对外开放的序幕。改革开放之初，技术落后与外汇短缺是我国经济发展面临的两大难题，因此，"六五"计划、"七五"计划和"八五"计划都将引进技术和出口创汇作为对外经济发展的首选之策。技术引进实现由单一购买设备向购买设备与技术许可、合作生产等相结合，技术引进与企业技术改造相结合，出口商品结构由以初级产品为主转向以制成品为主。按照国际技术转移的规律，技术作为企业的核心资产，其利益最大化的形式就是直接投资。

"九五"计划提出按照产业政策引导外商直接投资方向，优化外商投资结构。利用国外贷款要注重提高效益，支持国家重点建设，与国内配套资金能力相适应，继续实行对外借款的全口径计划管理，有效地控制外债余额的过快增长。这一时期，外商投资企业成为我国出口的重要力量，在外商直接投资的带动下，2001 年的贸易规模、出口规模、进口规模较之以前都有更快增长。2001 年中国加入世界贸易组织是我国改革开放和对外贸易进入一个发展新阶段的里程碑。贸易规则的全面对接、市场开放范围的扩大为我国对外贸易的发展既创造了更大的空间，又带来了严峻的挑战。

在"十五"计划到"十二五"规划期间，技术引进方式由利用外商直接投资向软件、专利无形资产转变，强调技术引进后的消化和吸收，重在对出口高技术产业的技术改造。出口结构呈现优化态势，但是自主创新能力不足。加工贸易在我国高新技术产品出口中仍然占据绝对主导地位，外资企业仍然是我国高新技术产品出口的主体，这充分说明我国高新技术产品的出口仍处于价值链低端。在保持现有竞争优势的同时，加快培育以技术、品牌、质量、服务为核心竞争力的新优势，提升

劳动密集型出口产品质量和档次，严格控制高耗能、高污染、资源性产品出口。同时优化进口结构，积极扩大先进技术、关键零部件、国内短缺资源和节能环保产品进口，适度扩大消费品进口，发挥进口对宏观经济平衡和结构调整的重要作用。

在"十三五"规划中，强化了自主创新能力，培育外贸增长新动能，加快由贸易大国向贸易强国的转变。强力培育自主创新外贸增长新优势，网络技术的跨境电子商务、市场采购贸易等新业态成为外贸增长的新亮点。推动高端装备出口，提高出口产品科技含量和附加值以及扩大服务出口等。我国在这个阶段的对外贸易增长开始实现由要素和投资驱动向创新驱动转变，极大地推动了我国经济的快速增长，并且使我国在净出口贸易总量上超过美国成为全球第一大贸易国。

六、产业结构优化与升级形成科学趋势

自新中国成立以来，我国经历了从重工业为主的经济发展模式到改革开放以来服务业的不断发展、产业结构更迭替代的发展模式。"一五"计划的启动和推进，成为新中国工业化的奠基之举。在计划经济体制下，通过"一五"计划至"五五"计划近30年的工业化建设，国家合理地规划着资源配置。初步建立了独立的、比较完善的工业体系和国民体系，打下了较好的工业基础特别是重工业基础。比如"三五"计划时期，我国国防科技取得一系列重要突破，成功进行了第一颗氢弹爆炸试验，发射了第一颗科学试验卫星等。"六五"计划是走向改革开放的第一个五年计划，在调整中使国民经济走上了健康轨道。"七五"计划开始明确提出和实施产业政策，产业政策成为调整产业结构的重要政策工具，也成为推动计划经济走向市场经济渐进式转变的重要方式。"八五"计划提出了加快第三产业发展，并积极发展机械电子、石油化工、汽车制造和建筑业，在这一时期产业发展取得了新的突破。"九五"计划时期明确提出了优化产业结构的方向，着力加强第一产业，调整和提高第二产业并积极发展第三产业，促进了经济与社会的全面发

展。"十五"计划按照发展社会主义市场经济的需要,确立以经济结构的战略性调整作为主线,更加注重经济与社会的协调发展。"十一五"时期提出了要走新型工业化道路,以信息化带动工业化,以工业化促进信息化。这极大地促进了我国高新技术产业的发展,同时,先进制造业和现代服务业也实现了规模效益。"十二五"时期首次提出了现代产业体系,要发展结构优化、技术先进、清洁安全、附加值高、吸纳就业能力强的现代产业体系,其核心是现代工业、现代服务业和现代农业相互融合、协调发展的体系。"十三五"规划时期提出五大发展理念,并以创新驱动引领产业结构变革。从"一五"计划到"十四五"规划,我国产业的升级发展符合时代进步的要求和体现了不断满足人民需求的变化。

改革开放40多年以来,中国产业结构变动的主要因素与改革前相比发生了根本性的变化。在未来一段时期,创新驱动的技术革命会成为产业结构变动的主要因素。坚持把加快产业升级与推动结构调整结合起来,推动制造业向中高端发展、高质量发展并增强对产业结构优化的带动效应。重点是加快发展人工智能、大数据、物联网等反映新一轮技术革命、工业革命趋势的战略性新兴产业、高新技术产业和技术密集型产业,依托发展前景广阔的先进制造业带动传统产业的技术改造。加强新时期产业结构政策在培育主导产业、发展新兴产业与改造传统产业方面的综合作用,加强推进制造业升级与发展振兴服务业的政策联动效应。

七、经济体制机制改革持续深化与创新

新中国成立之初,我国确立了政府主导的计划经济体制。从"一五"计划到"五五"计划时期,我国是公有制一统天下的局面。单一公有制的形成,使市场机制失去了存在的经济基础,生产要素市场基本消亡,产品市场被置于国家的计划控制之下,市场调节作用走向式微。我国的经济体制从计划管理的新民主主义经济体制转变为一种高度集中的社会主义中央计划经济体制。从"六五"计划开始从对旧体制的路径依赖向探索新体制的方向过渡,提出在坚持国营经济主导地位的前提

下发展多种经济形式和经营方式，在公有制占绝对优势的基础上实行计划经济为主、市场调节为辅的原则。"七五"时期到"十五"时期，从提出发展有计划的商品经济到确立社会主义市场经济体制再到进一步完善该体制，这一时期经济体制的改革取得了重大进展，我国的所有制结构也发生了重大变化。在此发展过程中，市场的作用越来越重要，成为经济运行的主要机制和资源配置的基础性手段，而政府的角色也在不断地发生变化，从微观领域的干预者转变为宏观领域的调控者。从"十一五"时期到"十三五"时期，我国一直坚持和完善社会主义市场经济体制，市场逐步在资源配置中起决定性作用，政府不断简政放权做好服务者的角色。

中国特色社会主义基本经济制度的形成是生产力发展的要求，也是改革开放后从传统计划经济制度向市场经济制度转变的结果。从塑造真正的市场主体到构建完整的市场体系再到制定有效的市场规则，建立并不断完善社会主义市场经济体制。这种渐进式的制度变迁，更好地协调了各经济主体的利益关系，减轻了改革阻力，维护了经济社会稳定。今后的经济制度变迁也必须以解放和发展生产力为根本，坚持党的领导，坚持正确的方向，并处理好社会的主要矛盾。基于市场化方向，中国今后仍然可以学习借鉴发达国家发展市场经济的有益经验。

第四节 经济发展规划展望

党的十九大指出，中国特色社会主义进入新时代，我国社会主要矛盾已经转化为人民日益增长的美好生活需要和不平衡不充分发展之间的矛盾。当前，世界正处于百年未有之大变局，突如其来的新冠肺炎疫情促使大变局加速演进，中华民族伟大复兴面临前所未有的战略机遇和风险挑战，我国经济已由高速增长阶段转向高质量发展阶段，正处在转变发展方式、优化经济结构、转换增长动力的攻关时期。适应新时期的新要求，经济发展规划必须更加注重以下几个问题。

一、淡化增长指标，强化高质发展

在过去较长时期内，国内生产总值（GDP）增速都是我国五年规划的重要指标。GDP 增速虽然是预期性指标，但长期以来，一些地方政府视其为十分重要的发展指标，层层加码，事实上成为"指挥棒"。为保持高速经济增长，政府进行了大量的公共投资项目，由于公共投资项目的效率相对低下，导致整体经济效率和经济质量下降，又不得不为了维持增速进一步加大公共投资，从而陷入恶性循环，违背了高质量发展的要求。若继续强调经济高速增长，容易扭曲地方政府行为，扩大低效率投资，并对市场主体形成挤出效应。因此，我们可以淡化 GDP 增速指标，增加反映经济增长效率和质量的指标。经济指标不再强调增长速度有多快，而是质量有多好、效益有多好。近年来，我国一直强调生态环境保护问题，在促进经济增长的同时不能以牺牲环境为代价，这就要求我国各生产部门要努力提高资源的利用率以及减少污染物的排放，做到经济效益最大化。良好的生态环境是人类生存与健康的物质基础，是可持续发展的前提和保障。我国较长时期经济高速增长，在生态环境、能源、资源等方面遗留了较多的历史欠账，例如大气、水、土壤的污染问题仍然突出。郭晓蓓（2019）认为我国单位 GDP 能耗大约是美国的 2.1 倍，是德国的 2.6 倍。因此，我国需要利用科技创新进一步提高能源利用率，追上发达国家的步伐。

二、提高居民收入，促进有效消费

居民收入是增强居民消费能力的基础，也是扩大居民选择自由的前提。应该进一步改革财税政策和社会保障体系，降低居民各种税费负担，提高居民收入在国民收入初次分配中的比重，确保居民收入实现稳定增长。完善社会保障体系，缩小居民收入分配差距，提高低收入人群的消费能力。应该尽快出台房地产税，再增加地方政府税源的同时，形成房地产市场的良性调节机制，降低城市居民尤其是低收入阶层、新市民的住房成本，增加居民的可支配收入。提高居民收入，刺激居民消费，以有效消费引领更高质量、更可持续、更有活力的经济发展。中国经济依靠投资驱动的模式难以为继；在中美贸易摩擦和新冠肺炎疫情全球蔓延的形势下，出口对经济增长的贡献率也存在较大的不确定性；消费尤其是高质量、供需匹配的消费将成为维持中国经济增长最稳定、最持久的动力。扩大有效供给、挖掘消费潜力，有助于推动形成国内大循环为主体、国内国际双循环的新发展格局，扩大消费来引领中国经济稳定持续增长。

中国最大的优势是人口规模，14亿多人民日益增长的美好生活需要是扩大消费、推动经济持续增长的原动力。随着我国人均GDP突破1万美元并开启迈向高收入国家的进程，居民消费需求将不断释放，再加上我国巨大人口规模以及最具成长性的中等收入群体，必将带动服务消费进入新一轮快速消费热点和供给短板领域，充分调动政府、市场和社会的力量，加大多样化、高质量的产品和服务供给，充分发挥市场机制在居民消费领域的作用，逐步清理和取消各种限制居民消费选择权的措施和规定。在惠民服务中探索"补供方"与"补需方"相结合的补贴模式，鼓励发放市民消费卡，将消费选择权交给居民，变被动消费为主动消费。这不仅有助于稳定经济增长、促进经济高质量发展，而且有助于满足居民多样化的消费需求、促进人的全面发展。

三、推进结构优化，力促产业升级

一是政府扮演好"促成者"角色，发挥政策的引导和支持作用。以市场化方式推进"三去一降一补"，促进新旧产能衔接转换，提升产业体系的整体供给质量；在高新技术以及新兴产业发展上有前瞻性。从战略上重视实现某些核心技术及关键环节的产业开发，对于一些瓶颈期环节，依靠政府进行组织和安排，在全国选择有比较竞争优势的地区和企业，加大资源投入和政策倾斜，引导生产要素集聚，实现核心技术和关键产业的快速突破；应该逐步消除我国产业发展的公共性技术研究及政府与市场之间"无人区"负效应。支持企业建立自身的内部研发投入体系，建立公立应用性研发体系，明确定位于获取以产品研发为导向的新科学知识的基础性研究，联合企业和政府一起解决研发高投入的问题；鼓励、推动优势企业间的合并与联合，将技术创新和技术进步置于产业政策的核心；引导、支持企业加大研发投入，对制造业设备研发、投资实行财政补贴和税收优惠，实施以低利率资金分配为中心的金融政策。

二是破除制度壁垒，营造良好的营商环境。继续深化减税降费，加快构建现代物流体系，推进煤、电、气等能源价格改革，降低企业生产经营成本；进一步简政放权，转变政府职能，从市场监管、政策引导、法律监督等方面进行改革，优化营商环境和投资环境，以服务企业为先导，以推动产业升级为己任，深入推进"放管服"改革；加快完善民营经济准入机制，打破垄断性行业，鼓励和支持民间资本进入国家法律许可的国有经济领域，推进国企混改和多元化发展，壮大民营经济力量，发挥民营企业促进就业、激活市场要素、创新驱动的巨大作用。

三是深化金融供给侧改革，发挥金融体系对产业发展的杠杆作用。建立多层次金融体系，有针对性地支持实体经济发展。发挥好财政资金和政策性资金的引导性作用，对战略新兴产业和基础性研发产业加大支持力度，银行等金融企业应为研发周期长、风险大、不适合投入的研发项目提供长期资金支持。做强银行等金融机构支持实业的能力，使各类企业能更便捷地获得融资；进一步深化多层次资本市场的改革，特别是科创板、创业板等对创新性企业有直接融资功能的市场，进一步激发资本市场的活力，发挥好资本市场在资源配置中的积极作用。

四是从全球价值链角度重新审视制造业政策，促进产业链向中高端延伸。从全球价值链的角度全方位审视我国的制造业政策，立足于基础研发、自主创新，提高科技水平，明确升级的目标和方向；加快研发、技术、设计、品牌、营销等价值链环节的积累，以品牌战略推动制造业升级，培育向中高端延伸的国际竞争优势。通过制定融资、财政、税收、人才、研发创新等方面的政策激励措施，鼓励行业和企业资源向品牌集聚，支持优势品牌、特色品牌发展，成功打造一批国际化的知名品牌；高新技术企业积极"走出去"开拓国际市场。积极融入"一带一路"建设，加速高铁、航天、大飞机、智能制造、高端装备、新材料等优势产业向外发展，抢占国际产业链中的高端地位；对纺织、冶金、化工等传统劳动密集型和资源密集型产业，在国际分工基础上加强外部合作，打造差异化贸易产品体系，巩固扩大比较优势。

五是加强基础研究与技术研发，促进科技成果有效转化。加大科研投入力度，全面提高创新人才资本。通过完善相关政策和法规，充分发挥政府在产学研合作中的作用，不断完善制度规范和保障，营造全社会支持和参与产学研合作的良好氛围。政府应给予科技创新相应的财政支持，支持企业在"一带一路"沿线国家与地区科学配置资源，实现企业技术创新与产业结构升级；支持设立科技成果转化专营机构，对科技园、创业园孵化器加大扶持力度，出台税收优惠政策，使科研成果直接对接生产经营和市场，转化为实实在在的生产力；建立学校、企业、政府"三位一体"的职业教育体系，促进校企合作，联合开展职业教育。以产业升级为导向，政府负责制定职业考核标准，评判教学和人才培养质量，加强学校与企业合作对接，促成学生进入企业开展实习和实用技能培训，进一步提高学用结合的能力。

四、推进深度开放，构建全新格局

一是要充分发挥政策调控作用，应对短期和中长期经济挑战。从短期来看，要综合运用积极的财政政策和稳健的货币政策，引导各级政府出台促进经济复苏和实现经济社会发展目标任务的政策举措，稳定市场对经济增长的预期，增强市场主体进一步扩大开放的信心。从中长期来看，要积极推进财税体制改革，形成促进各生产要素最优配置、经济和社会协调发展的有效财税政策体系和制度安排，充分发挥财税政策在解决区域发展不平衡等问题上的作用，让所有群体都公平分享高水平开放的成果。

二是要培育新兴产业领域技术竞争新优势，打造产业链环节优势。当前，要统筹推进疫情防控与经济社会发展，力争将疫情对中国发展的影响降到最小。在此基础上，不断加大对高新技术研发和应用的支持，突破美国等国家在高新技术领域的垄断地位和制约中国经济发展的技术瓶颈，以提高外部世界同中国的"脱钩"成本。同时，在产业链的中低端，利用生产规模、市场规模、劳动力成本和制度等优势将产品做强做优，为紧密的国际合作奠定基础。

三是坚定维护开放贸易体系，促进国内外资源的优化配置。在当前全球化遭遇波折的形势下，为了确保自身的市场安全和世界经济复苏与增长，中国要坚决反对贸易保护主义。从短期来看，欢迎所有国家搭乘中国高质量发展的"快车"和中国高水平开放的"便车"，对最不发达国家和相对落后的发展中国家单方面开放市场，让更多国家切实享受开放收益。从长远来看，只有双向开放、公平共享市场与投资机会，才能够让双方的合作更加持久。目前，很多国家具有强烈的发展和合作诉求。针对这些国家，可以支持中国企业"走出去"，促进双方要素有序自由流动和市场深度融合，让双方合作能够长期化并具备战略意义。

四是发挥重点领域务实合作的引领作用。受疫情和各国政策影响，当前推动与世界各国高水平开放和全方位合作的难度较大，但很多具体领域仍存在较大的合作潜力和空间。因此，要充分发挥重点领域务实合作的引领作用，构建连接中国与外部世界的全球务实合作网络体系，并以此推动构建开放型世界经济体系。针对不同国家（地区）的优势和特点，确立互补性强、汇集民生的重点合作领域，并推动重点领域务实合作取得显著成效。对于力推"脱钩"的美国，既要在涉及核心利益和重大利益的领域敢于同美国展开竞争甚至斗争，更要做强做实部分领域的务实合作。

五是扎实推进"一带一路"国际合作，引领高水平对外开放。"一带一路"倡议提出以来，中国同"一带一路"沿线国家和地区之间的政策沟通、设施联通、贸易畅通、资金融通、民心相通和产业合作取得显著成就，双方开放水平稳步提升。在推进"一带一路"国际合作时，应逐步将"一带一路"沿线打造成更高水平开放的重要支撑。一方面，要加强同二十国集团（G20）成员等有重大全球影响力的国家合作共建，大力拓展"一带一路"第三方市场合作，充分发挥这些国家的地区辐射力，带动更大范围更高水平的开放合作；另一方面，要加强同发展中国家的合作共建，发挥他们在全球开放合作中的重要作用，挖掘双方高水平合作潜力。

六是积极参与国际经济协调与全球经济治理，不断为更高水平开放创造良好的国际制度环境。在疫情冲击下，各国都推出了大规模的宽松财政政策和货币政策，一些大国经济政策的负面外溢效应已经显现。为此，必须推进 G20 等国际合作机制框架下的宏观经济政策协调，推进世界贸易组织、国际货币基金组织和世界银行等机制改革，奠定全球共同开放的制度基础。同时，面对新一轮国际贸易投资规则的制定，中国需要更加积极地参与全球经济治理，推动相关体制的全面改革，形成对高标准国际规则的适应能力，增强在国际经贸规则和标准制定中的话语权。

五、深化体制改革，形成发展保障

一是制定目标清晰的宏观政策。无论是我国东部还是西部，无论是国内还是国外，新常态下的经济发展都需要实施宏观的战略构想，经济要实现高质量发展，需要用发展战略引导下的宏观政策加以科学调控。新的发展阶段则更需要清晰精准的宏观调控政策。

二是着力推进金融体制改革。在全面了解经济发展新常态特征的前提下，不断推动利率市场化改革，促进中小融资机构稳步快速发展，加快推进金融服务实体经济，逐渐完善金融促进经济高质量发展的体系。

三是优化经营管理战略。在新常态下，各行业都要进行不断的转型，消除内部管理的不科学因素，提高生产经营水平和管理水平，确保企业经营管理的体系机制持续优化，逐步形成中国特色的企业文化，持续培育世界品牌。

四是加快新技术开发，提升管理效能。新经济常态下，市场经济要获得目标性的进步就要求高科技的快速应用。粗放化的技术已经无法适应新时代的发展，会不断增加政府、企业的管理成本。在实现市场经济目标的过程中，高科技可有效减少资金、人力成本，从而提升管理效能。因此，要充分了解技术创新的特点，把握技术创新的趋势，及时出台将新技术应用于管理的体制机制，确保发挥技术创新的管理效用，推动数字政府、数字企业等技术创新赋能管理的现代管理模式不断创新。

第二章

"一五"至"十四五"时期
市场经济规划

第一节 市场经济的内涵与外延

一、西方经济学中市场经济的内涵与外延

（一）西方经济学中市场经济的内涵

市场经济是通过市场配置社会资源的经济形式，各种资源的配置是通过价格机制、工资机制、利率机制等与市场相关的机制的运行来实现的。市场经济首先出现在西方发达的工业国家，是随着经济的发展而不断演进的。

市场经济体制的确立和完善，自资本主义制度产生起，经历了一个反复曲折的历史发展过程。颜鹏飞等（1998）总结西方市场经济理论的演变大致可分为三个阶段：第一阶段为盛行于 15～18 世纪的重商主义市场经济理论，重商主义理论仅从现象或经济形态上描述市场交易行为，是一种不发达的、原始国家干预主义占上风的早期市场经济形态；

第二阶段是 18 世纪至 20 世纪 20 年代传统的自由放任市场经济理论阶段，其理论是古典市场经济理论和新古典市场经济理论，这是市场经济理论的发展阶段，是一种不完备的、经济自由主义占上风的近代市场经济形态；第三阶段是 20 世纪 30 年代至今的现代市场经济理论，是以国家调节市场活动、直接干预经济运行从而使国家与市场紧密结合为标志的现代市场经济理论时期，其核心内容是政府全面干预的市场经济理论和新自由主义的市场经济理论。孔丹凤（1998）也认为，在"完全国家干预商品经济模式"中，国家在经济活动中具有无限大的权力，这种经济模式在资本主义原始积累时期为积累货币财富、开拓市场方面提供了强有力的制度保障。当该模式发展到极点时，它对经济主体利益动机的泯灭便会成为致命弱点。随后的"自由市场经济模式"顺应新兴资产阶级开拓国际市场、扩张资本主义生产方式的内在要求，市场机制的作用得到了充分的发挥，国家的经济职能退缩到相当狭小的领域，推动了经济的繁荣与稳定。但是当大垄断资本取代中小资本占据统治地位时，"自由市场经济模式"便不能实现经济繁荣的目标，它必然让位于"现代国家干预经济模式"，即市场机制、政府都是经济的不可分割的组成部分。因此，资本主义市场经济体制是随着时代变化而变化的，它并不是完全放任的市场经济体制，也不是完全的国家干预，而是走向了综合，成为现代的有宏观调控或政府干预的市场经济体制。

在西方经济学家对市场经济内涵的研究中，亚当·斯密（1776）认为市场机制是一种价格机制，通过考察自然价格和市场价格的关系，分析了竞争约束个人自利行为的作用形式和价格机制配置社会资源的运动过程，他还提出市场机制本身驱使社会的经济不断发展，倡导经济自由主义。卡尔·马克思（Karl Marx，1867）从社会结构的分析出发，强调结构整体规定了经济当事人的动机和行为，市场是经济当事人相互依存关系的社会化场所。阿尔弗雷德·马歇尔（Alfred Marshall，1890）提出均衡价格理论，将供给和需求理论相结合，市场价格决定于供需双方的力量均衡，犹如剪刀的两翼，是同时起作用的。爱德华·张伯伦（Edward Chamberlin，1933）、琼·罗宾逊（Joan Robinson，1933）研究了竞争与垄断并存的市场，提出了垄断竞争理论，弥补了以前市场经济理论的不足，使市场经济学说更接近于客观的经济实际。在 1929 年美国经济危机之后，严重的失业和经济衰退使市场这只"看不见的手"受到怀疑，约翰·梅纳德·凯恩斯（1936）提出市场中不存在一个能把私人利益转化为社会利益的"看不见的手"，经济危机和失业不可能消除，只有依靠"看得见的手"即政府对经济的全面干预，才能摆脱经济萧条和失业问题。市场配置资源的效率关键在于它的竞争机制，路德维希·艾哈德（Ludwig Erhard，1957）提出必须依靠自由竞争的市场机制的作用，这种自由竞争的市场机制不同于以前的自由放任，而是一种辅之以必要的国家调节的市场机制。自由竞争是实现基本经济目标的最好手段，也是社会市场经济制度的主要支柱。政府的责任就是制定和执行经济政策，而不在于直接干预经济事务。而米尔顿·弗里德曼和安娜·雅各布森·施瓦茨（Milton Friedman and Anna Jacobson Schwartz，1963）提出货币供应量是经济波动的根本原因，提倡自由放任，减少国家干预，国家干预的主要内容应是货币供应量。在现代市场经济中，企业的效率至关重要，哈里德·德姆塞茨（Khalid Demsetz，1982）认为不同的股份结构是适应不同的经营环境而产生的，选择一定股份产权结构还必须注意到所有者对企业经营的控制。市场经济必须建立符合市场经济的秩序，道格拉斯·诺斯（Douglass North，1990）在分析制度在市场经济发展中的作用时指出，资本市场的发展需要可靠的产权，而后者需要一种允许低成本签约的政体和司法制度，市场秩序的重担必须由国家承担，国家要承担起保护和实施产权的职能。

综上所述，市场经济是一种配置资源的方式，也是经济调节机制、社会机制、制度机制的有机整体，西方经济学中市场经济的内涵包括资源配置的市场化，经济行为主体的权、责、利界定分明，经济运行的基础是市场竞争、实行宏观调控、经济关系的国际化等内容。资源配置的市场化即社会各种资源都直接或间接地进入市场，由市场供求形成价格，进而引导资源在各个部门和企业之间自由流动，使社会资源得到合理配置。经济行为主体的权、责、利界定分明是指经济行为主体如家庭、企业和政府的经济行为，均受市场竞争法则制约和相关法律保障，赋予相应的权、责、利。经济运行的基础是市场竞争，从市场经济的理念上普遍强调竞争的有效性和公平性。实行宏观调控即政府能够运用经济计划、经济手段、法律手段以及必要的行政手段，对经济实行干预和调控，一方面是为经济的正常运转提供保证条件，另一方面则是弥补和纠正市场的缺陷。现代市场经济是一种开放经济，它使各国经济本着互惠互利、扬长避短的原则进入国际大循环。

（二）西方经济学中市场经济的外延

在西方经济学中，市场经济不断地演进，兼容理论是西方市场经济理论的一大新思潮，其中一个重要主题是市场经济与各种所有制是否存在着内在的统一性和兼容性，即两者能否兼容、融合、结合或磨合。费尔南·布罗代尔（Fernand Braudel，1979）提出资本主义私有制度与市场经济在15～18世纪早期是对立的、不融合的，它们之间有一个漫长的互相磨合的过程。实践证明，西方市场经济理论的三次大综合或"革命"，正是这种磨合或修补的反映和产物。

在社会主义和市场经济有无兼容性的问题上，市场社会主义思潮首次冲破了传统理论中认为的所有制与社会意识形态紧密联系且不可分割的状态，阐述了市场机制是一种"中性机制"，可存在于不同的所有制中，它是有效促进经济发展的手段。奥斯卡·兰格（Oskar Lange，1936）依据一般均衡原理和边际分析方法，深入论证了社会主义资源赖以合理配置的主客观均衡条件，其理论价值在于表明社会主义可以有多种经济模式，并可以在公有制基础上模拟资本主义所有制经济下的完全竞争市场来合理配置资源，因而实际上是对所谓社会主义公有制与市场经济不相兼容的教条的否定。之后其他学者从不同角度探讨了市场社会主义的理论和实践，约翰·罗默（John Romer，1997）认为资本主义社会的私有制和自由经济是社会不公正现象产生的根源，应该建立起一种理想的社会发展模式，这种理想的社会发展模式应该是对计划经济体制和私有制的双重否定，是社会主义与市场经济体制的结合。伯特尔·奥尔曼（Bertel Allman, 2000）强调市场社会主义是以国家所有和工人集体所有的多种形式取代私有制，同时保留了市场经济机制，他认为市场社会主义是一种优于资本主义的、合乎需要的、可行的社会主义的发展模式。总体上，市场社会主义是一种试图将生产资料公有制与市场经济结合起来以实现社会主义的理论。颜鹏飞（1996）总结市场经济的发展历程，认为市场与资本主义之间并不存在内在的实质联系，资本主义弊端在很大程度上应归于市场资本主义而并非市场本身，市场的内在实质也不会妨碍人们用它来实现社会主义的目的，完全可以构筑一个能够实现社会主义目的甚至结合某种特定形式的社会主义手段的市场制度。余文烈、刘向阳（2000）总结市场社会主义的发展史，认为其主要的发展脉络是资源配置方式的变化，即从计划主导机制论到市场与计划并存的二元机制论，再到市场主导机制论。同时市场社会主义也包括形式多样的社会所有制结构，兼顾平等与效率的价值取向。景维民、田卫民（2008）总结了市场社会主义所有制理论的发展，总结到市场社会主义是将市场与社会主义结合在一起的理论与实践，是运用市场来实现社会主义的目的，市场机制与社会主义制度可以结合在一起。可见，市场社会主义的核心是将市场机制与社会主义结合起来，利用市场机制实现社会主义的目的。市场经济作为经济机制，它的基本特点或内在要求，就在于通过运行的自主性、平等性、竞争性和有效性来配置资源，本身不具有制度属性，可以和不同的社会制度结合，从而表现出不同的性质。

综上所述，在西方发达的资本主义国家的经济发展过程中，包括盛行于 15～18 世纪以重商主义市场经济理论为主的第一阶段，18 世纪至 20 世纪 20 年代以自由放任市场经济理论为主的第二阶段，这也是市场经济理论的发展阶段，20 世纪 30 年代至今的现代市场经济理论的第三阶段，其中最核心的是众多西方经济学家在理论上的研究，诸如亚当·斯密、阿尔弗雷德·马歇尔、约翰·梅纳德·凯恩斯、路德维希·艾哈德等，最终形成了现代市场经济体系。现代市场经济的内涵就包括资源配置的市场化，经济行为主体的权、责、利界定分明，经济运行的基础是市场竞争，实行宏观调控，经济关系的国际化多方面内容。关于市场经济作为经济机制与不同的社会制度相兼容的问题，西方学者最先提出市场经济作为经济机制，本身不具有制度属性，可以和不同的社会制度结合，从而表现出不同的性质，而且市场社会主义的核心就是将市场机制与社会主义结合起来，利用市场机制实现社会主义的目的。

二、中国特色社会主义市场经济的内涵与外延

（一）中国特色社会主义市场经济的内涵

我国的经济模式是社会主义市场经济，中国社会主义市场经济在改革中不断完善、不断发展，具有鲜明的中国特色。

从政策层面来看，1978 年以前，我们国家的经济体制是计划经济，即使运用市场调节也是被动的、补充性的。直到 1978 年，以党的十一届三中全会为标志，我国走上了改革开放的道路，我们党把工作重心转移到经济建设上来。1981 年党的十一届六中全会通过的《关于建国以来党的若干历史问题的决议》中提出"以计划经济为主，市场调节为辅"的理论，现实经济活动逐步纳入了真正意义上的商品经济的发展轨道。这是一个历史性进步，因为在坚持计划经济体制前提下，承认了市场调节的作用。1984 年党的十二届三中全会通过了《中共中央关于经济体制改革的决定》，强调社会主义经济是"在公有制基础上的有计划的商品经济"。1987 年党的十三大提出"社会主义有计划商品经济的体制应该是计划与市场内在统一的体制"的观点。1992 年党的十四大正式确立了我国经济体制改革的目标是建立社会主义市场经济体制。这标志着全党在经济体制改革目标上已形成共识。1993 年，党的十四届三中全会通过了《中共中央关于建立社会主义市场经济体制若干问题的决定》，认为社会主义市场经济体制的基本框架由市场主体、市场体系、宏观调控体系、收入分配制度和社会保障制度"五大支柱"构成。2002 年 10 月党的十六大宣告，我国社会主义市场经济体制初步建立。2003 年，党的十六届三中全会通过了《中共中央关于完善社会主义市

场经济体制若干问题的决定》，标志着中国经济改革进入完善社会主义市场经济体制的新时期。2013 年，党的十八届三中全会通过了《中共中央关于全面深化改革若干重大问题的决定》，在基本经济制度和市场机制作用这两个方面又进一步深化了对社会主义基本经济规律和现代市场经济规律的认识，形成了新的重大理论突破。2017 年 10 月，习近平同志在党的十九大报告中指出，要加快完善社会主义市场经济体制。经济体制改革必须以完善产权制度和要素市场化配置为重点，实现产权有效激励、要素自由流动、价格反应灵活、竞争公平有序、企业优胜劣汰。关于计划与市场各自作用的认识经历了一个曲折的过程，对计划与市场以及它们之间关系的认识，也经历了一个不断探索的过程。随着社会的发展与转型，中国的经济体制逐渐由计划经济转变为社会主义市场经济。社会主义市场经济体制是一种史无前例的体制，从实践上说，这是社会主义经济体制的一次真正变革，是中国特色社会主义道路探索中的一个伟大创举。

在思想理论层面，顾准（1957）指出经济计划要成为一个正确的计划，必须要自觉运用价值规律，调节生产与流通。这是在我国首次涉及关于运用价值规律的社会主义市场经济的理论。毛泽东（1958）对有关"消灭商品生产和交换""否认价值规律"的思潮提出批评，并提出"商品生产可以为社会主义服务"的观点，进而认为"商品生产不能与资本主义混为一谈"，并由此主张"应有计划地大力发展社会主义商品生产和商品交换"。[1] 邓小平指出，说市场经济只存在于资本主义社会，只有资本主义的市场经济，这肯定是不正确的。社会主义为什么不可以搞市场经济，这个不能说是资本主义。我们是计划经济为主，也结合市场经济，但这是社会主义市场经济。[2] 这是最早明确提出了"社会主义市场经济"这个范畴。陈云也认为整个社会主义时期必须有两种

---

[1]　中共中央文献研究室：《毛泽东文集》（第七卷），人民出版社 1999 年版，第 435～440 页。

[2]　中共中央文献编辑委员会：《邓小平文选》（第二卷），人民出版社 1994 年版，第 236 页。

经济，即"计划经济部分"和"市场调节部分"，其中，第一部分是基本的、主要的，第二部分是从属的、次要的，但又是必需的，第二部分是第一部分的有益补充。① 邓小平又指出："计划多一点还是少一点，不是社会主义与资本主义的本质区别。计划经济不等于社会主义，资本主义也有计划；市场经济不等于资本主义，社会主义也有市场。计划和市场都是经济手段。"② 这使我国在计划与市场关系问题上的认识有了新的重大突破。

之后有众多学者做相关的研究，为中国经济在市场化改革道路上的突破提供了新的方向。刘国光（1992）就提出建立社会主义市场经济的体制是一项非常复杂的系统工程，包括企业机制的改革、市场机制的培育和完善、社会收入分配机制和社会保障制度、宏观调控体系和机制。林金忠（2012）认为支撑着市场机制的是一个由多因素构成的多层次结构，它可以被解析为表层结构、中间层结构和深层结构。表层结构即以交换为中心的一系列经济活动及其由此而衍生出的各种社会关系，中间层结构即支撑着交换活动的权利关系和信任关系，深层结构是在社会秩序背后并作为社会秩序基础的更深层次的社会建构，其核心内容是国家政治。胡鞍钢（2013）提出全面深化社会主义市场经济体制改革，要建成更加完善的社会主义市场经济体制，更加互补的公有制为主体的、多种所有制经济共同发展的基本经济制度，更大程度发挥市场在资源配置中的作用，更加健全的宏观调控体系，更加合理的公共服务体系，更具竞争力的开放型经济体系。程恩富（2013）提出要从产权、分配、调节和开放四个层面科学地界定加快完善社会主义市场经济体制的方向和内涵。李建平（2016）认为社会主义市场经济有三个层次的规律：第一是商品运动的规律，主要有价值规律、供求规律、竞争规律等；第二是资本运动的规律，价值增值规律、生产过剩规律和收入分配

---

① 中共中央文献编辑委员会：《陈云文选》（第三卷），人民出版社 1995 年版，第 245 页。

② 中共中央文献编辑委员会：《邓小平文选》（第三卷），人民出版社 1993 年版，第 373 页。

差距扩大导致两极分化规律是资本运动三大一般规律，这就需要处理好政府和市场的关系；第三是社会主义经济运动规律，其主要内容包括社会主义生产目的（满足人民的需要、实现共同富裕）和实现这一目的的手段（解放和发展生产力）。胡家勇（2016）提出社会主义市场经济理论涉及政府与市场的关系、基本经济制度、收入分配制度、市场经济运行和对外开放等重大理论和实践问题。刘伟（2017）提到以社会主义市场经济为方向的改革，包含两个方面的基本命题：一是所有制的改革，包括所有制结构和企业产权制度的改革；二是资源配置机制的改革，包括市场化和政府改革。中国的改革开放是在这两方面基本命题的统一中推进的。简新华（2019）提出完善的社会主义市场经济体制应包括坚持共产党的领导，以公有制为主体和主导的多种所有制为基础，包括国有企业在内的企业主要实行现代企业制度，实行以按劳分配为主体的多种分配方式，形成完整、统一、竞争、开放的市场体系和合理有效的市场监管体系，建立完善的政府经济管理体系，在发挥市场决定性作用的同时国家实行更为全面合理有效的规划管理和宏观调控，建立符合国情的社会保障制度。黄铁苗、徐常建（2019）认为中国特色社会主义市场经济的独特优势就是坚持党的领导，坚持公有制经济为主体、多种所有制经济共同发展，坚持宏观调控，坚持全方位对外开放。在理论层面的相关研究，与政策层面和我国国情相辅相成，共同构成了中国特色社会主义市场经济的内涵。从理论上说，这是我们党的一次真正的理论创新，是马克思主义中国化的一个光辉典范。

综上所述，中国特色社会主义市场经济是使市场在社会主义国家宏观调控下对资源配置起决定性作用的经济体制。社会主义市场经济就是同社会主义基本社会制度结合在一起的市场经济，体现社会主义的根本性质。我国社会主义市场经济具有一般市场经济的共性，它使经济活动遵循价值规律的要求，适应供求关系的变化；通过价格杠杆和竞争机制，把资源配置到效益最好的环节中去，并使企业实行优胜劣汰机制；运用市场对各种经济信号反应灵敏的特点，促进生产和需求的及时协调。我国的社会主义市场经济模式还呈现独有的特征，包括以公有制为主体、以计划为指导、以共同富裕为目标等。因此，在综合我国的十四个五年规划和相关政策文件的基础上，结合相关学者的理论研究，总结出我国社会主义市场经济的内容，主要包括完善经济所有制结构、建立现代企业制度、健全现代市场体系、行政管理体制改革、财税改革、金融体制改革、完善宏观调控、缩小收入差距、完善社会保障制度、完善对外开放布局、健全对外开放机制等多方面内容。

（二）中国特色社会主义市场经济的外延

中国特色社会主义市场经济体制作为一种史无前例的体制，在我国经济发展不断取得新成就的进程中，众多学者就中国特色社会主义市场经济的相关问题做出探讨。

在计划和市场的关系问题上，魏杰、张宇（1993）认为我国要建立的社会主义市场经济是政府主导型的市场经济，其特点是政府和市场、计划调节和市场调节具有同等重要的地位。武力（2009）认为计划管理与市场调节这两只手，缺一不可。计划管理和市场调节两种手段的作用并不是此消彼长或水火不容的，而是可以根据需要进行调整的。刘国光（2010）认为在不同的社会制度下，计划与市场的性质、地位和作用是不一样的，计划经济不等于社会主义，但计划性对于社会主义来说却不是可有可无的东西，而是公有制经济的本质属性之一。胡鞍钢（2013）提出中国并没有像大多数社会主义国家一样在转向市场经济的过程中，彻底抛弃了原有的计划体制，而是在创新社会主义市场经济体制的过程中，自我调整、自我改革。一方面引入市场机制，对资源配置起决定性作用；另一方面改革计划机制，不断促进计划本身转型，从经济计划到公共事务治理计划，使市场和计划都成为中国经济发展相互补充、相互促进的手段。在公有制与市场经济的关系上，颜鹏飞（1996）认为市场经济与社会主义制度并不矛盾，社会主义公有制与市场经济具有磨合和内在的统一性。张宇（2016）认为既要遵循市场经济的规律，又要体现公有制的要求；既要发挥市场经济的长处，又要彰显社会主义制度的优越性，这就是公有制与市场经济有机结合的实质，也是社会主义市场经济的精髓。简新华、余江（2016）提出公有制与市场经济具有相结合的可能性，搞市场经济不一定要私有化，公有制与市场经济有相结合的必要性。

在市场经济理论发展方面，庞增安（2012）提出社会主义市场经济理论既是马克思主义经济学在中国的继承和发展，也是中国特色社会主义理论和实践的创新性成果。社会主义市场经济理论形成的动力是我国社会主义经济实践发展的需要，社会主义市场经济理论形成的直接理论来源是马克思主义经济学，间接理论来源是西方经济学、市场社会主义、制度经济学、发展经济学和比较经济学等理论，社会主义市场经济理论形成的社会基础是我国社会主义初级阶段的基本国情。刘伟（2015）认为发展混合所有制经济是建设社会主义市场经济的根本性制度创新，混合所有制经济既是社会主义基本经济制度的重要实现形式，也是协调政府与市场相互关系的重要微观制度基础，更是使市场在资源配置方面切实能够起决定性作用的关键环节。程恩富（2017）提出中国社会主义市场经济理论具有系统的创新性、学理的科学性、实践的可行性、深厚的理论渊源，我国社会主义市场经济理论是重大创新。程霖、陈旭东（2018）认为中国特色社会主义市场经济理论，不仅丰富了社会主义经济理论，发展了马克思主义政治经济学，而且也对社会经济发展落后的国家如何建设社会主义这一世界性难题，尤其是围绕基本经济制度、市场体系建设、政府作用发挥、收入分配制度等做出了有益探索。在对中国特色社会主义市场经济除了内涵本质的研究之外，众多学者的研究问题方向与我国国情是紧密相关的，主要集中在计划和市场的关系，公有制与市场的关系，以及中国特色社会主义市场经济理论发展的来源、进程与突破创新上。这些问题对社会主义市场经济在中国的实践也是至关重要的，与中国特色社会主义市场经济的内涵一道构成中国特色社会主义市场经济理论。

综上所述，作为社会主义经济体制的一次真正变革，在对中国特色社会主义市场经济内涵问题的研究中，学者们分别从政策层面和思想理论层面研究我国市场经济的发展历程，结合我国的十四个五年规划和相关政策文件来看，我国社会主义市场经济的内容主要包括经济所有制结构、现代企业制度、现代市场体系、行政管理体制改革、财税金融改革、宏观调控体系、收入分配制度、社会保障制度、对外开放布局等多方面内容。对计划和市场的关系、公有制与市场的关系、社会主义市场经济理论发展等相关问题的研究成果显示：中国特色社会主义市场经济就是使市场在社会主义国家宏观调控下对资源配置起决定性作用的经济体制，具有一般市场经济的共性，还呈现出我们社会主义国家独有的特征。因此，不管从理论还是实践上来说，中国特色社会主义市场经济体制都是一种史无前例的体制。

第二节　市场经济规划的内容[①]

一、"一五"计划中的市场管理[②]

"一五"计划期间采取一系列措施保证市场的稳定，主要包括：保持财政收支的平衡，增加财政和物资的后备力量，进而稳定币值，因而也就能够稳定物价；随着生产的发展，相应地发展城乡和内外的物资交流，扩大商品的流通，以促进生产的发展和经济的繁荣，并巩固工农的联盟。

---

①　改革开放以前，即"一五"计划至"五五"计划期间，我国实行计划经济，改革开放后逐步实施有计划的商品经济，"六五"计划提出计划经济为主、市场调节为辅的原则，"八五"计划提出建立社会主义有计划商品经济新体制和计划经济与市场调节相结合运行机制的总要求，"九五"计划中正式提出初步建立社会主义市场经济体制。"一五"至"八五"计划中关于市场的部分强调计划经济下如何稳定与促进市场发展，"九五"计划以则强调如何建立市场经济体制。因此，本节"一五"计划至"九五"计划相关内容重在管理市场，"十五"计划至"十四五"规划相关内容重在建立社会主义市场经济。

②　李富春：《关于发展国民经济的第一个五年计划的报告》，中国政府网，http://www.gov.cn/test/2008-03/06/content_910770.htm。

二、"二五"计划中的市场管理①

"二五"期间，在商业方面，在适当的范围内，更好地运用价值规律，来影响那些不必要由国家统购包销的、产值不大的、品种繁多的工农业产品的生产，以满足人民多样化的生活需要。在国家统一市场的领导下，有计划地组织一部分自由市场；在一定范围内，实行产品的自产自销；对某些日用工业品，推行选购办法，对所有商品，将实行按质分等论价办法等。在物价方面继续采取稳定的政策，同时，对不合理的物价进行适当的调整。

三、"三五"计划中的市场管理②

"三五"计划期间，继续稳定物价，妥善安排好市场商品供应，合理组织商品流通；实行企业下放，积极稳妥地进行经济管理体制的改革；加强了东部沿海地区同大三线地区的经济合作与联系，为日后进一步发展奠定了基础。

四、"四五"计划中的市场管理③

"四五"计划期间，国民经济发展计划经历多次调整，在经济管理体制方面主要包括：第一，各部所属企、事业单位，除少数不宜下放外，一般都应下放；第二，实行基本建设投资大包干；第三，实行物资

---

① 周恩来：《在中共八大上周恩来作第二个五年计划的建议的报告》，中国政府网，http://www.gov.cn/test/2008-06/04/content_1005129.htm。

② 国家计委计划经济研究所：《发展国民经济的第三个五年计划（1966—1970）》，载于《计划经济研究》1984年第11期，第1~11页。

③ 国家计委计划经济研究所：《发展国民经济的第四个五年计划（1971—1975）》，载于《计划经济研究》1984年第11期，第11~22页。

分配大包干；第四，实行财政收支大包干；第五，整顿和加强企业管理工作，落实岗位责任制；第六，加强物价和市场管理。

五、"五五"计划中的市场管理[①]

"五五"计划是计划经济体制时期的最后一个五年计划，"五五"计划实施前期中国处于"文化大革命"最后的困难时期，制定的草案实际未能执行，修改后的纲要严重脱离国情。

随着 1978 年十一届三中全会的召开以及改革开放的实施，经济在过渡中酝酿了改革。党的十一届三中全会做出了把工作重点转移到社会主义现代化建设上来的战略决策，坚决把各方面严重失调的比例关系基本上调整过来，继续整顿好现有企业，积极、稳妥地改革工业管理和经济管理体制，对"五五"计划指标做了较大幅度的调整，逐步开展多种经营形式和开辟多种流通渠道，改善人民生活。会议还提出，当前经济管理体制的一个严重缺点是权力过于集中，应该让地方和工农业企业在国家统一计划的指导下有更多的经营管理自主权；应该着手大力精简各级经济行政机构；应该坚决实行按经济规律办事，重视价值规律的作用；充分调动干部和劳动者的生产积极性；认真解决党政企不分、以党代政、以政代企的现象，加强管理机构和管理人员的权限和责任，提高工作效率，认真实行考核、奖惩、升降等制度。

"五五"计划阶段是承上启下的阶段，党的十一届三中全会确立的解放思想、实事求是的思想路线，对于改革开放历史进程起了巨大作用。

六、"六五"计划中的市场管理[②]

"六五"期间，要保证国民经济稳定地协调发展，必须正确贯彻执

---

① 《中国共产党第十一届中央委员会第三次全体会议公报》，中国政府网，http：//www. gov. cn/test/2009 - 10/13/content_1437683. htm。

② 赵紫阳：《关于第六个五年计划的报告》，中国政府网，http：//www. gov. cn/test/2008 - 03/11/content_916744. htm。

行计划经济为主、市场调节为辅的原则，把大的方面用计划管住，小的方面放开。

整顿企业经营管理方面，步伐要加快，质量要提高。

改革价格体系方面，无论实行指令性计划和指导性计划，都要自觉地利用价值规律。

改革商品流通方面，为了保持市场供需平衡和物价基本稳定，商业部门要与生产部门通力合作，增加生产，扩大货源，组织更多的适销商品供应市场。

改革行政管理体制方面，发挥行业的作用，发挥城市的作用，特别要着重发挥大中城市在组织经济方面的作用。要以经济比较发达的城市为中心，带动周围农村，统一组织生产和流通。

改革财税体制方面，在对价格不做大调整的情况下，改革税制，加快以税代利的步伐。

进出口贸易及利用外资方面，要坚持统一计划、统一政策、联合对外的原则，发挥地方、部门和企业开展对外贸易的积极性。

七、"七五"计划中的市场管理[①]

"七五"期间，是全面改革我国经济体制的关键时期，"七五"计划最重要的任务是进一步为经济体制改革创造良好的经济环境和社会环境，使改革更加顺利地展开，基本上奠定有中国特色的新型社会主义经济体制的基础。

（一）增强企业活力

一是要在坚持公有制为主体的前提下，继续发展多种所有制形式和多种经营方式。二是要进一步简政放权。三是要按照自愿互利、共同发

---

① 赵紫阳：《关于第七个五年计划的报告》，中国政府网，http://www.gov.cn/test/2008-03/24/content_927136.htm。

展的原则大力促进企业间的横向经济联合，逐步形成不同形式、不同层次的企业群体或企业集团，以促进企业结构的合理化。

（二）发展社会主义市场体系

一是逐步完善计划指导下的市场体系，继续扩大消费品市场。二是改革价格体系和价格管理制度，积极稳妥地推进价格改革，逐步形成比较符合价值、反映供求关系的价格体系和国家定价、国家指导价格、市场调节价格相结合的价格管理制度。

（三）加强和改善宏观控制

一是要进一步改革计划体制，适当缩小指令性计划的比重，扩大指导性计划和市场调节的范围。二是进一步合理设置税种和调整税率，逐步过渡到按税种划分中央税、地方税和中央地方共享税的体制。三是要加强银行在宏观经济管理中的重要职能，充分发挥金融系统筹集融通资金、引导资金流向、提高资金利用效率和调节社会需求的作用。四是改革工资制度，健全经济立法和监督，逐步调整政府经济管理机构。五是要有步骤地建立起具有中国特色的社会主义的社会保障制度雏形。

（四）扩大对外经济贸易和技术交流

一是出台进出口贸易政策措施，加强支持与管理。二是明确引进外资与技术的重点，加强宏观管理。三是经济特区、沿海开放城市和开放地区依据自身特色，加快发展。

八、"八五"计划中的市场管理①

按照在今后十年初步建立社会主义有计划商品经济新体制和计划经

① 《中华人民共和国国民经济和社会发展十年规划和第八个五年计划纲要》，中国人大网，http：//www. npc. gov. cn/wxzl/gongbao/2000 – 12/28/content_5002538. htm。

济与市场调节相结合运行机制的总要求，"八五"期间围绕解决经济生活中主要问题，有领导、有步骤地全面推进经济体制改革，强调必须正确处理治理整顿、深化改革和经济发展的关系。

（一）完善以公有制为主体的所有制结构

进一步巩固和发展国营经济、集体经济。在坚持以公有制经济为主体的前提下，继续在一定范围内适当发展个体经济、私营经济和其他经济成分。发挥非公有制经济对社会主义经济的有益的补充作用。

（二）改革企业体制

一是增强企业特别是国营大中型企业的活力。二是制定具体政策和措施，推动企业改组、联合、兼并。三是深化企业领导体制和经营机制改革，进一步发挥党组织的政治核心作用，全心全意依靠工人阶级办好企业，改革企业内部的管理制度，强化企业管理。四是加强国有资产的管理，逐步建立与社会主义有计划商品经济相适应的国有资产管理体制和管理办法。

（三）发展社会主义市场体系

进一步完善消费资料市场，扩大生产资料市场。继续深化商业、物资体制改革，逐步建立在国家指导和管理下的、高效畅通的商品流通体系。积极发展各种类型的批发市场和多种交易形式，努力发展资金市场、技术、信息、房地产和劳务市场，逐步使它们与商品市场的发展相协调。努力消除各种形式的关卡壁垒，促进统一市场的形成。

（四）改革价格体制

进一步完善国家定价、国家指导价的价格形成机制，规范市场调节价的价格行为，健全价格管理体制。在控制物价总水平的前提下，积极稳妥地推进价格改革，逐步理顺价格关系。主要内容包括：调整某些重要生产资料的价格；适当提高粮食定购价格，减少财政补贴；对供求大体平衡的一般加工产品、供求弹性比较大的商品和耐用消费品以及非生活必需品，逐步放开价格，由市场调节。区别不同产品的具体情况，逐步取消一些生产资料价格的双轨制。

（五）改革计划体制和投资体制

根据经济发展的需要和可能，合理调整指令性计划、指导性计划和市场调节的范围，并制定指令性计划和指导性计划的具体实施办法。随着经济结构的改善和市场的不断发育，进一步适当缩小指令性计划的范围，适当扩大指导性计划的范围，更多地发挥市场机制的作用。

改革按生产能力和投资额划分项目审批权的办法，按照国家产业政策，该严格控制发展的，实行相对集中管理；该鼓励发展的，适当扩大地方和企业的项目审批权限。建立煤炭、电力、石油、铁路专项开发基金，加强使用监督。采取发行债券、股票等经济办法，吸收和筹集建设资金，用于国家急需的项目建设。继续采取有效政策和措施，调动地方、部门和企业办基础工业和基础设施的积极性。进一步完善投资包干责任制和项目建设的招标投标制度，发挥市场竞争机制的作用。

（六）改革金融体制

一是进一步强化中央银行的宏观调控职能。二是健全中央银行的垂直领导体制，加强中央银行对专业银行的领导与管理。

（七）改革财政税收体制

一是继续稳定和完善财政包干体制。二是按照统一税政、集中税权、公平税负的原则，逐步理顺税制结构，强化税收管理，充分发挥税收在增加财政收入和宏观经济调控中的重要作用。

（八）改革工资制度

一是逐步建立健全工资总量调控机制和工资正常增长机制。二是调整工资收入结构，限制和减少实物分配。结合价格、住房和医疗保险制度的改革，把一部分福利补贴纳入工资，并同工资调整和工资制度改革结合起来。三是抓紧建立和推行个人收入申报制度，严格征收个人收入调节税，缓解社会分配不公现象。

（九）改革住房制度和社会保障制度

一是要积极推行住房制度改革。逐步改变低租金、无偿分配住房的办法，促进住房商品化进程。二是努力推进社会保障制度的改革。

（十）加强经济调控体系建设

一是逐步建立经济、行政、法律手段综合配套的宏观调控体系和制度，特别要加强间接调控体系的建设，更好地运用价格、税率、利率、汇率等手段调节经济的运行，以促进国家计划和宏观调控目标的实现。二是对各层次事权、财权和经济调控权进行必要的调整和明确划分。三是积极建立科学的经济决策体系和制度，重视政策、咨询、研究机构的作用。

（十一）提高对外贸易和经济技术交流

一是要进一步发展出口贸易，在坚持外汇收支平衡的前提下，适当增加进口。二是利用外资、引进技术和智力。三是进一步办好深圳、珠海、汕头、厦门和海南省五个经济特区，巩固和发展已开辟的经济技术开发区、沿海开放城市和开放地区，使它们更好地发挥在对外开放中的窗口、桥梁、基地作用。有计划、有步骤地重点搞好上海浦东新区的开发和开放。选择一些内陆边境城市和地区，作为对外开放的窗口。

九、"九五"计划中的市场经济[①]

"九五"时期国民经济和社会发展的主要奋斗目标包括加快现代企

---

① 李鹏：《关于国民经济和社会发展"九五"计划和2010年远景目标纲要的报告》，中国政府网，http://www.gov.cn/test/2008-04/21/content_950407.htm。

业制度建设，初步建立社会主义市场经济体制。社会主义市场经济体制是同社会主义基本制度结合在一起的。必须围绕国民经济发展中的深层次矛盾，坚决、积极地推进改革，健全新的经济运行机制和经济秩序，以适应生产力迅速发展的需要。

（一）建立现代企业制度

以建立现代企业制度为目标，把国有企业的改革同改组、改造和加强管理结合起来，构造产业结构优化和经济高效运行的微观基础。

一是全面准确把握"产权清晰、权责明确、政企分开、管理科学"的现代企业制度基本特征，加大改革力度，使大多数国有大中型骨干企业在 20 世纪末初步建立现代企业制度。二是加快现代企业制度建设，转换国有企业经营机制。三是着眼于搞好整个国有经济，对国有企业实施战略性改组。四是加强国有资产管理。五是解决国有企业过度负债问题。

（二）积极发展和完善市场体系

一是发展和完善商品市场。二是积极培育金融市场和土地、劳动力、技术、信息等要素市场。三是制定和完善市场规则，加强市场管理和监督。

（三）转变政府职能

按照政企分开的原则，转变政府职能。政府的经济管理职能，要真正转变到制定和执行宏观调控政策，创造良好的经济发展环境上来。完善宏观调控体系的重点是建立计划、金融、财政之间相互配合和制约，能够综合协调宏观经济政策机制。

（四）改革投资体制

一是明确各类投资主体的投资范围，规范建设项目的投融资方式和渠道。二是改革投融资方式。三是实行建设项目法人责任制和资本金制度。四是改善建设资金的宏观调控。五是培育投资市场体系。

（五）规范和完善初次分配与再分配机制

一是坚持和完善按劳分配为主体、多种分配方式并存的分配制度。二是国家依法保护合法收入，取缔非法收入，调节过高收入。

（六）加快社会保障制度改革

加快养老、失业、医疗保险制度改革，初步形成社会保险、社会救济、社会福利、优抚安置和社会互助、个人储蓄积累保障相结合的多层次社会保障制度。

（七）扩大对外开放程度

适应社会主义市场经济发展需要和国际经济通行规则，初步建立统一规范的对外经济体制。对外开放必须以国家的法律和政策为依据，维护国家权益。

一是提高对外开放水平。大能源、交通等基础设施的对外开放，有步骤地开放金融、保险、商业、外贸等服务领域。二是坚持市场多元化的对外贸易战略。三是积极合理有效地利用外资。

十、"十五"计划中的市场经济[①]

"十五"期间市场经济规划的主要内容是突破影响生产力发展的体制性障碍，完善社会主义市场经济体制迈出实质性步伐。

（一）调整和完善所有制结构

要坚持公有制为主体、多种所有制经济共同发展的基本经济制度。加快国有经济布局的战略性调整。发挥国有经济在国民经济中的主导作

---

① 《中华人民共和国国民经济和社会发展第十个五年计划纲要》，中国政府网，http://www.gov.cn/gongbao/content/2001/content_60699.htm。

用、发展多种形式的集体经济，支持、鼓励和引导私营、个体企业健康发展。在市场准入、土地使用、信贷、税收、上市融资、进出口等各方面，对不同所有制企业实行同等待遇。

（二）深化国有企业改革

一是进一步深化国有大中型企业改革，基本完成现代企业制度的建设。健全责权统一、运转协调、有效制衡的公司法人治理结构。对国有大中型企业进行规范的公司制改革。二是建立分工明确的国有资产管理、经营和监督体制，探索授权有条件的国有企业或国有资产经营公司行使出资人职能，强化对国有资产经营主体的外部监督。

（三）健全市场体系

一是进一步开放市场，继续发展商品市场，重点培育和发展要素市场，建立和完善全国统一、公平竞争、规范有序的市场体系。二是整治市场秩序。完善维护市场秩序的规则，反对垄断和不正当竞争，保证市场竞争机制的有效运行。完善市场监督机制，加大监管力度。保护生产者和消费者合法权益。加强对建设项目的监管，建立健全质量标准和计量检测体系。在全社会强化信用意识，建立严格的信用制度。

（四）推进行政管理体制和政府机构改革

继续推进行政管理体制和政府机构改革，建立廉洁高效、运转协调、行为规范的行政管理体制，推进政府决策的民主化、科学化。进一步转变政府职能，集中精力搞好宏观调控和创造良好的市场环境，不直接干预企业正常的生产经营活动。加快政府审批制度改革，强化监督机制。发挥商会、行业协会等中介组织的作用。继续改革和精简政府机构，完善公务员制度。

（五）改革投资体制

确立企业在竞争性领域的投资主体地位，基本形成企业自主决策、自担风险，银行独立审贷，政府宏观调控的新的投资体制。建立以政策引导、信息发布等间接调控手段为主的投资宏观调控体系。建立严格的政府投资项目管理机制。推动投资中介组织的市场化改革。

（六）深化财税体制改革

一是积极稳妥地推进税费改革，清理整顿行政事业性收费和政府性基金，建立政府统一预算。改革生产型增值税税制，完善消费税和营业税，逐步统一内外资企业所得税，建立综合与分类相结合的个人所得税制度，完善地方税税制。二是增强预算的透明度和约束力。规范政府采购行为。调整财政支出结构，压缩竞争性领域的支出。合理界定中央和地方政府的事权范围，加强财政再分配功能。加强审计监督，严肃财经纪律。防范财政风险。

（七）深化金融体制改革

建立和完善金融组织体系、市场体系、监管体系和调控体系。对国有独资商业银行进行综合改革，提高竞争能力。规范发展中小金融机构。完善和发挥政策性银行的功能。推进保险市场主体多元化。完善金融机构内部治理结构，形成严格约束与有效激励相统一的经营机制，提高金融资产质量。强化金融监管，完善金融分业监管构架，加强监管机构之间的协调配合。完善以间接调控为主的中央银行调控体系，积极稳妥地发展货币市场，稳步推进利率市场化改革。完善以市场供求为基础的、有管理的浮动汇率制度。

（八）加强宏观调控

一是改善宏观调控，保持经济稳定增长。要综合运用计划、财政、金融等手段，发挥价格、税收、利率、汇率等杠杆的作用，加强和改善宏观调控。二是政府要切实转变职能，正确履行职责，为规划实施创造良好的环境，推进体制改革。

（九）深化收入分配制度改革

实行按劳分配为主体、多种分配方式并存的分配制度，把按劳分配与按生产要素分配结合起来。发挥市场机制对初次分配的基础性调节作用，健全劳动力价格的市场形成机制。建立健全与经济发展水平相适应的最低工资保障制度和最低工资标准调整机制。逐步提高国家机关和事业单位人员的工资待遇。改进和完善国有企业收入分配制度。同时要建立严格的约束、监督和制裁制度。鼓励资本、技术等生产要素参与收益分配。

（十）完善社会保障制度

"十五"期间要基本建成独立于企业事业单位之外、资金来源多元化、保障制度规范化、管理服务社会化的社会保障体系。

一是健全社会保险制度依法扩大养老保险实施范围，继续完善社会统筹与个人账户相结合的城镇职工基本养老保险制度。二是建立可靠、稳定的社会保障资金筹措机制，发展其他社会保障事业。

（十一）扩大对外开放

抓住机遇，迎接挑战，做好加入世界贸易组织的准备和过渡期的各项工作，不断提高企业竞争能力，进一步推动全方位、多层次、宽领域的对外开放。

一是提高对外开放水平。二是积极合理有效地利用外资。三是实施"走出去"战略。

十一、"十一五"规划中的市场经济①

"十一五"规划中市场经济规划以转变政府职能和深化企业、财

---

① 《中华人民共和国国民经济和社会发展第十一个五年规划纲要》，中国政府网，http：//www.gov.cn/gongbao/content/2006/content_268766.htm。

税、金融等改革为重点，加快完善社会主义市场经济体制，形成有利于转变经济增长方式、促进全面协调可持续发展的机制。

（一）坚持和完善基本经济制度

坚持公有制为主体、多种所有制经济共同发展的基本经济制度。毫不动摇地巩固和发展公有制经济，毫不动摇地鼓励、支持和引导个体、私营等非公有制经济发展。

一是深化国有企业改革。二是健全国有资产监管体制。三是深化垄断行业改革。四是鼓励非公有制经济发展。

（二）完善现代市场体系

一是健全全国统一开放市场。二是完善价格形成机制。三是规范市场秩序。

（三）着力推进行政管理体制改革

建立决策科学、权责对等、分工合理、执行顺畅、监督有力的行政管理体制，加快建设服务政府、责任政府、法治政府。

一是推进政府职能转变。二是健全政府决策机制。三是深化投资体制改革。

（四）推进财政税收体制改革

调整和规范中央与地方、地方各级政府间的收支关系，建立健全与事权相匹配的财税体制，实行有利于转变增长方式、优化经济结构的财税制度。

一是完善财政体制。二是完善税收制度。

（五）加快金融体制改革

一是深化金融企业改革。二是加快发展直接融资。三是健全金融调控机制。四是完善金融监管体制。

（六）加大收入分配调节力度

完善按劳分配为主体、多种分配方式并存的分配制度，坚持各种生产要素按贡献参与分配。加快推进收入分配制度改革，规范个人收入分配秩序。着力提高低收入者收入水平，逐步扩大中等收入者比重，有效调节过高收入。

（七）健全社会保障体系

增加财政社会保障投入，多渠道筹措社会保障基金，合理确定保障标准和方式，建立健全与经济发展水平相适应的分层次、广覆盖的社会保障体系。扩大城镇基本养老保险覆盖范围。推进机关事业单位养老保险制度改革。完善失业保险制度。扩大基本医疗保险覆盖范围。完善和落实工伤保险政策和标准。建立健全生育保险制度。认真解决进城务工人员社会保障问题。规范社会保险基金征缴和监管。加强社会保障服务管理能力建设。完善城市居民最低生活保障制度。建立城乡医疗救助制度。

（八）实施互利共赢的开放战略

坚持对外开放基本国策，在更大范围、更广领域、更高层次上参与国际经济技术合作和竞争，更好地促进国内发展与改革。一是加快转变对外贸易增长方式。二是提高利用外资质量。三是积极开展国际合作。

十二、"十二五"规划中的市场经济①

"十二五"时期是深化改革开放、加快转变经济发展方式的攻坚时期。"十二五"期间要以更大决心和勇气全面推进各领域改革，更加重视改革顶层设计和总体规划，进一步调动各方面积极性，大力推进经济

---

① 《中华人民共和国国民经济和社会发展第十二个五年规划纲要》，中国政府网，http：//www.gov.cn/2011lh/content_1825838.htm。

体制改革，在重要领域和关键环节取得突破性进展。

（一）坚持和完善基本经济制度

坚持公有制为主体、多种所有制经济共同发展的基本经济制度，营造各种所有制经济依法平等使用生产要素、公平参与市场竞争、同等受到法律保护的体制环境。

一是深化国有企业改革。二是完善国有资产管理体制。三是支持和引导非公有制经济发展。

（二）推进行政体制改革

按照转变职能、理顺关系、优化结构、提高效能的要求，加快建立法治政府和服务型政府。

一是加快转变政府职能。二是完善科学民主决策机制。三是推行政府绩效管理和行政问责制度。四是加快推进事业单位分类改革。

（三）加快财税体制改革

理顺各级政府间财政分配关系，健全公共财政体系，完善预算制度和税收制度，积极构建有利于转变经济发展方式的财税体制。

一是深化财政体制改革。二是完善预算管理制度。三是改革和完善税收制度。

（四）深化金融体制改革

全面推动金融改革、开放和发展，构建组织多元、服务高效、监管审慎、风险可控的金融体系，更好地为加快转变经济发展方式服务。

一是深化金融机构改革。二是加快多层次金融市场体系建设。三是完善金融调控机制。四是加强金融监管。

（五）深化资源性产品价格和环保收费改革

建立健全能够灵活反映市场供求关系、资源稀缺程度和环境损害成本的资源性产品价格形成机制，促进结构调整、资源节约和环境保护。

一是完善资源性产品价格形成机制。二是推进环保收费制度改革。三是建立健全资源环境产权交易机制。

（六）合理调整收入分配关系

坚持和完善按劳分配为主体、多种分配方式并存的分配制度，初次分配和再分配都要处理好效率和公平的关系，再分配更加注重公平，加快形成合理有序的收入分配格局。

一是深化工资制度改革。二是健全资本、技术、管理等要素参与分配制度。三是加快完善再分配调节机制。四是整顿和规范收入分配秩序。

（七）健全覆盖城乡居民的社会保障体系

加快推进覆盖城乡居民的社会保障体系建设，稳步提高保障水平。

一是加快完善社会保险制度。二是加强社会救助体系建设。三是积极发展社会福利和慈善事业。

（八）提高对外开放水平

适应我国对外开放的新形势，实行更加积极主动的开放战略，不断拓展新的开放领域和空间，完善更加适应发展开放型经济要求的体制机制，以开放促发展、促改革、促创新。一是完善区域开放格局。二是统筹"引进来"与"走出去"。三是积极参与全球经济治理和区域合作。

十三、"十三五"规划中的市场经济[①]

"十三五"时期是全面建成小康社会决胜阶段。"十三五"规划中市场经济规划的基本内容是发挥经济体制改革牵引作用，正确处理政府

---

① 《中华人民共和国国民经济和社会发展第十三个五年规划纲要》，中国政府网，http：//www. gov. cn/xinwen/2016 - 03/17/content_5054992. htm。

和市场关系,在重点领域和关键环节改革上取得突破性进展,形成有利于引领经济发展新常态的体制机制。

(一) 坚持和完善基本经济制度

坚持公有制为主体、多种所有制经济共同发展。毫不动摇巩固和发展公有制经济,毫不动摇鼓励、支持、引导非公有制经济发展。依法监管各种所有制经济。

一是大力推进国有企业改革。二是完善各类国有资产管理体制。三是积极稳妥发展混合所有制经济。四是支持非公有制经济发展。

(二) 健全现代市场体系

加快形成统一开放、竞争有序的市场体系,建立公平竞争保障机制,着力清除市场壁垒,促进商品和要素自由有序流动、平等交换。

一是健全要素市场体系。二是推进价格形成机制改革。三是维护公平竞争。

(三) 深化行政管理体制改革

加快政府职能转变,持续推进简政放权、放管结合、优化服务,提高行政效能,激发市场活力和社会创造力。

一是深入推进简政放权。二是提高政府监管效能。三是优化政府服务。

(四) 加快财税体制改革

围绕解决中央地方事权和支出责任划分、完善地方税体系、增强地方发展能力、减轻企业负担等关键性问题,深化财税体制改革,建立健全现代财税制度。

一是确立合理有序的财力格局。二是建立全面规范公开透明的预算制度。三是改革和完善税费制度。四是完善财政可持续发展机制。

（五）加快金融体制改革

完善金融机构和市场体系，健全货币政策机制，深化金融监管体制改革，健全现代金融体系，提高金融服务实体经济效率，有效防范和化解金融风险。

一是丰富金融机构体系。二是健全金融市场体系。三是改革金融监管框架。

（六）创新和完善宏观调控

健全宏观调控体系，创新宏观调控方式，增强宏观政策协同性，更加注重扩大就业、稳定物价、调整结构、提高效益、防控风险、保护环境，为结构性改革营造稳定的宏观经济环境。

一是强化规划战略导向作用。二是改进调控方式和丰富政策工具。三是完善政策制定和决策机制。四是深化投融资体制改革。

（七）缩小收入差距

正确处理公平和效率关系，持续增加城乡居民收入，规范初次分配，加大再分配调节力度，调整优化国民收入分配格局，努力缩小全社会收入差距。

一是完善初次分配制度。二是健全再分配调节机制。三是规范收入分配秩序。

（八）改革完善社会保障制度

坚持全民覆盖、保障适度、权责清晰、运行高效，稳步提高社会保障统筹层次和水平，建立健全更加公平、更可持续的社会保障制度。

一是完善社会保险体系。二是健全社会救助体系。三是支持社会福利和慈善事业发展。

(九) 构建全方位开放新格局

以"一带一路"建设为统领,丰富对外开放内涵,提高对外开放水平,协同推进战略互信、投资经贸合作、人文交流,努力形成深度融合的互利合作格局,开创对外开放新局面。

一是完善对外开放战略布局,促进国内国际要素有序流动、资源高效配置、市场深度融合,加快培育国际竞争新优势。二是健全对外开放新体制,健全有利于合作共赢、同国际投资贸易规则相适应的体制机制。三是推进"一带一路"建设,坚持共商共建共享原则,开展与有关国家和地区多领域互利共赢的务实合作,打造陆海内外联动、东西双向开放的全面开放新格局。四是积极参与全球经济治理,推动国际经济治理体系改革完善,积极引导全球经济议程,促进国际经济秩序朝着平等公正、合作共赢的方向发展,共同应对全球性挑战。

十四、"十四五"规划中的市场经济[①]

"十四五"规划中市场经济规划的基本内容是坚持和完善社会主义基本经济制度,充分发挥市场在资源配置中的决定性作用,更好发挥政府作用,推动有效市场和有为政府更好结合,构建高水平社会主义市场经济体制。

(一) 激发各类市场主体活力

毫不动摇巩固和发展公有制经济,毫不动摇鼓励、支持、引导非公有制经济发展,培育更有活力、创造力和竞争力的市场主体。

一是加快国有经济布局优化和结构调整。二是推动国有企业完善中国特色现代企业制度。三是健全管资本为主的国有资产监管体制。四是

---

① 《中华人民共和国国民经济和社会发展第十四个五年规划和2035年远景目标纲要》,中国政府网,http://www.gov.cn/xinwen/2021-03/13/content_5592681.htm。

优化民营企业发展环境。五是促进民营企业高质量发展。

(二) 建设高标准市场体系

实施高标准市场体系建设行动，健全市场体系基础制度，坚持平等准入、公正监管、开放有序、诚信守法，形成高效规范、公平竞争的国内统一市场。

一是推进要素市场化配置改革。二是强化竞争政策基础地位。三是健全社会信用体系。

(三) 建立现代财税金融体制

更好发挥财政在国家治理中的基础和重要支柱作用，增强金融服务实体经济能力，健全符合高质量发展要求的财税金融制度。

一是加快建立现代财政制度。二是完善现代税收制度。三是深化金融供给侧结构性改革。

(四) 完善宏观经济治理

加快转变政府职能，建设职责明确、依法行政的政府治理体系，创新和完善宏观调控，提高政府治理效能。

一是完善宏观经济治理。二是构建一流营商环境。三是推进监管能力现代化。

(五) 优化收入分配结构

坚持居民收入增长和经济增长基本同步、劳动报酬提高和劳动生产率提高基本同步，持续提高低收入群体收入，扩大中等收入群体，更加积极有为地促进共同富裕。

一是拓展居民收入增长渠道。二是扩大中等收入群体。三是完善再分配机制。

（六）健全多层次社会保障体系

坚持应保尽保原则，加快健全覆盖全民、统筹城乡、公平统一、可持续的多层次社会保障体系。

一是改革完善社会保险制度。二是优化社会救助和慈善制度。三是健全退役军人工作体系和保障制度。

（七）实行高水平对外开放

坚持实施更大范围、更宽领域、更深层次对外开放，依托我国超大规模市场优势，促进国际合作，实现互利共赢，推动共建"一带一路"行稳致远，推动构建人类命运共同体。

一是建设更高水平开放型经济新体制。二是推动共建"一带一路"高质量发展。三是积极参与全球治理体系改革和建设。

第三节 市场经济规划的规律

我国"一五"到"十四五"期间，经历了由计划经济到中国特色社会主义市场经济的长期探索与努力转型。

"一五"计划到"五五"计划前期，党和政府的工作出发点还是千方百计地建立和完善社会主义计划经济体制，即使运用市场调节也是被迫的、补充性的。计划经济体制既有行政权力作为支撑，又有计划经济理论体系为之支撑，计划经济体制是非常牢固的，从迷信计划经济体制到怀疑计划经济体制，最终到下决心摒弃计划经济体制，必须归功于中国共产党多年来在推进改革与开放过程中的不懈努力与创新。

从"六五"计划到"十五"计划，关于计划与市场各自作用的认识则经历了一个不断探索的过程。1992年邓小平南方谈话之后，市场机制逐步成为经济运行中的基础性机制，计划管理的范围不仅逐步缩小，其方法也逐渐地由指令性计划为主向指导性计划为主转变。这种转变从"十五"计划的编制和实施,特别是"十一五"规划、"十二五"规划、"十三五"规划与"十四五"规划的制定可以看出,政府这只"看得见的手"的功能越来越向规划方向倾斜,向调节经济与社会关系方面倾斜,逐渐转变为公共事务治理规划,政府成为治理各种问题的核心机制,并与市场机制相互补充、相互促进。

随着社会的发展与转型,中国的经济体制逐渐由计划经济转变为社会主义市场经济,而五年计划也通过不断自我调整、自我改革,进行不断的适应性转型,十四个五年规划中也体现了经济体制的转变,表现为从经济计划为主转向全面的发展规划,从经济指标为主转向公共服务指标为主,从微观领域转向宏观领域,从市场排斥型转向市场友好型。"六五"至"十四五"期间市场经济规划的规律,可分为整体规律和特殊规律,整体规律是从中国特色社会主义市场经济发展过程来看,主要包括中国特色社会主义市场经济的基本特征和"渐进式"的市场经济改革;特殊规律是从我国市场经济的内涵来看,主要包括有为政府和有效市场的结合、建立健全现代市场经济运行体系、坚持和完善基本经济制度、优化民生保障制度、以开放促改革等方面。

一、市场经济发展体现鲜明中国特色

中国特色社会主义市场经济,即在我国特色社会主义条件下发展市场经济,必然受到社会主义基本经济制度的制约和影响,从而使我国社会主义市场经济呈现独特的基本特征,其基本特征包括以坚持党的领导为政治保证、以公有制为主体、以计划为指导、以达到共同富裕为目标。中国特色社会主义市场经济的基本特征始终贯穿在我国市场经济体制转型改革的全过程中。

以坚持党的领导为政治保证。中国共产党的最高理想和最终目标是实现共产主义,党的十一届三中全会后,党领导人民进行中国特色社会主义建设。在社会主义条件下发展市场经济,是中国共产党人的伟大创举。在当代中国,只有中国共产党能够按照最有利于生产发展和共同富裕的原则，协调各方面的利益，正确处理各阶段出现的种种矛盾，有效地组织和领导全国各族人民共同进行现代化建设，推动社会主义市场经济向前发展。

以公有制为主体。社会主义制度的核心在于生产资料的公有制，社会主义与市场经济的结合问题实际上是公有制与市场经济结合的问题。在公有制为主体的前提下，非公有制经济也是社会主义市场经济的重要组成部分。在社会主义初级阶段，生产力发展的水平低，发展又很不平衡，客观上要求多种所有制经济共同发展。而且，非公有制经济与市场经济有着天然的联系，如产权清晰、适应性强，能在经济发展中发挥重要作用。因此，必须鼓励、支持和引导非公有制经济有更大、更健康的发展，使非公有制经济在社会主义建设中发挥更大的作用。

以调控为指导。计划和市场具有各自的优势和长处，也有各自的局限和短处。计划调节的优势范围主要在宏观领域，能有效地对经济总量进行控制，但对微观经济活动难以发挥有效的调节作用；市场调节的优势主要在微观领域，能有效地激发经济主体的活力，但对经济总量的平衡、宏观经济结构的调整、生态平衡和环境保护等的调节显得无能为力。在我国社会主义市场经济的发展中，市场与计划各有其客观上的地位和作用范围：前者是基础性的，后者是全局性和方向性的。

以达到共同富裕为目标。达到全体人民的共同富裕，是社会主义的本质所在和最基本的追求，因而也必然是社会主义市场经济的基本特征。能够实现共同富裕，是我国市场经济真正充分地成为社会主义市场经济的关键，因而也是它区别于资本主义市场经济的关键所在。

二、市场经济改革"渐进式"推进

在中国特色社会主义市场经济发展过程中，中国的经济改革没有套用任何现成理论，也没有采用华盛顿共识主张的"休克疗法"，而是解放思想，实事求是，从自身实际出发，选择了对经济社会冲击较小的"渐进式"市场经济改革方式，主要特点是增量改革和试验推广。

增量改革是在经历了开始阶段扩大企业自主权试验不成功、国有经济改革停顿不前的情况下，国家采取一些修补的办法维持国有经济运转，把主要力量放到非国有经济方面，寻找新的生长点。在双轨制条件下，增量部分就取得了改善激励机制和提高效率的成效。首先，对于矫正不合理的产业结构，增量改革可以避免一个调整的成本。其次，增量改革有利于维持改革过程中稳定与速度两种要求之间的平衡。整个国民经济可划分为两类部门：第一类部门是率先进行改革的部分，市场机制发挥较重要的作用；第二类部门在改革中相对滞后，计划机制和行政命令在较大程度上起作用。在现实的改革进程中，第一类部门主要靠市场机制调节，维持了必要的速度，第二类部门起到了一种维持稳定的作用。然而，增量改革是有成本的，增量改革是以价格双轨制为前提的，而在价格双轨制条件下，经济当事人倾向于通过寻租获得收益，而不是完全依靠在市场上的竞争能力，这种寻租机会越多，对于竞争性市场和市场行为的形成就越不利。

试验推广是指我国的经济改革大多不是在全国范围内同时推开的，而是每项改革措施都从较小范围内的试验开始，在取得成果并进行总结的基础上加以局部推广，不断总结和观察，进而扩大其实行范围。这种改革方式有很多优点：一是尽可能地减少改革风险。以局部的、试验性的方式进行改革可以把试错的成本分散化，避免过大的失误。二是这种试验性的自发改革与增量改革相结合，能够及时提供在哪些领域进行改革具有最大收益的信号，使改革沿着可以取得成效的方向而推进。三是为市场的建设和培育创造了一个过程，试验推广的改革方式为每一部分新增的经济增长点赢得了相应形成市场环境的时间。试验推广式改革所独具的改革局部性也有其缺陷，改革进程在部门和地区间的不一致，造成区域发展不平衡、收入分配不均等一系列问题，增加了社会不稳定因素。另外，改革的不配套使某些必要的改革措施滞后，形成了调节机制上的真空。

我国实行渐进式的市场经济改革，首先能够充分利用已有的组织资源，保持制度创新过程中制度的相对稳定和有效衔接。渐进改革的基本要求就是其过程的可控性，改革的时机、步骤的把握、利弊的权衡、过程的调控，以及成果的保持，都有赖于政府的作用，而只有制度变革稳定衔接，才可能使政府在自身转变职能的同时，又能发挥调控改革过程的职能。其次，可以避免大的社会动荡和资源的浪费。激进式改革必然强烈地损害到某些社会集团的既得利益，会招致猛烈的抵制，同时造成社会资源的浪费。在渐进式改革中，每个社会集团都可从短期或长期中得到改革的收益，从而使改革成为大多数人的共识和不可逆转的过程。

三、强化有为政府有效市场的结合

政府和市场的关系，从改革初期的自觉运用价值规律，到党的十二大报告的"计划经济为主，市场调节为辅"，到党的十四大的"市场在社会主义国家宏观调控下对资源配置起基础性作用"，再到党的十八届三中全会的"市场在资源配置中起决定性作用和更好发挥政府作用"，我们的认识一直向纵深推进，而"市场在资源配置中起决定性作用和更好发挥政府作用"已经成为中国特色社会主义政治经济学的一条基本原则。在五年规划中，我们主要是从行政管理体制改革、投资体制改革、财政体制改革、金融体制改革、宏观调控几个方面来认识"有为政府"和"有效市场"的发展完善。

在行政管理体制改革方面，"九五"计划提出按照政企分开的原则，转变政府职能，政府的经济管理职能要真正转变到制定和执行宏观调控政策、搞好基础设施建设、创造良好的经济发展环境上来，把不应由政府行使的职能逐步转给企业、市场和社会中介组织。之后一直不断完善发展，积极推进政府职能转变、健全政府决策机制、推行政府绩效管理制度、推进事业单位改革，提高行政效能，激发市场活力和社会创造力。

在投资体制改革方面，从"八五"计划开始提出采取有效政策和措施，调动地方、部门和企业办基础工业和基础设施的积极性，完善投资包干责任制和项目建设的招标投标制度，发挥市场竞争机制的作用。

之后继续落实企业的投资自主权,逐步缩小政府对投资项目的核准范围,健全企业投资项目核准制和备案制;合理界定政府投资范围和中央与地方的投资事权,改进和完善决策规则和程序,建立政府投资项目决策责任追究制;积极建立和完善投资调控体系。

"六五"计划提出财税体制改革,从完善税种和税率设置、中央和地方的财政分级管理、国家预算管理、推进税费管理等税收制度,到规范中央与地方、地方各级政府间的收支关系、建立健全与事权相匹配的财税体制、减轻企业负担,我国一直在积极建立健全促进科技进步、转变增长方式、优化经济结构的财税制度。

在金融体制改革方面,从"七五"计划开始,逐步发展金融市场,拓宽融资渠道,健全银行的管理体制,强化中央银行的地位和作用,"十五"计划中深化金融体制改革,推进银行和金融企业股份制改革,大力发展金融市场,发展中小金融机构,鼓励金融创新,建立防风险机制,健全货币政策决策机制。"十三五"规划提出要健全现代金融体系,提高金融服务实体经济效率和支持经济转型的能力,有效防范和化解金融风险。

在宏观调控方面,"七五"计划提出适当缩小指令性计划的比重,适当扩大指导性计划和市场调节的范围,然后提出逐步建立计划、金融、财政手段综合配套的宏观调控体系和制度,为规划实施创造良好的宏观经济环境。"十三五"规划提出健全宏观调控体系,创新宏观调控方式,增强宏观政策协同性,更加注重扩大就业、稳定物价、调整结构、提高效益、防控风险、保护环境,更加注重引导市场行为和社会预期,为结构性改革营造稳定的宏观经济环境基本经济制度。

政府职能转变的目的是促进社会主义市场经济体制的确立,也就是说,转变政府职能与建立市场经济体制相辅相成、互为条件。没有政府职能的转变,就不可能有现代企业制度的建立和市场经济体制的完善;反过来,如果没有一定的市场经济基础,转变政府职能也只能是一句空话。随着我国经济发展阶段的变化,政府职能和市场作用也一直在不断变化,不断推进建设"有为政府"和"有效市场",健全行政管理、财税、货币等经济政策协调机制，更好地发挥政府的作用特别是国家发展规划的战略导向作用，有效克服"市场失灵"和"政府失灵"。中国改革开放 40 多年来在经济发展、社会民生方面所取得的巨大成就，正是"有为政府"和"有效市场"相融合的必然结果。

四、建立健全现代市场经济运行体系

中国特色社会主义市场经济的发展完善，要不断完善现代市场经济运行体系。从"六五"计划起，我国开始进行社会主义市场经济改革，我们主要从市场体系的建立健全、现代产权制度的深入推进、市场监管的发展完善来进一步认识现代市场经济体系的发展。

在完善现代市场体系方面，从"六五"计划开始利用价值规律逐步改革价格体系、规范市场调节价格的行为、健全价格管理体制；减少流通环节，扩大消费品市场和生产资料市场，促进统一市场的形成。"九五"计划提出积极培育和规范金融市场和土地、劳动力、技术、信息等要素市场，"十五"计划提出建立和完善全国统一、公平竞争、规范有序的市场体系，进一步完善市场形成价格的机制。"十二五"规划提出建立健全能够灵活反映市场供求关系、资源稀缺程度和环境损害成本的深化资源性产品价格和环保收费改革，促进结构调整、资源节约和环境保护，逐步减少政府对价格形成的干预。

在产权制度方面，不断建立健全现代企业制度，以公司制为主要形式的现代企业制度成为市场经济有效运行的微观基础。从"六五"计划提出整顿企业、提高企业的经营自主权，到"九五"计划提出建立"产权清晰、权责明确、政企分开、管理科学"的现代企业制度，此后不断完善发展企业法人治理结构。

在市场监管方面，从"八五"计划起逐步完善市场秩序，反对不正当竞争，到"十五"计划加大监管力度，强化行业自律，强化信用意识，严禁弄虚作假，保证市场有效运行，"十三五"规划中提出加强互联网交易监管，严格产品质量、安全生产、能源消耗、环境损害的强制性标准，"十四五"规划提出强化竞争政策基础地位和健全社会信用体系。

在我国市场经济转型过程中，首先强调培育完备的市场体系，只有完备的市场体系才足以支撑市场在资源配置中起决定性作用。市场体系的完备性不仅指各类市场齐全和发育良好，还指它们之间处于有机的联系之中，相互作用而趋向动态一般均衡。其次强调市场体系的统一开放和竞争有序，向市场主体开放机会，赋予他们自由选择、公平竞争的权利，同时又让他们承担决策的风险；市场规则公开透明，商品和要素可以自由流动。最后要实施有效市场监管。监管是政府最为重要的微观经济职能，以维护市场竞争秩序，消除垄断，保障食品、药品、环境和生产场所安全等。生产要素自由流动是价值规律、供求规律、竞争规律发挥作用的前提条件，我国现代市场运行体系建立健全的一个着力点就是完善要素市场，增强要素的流动性，以激发市场经济的内生动力，真正让市场合理有效地充分发挥决定性作用，推动经济稳定持续高质量高效益发展。

五、坚持和完善社会主义基本经济制度

市场经济不一定必须以私有制为基础，也能够与公有制相结合。我国就把公有制与市场经济结合起来，如果两者结合得好，就既能发挥公有制的优越性，又能实现市场经济的有效性。公有制企业如何才能适应市场经济的要求，真正做到自主经营、自负盈亏、产权明晰，是公有制能真正实现与市场经济相结合的核心问题。"六五"计划以来，我国基本经济制度理论取得了一系列重大突破，核心是对公有制经济、非公有制经济以及二者相互关系的认识不断深化和科学化，以及深化国有企业改革、健全国有资产管理体制，并对中国社会主义市场经济体制产生了深远影响。

在基本经济制度方面，从"七五"计划时的坚持公有制为主体，继续发展多种所有制形式，到"九五"计划中提出初步建立以公有制

为主体、多种所有制经济共同发展的基本经济制度，之后一直在坚持和完善基本经济制度，鼓励、支持和引导非公有制经济发展，加强和改进对非公有制企业的服务和监管。"十三五"规划提出坚持公有制为主体、多种所有制经济共同发展之外，还提出要积极稳妥地发展混合所有制经济，支持国有资本、集体资本、非公有资本等交叉持股、相互融合。

深化国企改革的目的就是要形成更加完善的体制机制，充分体现国有企业的根本属性和内在要求，发挥社会主义制度的优越性，使其更好地为全体人民的利益服务。从"七五"计划提出简政放权、分级分权管理，之后不断推进国有企业改革以及国有资产管理，推进产权制度改革、股份制改革、负债管理等方面，到"十五"计划逐步提出发挥国有经济的主导作用，不断增强国有企业的活力、影响力、控制力、抗风险能力，对国有经济分类管理，同时健全国有资产监管体制，提高资本回报，积极推动铁路体制、电力体制、石油、电信、邮政等公共事业的改革，形成竞争性市场格局，完善现代企业制度、公司法人治理结构。

在坚持和完善基本经济制度的过程中，公有制经济所占的比重下降了，但主体地位没有变，国有经济和国有资本主要分布于关系国家安全、国民经济命脉和基本民生的重要行业、关键领域和重要环节上，通过市场经济的渗透、放大和影响作用，覆盖整个经济社会生活。非公有制经济是现代生产力发展的重要组成部分，非公有制经济在产值、投资、就业、税收总量中的比重大幅度提升，成为驱动经济增长和社会进步的重要动力。同时各种资本交叉持股、相互融合的混合所有制经济也将成为我国经济运行的基础，而股份制是混合所有制经济的重要存在形式。伴随着中国市场经济体制逐步建立，国有经济改革与发展取得了巨大成就。首先，作为一种企业，国有企业在改革中始终坚持市场化的方向，健全协调运转、有效制衡的公司法人治理结构，不断规范经营决策、资产保值增值、提高企业效率、增强企业活力。其次，对国企来说，必须更好地体现全民所有、为民服务的性质和要求，不断改革国有资本服务于国家战略目标，重点提供公共服务、发展重要前瞻性战略性产业、保障国家安全等。

六、不断优化与创新民生保障制度

在我国市场经济转型过程中，生成了一系列有关收入分配的重要理论原则，涉及个人收入分配制度、生产要素参与分配、公平与效率关系、共同富裕等诸多重要方面。改革开放初期，强调按劳分配原则，党的十三大报告提出了"实行以按劳分配为主体的多种分配方式"，党的十四届三中全会明确提出了"按劳分配为主体、多种分配方式并存"的收入分配制度，实现了收入分配理论和制度的质的飞跃。在随后的发展中，在坚持按劳分配为主体的前提下，逐步明晰多种分配方式的内涵，引入按生产要素分配。在五年规划中，我们从收入分配制度和社会保障制度两方面来进一步说明在市场经济转型过程中如何优化分配制度。

在收入分配制度方面，从"八五"计划的按劳分配、克服平均主义，到"九五"计划的坚持和完善按劳分配为主体、多种分配方式并存的分配制度，再到"十五"计划的实行按劳分配为主体、多种分配方式并存的分配制度，把按劳分配与按生产要素分配结合起来，再到"十二五"规划中的初次分配和再分配都要处理好效率和公平的关系，再分配更加注重公平，加快形成合理有序的收入分配格局，我国收入分配制度的改革不断完善初次分配制度、健全再分配调节机制、规范收入分配秩序，尤其是加强按照知识、技术和管理要素参与分配的途径，充分发挥收入分配政策激励作用。

"八五"计划中提出努力推进社会保障制度的改革，"九五"计划提出发展社会保险的同时，积极发展商业保险，之后通过社会统筹与个人账户相结合的城镇职工基本养老保险制度、稳定的社会保障资金筹措机制、社会救助体系等不断建立健全更加公平、更可持续的社会保障制度，使社会保障体系与经济社会发展水平相适应。

"按劳分配为主、多种分配方式并存"的分配制度，它激发了亿万人民创造财富、获取收入和改善自身经济地位的积极性，驱动劳动力、资本、土地、技术、信息等生产要素不停地流动和重新配置，从而奠定了与社会主义市场经济运行相契合的分配制度基础。在我国市场经济改革的过程中，收入分配制度和多层次的社会保障制度也在不断优化，缩小了财产和收入分配的差距，提高了劳动者的生产经营积极主动性，让发展成果更好地共享，努力实现基本公共服务均等化，增强了经济增长的动力，更好地促进社会公平以及维持社会和谐稳定。

七、始终坚持以不断开放促进改革

20世纪下半叶以来，国际分工迅速发展，产品、服务、生产要素的国际流动规模日趋扩大，速度越来越快，生产、交换、分配和消费越来越成为世界性的。积极参与国际分工，在国际分工链条和国际经济规则制定中占据有利位置，是各国谋求竞争优势和经济发展的必然选择。我们主要从对外开放战略布局、对外开放体制建设、参与全球经济治理几个方面来进一步理解我国的对外开放理论如何推动我国的经济发展。

在对外开放战略布局方面，"六五"计划至"九五"计划期间，积极完善对外贸易，有效利用外资，引进技术和智力，以及深入推进经济特区、沿海开放城市和开放地区的建设。自加入世界贸易组织，从"十五"计划以来，有步骤地开放银行、保险、电信、外贸、内贸、旅游等服务领域，统筹"引进来"与"走出去"战略，以及完善对外开放的区域格局，全面推进双向开放，促进国内国际要素有序流动、资源高效配置、市场深度融合，加快培育国际竞争新优势。

在健全对外开放体制建设方面，为推进对外开放战略的实施，不断完善相关法律法规，完善境外投资管理，完善法治化、国际化、便利化的营商环境，促进生产要素跨境流动和优化配置，健全有利于合作共赢、同国际投资贸易规则相适应的体制机制。

加入世界贸易组织以来，我国不断积极推动国际经济治理体系改革完善，积极引导全球经济议程，维护和加强多边贸易体制，促进国际经济秩序朝着平等公正、合作共赢的方向发展，共同应对全球性挑战。

基于经济全球化背景和改革开放实践，我国逐步形成了一系列对外开放的理论观点，充分利用国际国内两个市场、两种资源，把"引进来"和"走出去"结合起来；积极参与国际竞争与国际经济合作，发挥我国比较优势；建立互利共赢、多元平衡、安全高效的开放型经济体系；积极参与全球治理等。实践证明，对外开放极大地推动了改革，对外开放促进了中国经济社会的全面进步，为改革事业提供了较好的基础条件；对外开放提升了国内标准，促进了各领域的改革和与国际接轨；参与国际竞争和国际规则制定，倒逼国内体制改革。对内改革为中国经济增长奠定了根基，对外开放为中国经济腾飞注入了强劲动力。对内改革和对外开放的有机结合实现了中国的大发展和大繁荣，也推动了中国的国际地位不断提升。

第四节　市场经济规划展望

随着我国迈入新发展阶段，必须拿出更大的勇气、更多的举措破除深层次体制机制障碍，坚持和完善中国特色社会主义制度，推进国家治理体系和治理能力现代化。党的十九届四中全会确立了"公有制为主体、多种所有制经济共同发展，按劳分配为主体、多种分配方式并存，社会主义市场经济体制等社会主义基本经济制度"，将社会主义市场经济体制上升为基本经济制度，这一突破性定位不仅是中国共产党对社会主义市场经济长期认识积累和提升的结果，而且是对我国社会主义初级阶段国情的深刻认识和改革长期性的正确把握，更是对社会主义市场经济理论的重大创新，使社会主义市场经济体制的制度地位、可持续发展地位、体制地位、精神地位都得到了极大提升。我们要守正创新、开拓创新，未来五年规划中关于社会主义市场经济规划内容的展望，主要从深化有为政府和有效市场的结合、构建高标准社会主义市场经济运行体系、坚持公有制为主体、多种所有制经济共同发展、坚持和完善民生保障制度、建设更高水平开放型经济新体制、完善社会主义市场经济法律制度六个方面来讨论,核心是坚持和完善社会主义基本经济制度,充分发挥市场在资源配置中的决定性作用,更好发挥政府作用,推动有效市场和有为政府更好结合。

一、深化有为政府和有效市场的深度结合

经济体制改革是全面深化改革的重点,核心问题是处理好政府和市场的关系。党的十九大报告进一步强调,"使市场在资源配置中起决定性作用,更好发挥政府作用"。"决定性作用"和"基础性作用"这两个定位是前后衔接、继承发展的。使市场在资源配置中起决定性作用和更好发挥政府作用,二者是有机统一的,不是相互否定的,不能把二者割裂开来、对立起来,应努力形成市场作用和政府作用有机统一、相互补充、相互协调、相互促进的格局。

在社会主义市场经济中,市场的决定作用主要体现在微观经济领域,从社会发展和宏观经济的层面看,需要强调党的领导和政府的作用。科学的宏观调控、有效的政府治理,是发挥社会主义市场经济体制优势的内在要求。更好发挥政府作用,要切实转变政府职能,深化行政体制改革,创新行政管理方式,健全宏观调控体系,加强市场活动监管,加强和优化公共服务,促进社会公平正义和社会稳定,促进共同富裕。各级政府一定要严格依法行政,切实履行职责,深化简政放权、放管结合、优化服务改革,全面实行政府权责清单制度,坚决克服政府职能错位、越位、缺位现象,建设职责明确、依法行政的政府治理体系。健全重大政策事前评估和事后评价制度,畅通参与政策制定的渠道,提高决策科学化、民主化、法治化水平。实施涉企经营许可事项清单管理,加强事中事后监管,对新产业、新业态实行包容审慎监管。推进政务服务标准化、规范化、便利化,深化政务公开。持续优化市场化法治化国际化营商环境。

同时,政府要继续完善宏观经济治理。健全以国家发展规划为战略

导向，以财政政策和货币政策为主要手段，就业、产业、投资、消费等政策紧密配合的宏观经济治理体系。完善宏观经济政策制定和执行机制，提高调控的科学性。加强国际宏观经济政策协调，搞好跨周期政策设计，促进经济总量平衡、结构优化、内外均衡。加强宏观经济治理数据库等建设。

政府也要继续建立健全现代财税金融体制。加强财政资源统筹，增强国家重大战略任务财力保障。推进财政支出标准化，强化预算约束和绩效管理。明确中央和地方政府事权与支出责任，健全省以下财政体制。完善现代税收制度，深化税收征管制度改革。健全政府债务管理制度。建设现代中央银行制度，完善货币供应调控机制，健全市场化利率形成和传导机制。构建金融有效支持实体经济的体制机制，提升金融科技水平，增强金融普惠性。深化国有商业银行改革，支持中小银行和农村信用社持续健康发展，改革优化政策性金融。推进金融双向开放。完善现代金融监管体系，提高金融监管透明度和法治化水平，健全金融风险预防、预警、处置、问责制度体系。

在社会主义市场经济条件下全面把握政府和市场的关系，必须充分认识中国共产党对经济的领导作用，坚持党对经济的集中统一领导。党对经济的领导主要是把握方向，谋划全局，提出战略，制定政策，推动立法，营造良好环境。在我国，党的坚强有力领导是政府发挥作用的根本保证。在全面深化改革过程中，我们要坚持和发展我们的政治优势，以我们的政治优势来引领和推进改革，调动各方面积极性，推动社会主义市场经济体制不断完善、社会主义市场经济更好发展。

二、构建高水平社会主义市场经济运行体系

市场经济本质上就是市场决定资源配置的经济，其基本的经济规律就是价值规律。我们要坚持社会主义市场经济改革方向，从广度和深度上推进市场化改革，减少政府对资源的直接配置，减少政府对微观经济活动的直接干预，加快建设统一开放、竞争有序的市场体系，建立公

平、开放、透明的市场规则,让市场在所有能够发挥作用的领域都充分发挥作用,推动资源配置实现效益最大化和效率最优化,让企业和个人有更多活力和更大空间去发展经济、创造财富。要以要素市场化配置改革为重点,推进要素市场制度建设,实现要素价格市场决定、流动自主有序、配置高效公平,以激发市场经济的内生动力,激发各类市场主体活力,使一切有利于社会生产力发展的力量源泉充分涌流。

第一,健全归属清晰、权责明确、保护严格、流转顺畅的现代产权制度,加强产权激励。完善以管资本为主的经营性国有资产产权管理制度,加快转变国资监管机构职能和履职方式。健全自然资源资产产权制度。健全以公平为原则的产权保护制度,全面依法平等保护民营经济产权,依法严肃查处各类侵害民营企业合法权益的行为。完善和细化知识产权创造、运用、交易、保护制度规则,加快建立知识产权侵权惩罚性赔偿制度,加强企业商业秘密保护,完善新领域新业态知识产权保护制度。

第二,价格机制是市场配置资源的核心,是发挥市场在资源配置中的决定性作用的关键环节,要形成以市场竞争为主的价格形成机制,使价格充分反映资源的供求状况。推进土地、劳动力、资本、技术、数据等要素市场化改革,推进要素价格市场化改革。完善城镇建设用地价格形成机制和存量土地盘活利用政策,推动实施城镇低效用地再开发,在符合国土空间规划前提下,推动土地复合开发利用、用途合理转换。深化利率市场化改革,健全基准利率和市场化利率体系,更好发挥国债收益率曲线定价基准作用,提升金融机构自主定价能力。完善人民币汇率市场化形成机制,增强双向浮动弹性。加快全国技术交易平台建设,积极发展科技成果、专利等资产评估服务,促进技术要素有序流动和价格合理形成。

第三,市场体系是市场配置资源的基础,坚持平等准入、公正监管、开放有序、诚信守法,要建设高效规范、公平竞争的国内统一市场,健全要素市场运行机制,完善要素交易规则和服务体系,加快形成企业自主经营、公平竞争,消费者自由选择、自主消费,商品和要素自由流动、平等交换的现代市场体系。加快建设城乡统一的建设用地市场，建立同权同价、流转顺畅、收益共享的农村集体经营性建设用地入市制度。加快建立规范、透明、开放、有活力、有韧性的资本市场，加强资本市场基础制度建设，推动以信息披露为核心的股票发行注册制改革，完善强制退市和主动退市制度，提高上市公司质量，强化投资者保护。探索实行公司信用类债券发行注册管理制。构建与实体经济结构和融资需求相适应、多层次、广覆盖、有差异的银行体系。

第四，完善的市场秩序是市场配置资源的保障，要建立公平、开放、透明的市场规则，实行统一的市场监管。完善竞争政策框架，建立健全竞争政策实施机制，强化竞争政策基础地位；反对地方保护，加强反垄断和反不正当竞争执法司法，加大执法力度，提高违法成本；建立健全社会征信体系，健全产权执法司法保护制度；实施统一的市场准入负面清单制度，维护清单的统一性和权威性，继续放宽准入限制，提升市场综合监管能力。

三、坚持公有制为主体、多种所有制经济共同发展

我国经济发展进入新常态，经济结构更加复杂、不确定性增加、创新重要性凸现、消费个性化增强。需要在新的历史条件下进一步推动所有制理论的创新发展，为保持经济中高速增长和落实创新驱动发展战略奠定基础。

首先，完善公有制为主体、多种所有制经济并存的制度，激活各类市场主体活力，为经济高质量发展提供源头活水。一是探索公有制多种实现形式，鼓励发展国有资本、集体资本、非公有资本等交叉持股、相互融合的混合所有制经济，进一步发挥我国基本经济制度的优越性。二是加快国有经济布局优化和结构调整，发挥国有经济战略支撑作用，更多投向关系国家安全、国民经济命脉的重要行业和关键领域，服务国家战略目标，增强国有经济竞争力、创新力、控制力、影响力、抗风险能力。三是深化国有企业改革，加快完善国有企业法人治理结构和市场化

经营机制，健全完善经理层任期制和契约化管理，改革国有企业工资决定机制，推进骨干员工持股制度，充分调动干部职工积极性，完善中国特色现代企业制度，深化国有企业混合所有制改革，激发国有企业发展活力和内生动力。四是形成以管资本为主的国有资产监管体制，有效发挥国有资本投资、运营公司功能作用，加大对企业授权放权力度，赋予企业更多自主权，进一步强化国有企业市场主体地位。五是稳步推进自然垄断行业改革，推进能源、铁路、电信、公用事业等行业竞争性环节市场化改革。六是发展劳动群众集体所有制，深化农村集体产权制度改革，发展农村集体经济。完善农村基本经营制度，构建现代农业产业体系、生产体系、经营体系，健全农业社会化服务体系，实现小农户同现代农业发展有机衔接。

其次，鼓励、支持、引导非公有制经济发展，采取更为有效的措施。一是健全支持民营经济、外商投资企业发展的法治环境，实现各种所有制经济权利平等、机会平等、规则平等。二是完善构建亲清政商关系的政策体系，促进非公有制经济健康发展和非公有制经济人士健康成长。三是营造各种所有制主体依法平等使用资源要素、公开公平公正参与竞争、同等受到法律保护的市场环境，对国有和民营经济一视同仁，对大中小企业平等对待，破除制约民营企业发展的各种壁垒。在加强产权和知识产权保护、健全完善金融体系、平等放开市场准入等方面深化改革，推动政策落准、落细、落实，完善促进中小微企业和个体工商户发展的法律环境和政策体系。

四、坚持和完善促进公平正义的民生保障制度

坚持把实现好、维护好、发展好最广大人民根本利益作为发展的出发点和落脚点，扎实推动共同富裕，不断增强人民群众获得感、幸福感、安全感，我国要继续完善按劳分配为主体、多种分配方式并存的基本分配制度，健全多层次的社会保障体系，促进人的全面发展和社会全面进步。

完善按劳分配为主体、多种分配方式并存的收入分配制度，促进效率与公平的有机统一，最终实现高质量发展满足人民日益增长的美好生活需要的目标。完善收入分配制度应主要包括：一是完善初次分配制度，提高劳动报酬在初次分配中的比重，完善工资制度，健全工资合理增长机制，健全劳动、资本、土地、知识、技术、管理、数据等生产要素由市场评价贡献、按贡献决定报酬的机制，多渠道增加城乡居民财产性收入。二是健全再分配调节机制，健全以税收、社会保障、转移支付等为主要手段的再分配调节机制，加大税收、社保、转移支付等调节力度和精准性，合理调节过高收入，取缔非法收入，合理调节城乡、区域、不同群体间分配关系。同时重视发挥第三次分配作用，发展慈善等社会公益事业，改善收入和财富分配格局。三是规范收入分配秩序，将收入获取建立在公平竞争和要素贡献基础之上。四是扩大中等收入群体，要增加低收入者收入，扩大中等收入群体，调节过高收入，逐步形成橄榄型收入分配格局。

同时，要健全多层次的社会保障体系。健全覆盖全民、统筹城乡、公平统一、可持续的多层次社会保障体系。实现基本养老保险全国统筹。发展多层次、多支柱养老保险体系。推动基本医疗保险、失业保险、工伤保险省级统筹，健全重大疾病医疗保险和救助制度，落实异地就医结算，稳步建立长期护理保险制度，积极发展商业医疗保险。健全退役军人工作体系和保障制度。健全分层分类的社会救助体系。完善全国统一的社会保险公共服务平台。

五、加快建设高水平高质量开放型经济新体制

国内国际形势的深刻变化，要求我们必须以更广的视野、更高的目标、更开放的态度、更有力的举措推动全面开放、全方位开放、高水平开放，加快建设开放型经济新体制，加快国际经济合作步伐，以利于在更大范围和更高水平上统筹国内国际两个大局，利用两个市场、两种资源；以利于更加有效提升我国在全球价值链中的位置，形成国际合作和

竞争的新优势；以利于承担更多力所能及的责任，更加有力推动世界经济的繁荣发展；以利于更加适应并引领经济全球化，为世界经济增长做出更大贡献。总之，要坚持实施更大范围、更宽领域、更深层次对外开放，依托我国大市场优势，促进国际合作，实现互利共赢，要推动形成以国内大循环为主体、国内国际双循环相互促进的新发展格局。

第一，中国应坚定不移推动形成更高水平的开放。采取更加积极有效的政策措施，全面提高对外开放水平，推动贸易和投资自由化便利化，推进贸易创新发展，增强对外贸易综合竞争力。完善外商投资准入前国民待遇加负面清单管理制度，有序扩大服务业对外开放，依法保护外资企业合法权益，健全促进和保障境外投资的法律、政策和服务体系，坚定维护中国企业海外合法权益，实现高质量"引进来"和高水平"走出去"。打造开放新高地，发挥自由贸易试验区改革开放试验田作用，赋予其更大改革自主权。加大知识产权保护力度，创造更具吸引力的投资和营商环境。稳慎推进人民币国际化，坚持市场驱动和企业自主选择，营造以人民币自由使用为基础的新型互利合作关系。

第二，中国应积极推动共建"一带一路"高质量发展。坚持共商共建共享原则，秉持绿色、开放、廉洁理念，深化务实合作，加强安全保障，促进共同发展。构筑互利共赢的产业链供应链合作体系，深化国际产能合作，扩大双向贸易和投资。坚持以企业为主体，以市场为导向，遵循国际惯例和债务可持续原则，健全多元化投融资体系。推进战略、规划、机制对接，加强政策、规则、标准联通。深化公共卫生、数字经济、绿色发展、科技教育合作，促进人文交流。

第三，中国应坚定不移推动全球治理体系变革。坚持平等协商、互利共赢，积极支持二十国集团、亚太经合组织、上海合作组织、金砖国家等多边机制在全球治理中发挥更大作用，弘扬共商共建共享的全球治理理念，推动变革全球治理体制中不公正不合理的安排，提升新兴市场国家和发展中国家的代表性和发言权，努力使全球治理体制更加平衡地反映大多数国家意愿和利益。维护多边贸易体制，积极参与世界贸易组织改革，推动完善更加公正合理的全球经济治理体系。积极参与多双边区域投资贸易合作机制，推动新兴领域经济治理规则制定，提高参与国际金融治理能力。

六、持续完善保障社会主义市场经济法律制度

以保护产权、维护契约、统一市场、平等交换、公平竞争、有效监管为基本导向，不断完善社会主义市场经济法治体系，确保有法可依、有法必依、违法必究。

第一，要完善经济领域法律法规体系。完善物权、债权、股权等各类产权相关法律制度，从立法上赋予私有财产和公有财产平等地位并平等保护。健全破产制度，改革完善企业破产法律制度，推动个人破产立法，建立健全金融机构市场化退出法规，实现市场主体有序退出。修订反垄断法，推动社会信用法律建设，维护公平竞争市场环境。制定和完善发展规划、国土空间规划、自然资源资产、生态环境、农业、财政税收、金融、涉外经贸等方面法律法规。按照包容审慎原则推进新经济领域立法。健全重大改革特别授权机制，对涉及调整现行法律法规的重大改革，按法定程序经全国人大或国务院统一授权后，由有条件的地方先行开展改革试验和实践创新。

第二，要全面建立行政权力制约和监督机制。依法全面履行政府职能，推进机构、职能、权限、程序、责任法定化，实行政府权责清单制度。健全重大行政决策程序制度，提高决策质量和效率。加强对政府内部权力的制约，强化内部流程控制，防止权力滥用。完善审计制度，对公共资金、国有资产、国有资源和领导干部履行经济责任情况实行审计全覆盖。加强重大政策、重大项目财政承受能力评估。推动审批监管、执法司法、工程建设、资源开发、海外投资和在境外国有资产监管、金融信贷、公共资源交易、公共财政支出等重点领域监督机制改革和制度建设。依法推进财政预算、公共资源配置、重大建设项目批准和实施、社会公益事业建设等领域政府信息公开。

第三，要完善发展市场经济监督制度和监督机制。坚持和完善党和

国家监督体系，强化政治监督，严格约束公权力，推动落实党委（党组）主体责任、书记第一责任人责任、纪委监委监督责任。持之以恒深入推进党风廉政建设和反腐败斗争，坚决依规依纪依法查处资源、土地、规划、建设、工程、金融等领域腐败问题。完善监察法实施制度体系，围绕权力运行各个环节，压减权力设租寻租空间，坚决破除权钱交易关系网，实现执规执纪执法贯通，促进党内监督、监察监督、行政监督、司法监督、审计监督、财会监督、统计监督、群众监督、舆论监督协同发力，推动社会主义市场经济健康发展。

当前和今后一个时期，我国发展仍然处于重要战略机遇期，新一轮科技革命和产业变革深入发展，同时国际环境日趋复杂，不稳定性、不确定性明显增加。要深刻认识我国社会主要矛盾变化带来的新特征新要求，深刻认识错综复杂的国际环境带来的新矛盾新挑战，认识和把握发展规律，抓住机遇，应对挑战。我们应努力使改革开放迈出新步伐，社会主义市场经济体制更加完善，高标准市场体系基本建成，市场主体更加充满活力，产权制度改革和要素市场化配置改革取得重大进展，公平竞争制度更加健全，居民收入增长和经济增长基本同步，基本公共服务均等化水平明显提高，更高水平开放型经济新体制基本形成。

第三章

"一五"至"十四五"时期
产权改革规划

第一节　产权改革的内涵与外延

一、产权的内涵与外延

从法律意义上看，"产权"一词最早单纯地表示字面含义——"财产所有权"。段毅才（1992）提出，在英文中，产权与所有权意思相同，都是指"依法占有财产的权利"。但随着社会生产力的提升、经济社会的发展，在如今的市场经济中以财产所有权为基础延伸出了涵盖各项与财产权紧密相关的如债权、知识产权、自然资源资产权等，同时包括财产的所有权、占有权、使用权、支配权、收益权和处置权等相关权利。当前，"产权"一词已经演变为一系列的与财产有关的各项权利的总称。

产权理论最早起源于 20 世纪 80 年代的新古典经济学和奥地利学派的研究，逐步发展成为西方经济学一个单独的研究方向。市场经济体制是产权理论出现的前提条件，其最初仅仅解释市场信息不对称条件下的私企产权分配问题。产权理论是由交易成本（或称交易费用）问题引出来的。陈伟等（2002）将交易成本定义为从事商品生产和交换活动的当事人之间，在市场竞争中用于信息收集、传递、策划、签约及履行合同的一种资源支出。科斯（R. H. Coase，1960）在《社会成本问题》（*The Problem of Social Cost*）里论述了企业对他人产生有害影响的行为及关于企业交易成本的问题，威廉姆森（Oliver E. Williamson，1979）同样论述了交易成本对经济活动的重要意义，科斯（1991）认为，权利的界定是市场交易的基本前提。产权是对进行交易活动的财产的法律定义，由此这些早期关于交易成本的探讨逐渐引申出了经济学界对于产权的研究，形成不同的产权理论。

折晓叶、陈婴婴（2005）认为，产权是社会基本权利关系的制度表达，是一种制度安排。吴易风（2008）通过总结马克思的文献认为，产权是关于财产归属的法律制度。诺斯（Douglass C. North，1973）认为，有效的经济组织应确定好所有权，以产生激励作用。之后，诺斯（1990）提出，制度影响着经济，而一个制度正是被政体通过创造并且拥有有效的产权激励而创建的。曹正汉（2008）认为，制度起源于行动者之间的相互期待，即各方对对方行动的预期，当这种相互期待趋于一致并稳定下来时，各方的行动就因定型而"制度化"了，产权制度就是典型。在产权理论的经济研究中，最重要的一种观念就是将产权描述为一束权利束（a bundle of rights）。杨钊霞（2019）在阐述现代产权的概念时提出，当前所说的"产权"是现代产权理论和新制度经济学中的概念，是一系列与财产权相联系的权利束总称，也是从最原始的单一的产权概念中扩展出的一个权利的空间。在现代，产权绝不是一个简单的单一权利，而是一个包含许多权利的大的概念。钟文晶、罗必良（2015）认为，所有权及其产权从心理学上看是源自人类的内心需求，从而进一步外显为国家对产权的尊重与保护。苏常禄（2019）则认为，产权的实质是一种特别的"关系"，不是简单的人与物的关系，而应该是由物充当中间桥梁作用构成的人与人之间的行为联系。在此基础上，他提出产权绝不仅仅是一个简单的权利，更应该被扩大到包括一切人类所产生的权利（甚至是官员的权利），并且他也认为产权的意义不止于简单的财产，更是当前社会整体经济发展的重中之重。周其仁（2004）认为，产权主要包括使用权、收益权和转让权，其中转让权是最为关键的，而经济是否增长就很大程度上取决于产权中的转让权限制与否。

周雪光（2005）从社会学逻辑学派的角度重新认识产权，将其定义为是一系列关系的总称，是一束社会学关系。他认为产权的组成结构及其具体形式是经济组织之间稳定存在并进行经济交流的关键。他反对传统意义上的产权"独立性"，而提出产权正是制度环境、经济组织之间和经济组织内部各类关系稳定存在的重要因素，是相互联系的，而产权制度代表的正是这一束社会学关系。德姆塞茨（1990）认为，产权是社会的工具，意指使自己或他人受益或受损的权利。彼得·纽曼等（Peter Newman et al. , 1986）将产权定义为是一种通过社会强制而实现的对某种经济物品的多种用途进行选择的权利，其本质是界定人与人之间的关系。卢现祥（2002）将完备性的产权概括为包括资源利用的所有权利，同时产权"关系束"包括排他性、收益性、可让渡性等。张五常（2002）认为产权包括资源的排他性使用权、通过使用资源而获取租金的收益权，以及通过出售或其他办法转让资源给他人的转让权。

以上各类阐述产权内涵的文献中，学者们从经济学、法学、社会学等各种不同方向对产权的相关概念进行了定义，科斯于20世纪中叶提出的交易成本理论可以作为现代产权理论的开端。随着学术界对现代产权理论的不断完善，对产权的内涵探究也逐渐全面且深入，从法学角度，法学者们认为产权是一种被政体创建以财产保护为核心的法律制度；从社会学角度，社会学家们认为其是源于人的内心对财产保护的需求，是人与人之间通过财产相互联系的一种特殊的社会关系；而经济学上的产权并不是单独定义的，而是基于法学和社会学的研究，将二者相结合并不断随经济社会的发展而不断完善的。在我国，"产权"同样绝非简单的财产所有权，更应是一种以产权为基础，向与之相关的周围各领域同时进行拓展延伸的一个权利空间，而对这个权利空间制定的一系列制度性规定则称为"产权制度"。

二、我国产权改革的内涵与外延

我国的产权改革主要围绕着公有产权和个人产权进行。关于公有产权和个人产权，李平（2001）认为，我国最初实行的以"国家所有"和"集体所有"的公有制模式，是为了不再使个人拥有生产资料，使生产资料归国家和集体分配使用。但自从改革开放以来，市场化的引入，导致这种"国家所有"和"集体所有"的公有制模式与市场化发生了冲突与矛盾，而随着改革开放的逐渐深入，所产生的矛盾逐渐凸显且日益突出，同时，随着改革开放私营企业的大量出现与发展，对于国有及集体所有的产权制度改革就迫在眉睫。刘伟平（2019）认为，产权制度的重建不仅具有重大的经济意义，而且决定了国家的稳定以及社会发展的方向。

我国从1979年开始扩大企业经营自主权的试点，1984年正式做出经济体制改革的决定。由于产权是一种私人所有制的表现形式，因此在改革开放以前的计划经济体制时期，并没有将产权概念作为经济发展的重点，而随着改革开放的开始，我国的经济体制逐步从计划经济体制转为市场经济体制，产权的意义随之凸显，而与经济社会发展相适应的产权制度改革的需求不断增强。当前我国的产权改革目标是党的十六届三中全会明确提出的要建立健全现代产权制度，要求其具备"归属清晰、权责明确、保护严格、流转顺畅"四项基本特征（十六字特征）。

卢现祥（2002）认为，市场经济在某种意义上讲就是一种产权经济，而环境保护需要依靠市场化，故而产权制度的效率决定了环境保护的发展。马永欢、刘清春（2015）认为，在生态文明建设、自然资源开发利用等方面，产权制度的重要性极其巨大，自然资源产权制度是解决市场资源配置、可持续发展等关键问题的重要手段，是现代产权制度"十六字"特征的重要体现。李顺德（2019）认为，知识产权是一项法定的权利，知识产权的出现与发展的起点是改革开放，现代知识产权制度的建立归功于改革开放，改革开放是知识产权制度的分水岭，同时知识产权制度也是改革开放的重要产物。郑成思（1993）认为，知识产权指的是人们可以就其智力创造的成果依法享有的专有权利。张玉敏（2001）认为，知识产权是民事主体享有的支配创造性智力成果、商业标志以及其他具有商业价值的信息并排斥他人干涉的权利。吴汉东（2006）认为，我国的知识产权被定义为一种私权，其包括了有形财产所有权和无形财产所有权，旨在保护创作者的权利和知识的发展传播。

产权制度改革作为经济体制改革的关键之一，包含的范围极广，我国的产权改革主要包括国有企业产权制度改革和农村集体经济产权制度改革两个领域。

（一）国有企业产权制度改革

国有企业产权改革是伴随着改革开放开始的。张卫东（2008）认为国企产权改革划分为 4 个主要阶段。1978～1986 年为第一阶段，在这一阶段国企依然是国家作为最高领导，但开始逐步承认企业的收益权和使用权，是探索阶段；1987～1992 年为第二阶段，企业已具有较为完全的使用权，但仍不完全具有收益权；1993～2000 年为第三阶段，国企的国家单一所有权开始有趋势进行转变，收益权和使用权完全具备，但仍无转让权；2001～2008 年为第四阶段，企业所有制多元化，企业各项权利逐渐转变到现代产权制度的模式，但仍无完全的转让权。周学东（2013）认为，我国的国有企业产权改革始于 1978 年，而 1995年党的十五大确定的从战略上调整国有经济、探索公有制多种实现形式，推动了国企改革取得实质性突破。宋方敏（2019）将 1992～2002年划分为一个阶段，该时期的划分标志为 1992 年邓小平南方谈话和党的十四大共同提出"抓大方向"的重大决策；2003～2013 年为一个阶段，该阶段以党的十六届三中全会为起始，使我国的混合所有制经济成为国民经济中的主导力量；2013 年至今划分为一个阶段，深化改革是此阶段的主要目标，以党的十八届三中全会为起始点，国企改革进入了新阶段。

王建梅（2008）对1978年我国产权制度改革之前的产权特征进行了总结，认为国有制企业的所有权和经营管理权都属于国家，是两权合一、封闭式的企业组织形式。国有企业的领导者是各级行政官员，他们对企业损益并不直接负责，只是单纯地贯彻执行政府的政策方针，企业资产的所有权直接属于国家，因此无法参与市场评价、股权交换等活动，同时也指出1978年之后国家由于各方面因素做出了放权让利的决定。张道根（1996）认为，改革前的国有企业无论哪一个管理层级都不可能完整、有效地行使所有者权利，也不可能有足够的信息和动力对国有企业经理人员进行规范、有效监督。罗仲伟（2009）认为，改革前的全民所有制下的国有企业是非人格化的，而由此就造成了国有企业中国有资产所有者缺位，无人从出资者所有权角度对国有资产的状况切实负责，而企业自身不具备法人财产权，经营者自然不用对运用企业所拥有的这部分国有资产的成本负责，最终是国家对国有企业承担无限责任。国有企业的产权改革是为了适应改革开放带来的市场经济体制改革，原有的纯公有制，无个人产权的经济体制即便具有其自身高计划性、高集中性的优势，但已经不适用于市场经济体制，应随着市场经济发展，通过各项产权转移、国有企业产权制度改革等具体措施，逐步实现公有产权拆分散发到个人产权，促进个人的积极性，以适应当前经济发展模式。鄢波（2010）认为，我国的国企改革至今，最革命的一点便在于它不仅触及了企业制度，而且随着改革的深入，越来越从根本上触及了国有企业的产权制度。樊纲（1995）认为，国有企业的公司制改革是一项"深层次的改革"，它不能立即解决许多问题，而只是为从根本上解决这些问题提供一个必要的制度前提。刘明越（2013）认为，国有企业经过股份制改制后，宏观层面的产权多元化的结构已经形成，而国企产权制度改革的下一个目标，就是如何实现国有企业经营成果全民共享。戴锦（2013）认为，国有企业未来的发展路线是通过建立现代企业制度的产权改革和建立公平竞争的市场体系以提升国有企业的经济效率，通过国有经济战略性调整进一步明确国有企业作用和边界以提升国有企业的政策执行效率，使国有企业在适合的领域成为政府的一种既有较高经济效率又有较高政策执行效率的政策工具。

从国有企业过去几十年的产权改革历程来看，过去我国的国有企业的产权改革主要是围绕着国有企业的所有权、使用权、收益权、转让权进行的，从对企业的国家单一所有到引入私营，最后到如今的混合所有，各个时期改革的主要目的都是为了提升国有企业的活力、增强国有企业的市场竞争力，进而提升我国的经济水平。因而，对于国有企业的产权的定义实际上就是由国有企业财产权引申而出的一系列权利，如上述的所有权、使用权、收益权、转让权。但国有企业的产权的实际含义并不是一直不变的，而是随着时代的发展，与当前的经济社会发展状况相适应的。比如近几年来，国有资产大量流失，对于国有资产的管理制度改革日益被关注，被加入国有企业产权改革中来。除此之外，当前的产权改革过程中依旧有许多其他问题亟待解决。陈彦勋（2011）认为，对于国有企业的产权改革不能极端，既要经济效益，又要考虑社会效益，不能简单地将其视为利润最大化的经济组织，剥离其社会功能。侯江源（2017）提出，当前阶段的国有企业产权制度改革主要针对两个问题进行深入：第一个是产权主体边界不清；第二个是产权动态配置不合理。他认为在过去，我国的国有企业主要是针对国有企业的分类改革，而随着分类改革的阶段性完成，我国的国有企业改革开始转向国有企业的产权改革，以党的十八大为转折点。由于股权是国有企业产权的重要组成部分之一，因此其认为下一阶段的中心就在于国有企业股权的改革。程俊杰等（2018）认为，混合所有制的本质是多元持股，并不是私有化，也并不一定会导致国有资产的流失，未来应加快推进混合所有制经济发展，首要任务就是做好产权的界定、执行与保护，以及产权交易机制的完善。甘小军等（2018）认为，产权多元化改革并非全盘私有化，而是可以提升国有企业经营效率，使国有资本保值增值，国有企业的主导地位也会因此增强。苏小方（2004）认为，实施中既重视企业私人产权的实现，也重视职工私人产权的满足，扩大职工私人产权边界，满足职工私人产权。

（二）农村集体经济产权制度改革

我国的农村经济产权制度是从新中国成立伊始就开始建立并不断改进的，而农村集体经济产权制度改革是在1978年正式开始的。

张斌（2019）提出农村经济发展的关键在于改革，他认为20世纪50年代的社会主义改造是农村集体产权制度的萌芽，但由于改革开放后的人民公社体制被废除等诸多原因，导致了农村集体产权制度出现了许多问题，因此农村集体产权制度的改革越发得到重视，而农村经济的发展快慢也取决于农村集体产权改革的深入程度。黄少安（2005）认为，土地的产出会被土地产权制度从直接、间接两个方面影响，而有效的产权制度会对农业产出起到更大的激励作用。苗新建、孟全省（2012）认为，新中国成立初期我国的农村集体经济产权制度经历的是从按份共有到共同共有的演进。陈健（2019）对新中国成立至今的农村产权制度改革的历程与意义进行了全面总结，他认为要将1978年以前的我国农村集体产权改革过程定义为摸索阶段，1978～1988年划分为农民集体产权萌芽探索发展阶段，1988～2002年被其划分为农村集体产权规范化、制度化发展阶段，2002～2007年是农村集体产权巩固发展阶段，2007年至今是农村集体产权新改革创新实践阶段。刘艳（2014）提出，必须通过农村土地产权制度法律化去充分体现农村的土地财产价值，进而推动农村发展。中央发布多项政策规定，如2014年11月的《关于引导农村土地经营权有序流转发展农业适度规模经营的意见》、2015年和2019年的中央一号文件中都明确提出了对农村土地、集体产权质押等方面的措施要求，与时代相适应。农村产权制度改革的历程表明了农村"集体"的阶段性演变是生产力与生产关系相适应的过程，尽管产权的分离使资源配置效率得以提高，但仍要坚持集体所有权不动摇。

从农村集体产权制度的历史发展可以明显看出，农村集体产权制度是所有制为基础的产权制度的细分形式，是以集体的存在形式对财产进行分配、使用的。陈天宝（2005）对农村集体产权制度做出了定义，他认为产权制度的基础是所有制,而集体产权制度的基础是财产的集体所有。郭光磊(2012)认为集体经济组织形态的阶段性演化是适应国家经济发展战略性调整的结果,是对国家不同时期面临的生产力与生产关系矛盾的反映。农业部课题组(2006)认为,产权制度变革是解决农村工业化、城镇化和集体经济组织面临新问题的必由之路。黄延信等(2014)认为,产权制度改革使农民群众真正拥有集体经济组织民主选举权、经营管理决策权和监督权,成为集体资产管理主体和集体经济受益主体。郭晓鸣(2011)认为,我国农村土地制度改革的成功之处在于,既保证了公有制的土地所有制不变,又将土地的所有权与经营权分离,紧密地将土地与人民联系在了一起。

当前,我国的农村集体产权主要是指与"三资"(即农村集体经济中的资金、资产、资源)有关的各项权利。方志权(2014)认为,我国的农村集体产权制度经过多年实践已经证明,农村集体经济组织产权制度的改革前提一定是坚持农村集体所有制。赵德起、沈秋彤(2019)认为,在当前我国市场上的权利配置主要以所有权、收益权、使用权、处置权四种权利为基本,而这四种权利又可按照层次划分为四级:所有权—处置权—使用权—收益权,并且他们认为,对于这四种权利的配置应与市场相适应,越匹配则效率越高。贾生华(1966)认为,土地产权制度的内涵十分丰富,但其最核心的内容是所有权、使用权以及这两权之间的相互关系。刘安凤(2016)认为,集体产权是具有中国特色的一种产权形式,是一个特定共同体对共有财产的对外排他性的分享,具有不完整性、共有性、排他性等特点。郭强(2014)对集体产权定义为,在一定的社区边界内、一定环境约束下,由集体成员联合组成的决策组织,按一定的制度规范,在对共有资产配置中形成的各项权利集合。农村集体经济是我国市场上的最重要的主要组成部分之一,因此对于农村集体产权的理解也可以从所有权、收益权、使用权、处置权这四项基本权利在农村集体经济中的实际运用为方向进行:以农村集体经济中最重要的资产——农地为例,农地的产权包括农地的所有权、使用权、抵押权、租赁权、继承权等,显而易见的是,这些权利均是属于上述四种基本权利，由这四种基本权利引申而来的。总之，我国的农村集体产权是所有权、收益权、使用权、处置权这四种基本权利在农村集体经济中的具体引申而来的一系列权利的总和，是一个围绕着农村集体经济财产的"权利束"。

第二节 产权改革规划的内容

产权改革的具体准确概念是伴随着改革开放而产生的，因此在第八个五年计划的纲要中才首次提到，并于第九个五年计划正式做出产权制度改革的决定。在此之前，我国的产权概念模糊，属于产权改革的探索阶段，具体表现在土地与工商业所有制的改革上，因此对1978年以前的五年计划产权改革主要体现在所有制方面。

一、"一五"计划中的产权改革[①]

"一五"计划中，明确提出土地所有制的改革，目的是提高社会主义经济在国民经济中的占比，从而进一步提高国民经济水平。对于土地所有制的改革方式主要是将地主的土地所有制改革为农民的土地所有制，逐步建设社会主义经济。"一五"计划期间，我国还只是实现部分集体所有制的、半社会主义性质的农业生产合作社，是为未来生产力等各种技术条件提升后，进一步带领农村人民走向社会主义的首要步骤。在工商业方面，主要以对资本主义的生产资料私有制的改革作为主要目标，以建设各种不同形式的国家资本主义经济，由国家资本主义的各种形式来改造原有的资本主义工商业，使其逐步转变为社会主义企业。

---

① 李富春：《关于发展国民经济的第一个五年计划的报告》，中国政府网，http：//www. gov. cn/test/2008－03/06/content_910770. htm。

二、"二五"至"七五"计划中的产权改革①②③

"二五"至"七五"计划期间,我国的国有企业产权没有大的变动,因此统一进行解释说明。

"二五"计划相比较于"一五"计划,在所有制改革方面做出了更加明确的要求。"二五"计划的基本任务中就明确提出要继续完成社会主义改造,巩固和扩大集体所有制和全民所有制。

"六五"计划中做出了对全民所有制企业继续扩大投资、扩大规模等要求,继续提高全民所有制企业在社会主义经济发展中的地位,继续推动更好发挥全民所有制企业在社会主义经济发展中的领导作用。

"七五"计划对全民所有制企业提出要提升企业活力、增强企业独立性,使其成为自主经营、自负盈亏的社会主义商品生产者和经营者。

三、"八五"计划中的产权改革④

"产权"二字在五年计划中的首次出现是在"八五计划"中提到的"充分发挥专利制度的作用,保护知识产权"。"八五"计划中提出要坚持和完善以家庭联产承包为主的责任制,发展多种形式的社会化服务体系,健全统分结合的双层经营体制。

"八五"计划中明确要求完善以公有制为主体的所有制结构,进一步巩固和发展国营经济、集体经济。同时,在这个基础上,也要充分发

---

① 周恩来:《关于发展国民经济的第二个五年计划的建议的报告》,中国经济网,http://www.ce.cn/xwzx/gnsz/szyw/200706/04/t20070604_11595194.shtml。

② 《中华人民共和国国民经济和社会发展第六个五年计划》,中国人大网,http://www.npc.gov.cn/wxzl/gongbao/1982-11/30/content_1478459.htm。

③ 《中华人民共和国国民经济和社会发展第七个五年计划》,中国人大网,http://www.npc.gov.cn/wxzl/gongbao/2000-12/26/content_5001764.htm。

④ 《中华人民共和国国民经济和社会发展十年规划和第八个五年计划纲要》,中国人大网,http://www.npc.gov.cn/wxzl/gongbao/2000-12/28/content_5002538.htm。

挥非公有制经济的补充作用。而对于企业所有制来说，要求继续坚持和完善企业承包经营责任制，防止和纠正企业利益分配过分向个人倾斜的倾向。此外，还要继续推动企业改组、联合、兼并，逐步向经济实体过渡，完善租赁制，继续对股份制进行试点实践。

四、"九五"计划中的产权改革[①]

"九五"计划正式将深化经济体制改革列入计划，明确提出1996～2010这15年的重要战略任务之一就是深化经济体制改革，其中首要提到的就是建立现代企业制度，提出"产权清晰、权责明确、政企分开、管理科学"是现代企业制度的基本特征。"九五"计划提出以企业改革作为经济体制改革的中心，具体措施包括：转换国有企业经营机制，对国有企业实施战略性改组，加强国有资产管理，解决国有企业过度负债问题，强化国有企业经营管理。同时，多次提到知识产权的重要性及保护措施，提到保护好知识产权在加快科学进步、积极发展高技术及其产业中具有重要意义；在规范和完善初次分配与再分配机制中，知识产权作为生产要素之一对收益分配的公平性具有重要意义；要加快经济立法，以实现从法律层面上加强对知识产权的保护。

五、"十五"计划中的产权改革[②]

"十五"计划指出，2001～2006年这5年中，我国应基本完成产权清晰、权责明确、政企分开、管理科学的现代企业制度的建设，并具体提出了对绝大多数国有企业进行从国家独资到股份制的转型；建立并加强国有资产监管体系；从法制上建立完善企业退出、破产的相关行为措

---

① 《中华人民共和国国民经济和社会发展"九五"计划和2010年远景目标纲要》，中国人大网，http：//www. npc. gov. cn/wxzl/gongbao/2001 – 01/02/content_5003506. htm。

② 《中华人民共和国国民经济和社会发展第十个五年计划纲要》，中国政府网，http：//www. gov. cn/gongbao/content/2001/content_60699. htm。

施，使亏损企业及时退出市场；对于非国有企业，包括私人企业、境外企业等参与改革，创立混合所有制企业，应给予鼓励支持；加强对改革中进行的国有资产产权交易的合法性、规范性进行监督管理。

"十五"计划首次提出有关外资的产权概念，提出应鼓励外资参与国有企业产权改革中，创建混合所有制企业。这其中不单纯是吸引境外大型企业，也要融合中小外资企业的资金参与，积极利用外资推动国有企业产权制度改革。同时，完善利用外资政策，改善投资环境，扩大利用外资规模，提高利用外资质量。要合理利用外资，积极发挥外资在推动我国经济发展和经济体制改革中的重要作用。

"十五"计划中再次多处提到有关知识产权方面的问题及未来目标，指出打击侵犯知识产权的行为在整治市场秩序、创新实施机制、保障实现规划目标上具有重要作用；加强知识产权保护对于深化科技体制改革、建设国家创新体系同样具有重要意义。

六、"十一五"规划中的产权改革规划①

"十一五"规划中对自然资源产权管理等方面提出了明确要求。对于水资源，要求完善取水许可和水资源有偿使用制度，制定与定额管理相结合的制度，健全流域管理与区域管理相结合的水资源管理体制，建立国家初始水权分配制度和水权转让制度。对于土地资源，要求实行最严格的土地管理制度，加强土地产权登记和土地资产管理。对于矿产资源，要求建立矿业权交易制度，健全矿产资源有偿占用制度和矿山环境恢复补偿机制。

"十一五"规划中继续重视知识产权的重要性，要求健全知识产权保护体系。同时发展专利、商标、版权转让与代理，无形资产评估等知识产权服务；在企业产权改革方面，"十一五"规划还要求继续深化国

---

① 《中华人民共和国国民经济和社会发展第十一个五年规划纲要》，中国政府网，http：//www.gov.cn/gongbao/content/2006/content_268766.htm。

有企业改革,优化国有经济布局,增强国有经济控制力、影响力和带动力,发挥主导作用,将绝大多数国有大型企业改制为多元股东的公司;在国防科技工业方面,规划要求以产权制度改革为突破口,分类实施军工企业股份制改造,深化军工投资体制改革,推进投资主体多元化。

在"十一五"规划中也对完善现代市场体系进行了专门专列的要求说明,要求规范发展产权交易市场。

七、"十二五"规划中的产权改革①

"十二五"规划中提出建立健全技术知识产权交易市场的概念,要求继续加强对知识产权的保护。对于自然资源,要求建立健全自然资源产权交易机制;对于农村,坚持以家庭承包经营为基础、统分结合的双层经营体制,要做好农村土地确权、登记、颁证工作。

"十二五"规划提出要继续深化国有企业改革,要求国有企业促进国有资本向关系国家安全和国民经济命脉的重要行业和关键领域集中,使国有企业在推动社会主义经济发展上更好发挥引领作用。国有资产管理体制也需要进行完善,要继续使政府公共管理职能和国有资产出资人职能分开,提升国有资产使用效率。而对于非公有制经济依旧要支持和引导其发展,鼓励和引导非公有制企业通过参股、控股、并购等多种形式,参与国有企业改制重组,更好发挥其促进社会经济发展的补充作用。

八、"十三五"规划中的产权改革②

"十三五"规划对于建立现代产权制度的要求更加明确,继续强调

---

① 《中华人民共和国国民经济和社会发展第十二个五年规划纲要》,中国政府网,http://www.gov.cn/2011lh/content_1825838.htm。

② 《中华人民共和国国民经济和社会发展第十三个五年规划纲要》,中国政府网,http://www.gov.cn/xinwen/2016-03/17/content_5054992.htm。

现代产权制度的"归属清晰、权责明确、保护严格、流转顺畅"的十六字要求。具体来看，在企业产权改革方面，企业财产权的界定、国有企业的产权交易等方面被着重提出；在农村产权改革方面，则对完成农村承包经营地、宅基地、农房、集体建设用地的确权登记颁证提出了明确要求，提出将经营性资产折股化到农村集体经济组织成员。"十三五"规划对于农村产权流转交易提出了要求，同时提到了与此相关的农村集体资产处置等。总的来看，"十三五"规划关于产权改革的要求，主要涉及企业产权、农村产权、知识产权，矿业权等自然资源产权的改革。

九、"十四五"规划中的产权改革[①]

"十四五"规划中明确指出产权制度改革和要素市场化配置改革取得了重大进展，公平竞争制度更加健全。

首次提出建立数据资源产权基础制度和标准规范的要求。在民营经济方面，"十四五"规划要求优化民营经济发展环境，构建亲清政商关系，促进非公有制经济健康发展和非公有制经济人士健康成长，依法平等保护民营企业产权和企业家权益，破除制约民营企业发展的各种壁垒，完善促进中小微企业和个体工商户发展的法律环境和政策体系。在农村集体产权方面，"十四五"规划继续将深化农村集体产权制度改革、发展新型农村集体经济作为发展重点。在自然资源产权方面，"十四五"规划继续关注着健全自然资源资产产权制度和法律法规。此外，"十四五"规划中首次提到要求健全产权执法司法保护制度。

---

① 《中华人民共和国国民经济和社会发展第十四个五年规划和 2035 年远景目标纲要》，中国政府网，http://www.gov.cn/xinwen/2021-03/13/content_5592681.htm。

第三节 产权改革规划的规律

根据我国产权制度改革历程，我国产权改革中最主要的国有企业产权改革和农村集体经济产权改革两大方面，从"一五"计划到"十三五"规划所进行的产权规划体现出了不同的特征。

一、农村土地所有制改革为农村集体产权改革奠定了基础

纵观我国"五年"规划，产权改革的前身就是对所有制的改革，最典型的就是从"一五"计划开始，我国就开始了对农村土地所有制的改革，通过将土地这一与人民关系最密切的、最重要的生产要素的所有权进行重新划分的方式，使土地所有制逐渐从地主私有制转变为农民土地所有制，并在"二五"计划后逐步转变为农村集体所有制。

以最初的土地改革为所有制改革的起始点，1949 年新中国成立，"土地改革"产生了针对我国农村产权的第一项重要的正式制度。土地改革将土地所有权赋予农民，实现"耕者有其田"。农民个人、各户在自己的土地上耕作，各自享有自己的生产成果。这种产权制度，对生产规模造成了一定的限制，且其实质是一种土地私有制，是新中国成立之初解决农民问题的一项暂时性政策策略。

集体经济组织产权制度发展的第一阶段，表现为我国实行社会主义公有制改造时期短暂实行过的"生产互助组"的集体经济形式。农民本着"自愿、互利"的原则以私有资产（土地、农具、牲畜等）入股集体经济组织，"初级合作社"由此成立，是农村集体经济组织的雏形。考量当时的政治经济环境背景可知，组建农村集体经济是我国为加快工业化进程可以采取的唯一策略——在为实现工业化目标不得不将农村剩余转向城市时，组建农村集体能够避免与个人交易产生的巨大交易成本。初级合作社实行的是按份共有的产权制度。集体成员以投入多少

等为依据，按照一定的份额比例，共同拥有集体资产，在集体的组织下参与劳动，实行按劳分配与按股分红相结合的分配方式。值得一提的是，在大多数时间，此时的以"初级农业合作社"为表现形式的集体经济组织，确实只以"经济"组织的形式独立存在，与行政组织并不重合。第二阶段，高级农业合作社的建立是政治运动的产物。受当时特殊的政治氛围催生的意识形态的影响，"公有"这一内容模糊、影响力强劲的概念产生，在集体中形成了一种具有很强号召力的观念，使农民在组织形式变迁中失去了土地私有权。集体资产由集体经营，统一组织生产活动，农民参与统一分配，却再无股份分红权。第三阶段是1958年人民公社化运动开始。此时集体组织的产权制度依然是共同共有。但其分配制度却不再是按劳分配，而是"一大二公"的平均主义分配方式。此时的集体组织与行政组织完全重合，政社合一的经营方式是人民公社的一大特点。在政治色彩浓郁的人民公社制度下，农民彻底失去了其对生产要素的所有权，不仅对其名义上"共同占有"的物质资本收益、处分的权利都一并失去，甚至对其自身的人力资本的权益都无法掌控，人力资本的收益权也无法享受，只能接受"大锅饭"的一碗水端平的分配方式。第四阶段是改革开放之后，1958年以来形成的"生产队、生产大队、人民公社"三级管理体制解体，变更为"村民小组、村和乡"的三级行政管理体制，集体享有集体资产的所有权，农户以家庭为单位享有土地的承包经营权，实行双层经营体制，形成村、户两级产权结构。

通过"一五"计划至"七五"计划这几十年的各项所有制改革措施，在农村土地方面，我国已经基本建立起了社会主义性质的生产资料农村集体所有制度，这使国家拥有了完全的对土地等各农村要素资产的支配权，使国家可以自由地对这些要素资产进行制度改革，以便更好激发其生产活力。

二、资本主义私有制改造为国有企业产权改革奠定了基础

"一五"计划中的将原有的资本主义工商业改造成为国家资本主义

的各种形式，并逐步使其转变为社会主义性质的企业，成为国有企业的最初状态，在此基础上，直到"七五"计划，均在此思路上对各全民所有制企业进行着改革。

在国有企业产权改革之前，由于我国的经济制度为计划经济，故而当时我国的产权制度从属于计划经济模式下的国家所有制经济制度，从其特征来看，一是所有权与经营权合一。在该制度下，企业的所有权与经营权均归国家所有，国家对国有企业掌握着完全的控制权，国家参与控制企业从生产到经营到利润分配等全部流程，国有企业完全由国家计划安排。二是企业无人格化代表。由于国家对国有企业的管理按照各行政级别层次划分，而各级政府代表又按照部门对企业再次划分管理，造成了国有企业内部各部门之间的分割化经营管理，各部门按照自身想法进行运行，造成了企业整体发展的不平衡、不协调，与此同时，各部门均对企业的整体发展情况不负责任，企业的盈亏与其并无直接联系，致使企业发展动力缺失。三是对于资产结构的组成模式过于单一。由于国有企业由国家独资，造成了企业所有权结构中只有国家这一个所有者，外界有活力的资本无法进入，而单一化的所有者结构造成了国有企业一方面没有追求利润最大化的冲动，另一方面使国家财政的负担极其巨大，失去了财政资金的灵活性。因此，对于国有企业而言，放权让利是其唯一的出路，既激发了国有企业的发展活力，又解放了财政资金的使用。

显然，对国有企业所有制的改革不单单是国家当时计划经济体制决定的，也是在当时特定时期为了更好发展的必然方式，是为了在当时我国经济百废待兴的情况下使其快速发展的必要措施。

三、各类产权的多元化采取渐进式改革方式

从新中国成立至今的历次"五年"规划来看，国家对各项产权的控制是逐渐放松的。对产权的改革，从国家宏观角度来看并不是可以轻易进行的，产权的核心就是所有权，而所有权关系到一个国家内每一个

人民的基本权利。产权包括了所有权、占有权、使用权、支配权、收益权和处置权等一系列相关权利，这一特点也为产权的多元化改革提供了基础。

"八五"计划前，我国的计划经济体制下，产权为国家所有或集体所有。随着1978年改革开放，我国的经济体制开始由过去的计划经济逐渐向市场经济转变，由此带来的产权概念随之开始出现，并冲击原有的完全集体所有或国家所有的所有制经济。在此之后以"八五"计划为起始，我国开始逐步放开对农村集体产权和国有企业产权的控制。在农村集体产权方面体现在我国自1978年开始家庭联产承包责任制的改革，其核心对于国家而言是一种大胆的创新，其"包干到户""包产到户"的方式使土地不再直接由国家或村集体负责，而是将田地与农户家庭自身的关系大大加强，这种将部分权利让渡至农户家庭的方式大大激发了农户的生产积极性。我国农村的经济发展一直享受着家庭联产承包责任制带来的红利，近年的"三权分置"也是在此基础上的进一步细化权利配置。

在国有企业产权改革方面，市场经济作为配置资源的基本方式，要求社会占主体地位的企业在制度上必须是政企严格分离的，至少在产权制度上保证企业产权具有纯粹的经济性质，不能具有任何超经济的性质。而国有制就是以国家为主体直接占有生产资料，其中的权利关系不可能是单纯的经济关系。要求国有制企业实施严格的政企分离，就产权关系而言不仅是不可能的，而且也是不应当的。因此将国有企业权利放开是必然的选择，也是促进其快速发展的正确选择。我国企业产权的改革采取渐进式的方法，与我国市场经济发展保持了一致。

四、产权分置优化资产配置是产权改革的核心思路

我国在逐渐放开对各项产权控制的同时，也在探索着如何提高产权下资产的使用效率。我国进行的产权改革发展可以总结为将产权逐渐分离，使产权在有法可依的情况下有秩序地流动起来，提高其对应资产的

使用效率。

在农村产权改革中具体表现为 1978 年家庭联产承包责任制为代表的"两权分离"措施，其将土地的所有权和承包经营权分离开来，赋予农民对承包土地的使用、经营和收益权，极大激发了农民开展生产劳动的积极性。实行家庭联产承包责任制以后，农业生产效率显著提升，农业产品产量迅速增长，同时随着其政策的不断优化，到 20 世纪 80 年代中期逐步允许多种经营形式的存在和发展，逐渐调整了农村的生产结构和所有制结构。21 世纪初的"三权分置"进一步将产权分割开，其将"两权分离"中的承包经营权进一步划分为承包权和经营权，使土地的流转更加灵活。

在国有企业产权方面，我国的国有企业产权改革也经历了放权让利、承包经营、股权多元等阶段。1979 年，国务院决定扩大企业自主权；1983 年，实行第一步利改税，国企实现利润按 55% 税率缴纳所得税，税后利润部分上缴国家，部分按国家核定的留利水平留给企业；1984 年，又进行第二步利改税，将税利完全并存到以税代利；同年，国务院规定扩大企业 10 项自主权，包括生产经营计划权、产品销售权、产品价格权、物资选购权、奖金使用权和联合经营权等。在此之后，国家把农村改革经验运用于城市，从 1987 年开始，国企根据所有权和经营权"两权分开"原则，全面实行多种形式的承包经营责任制，其基本原则是"包死基数、确保上缴、超缴分成、欠收自补"；之后国有企业又开始实行混合所有制经济，进一步将国家对国有企业的控制权放开，稀释国家持股占比，为国有企业引进多元资金与管理人才提供保障，为国有企业发展注入新的活力。

五、产权改革的基本趋势是股权多元化

随着我国市场经济体制改革的不断深入，我国的产权逐渐向股权多元化方向发展。国有企业比农村集体经济更早开始进行股权多元化方向的改革，从"九五"计划开始国家就提出对国有企业实施战略性改组，

这是国有企业向股权多元化转型的开端，之后在"九五"计划和"十五"计划中又进一步提出要引进各类大中小外资参与国有企业，再次推动了国有企业股权的多元化，后于"十一五"规划中明确提出将绝大多数国有大型企业改制为多元股东的公司等。具体来看，1994年开始实施的《中华人民共和国公司法》将股份制合法化，直到党的十六大召开之后股份制才在全国全面推行，这对国有企业产权改革的深入具有重要意义。为了推进股份制改革，国家制定了很多举措，如允许企业出售、引进战略投资者、管理层收购（MBO）、试行经理人股票期权、员工持股、上市等。显然，我国的国有企业产权改革就是一直沿着从国家完全掌控到允许国内私人资本进入，到允许大型外资进入，再到允许中小外资进入，再到明确的混合所有制股权多元化。

在农村集体经济产权方面，从"十三五"规划开始，以将农村集体经营性资产折算到每个村民股份的方式对农村集体产权股份化。通过经营性资产产权的股份制改革，赋予集体经济组织成员获得资本化收益的权利。集体资产股权与土地承包经营权、宅基地使用权同等重要。集体资产股权是指通过实施农村社区股份合作制改革，在保持集体资产完整性、集体所有制和集体经营权不改变的前提下，把尚未确权到户仍由集体统一经营支配的土地、房屋及其他集体资产，清产核资后部分或全部折股量化给集体经济组织成员，赋予集体经济组织成员对集体资产股份的相关权能。

由此可见，我国的产权改革不单是国有企业进行了股权化且股权多元化的改革，农村集体产权也开始了经营性资产股权化的改革，并不断深入。

六、知识产权的保护与管理逐渐得以重视

我国对于知识产权的保护与管理自"九五"计划开始便在每次五年计划或规划中开始出现，并逐年加大力度。具体来看，我国对于知识产权的保护始于改革开放，但当时制定的知识产权的保护措施并非自身

主动,而是迫于当时中美贸易的国际环境。进入 21 世纪以来,我国经济快速发展,正从"中国制造"向"中国创造"转变,我国市场对于知识产权保护措施的需求日益增长。

回顾改革开放 40 年,我国知识产权的演进道路可以划分为被动期与主动期,被动期是从 1978 年改革开放至 2000 年,2000 年以后开始进入我国主动发展知识产权保护的时期。探究我国对知识产权改革愈发重视的原因,在被动期可以归结于当时我国面临计划经济转为市场经济的大变革时期,市场化导致对外资的渴求,然而我国对知识产权保护的不到位,使诸多外资企业望而却步,同时为了更好地参与世界贸易,加入世界贸易组织等,必然要求我国在对外贸易上与他国企业在同水平线上竞争,同样由于知识产权保护的缺失,使我国企业可以快速利用他国先进技术,使他国企业承受损失,由此我国必然要在那个时期不断对知识产权保护措施做出完善。然而进入 21 世纪后,我国的经济由于改革开放的巨大成功已经彻底改观,一扫过去落后的情况,由此带来劳动力价格的提升以及对未来发展的规划等需求使我国不能再按原有发展模式进行发展,转型是唯一方式,由此我国要主动对国内知识产权的发展增添动力,为国内的新科技、新设计等知识财产的诞生解决后顾之忧,由此,新时期我国进一步加大了对知识产权的保护力度。值得一提的是,我国在近年相继提出了"一带一路""构建人类命运共同体"等国际性合作发展战略,这就意味着为我国自身及世界各国搭建了一个更加广阔的合作平台,由此对于我国自身知识产权的保护水平提出了更高要求。同时随着当前要从高速发展转变为高质量发展的需求,我国对知识产权的保护力度必然会进一步加大。

第四节 产权改革规划展望

产权改革对国民经济发展起着重要推动作用,未来继续深化产权改革是经济发展的必然选择。其重点依旧在国有企业产权改革、农村集体经济产权改革两大领域，同时加大知识产权保护、自然资源产权管理等其他产权领域产权改革力度。

一、国有企业产权改革规划展望

（一）持续推进股权多元化

当前国有企业产权改革进入新阶段，到 2019 年，我国已初步建立起了现代产权制度，国有企业在国民经济发展中的主导作用日益增强，对于非公有制经济的引导作用也进一步提升。但问题依旧存在，我国自改革开放以来所进行的国有企业产权改革的政策大背景是高速发展。但随着我国经济发展进入新常态，党的十九大对未来我国的发展要求发生了转变，由过去几十年的高速发展向高质量发展进行转变。面对新的发展方向，国有企业的产权改革必须适应新的转变，进行新一轮产权改革，这要求继续深化国有企业的股权多元化改革。回顾我国国有企业产权改革进程，从 1978 年国有企业"放权让利"到党的十二届三中全会提出"经济责任承包制"，再到党的十六届三中全会首次提出鼓励混合所有制改革，这一过程显示了我国国有企业产权改革的基本思路：财产权与经营权逐步分离—不断明确权责分配—股权多元化。在这一思路的指引下，新时代进一步鼓励扩大非公有制经济的发展，鼓励非公有制经济以参股、控股等形式参与到国有企业的经营管理上，进一步促进国有企业的发展壮大，并以"做强做优做大"为目标，全方位激发国有企业的发展活力，促使国有企业在推动国家整体经济发展上具有更强的主导作用。

（二）深化混合所有制改革

随着国有企业混合所有制改革的开展，大量国有企业开始相应地进行混合所有制改革，但由于各民营资本、外资等大量不同资本的进入，国有企业产权配置不明晰的问题开始显现。虽然国家将国有企业的产权稀释，但其他资本自身碍于国有资本的强大地位不敢与国有资本进行共同管理，或者由于国有企业混合所有制改革所造成国有企业股权持有方过多，各股权持有者没有明确了解自己应承担的企业管理职责，这种国有企业的产权分配不明晰现象，造成了企业亏损、经营不善、缺乏管理等问题。同时，权责不明会造成平时无人关注负责，出现问题无人追责的情况。

应有针对性地对国有企业产权划分进行明确，对相应的权利归属具体到某一个责任人，同时，在对国有企业产权划分的过程中，将与产权相匹配的企业管理职责同步明确划分，鼓励各非国有产权持有者积极参与企业治理。除此之外，还要建立完善与国有企业产权明确划分相适应的责任监管体系，使责任人关注其负责权利，有效提升企业发展活力，提高人员积极性，并逐步实现企业"做强做优做大"的目标。在此基础上，应继续加强对国有企业混合所有制的改革，对于国有企业混合所有制改革的深入不单单是从融资角度提升国有企业的发展潜力，更多的是通过混合所有制带来的各种不同风格的管理者参与公司管理，为国有企业带来新的管理与经营模式。此举可以将公司的股权结构进行优化，将国有企业的生产经营效率有效提升，大幅降低国有企业法人一人做决定的风险。除此之外，国有企业稀释一定股份给员工是一种积极的改革手段，这种措施更符合当前我国推进民主化的特点，让更能接触到实际情况的基层员工得到有效途径参与公司治理发展，对公司的决策提供更具有实际意义的方案有非常大的作用。

我国的国有企业改革自1978年改革开放以来，始终坚持着逐步放权、逐步股权化、逐步市场化的改革方向。经过40多年的实践证明，这种方向是正确有效的，因此继续坚持这种国有企业改革的方向在未来依旧不会变，由此对于国有企业未来改革的展望依旧遵循着此规律，应继续放松国家对国有企业的直接管理，让国有企业更自由地参与市场竞争，在国有企业始终作为我国经济发展领导者身份不动摇的情况下，尽可能地以追求更大效率、追求更快发展的目标约束下参与市场竞争，这也是我国进行国有企业产权改革的关键，是国有企业混合所有制改革的最终目的。

（三）规范国有企业产权交易市场

除了对于股权多元化的进一步深化外，未来应将规范国有企业产权交易市场作为一个主攻方向。当前即便我国已初步建立了现代产权制度模式，但国有企业的产权交易市场依旧存在诸多混乱的地方，比如国有企业间的股权交易往往以极低的价格进行，造成了大量国有资产的流失，这其实也是国有企业市场化不彻底的一种现象，即便国家始终实施着两权分离、自负盈亏的宏观政策，但许多国有企业由于缺乏监管、权责不明等原因，即使国家控股超过70%甚至80%，企业管理者对企业的盈利状况并不关注，只是享受着自己的"铁饭碗"，这种情况依旧普遍存在。

为了更有针对性地发展国有企业产权交易市场，发挥政府对国有企业产权交易市场的监督作用就必不可少。政府应成立专门的监管部门，设立监督机构对其进行监督管理；应随着各国有企业产权交易过程的不断推进，做到及时了解、时刻跟进，保证各个交易流程的合法合规性，要对产权交易合同的签订予以审查，努力降低产权交易中可能出现的风险概率；构建信息公开平台，保证参与国有企业产权交易市场的交易双方信息的透明性与对称性，保证双方权益的对等性。对于非公有制经济参与国有企业产权交易来说，必须要高度保障非公有制经济的自身权益，严防出现非公有制经济受到不公平待遇现象的出现，这样才能促进国有企业产权交易市场的稳定高效发展。引入非公有制经济，使非公有制经济参与到国有企业的产权交易中来，也是促使国有经济市场化、提升国有企业市场竞争力的有效措施之一。

二、农村集体经济产权改革规划展望

（一）明确农村集体经济产权主体

"十四五"规划中再次明确要求深化改革农村集体产权制度。"十三五"规划中也提出对农村承包经营地、宅基地、农房、集体建设用地确权登记颁证的目标要求。但农村经济中所包含的集体产权依旧存在诸多未明确的地方,如农村集体经济组织没有获得其相应的主体地位,使包含的农村集体经济产权依旧混乱模糊,法律上对其产权的划分规定没有详尽的法律依据,没有清晰明确地规定农村集体产权的主体是农村集体经济组织,凸显了当前农村集体经济的不完善与农村集体产权的归属不明确问题。同时,对于农村集体经济内的成员身份确认也是与明确农村集体产权主体相伴随的问题,大多数的农村集体经济对内部有权参与产权分配的成员身份确认不完全、不明确,应该参与农村集体产权分配的没有参与,使部分农民没有获得应有的财产权,也使农村集体经济无法全速发展。对于农村集体产权的确权工作是一切农村资产利用流动的前提,当前随着我国构建现代化产权体系要求的提出,农村集体产权的现代化建设要求已然成为重中之重,因而为了使未来农村集体经济产权快速高效流动,使农村承包经营地、宅基地、农房、集体建设用地更加稳定地加入交易市场,实现与国有用地"同地同权"的"招拍挂"交易模式,对农村集体产权主体的明确工作必须尽早尽快且稳定有序地完成。因此,需要进一步明确农村集体产权主体,对参与农村集体经济的成员身份确认应该更全面、更准确,从而全方位促进我国建设现代产权制度。

(二) 继续完善农村各类产权确认及分配制度

"十三五"规划中特别提出了将经营性资产折股化到本集体经济组织成员的要求,但这项政策包含的具体工作内容繁多且复杂,如集体经济组织成员的身份确认、农村集体资产的股份量化及股份量化后的具体分配等。进一步来说,"十四五"规划要求在准确认定农村各类产权与完善分配制度的前提下,将经营性资产量化到集体经济组织成员。具体来说,一是农村集体经济组织成员的身份确认工作应以农村集体经济组织内包含的农民户籍为根本依据,配合实际的土地承包经营关系,结合当地具体实际情况进行。在实际的身份确认工作中,应依据相关法律法规，对于与群众切身利益相关的问题，要注意与农民群众交流的方式方法，绝不能简单粗暴地进行，并且按照当地传统与实际情况灵活地调查并记录，最终保证参与农村集体产权划分的农民群众身份的准确性。二是在进行农村集体资产股份量化的过程中，要选择具有专业水平的人员团队来进行。应保证集体资产总量的调查与计算结果的准确无误，要严格核对股份的量化过程，避免出现由于负责人员专业能力不足而产生的股份化过程不规范等情况，造成集体经济组织内人民群众的利益损失。同时，要尤其关注集体经济规模小的农村地区的改革情况，要避免出现因规模小而导致村干部消极懈怠，致使当地村民没有获得相应知情权、参与权等权利的情况。

因此，应加快推进集体资产的划分工作，将集体资产的经营权、使用权都落实分配到具体的人，激发每个人的经营智慧和生产活力，让每个人都对自己的权利有责任感，更能促使集体资产的合理使用。确保农村集体经济发展符合改革开放市场化的大潮流、大趋势。

（三）要保证农村集体经济产权改革的相关法律的完备性

农村集体产权改革是建设现代产权制度的重要组成部分，也是全面建成小康社会的重要一步，因此必须保证农村集体产权改革按部就班正常推行。而推行农村集体产权改革最重要的保证就是从法律层面上对改革的步骤过程进行规定，要做到对集体经济组织资产清算、成员身份确认、集体资产股份量化并划分的每一个步骤的有法可依且有法必依。同时也必须建立与改革相适应的监督体系，对集体经济组织的各项工作进行合法监督审核，保证村干部不会以公谋私、村民不会被剥夺权利。要从内部、外部两方面同时对改革过程进行监督，集体经济组织内部人民群众对经济组织改革工作行使监督权，集体经济组织外部专门的政府监督部门对经济组织的决策进行监管和审核，定期收集人民群众对经济组织领导干部的看法、评价，对村干部的工作能力定期评估，不努力为村子谋发展、为人民群众谋幸福的村干部及时撤职离岗。

由于改革是全国性的，不可能有具体的一种办法是全国农村集体产权改革都适合的，各级政府要根据自己地区的实际情况及时制定适合自己地区的改革时间表，并及时对地区内的各级官员进行改革的培训教学，对决策施行后的改革成果及时回收评价，对人民群众的反馈建议及时吸收听取，并针对这些建议、教训对改革的实施办法及时修正。我国的农村集体产权改革是一项创造性的、适应我国当前经济社会发展的新举措，但正因为这项政策的"新"，我们没有历史经验作为参考，因此要根据实际情况，在改革过程中对改革的实施方法及时调整，要做到农村集体产权改革的目的是为了扩大集体经济组织生产规模，提高经济组织内农民群众的收入水平，更好地建设中国特色社会主义。

（四）提升集体经济组织的内在发展能力

当前阻碍我国农村集体产权改革的一个主要问题就是许多农村集体经济的规模过小，政策落实不到位，集体经济发展达不到预期。但由于各种因素的影响，我国当前农村的人口数量仍旧在大幅度下降，年轻人涌向城市，农村的劳动力数量严重不足。同时因城市与农村的物质条件、政府政策、经商环境等因素的影响，人才不愿前往农村工作、企业不愿投资农村，从而恶性循环。因此，为了更好地深化农村集体产权改革，更好地发展农村集体经济，必须提升农村经济组织的内在发展能力。一是集体经济组织人才引进。人才是农村经济发展的关键，也是集体经济改革的主力军，政府应出台政策吸引人才前往农村，并鼓励农村集体经济组织为人才提供各项优待措施。二是政府对集体经济组织提供税费减免。政府可通过对农村各项税收的减免来激发农村集体经济组织的发展活力，提高组织内的农民收入水平，并对规模过小、劳动力不足等有明显困难的农村地区给予财政补贴，吸引外来人口加入和鼓励内部人民参与劳动。三是建立优秀组织奖励机制。地区政府可建立优秀组织奖励机制，一定时期对周期内的各个集体经济组织改革成果进行考核评比，对成果突出、进步巨大的集体经济组织给予奖励，对组织内的领导干部、优秀改革劳动者给予公开表扬与物质奖励，以此激发整个地区的劳动活力，创造出一个积极竞争的地区改革环境。四是与改革先进地区人才交流。将集体产权改革先进地区的优秀人才与刚推行改革的地区进行人才交流培训，将优秀改革地区的成功经验与方法传授给改革初步或遇到问题的地区，实现先改革带动后改革、全面发展的目标。

第四章

"一五"至"十四五"时期
需求管理规划

第一节 需求管理的内涵与外延

一、社会总需求

关于社会总需求的定义，张连成（2007）认为总需求是一个经济社会或者经济体对产品和服务的需求。李伟民（2002）认为社会总需求是一定时期（如一年）一国或地区发生的商品和劳务的购买总量，其构成可做两种划分：一是分为居民消费者购买、企业购买、政府购买和出口；二是分为民间（居民和社会）消费、政府消费、固定资本形成（投资）和输出（商品出口和劳务输出）四部分。林木西、黄泰岩（2010）指出社会总需求是指在既定的生产发展水平和分配制度下，人们在其收入限度内所能支付、并且相对于一定价格水平也愿意支付的对于全社会物质产品和服务的有效需求。鲁迪格·多恩布什（Rudiger Dornbusch，2010）认为社会总需求是对国内生产的商品和服务的需求，主要由四个组成部分构成：家庭的消费支出、企业与家庭的投资支出、政府对商品与服务的购买、国外对净出口的需求。综上可知，社会总需求可概括为由消费、投资和净出口构成。在封闭的条件下，社会总需求包括两个部分：投资需求和消费需求。这两部分构成社会对最终产品的需求。此时社会总需求公式为：社会总需求 = 消费需求 + 投资需求。在开放的条件下，本国生产的产品不仅要供给国内的消费品需求和投资品需求，而且还要有一部分产品输出到国外，供给来自国外的需求。消费需求、投资需求和净出口需求三部分构成全世界对中国最终产品的需求。此时社会总需求的公式为：社会总需求 = 消费需求 + 投资需求 + 净出口需求。

分析社会总需求的基本内容和基本结构，最重要的是分析对社会最终产品的需求。在市场经济条件下，任何生产总是根据社会需求进行的，产品价值需要经过流通才能得到实现，再生产才得以继续进行。在既定的生产资源和生产能力没有得到充分利用之前，社会总产出的实际水平是由社会总需求的强度来决定的。社会总需求减少，社会总供给也会减少；而社会总需求增加，社会总供给也会随之增加，直到现存的生产资源或生产能力得到充分利用为止。因此，社会总需求对社会总产出水平起着决定性作用。

二、需求管理

需求管理是国家宏观调控必不可少的重要手段。经济增长、物价稳定、充分就业、国际收支平衡是国家宏观调控的四大目标。经济过热时期资源的过度消耗和经济紧缩期的资源闲置，都会使长期内所能达到的经济增长和社会福利水平较低，此外还会造成通货膨胀和失业等问题。因此，宏观调控成为经济稳定的关键。自古典宏观经济学以来，关于总体经济波动的纷争从未取得过完全的一致，但争论却始终建立在一定程度的共识上。经济的周期波动，无论是由于经济的、政治的，还是社会的原因所致，均被归结为供给和需求两类冲击。从某种意义上说，国家为实现经济稳定的直接宏观调控更多的属于短期行为，其手段多从需求着手，总需求管理自然成为必不可少的宏观调控手段。

20世纪30年代以前，在西方经济理论界占据统治地位的学派是主张自由放任的古典经济学。自古典经济学家亚当·斯密于1776年发表其著名的《国富论》以来，市场力量这只"看不见的手"让资本主义一度显得光彩照人。西方经济学者把资本主义吹捧为一个"理想的社会"。19世纪末马歇尔声称，资本主义经济是一架可以自行调节的机械，市场机制的自发调节，能使社会生产达到均衡。因此，自由放任和国家不干预是最好的经济政策。然而，在这种自由放任的市场经济里，市场机制成了唯一的自发调节器，其盲目性最终导致整个资本主义世界经济危机的爆发。

1929～1933年，西方发生历史上最严重、持续时间最长、波及面最广的世界性生产过剩的危机，被称为"大萧条"。这一危机，也使以自由放任为特征的古典经济学的主流地位产生了危机。1936年，英国经济学家凯恩斯的代表作《就业、利息和货币通论》（以下简称《通论》）出版。凯恩斯在《通论》中对古典经济学理论体系进行了变革，系统地提出了有效需求理论，他认为由于边际消费倾向递减、资本边际效率递减和流动偏好这三大心理规律的作用，在自由放任的状态下，有效需求不足是完全可能出现的，从而导致生产过剩的经济危机发生。凯恩斯认为，社会总需求与总供给之间并非能够自然达到充分就业均衡，政府干预经济生活是完全必要的，政府需要运用财政政策和货币政策来调节总需求，使之与总供给达到充分就业状态下的平衡，总需求管理主张由此初步形成。《新帕尔格雷夫经济学大辞典》指出，总需求管理思想源自凯恩斯的《通论》，并将总需求管理定义为："需求不足可以通过增加政府支出或减税，或者由货币当局降低利率以增加投资而得到改善；与此相反，如果存在过度需求，财政和货币政策就可以起到紧缩需求的效果。"[1]

---

[1] ［英］约翰·伊特韦尔：《新帕尔格雷夫经济学大辞典》，经济科学出版社1996年版，第845页。

但是，从 20 世纪 60 年代后期开始，奉行凯恩斯主义的西方国家出现了经济滞胀的现象，面对这些现实，人们对凯恩斯主义产生了怀疑，把滞胀归罪于推行凯恩斯主义，于是以撒切尔夫人和里根政府为代表，供给学派、货币主义等新自由主义经济政策在西方国家占了上风，这迫使凯恩斯的继承者们去改进原有的理论，逐渐形成了以萨缪尔森（Paul A. Samuelson）为代表的"新凯恩斯主义"，新凯恩斯主义在坚持凯恩斯主义的基础上，将货币主义、供给学派和理性预期学派的新成果融进自己的体系，致力于构造有微观基础的宏观经济学，对现代主流宏观经济学重新进行综合，使西方宏观经济运行呈现出国家干预主义与经济自由主义相互融合的趋势。这些理论与实践在国家干预和宏观经济控制的过程中，积累了丰富的经验，对建立我国的宏观调控体系具有重要的参考价值。

现代宏观经济学常用的需求管理政策主要包括财政政策和货币政策。财政政策和货币政策均可以结合经济形势，根据需要逆向操作。从 20 世纪 90 年代末起，我国就开始实施反周期干预的需求管理政策。一般在经济增速减缓时使用扩张政策，经济过热时则适度从紧。逆风向而执行的政策对经济进行干预，刺激需求，较容易在短期内抑制经济下行，收取成效。"十三五"规划中指出要完善以财政政策、货币政策为主，产业、区域、投资、消费、价格政策协调配合的政策体系。可见，中国特色宏观调控的内涵非常广泛。

总之，在经济发展的早期，存在生产过剩和消费不足等问题，此时消费、投资、净出口这三大需求是拉动经济增长的主要动力，需要进行需求侧管理。然而，随着经济的不断向前发展，需求管理的弊端逐渐显现，滞胀现象开始凸显。我国自改革开放以来经历了包括治理经济全面过热、局部过热、内需不足、通货膨胀和紧缩等复杂过程，采取的总需求管理调控包括扩张性和紧缩性政策等。然而，我国的总需求管理仍然存在问题，需求管理效果与目标之间也仍存在一定的差距。需求管理把经济发展更多地看作是宏观层面的问题，忽略了经济细胞活力的提升。同时，结构性问题对经济发展也至关重要。

三、消费需求管理

关于消费需求的定义，吴丕斌（1991）认为消费需求分为个人消费需求和社会消费需求。个人消费需求包括购买消费品支出（包括农民自给性消费）、居民文化生活服务支出、居民结余的流通性货币（包括手存现金和活期储蓄）。社会消费需求包括财政预算内外、企事业单位、主管部门以及农村社会集团用于购买消费品和劳务的支出。祈京梅（2008）认为现代消费需求理论的发展可以分为三个阶段：第一阶段是绝对收入假说和相对收入假说，研究的是消费和收入的关系；第二阶段是持久收入假说和生命周期假说，并引入了消费者效用最大化理论；第三阶段是随机游走假说以及后来基于不确定性的研究而形成的流动性约束假说和预防性储蓄假说等。

林木西、黄泰岩（2010）指出消费需求管理是总需求管理的重要组成部分，消费水平和消费结构对经济增长有重要影响，必须发挥消费对经济增长的基础性作用。目前，经济发展要更多地依靠内需，尤其是消费需求的拉动，因此需要建立扩大消费的长效机制，释放消费潜力。为防止消费偏离对国民经济增长和稳定的不利影响，需要采取各种措施对消费进行调控，包括税收政策、利率政策、收入分配政策和社会保障政策等。曼昆（2011）认为当消费需求不足时，应采取扩大政府开支、增加福利支出等措施。收入是消费的前提，随着收入的增加，消费也随之增加，但消费增加的幅度小于收入增加的幅度。毛盛勇（2007）认为收入分配的不公平影响了消费的有效扩大。杨秀惠、田学斌（2002）认为居民消费不足有需求与供给两方面的原因。

对于如何扩大消费需求，学者们有不同的建议。刘地久（2001）认为要通过改善供给来扩大消费需求。刘国光（2002）认为要通过加强社会保障、教育和卫生等让居民敢于消费。于慎澄（2012）认为要建立扩大消费长效机制，正确处理投资与消费之间的关系，合理调整分配制度、切实解决农民增收问题、加快完善社会保障体系、继续实施鼓励消费相关政策。

扩大消费需求既是经济社会协调发展的必然要求，也是转变经济发展方式的现实需要。在国内外经济发展中，消费需求始终是影响国民经济运行的重要因素。从以上学者的研究可以看出，为了使国民经济运行在合理区间内，需要对消费需求进行管理。要充分发挥消费对经济增长的带动作用，持续扩大内需，建立扩大消费长效机制，包括调整收入分配、调整供给结构、完善社会保障体制等。

四、投资需求管理

林木西、黄泰岩（2010）认为投资需求是指整个社会在一定时期内通过货币资金的支出所形成的对投资品的需求。从构成上看，社会总投资既包括对固定资产的投资，即对建筑物（如厂房、住宅、公共建筑、码头、水坝等）和固定设备（如机器、仪器、器具等）的投资，又包括对流动资产（如增加各种库存品和国家物资储备等）的投资；从资金来源上看，社会总投资可以区分为重置投资（更新改造投资）和新增投资（净投资）两部分。

投资对经济增长起到至关重要的作用。凯恩斯（1963）从社会总收入和总消费角度，基于边际消费倾向提出了投资乘数概念，即在一定的边际消费倾向下，新增一定量的投资经过一段时间后，可导致收入数倍增加。投资乘数理论是在社会有效需求不足的背景下提出的。他指出，当一国经济未达到充分就业状态并且存货积压时，政府可以通过扩大投资来刺激经济成倍增长。

世界各国经济发展的历史表明，投资与经济总量呈同步增长趋势。为促进经济增长，需要进行投资需求管理。凯恩斯（1963）提出投资总量和结构会直接影响产业结构的发展和优化，进而影响整个经济的发展。江锦凡（2004）认为，外商直接投资对中国经济增长存在资本效应和技术外溢效应。于立、张杰（2014）认为只有将体制性因素分离后，改善投资配置效率，地区经济发展的质量才能随之提高。饶品贵、岳衡、姜国华（2017）发现经济政策不确定性升高时，会导致企业投资显著下降，企业投资决策更加考虑经济因素，投资效率随着经济政策不确定性的上升而提高，并且对于那些受政策因素影响大的企业群体这一效应更为明显。

投资需求作为促进经济增长的"三驾马车"之一是至关重要的。不仅要扩大投资总量，还要不断优化投资结构。在投资总量方面，需要政府出台相应产业政策、鼓励中小企业发展、深化投融资体制改革、创新融资方式。在优化投资结构方面，需要市场和政府共同发挥作用，让市场在资源配置中发挥决定性作用和更好地发挥政府作用。包括形成投资结构优化的内在长效机制；社会体制改革，加强国有企业和私人企业的主体地位；完善市场体系，形成公平竞争的市场环境等。

五、净出口需求管理

高鸿业（2014）认为净出口指进出口的差额，进口应从本国总购买中减去，而出口应加入本国总购买之中。林毅夫、李永军（2003）认为净出口需求，即出口产品价值与进口产品价值的差额，是一个国家总需求的重要组成部分。自改革开放以来，净出口需求成为总需求的重要组成部分。如果考虑到出口对经济增长的直接和间接作用，每10个百分点的出口增长，将带来1%的GDP增长。

从外贸依存度上看，早期学界存在两种不同的看法。部分学者认为外贸依存度高会对国民经济造成不良影响；另一部分学者认为我国的外贸依存度还不至于阻碍经济发展。随着研究的进一步发展，学者们在对内需增长和外需增长的研究中发现，两者并非矛盾的，而是相互影响和相互促进的。王显贵（2004）认为外贸依存度是衡量经济开放程度的指标，但不是唯一指标，在制定对外开放政策时应从国民经济的整体出发，保证国内外贸易的协调稳定发展。包希超（2012）认为内需和外需存在相互促进的作用。外需可以直接带动国内消费和投资。内需增加可提高国内供给能力，同时促进外需扩大。戴翔（2012）认为外需和内需并非是对立的，扩大内需与稳定促进外需增长并不矛盾，中国内需的有效扩大离不开外需的平稳增长，内需的扩大同样对外需具有驱动作用。

影响净出口的因素有很多，包括产业结构、贸易政策、汇率变化等。刘秉镰、刘勇（2006）对中国各省份产业结构升级能力做了研究，发现产业结构升级能力同经济外向程度有很高的相关性，升级能力最高的地区同时也是经济外向度最高地区。张亚斌（2016）认为各国出口便利化水平差异非常显著，欧洲发达国家普遍高于亚洲和非洲国家，中亚、南亚、东欧和非洲是投资便利化亟待改善的重点地区。卢向前、戴国强（2005）认为人民币实际汇率波动对我国进出口贸易存在着显著的影响。

不管在哪个时期，净出口对经济的良好运行都起着重要作用，特别是在中美贸易关系的紧张时期，我国对外贸易的体制、贸易政策都应该在这种新形势、新要求的大背景下进行相应的改革和调整，以适应不断发展、变化的国际经济潮流，更好地促进我国对外贸易的健康运行。为持续发挥净出口对经济增长的促进作用，要在管制政策上逐步放松，政策工具上逐步取消关税以及配额、许可等限制，不断优化进口地域结构和进口产品结构，不断扩大和鼓励进口，促进进出口平衡和贸易便利化。

第二节　需求管理规划的内容

一、"一五"计划中的需求管理[①]

消费方面，"一五"计划对人民物质生活水平的提高做了适当的规定。五年内，就业人数共增加约 420 万人，工人职员的平均工资以货币

---

① 李富春：《关于发展国民经济的第一个五年计划的报告》，中国政府网，http://www.gov.cn/test/2008-03/06/content_910770.htm。

计算约增长 33%；国营企业和国家机关支付的劳动保险基金、医药费、福利费和文化教育费将共达 50 亿元以上；农村人民的生活将逐步地得到改善，随着生产的发展和商品化程度的提高，购买力将增长近一倍。1957 年全国社会商品零售总额将达到 498 亿元左右，比 1952 年增长80% 左右。

投资方面，五年经济建设和文化教育建设的支出总数 766.4 亿元。

净出口方面，"一五"计划中指出必须增加出口土产品的产量，以便换取外汇，增加工业生产所必需的进口原料。

二、"二五"计划中的需求管理[①]

消费方面，职工的平均工资将提高 25% ~ 30%，要与我国经济发展的水平和劳动生产率增长的速度相适应。根据大体的计算，1962 年供应城乡人民的社会商品零售总额，将比 1957 年原计划增长 50% 左右。

投资方面，第二个五年的基本建设投资额，就将比第一个五年增长一倍左右。

净出口方面，"二五"计划中提到应该有计划地组织有关物资的出口，以保证国家建设所必需的设备和器材的进口。

三、"三五"计划中的需求管理[②]

"三五"计划提出职工平均工资 5 年提高 12%，1970 年达到 737元。国家基建投资 5 年共 850 亿元，重在"三线建设"。

---

① 周恩来：《关于发展国民经济的第二个五年计划的建议的报告》，共产党员网，http：//fuwu. 12371. cn/2012/09/24/ARTI1348470546428983_all. shtml。

② 《中华人民共和国第三个五年计划（1966—1970 年）》，中国政府网，http：//www. gov. cn/test/2006 – 03/20/content_231432. htm。

四、"四五"计划中的需求管理①

"四五"计划国家预算内基本建设投资为1300亿元。"三五"计划、"四五"计划是中国建立独立的比较完整的工业体系的重要阶段。

五、"五五"计划中的需求管理②

"五五"计划提出后三年（1978－1980年），建立独立的比较完整的工业体系和国民经济体系。1978年3月，又修订了十年发展纲要，要求到1985年钢产量达到6000万吨，石油达到2.5亿吨，国家计划新建和续建120个大型项目，其中10个大型钢铁基地，9个有色金属基地，8个煤炭基地，10个大油气田等。党的十一届三中全会后不久，中央对此做了修正。

六、"六五"计划中的需求管理③

"六五"计划提出在居民个人消费方面，1985年消费基金占国民收入使用额的71%左右，积累基金占国民收入使用额的比重即积累率为29%左右。1985年社会商品零售额为2900亿元（未包括农民对非农业居民的零售额），比1980年增长40%，平均每年增长7%。其中，农村商品零售额平均每年增长7.5%，城镇商品零售额平均每年增长6.3%。大力发展商办工业和饮食服务业。1985年计划饮食服务业的营业额为

---

① 《中华人民共和国第四个五年计划（1971—1975年）》，中国政府网，http://www.gov.cn/test/2006－03/20/content_231442.htm。

② 《中华人民共和国第五个五年计划（1976—1980年）》，中国政府网，http://www.gov.cn/test/2006－03/20/content_231447.htm。

③ 《中华人民共和国国民经济和社会发展第六个五年计划（1981—1985）》，中国人大网，http://www.npc.gov.cn/wxzl/gongbao/2000－12/26/content_5001347.htm。

144 亿元，比 1980 年增长 43%。让职工工资总额平均每年增长 4.9%，让城乡居民的消费水平平均每年增长 4.1%。要大力增加适合社会现实需要的农产品、轻纺产品和其他日用工业品的生产，争取消费品供应的数量和质量同社会购买力的增长和消费结构的变化大体相适应，保持市场物价的基本稳定。在社会公共消费方面，教育、科学、文化、卫生事业费 967 亿元，平均每年 193 亿元，占财政总支出的 15.9%（其中 1985 年为 16.8%），比"五五"计划时期的 11% 提高了 4.9 个百分点。政府支出保证重点建设，逐步增加教育、科学、文化、卫生、体育事业的开支，同时保证军政费用必不可少的需要，按期偿还国外借款的本息，适当照顾其他方面的开支，帮助少数民族地区和经济不发达地区发展经济文化事业。

在投资方面，五年内全国全民所有制单位的固定资产投资 3600 亿元，其中基本建设投资 2300 亿元，更新改造投资 1300 亿元。固定资产投资总规模，包括国家预算内的拨款、自筹资金和银行贷款，都必须由国家计委和省、市、自治区计委进行综合平衡，统一纳入国家计划。在"六五"期间，有计划有重点地对现有企业进行技术改造，广泛地开展以节能为主要目标的技术革新活动，同时集中必要的资金，加强能源、交通等的重点建设，做好与"七五"计划期间的发展相衔接的工作。基本建设投资，重点用于能源及交通运输建设，适当安排了农业、轻纺工业、冶金工业、化学工业、建材工业以及教育、科学、文化、卫生、城市建设、商业外贸等的建设投资。各个部门的投资分配如下：燃料动力工业 586.3 亿元。其中，煤炭工业 179.3 亿元，石油工业 154.7 亿元，电力工业 207.3 亿元，重大节能措施 45 亿元；交通运输 298.3 亿元。其中，铁路 172.9 亿元，交通 96.1 亿元，民航 5.8 亿元，邮电 23.5 亿元；农业、林业、水利、气象 141.3 亿元；轻纺工业 139.8 亿元；森工、建材 72.8 亿元；冶金工业 175.1 亿元；化学工业 114.3 亿元；地质勘探 14.9 亿元；机械工业 28.9 亿元；其他工业 84.6 亿元；科学、教育、文化、卫生、体育 94.3 亿元；商业、外贸 62.6 亿元；职工住宅、城市建设、环境保护 178.8 亿元；唐山和天津震灾恢复、支援不发达地区及其他建设 308 亿元；更新改造投资 1300 亿元，其中：国家财政拨款 131 亿元，银行贷款 385 亿元，地方、部门和企业折旧基金和其他自有资金（包括利用外资）784 亿元。

在净出口方面，"六五"计划指出，要大力扩展对外贸易，有效利用国外资金，积极引进适合国内需要的先进技术，促进国内经济技术的发展。认真研究国际市场行情的变化，及时调整进出口商品构成，努力改善对外贸易条件，不断提高经济效益。1985 年全国进出口总额达到 855 亿元，比 1980 年增长 52%，平均每年增长 8.7%。其中，进口额 453 亿元，平均每年增长 9.2%，出口额 402 亿元，平均每年增长 8.1%。在进口方面，根据需要和可能，积极引进一些先进技术和关键设备；确保生产和建设所需短缺物资的进口；组织好国内市场所需物资和以进养出物资的进口。各地区、各部门自行安排进口物资，要统一纳入计划。对我国自己能够制造和供应的设备，特别是日用消费品，不要盲目进口，以保护和促进民族工业的发展。在出口方面，有关国计民生的重要物资，要严格按照国家计划组织出口；轻纺产品、工艺品，要充分发挥我国传统技艺精湛、劳动力众多的优势，结合以进养出积极扩大出口；机电产品，要大力提高技术水平，积极开拓国际市场；有色金属、稀有金属、非金属矿产品和化工、医药产品等，凡资源丰富、生产有潜力的，要努力组织出口；农副土特畜产品，要按照计划积极搞好收购和出口。对某些消耗能源太多的产品，要限制出口。

七、"七五"计划中的需求管理[①]

在居民个人消费方面，1990 年，全国居民人均实际消费水平提高到 517 元，平均每年增长 5%。其中，城镇居民平均每年增长 4.2%，农村居民平均每年增长 5.1%。1990 年，社会商品零售总额为 6460 亿

---

① 《中华人民共和国国民经济和社会发展第七个五年计划（1986—1990）》，中国人大网，http：//www.npc.gov.cn/wxzl/gongbao/2000 - 12/26/content_5001764.htm。

元,比1985年增长50%,平均每年增长8.5%。其中,社会消费品零售总额为5740亿元,比1985年增长51.5%,平均每年增长8.7%。用于食品消费的比重,由"六五"期间的58%下降到55%;用于生活用品的比重,由13%上升到15%;用于住房的比重,由8%上升到10%;穿着的比重基本维持在12%的水平;用于文化、生活服务的比重,由4%上升到5%。各项消费的内容日趋多样化,质量也将有所提高。在社会公共消费方面,进一步增加智力开发的支出。五年内,教育、科学、文化、卫生、体育事业费2016亿元,平均每年增长8%,高于经常性财政收入的增长速度;对于国防费和行政管理费的增长要适当加以控制。五年内,教育、科学、文化、卫生、体育事业费2016亿元,平均每年增长8%。

在投资方面,"七五"计划指出,五年内,全社会的固定资产投资计划为12960亿元。其中,全民所有制单位固定资产投资8960亿元,集体所有制单位投资1600亿元,城乡个体投资2400亿元。在全民所有制单位固定资产投资中,基本建设投资5000亿元;更新改造投资2760亿元;其他投资1200亿元。五年内,全民所有制单位的固定资产将新增6000亿元以上。要坚持恰当地确定固定资产投资规模,合理调整投资结构,加快能源、交通、通信和原材料工业的建设。坚持把建设重点转到现有企业的技术改造和改建扩建上来,走内涵型为主的扩大再生产的路子。

由中央部门安排的投资3750亿元。能源工业1176.6亿元,占总投资的比重由"六五"期间的22.4%提高到23.5%;交通运输568.2亿元,占总投资比重(按可比口径计算)由"六五"期间的12%提高到14.8%;原材料工业782.7亿元;机械电子工业94亿元;农业、林业、水利、气象146.8亿元;轻纺工业108.4亿元;科学、教育、文化、卫生99.8亿元;商业、外贸、银行、商检、海关64.5亿元;国防工业、国防科研、军事工程203.5亿元;其他部门505.5亿元。由地方统筹安排的投资1125亿元。

在净出口方面,五年内,全国进出口贸易总额平均每年增长7%,

1990 年达到 830 亿美元，其中，出口额平均每年增长 8.1%，进口平均每年增长 6.1%。"七五"计划中强调，要坚持进一步对外开放，更好地把国内经济建设同扩大对外经济技术交流结合起来。1990 年进出口贸易总额 830 亿美元（按对外经济贸易部数字），比 1985 年增长 40%。出口方面，除继续努力增加石油、煤炭、有色金属和粮食、棉花等产品出口外，要逐步增加制成品在出口总额中的比重。进口方面，重点是引进软件、先进技术和关键设备以及必要的国内急需的短缺生产资料。

八、"八五"计划中的需求管理[①]

在居民个人消费方面，五年内，全国居民消费水平平均每年增长 3%。消费品流通，1995 年社会商品零售总额达到 13300 亿元，比 1990 年增长 61.1%。要根据国家计划和市场的需求，组织好基本生活消费品的收购和供应，同时充分发挥市场调节的作用。在社会公共消费方面，增加国家财政收入特别是中央财政收入，并严格控制财政支出，减少财政补贴，逐步改善财政收支不平衡状况。消费结构进一步改善。肉、蛋、奶、水产品、蔬菜、水果的消费量有所增加；成衣率和衣着质量明显提高；电视机、电冰箱、洗衣机等主要耐用消费品的拥有量进一步增加。1995 年，城镇居民人均居住面积达到 7.5 平方米；农村居民住房条件也将继续有所改善。城乡交通通信便利程度有所提高，每百人电话拥有量比现在提高一倍。

在投资方面，五年内，不包括物价上涨因素，全社会固定资产投资合计为 26000 亿元，平均每年增长 5.7%。其中，全民所有制单位投资为 17000 亿元，平均每年增长 5.5%。在全民所有制单位投资中，基本建设投资为 8400 亿元，平均每年增长 2.1%；技术改造投资 5500 亿元，平均每年增长 9.8%。在基本建设投资的分配中，按照调整产业结构的

---

① 《中华人民共和国国民经济和社会发展十年规划和第八个五年计划纲要》，中国人大网，http://www.npc.gov.cn/wxzl/gongbao/2000 - 12/28/content_5002538.htm。

要求，优先安排农业、水利、能源、交通、通信和重要原材料的建设。技术改造的投资，重点用于节约能源、原材料，提高产品质量，增加新品种，扩大出口创汇和替代进口产品，以及保证企业安全生产等方面；重点抓好一批骨干企业的改造和上海、天津、沈阳、武汉、重庆、哈尔滨等老工业城市的改造。

在净出口方面，"八五"期间，要进一步发展出口贸易，在坚持外汇收支平衡的前提下，适当增加进口。努力增加出口创汇。要把工作的重点放在改善出口商品结构和提高出口商品质量上，促进由初加工制成品出口为主向深加工制成品出口为主的转变。除继续发展传统产品出口外，大力增加机电产品、轻纺产品和高技术商品的出口。同时，积极发展创汇农业产品的出口，稳步发展建材和非金属矿产品的出口。合理调整进口结构。要把有限的外汇集中用于先进技术和关键设备的进口，用于国家重点生产建设所需物资以及农用物资的进口。国内能够生产供应的原材料和机电设备，要积极组织生产，争取少进口或不进口。严格控制奢侈品、高档消费品和烟、酒、水果等商品的进口。努力增加出口创汇。要把工作的重点放在改善出口商品结构和提高出口商品质量上，促进由初加工制成品出口为主向深加工制成品出口为主的转变。除继续发展传统产品出口外，大力增加机电产品、轻纺产品和高技术商品的出口。同时，积极发展创汇农业产品的出口，稳步发展建材和非金属矿产品的出口。合理调整进口结构。要把有限的外汇集中用于先进技术和关键设备的进口，用于国家重点生产建设所需物资以及农用物资的进口。国内能够生产供应的原材料和机电设备，要积极组织生产，争取少进口或不进口。严格控制奢侈品、高档消费品和烟、酒、水果等商品的进口。

九、"九五"计划中的需求管理[①]

在消费方面，"八五"期间城镇居民人均生活费收入实际年均增长

---

① 《中华人民共和国国民经济和社会发展"九五"计划和2010年远景目标纲要》，中国人大网，http://www.npc.gov.cn/wxzl/gongbao/2001-01/02/content_5003506.htm。

7.7%，农民人均纯收入实际年均增长4.5%。社会消费品零售总额实际年均增长10.6%。人民生活水平在20世纪80年代基本解决温饱的基础上继续提高。"九五"计划预计在"九五"期间，城镇居民人均生活费收入实际年均增长5%，农民人均纯收入实际年均增长4%；人均纤维消费量从4.6公斤增加到5公斤；彩电普及率由42%提高到60%；电话普及率由4.6%提高到10%。要注重提高生活质量，把解决居民住房问题放在突出的位置，同时努力改善交通、通信、供水条件和生活环境，发展社会服务，加强公共福利设施建设，丰富城乡人民文化生活。要合理引导消费，形成适合我国国情的消费结构和消费方式，把生活改善建立在经济发展和劳动生产率提高的基础上。要注重提高生活质量，把解决居民住房问题放在突出的位置，同时努力改善交通、通信、供水条件和生活环境，发展社会服务，加强公共福利设施建设，丰富城乡人民文化生活。要合理引导消费，形成适合我国国情的消费结构和消费方式，把生活改善建立在经济发展和劳动生产率提高的基础上。

在投资方面，考虑价格因素，五年全社会固定资产投资总规模为13万亿元，年均增长10%。其中，国有单位投资8.8万亿元，占68%。要加强农业、水利、能源、交通、通信和支柱产业的重点建设。加快现有企业和老工业基地改造和调整的步伐。房地产投资重点放在城镇居民住宅建设上。

在净出口方面，"九五"期间，要适应社会主义市场经济发展需要和国际经济通行规则，初步建立统一规范的对外经济体制，扩大对外贸易和对外经济技术交流与合作。提高对外开放水平，坚持以质取胜和市场多元化的对外贸易战略。2000年，进出口总额达到4000亿美元，出口与进口额各为2000亿美元。进一步优化进出口商品结构。着重提高轻纺产品的质量、档次，加快产品升级换代，扩大花色品种，创立名牌，提高产品附加值。进一步扩大机电产品出口，特别是成套设备出口。发展附加值高和综合利用农业资源的创汇农业。按国际标准组织出口商品生产，加强售后服务。积极引进先进技术，适当提高高技术、设备及原材料产品的进口比重。大力发展技术贸易和服务贸易。

十、"十五"计划中的需求管理①

在消费方面，"十五"计划提出居民生活质量要有较大提高，基本公共服务比较完善。城镇居民人均可支配收入和农村居民人均纯收入年均增长 5% 左右。提高居民吃穿用等基本消费水平，促进消费需求较快增长，使居民消费率提高到 50% 左右。要注重提高生活质量，把解决居民住房问题放在突出的位置，同时努力改善交通、通信、供水条件和生活环境，发展社会服务，加强公共福利设施建设，丰富城乡人民文化生活。要合理引导消费，形成适合我国国情的消费结构和消费方式，把生活改善建立在经济发展和劳动生产率提高的基础上。在提高居民吃穿用等基本消费水平的基础上，要重点改善居民居住和出行条件；完善住房公积金制度，加大以经济适用住房为重点的住房建设力度，建立廉租房供应保障体系；积极发展城乡公共交通，鼓励轿车进入家庭；降低信息服务价格，刺激居民信息消费；提高计算机普及率，2005 年达到 4%以上；推行职工带薪休假制度，合理调整居民工作和闲暇时间，扩大服务供给，鼓励居民服务性消费。

在投资方面，"十五"计划围绕结构调整，引导投资方向，促进固定资产投资特别是企业和社会投资较快增长，全社会固定资产投资率调控在 35% 左右。正确引导投资方向，依靠现有基础，防止盲目扩大规模和重复建设。广辟投融资渠道，建立城镇建设投融资新体制，形成投资主体多元化格局。要优化结构，调整布局，提高工程质量，拓宽投资渠道，注重投资效益，把基础设施建设提高到一个新水平。加强水利建设，水利建设要全面规划、统筹兼顾、标本兼治、综合治理；健全综合交通体系，交通建设要统筹规划、合理安排、扩大网络、优化结构、完善系统、推进改革，建立健全畅通、安全、便捷的现代综合运输体系；

---

① 《中华人民共和国国民经济和社会发展第十个五年计划纲要》，中国政府网，http://www.gov.cn/gongbao/content/2001/content_60699.htm。

优化能源结构，能源建设要发挥资源优势，优化能源结构，提高利用效率，加强环境保护。以煤炭为基础能源，提高优质煤比重。

在净出口方面，要更好地实施以质取胜、市场多元化和科技兴贸战略，努力扩大货物和服务出口，2005 年货物进出口总额达到 6800 亿美元，有步骤地开放银行、保险、电信、外贸、内贸、旅游等服务领域。积极开拓新的出口市场，优化出口商品结构和市场结构，继续扩大大宗传统产品和劳动密集型工业制成品出口，不断提高其技术含量和附加值，增加高新技术产品和高附加值产品出口，2005 年机电产品出口比重提高到 50% 左右；加强加工贸易管理，提高加工贸易的增值率，扩大加工贸易出口；继续规范发展边境贸易；大力发展承包工程、设计咨询、技术转让、国际旅游、国际运输、航天发射、教育文化和金融保险等领域的服务贸易出口，逐步缩小服务贸易逆差；积极引进先进技术、关键设备，努力实现大宗产品和重要资源进口来源多元化；加强口岸查验、税务、金融、保险和运输等对进出口贸易的服务功能。

十一、"十一五"规划中的需求管理①

在消费方面，"十一五"时期必须保持经济平稳较快发展。要进一步扩大国内需求，调整投资和消费的关系，合理控制投资规模，增强消费对经济增长的拉动作用。立足扩大国内需求推动发展，把扩大国内需求特别是消费需求作为基本立足点，促使经济增长由主要依靠投资和出口拉动向消费与投资、内需与外需协调拉动转变。要让人民生活水平继续提高。城镇居民人均可支配收入和农村居民人均纯收入分别年均增长5%。要丰富消费性服务业，适应居民消费结构升级趋势，继续发展主要面向消费者的服务业，扩大短缺服务产品供给，满足多样化的服务需求。提升商贸服务业；发展房地产业；大力发展旅游业；加强市政公用

① 《中华人民共和国国民经济和社会发展第十一个五年规划纲要》，中国政府网，http：//www.gov.cn/ztzl/2006 – 03/16/content_228841.htm。

事业；加快发展社区服务业；发展体育事业和体育产业。

在投资方面，要调整国民收入分配格局，国家财政支出和预算内固定资产投资，要按照存量适度调整、增量重点倾斜的原则，不断增加对农业和农村的投入。合理界定政府投资范围和中央与地方的投资事权，改进和完善决策规则和程序，提高资金使用效率，建立政府投资项目决策责任追究制。建立和完善投资调控体系。要加强农村基础设施建设，着力加强农民最急需的生产生活设施建设。加快实施农村饮水安全工程。加强农村公路建设，建立电信普遍服务基金，加强农村信息网络建设，中央和地方各级政府基础设施建设投资的重点要放在农业和农村。加大财政转移支付力度和财政性投资力度，支持革命老区、民族地区和边疆地区加快发展。保护自然生态，改善基础设施条件。落实企业投资自主权，逐步缩小政府对投资项目的核准范围，健全企业投资项目核准制和备案制。

在净出口方面，按照发挥比较优势、弥补资源不足、扩大发展空间、提高附加价值的要求，积极发展对外贸易，促进对外贸易由数量增加为主向质量提高为主转变。到 2010 年货物贸易、服务贸易进出口总额分别达到 2.3 万亿美元和 4000 亿美元。优化出口结构，以自有品牌、自主知识产权和自主营销为重点，引导企业增强综合竞争力。支持自主性高技术产品、机电产品和高附加值劳动密集型产品出口。严格执行劳动、安全、环保标准，规范出口成本构成，控制高耗能、高污染和资源性产品出口。完善加工贸易政策，继续发展加工贸易，着重提高产业层次和加工深度，增强国内配套能力，促进国内产业升级。引导企业构建境外营销网络，增强自主营销能力。积极开拓非传统出口市场，推进市场多元化。加强对出口商品价格、质量、数量的动态监测，构建质量效益导向的外贸促进和调控体系。

十二、"十二五"规划中的需求管理[①]

在消费方面,"十二五"规划指出要坚持把经济结构战略性调整作为加快转变经济发展方式的主攻方向。构建扩大内需长效机制,促进经济增长向依靠消费、投资、出口协调拉动转变。结构调整取得重大进展。居民消费率上升。城镇居民人均可支配收入和农村居民人均纯收入分别年均增长7%以上。要促进消费结构升级,进一步释放城乡居民消费潜力,逐步使我国国内市场总体规模位居世界前列。

在投资方面,要加大国家财政支出和预算内固定资产投资向农业农村倾斜力度。设立战略性新兴产业发展专项资金和产业投资基金,扩大政府新兴产业创业投资规模,发挥多层次资本市场融资功能,带动社会资金投向处于创业早中期阶段的创新型企业。要调整优化投资结构。发挥投资对扩大内需的重要作用,保持投资合理增长,完善投资体制机制,明确界定政府投资范围,规范国有企业投资行为,鼓励扩大民间投资,有效遏制盲目扩张和重复建设,促进投资消费良性互动,把扩大投资和增加就业、改善民生有机结合起来,创造最终需求。按照公共财政服从和服务于公共政策的原则,优化财政支出结构和政府投资结构,逐步增加中央政府投资规模,建立与规划任务相匹配的中央政府投资规模形成机制,重点投向民生和社会事业、农业农村、科技创新、生态环保、资源节约等领域,更多投向中西部地区和老少边穷地区。

在净出口方面,适应我国对外开放由出口和吸收外资为主转向进口和出口、吸收外资和对外投资并重的新形势,必须实行更加积极主动的开放战略,不断拓展新的开放领域和空间,扩大和深化同各方利益的汇合点,完善更加适应发展开放型经济要求的体制机制,有效防范风险,以开放促发展、促改革、促创新。要继续稳定和拓展外需,加快转变外

---

① 《中华人民共和国国民经济和社会发展第十二个五年规划纲要》,中国政府网,http://www.gov.cn/test/2011-03/16/content_1825941.htm。

贸发展方式，推动外贸发展从规模扩张向质量效益提高转变、从成本优势向综合竞争优势转变。保持现有出口竞争优势，加快培育以技术、品牌、质量、服务为核心竞争力的新优势；优化进口结构，积极扩大先进技术、关键零部件、国内短缺资源和节能环保产品进口，适度扩大消费品进口，发挥进口对宏观经济平衡和结构调整的重要作用，优化贸易收支结构；促进服务出口，扩大服务业对外开放，提高服务贸易在对外贸易中的比重。在稳定和拓展旅游、运输、劳务等传统服务出口同时，努力扩大文化、中医药、软件和信息服务、商贸流通、金融保险等新兴服务出口。坚持"引进来"和"走出去"相结合。

十三、"十三五"规划中的需求管理①

在消费方面，消费对经济增长贡献继续加大，坚持需求引领、供给创新，提高供给质量和效率，激活和释放有效需求，形成消费与投资良性互动、需求升级与供给升级协调共进的高效循环，增强发展新动能。要适应消费加快升级，以消费环境改善释放消费潜力，以供给改善和创新更好满足、创造消费需求，不断增强消费拉动经济的基础作用。增强消费能力，改善大众消费预期，挖掘农村消费潜力，着力扩大居民消费。以扩大服务消费为重点带动消费结构升级，支持信息、绿色、时尚、品质等新型消费，稳步促进住房、汽车和健康养老等大宗消费。推动线上线下融合等消费新模式发展。实施消费品质量提升工程，强化消费者权益保护，充分发挥消费者协会作用，营造放心便利的消费环境。积极引导海外消费回流。以重要旅游目的地城市为依托，优化免税店布局，培育发展国际消费中心。

在投资方面，要让投资效率和企业效率明显上升，同时更好发挥政府创业投资引导基金作用。围绕有效需求扩大有效投资，优化供给结

---

① 《中华人民共和国国民经济和社会发展第十三个五年规划纲要》，中国政府网，http://www.gov.cn/xinwen/2016-03/17/content_5054992.htm。

构，提高投资效率，发挥投资对稳增长、调结构的关键作用。更好发挥社会投资主力军作用，营造宽松公平的投资经营环境，鼓励民间资本和企业投资，激发民间资本活力和潜能。要扩大有效投资充分发挥政府投资的杠杆撬动作用，加大对公共产品和公共服务的投资力度，加大人力资本投资，增加有利于供给结构升级、弥补小康短板、城乡区域协调、增强发展后劲的投资，启动实施一批全局性、战略性、基础性重大投资工程。

在净出口方面，适应国际市场需求变化，加快转变外贸发展方式，优化贸易结构，发挥出口对增长的促进作用。加快培育以技术、标准、品牌、质量、服务为核心的对外经济新优势，推动高端装备出口，提高出口产品科技含量和附加值。扩大服务出口，健全售后保养维修等服务体系，促进在岸、离岸服务外包协调发展。加大对中小微企业出口支持力度。要实施优进优出战略，推动外贸向优质优价、优进优出转变，加快建设贸易强国。促进货物贸易和服务贸易融合发展，大力发展生产性服务贸易，服务贸易占对外贸易比重达到 16% 以上。巩固提升传统出口优势，促进加工贸易创新发展。优化对外贸易布局，推动出口市场多元化，提高新兴市场比重，巩固传统市场份额。鼓励发展新型贸易方式。发展出口信用保险。积极扩大进口，优化进口结构，更多进口先进技术装备和优质消费品。积极应对国外技术性贸易措施，强化贸易摩擦预警，化解贸易摩擦和争端。

十四、"十四五"规划中的需求管理①

"十四五"规划中强调要形成强大国内市场，构建新发展格局。要坚持扩大内需这个战略基点，加快培育完整内需体系，把实施扩大内需战略同深化供给侧结构性改革有机结合起来，以创新驱动、高质量供给引领和创造新需求。

---

① 《中华人民共和国国民经济和社会发展第十四个五年规划和 2035 年远景目标纲要》，中国政府网，http://www.gov.cn/xinwen/2021 – 03/13/content_5592681.htm。

第一，畅通国内大循环。依托强大国内市场，贯通生产、分配、流通、消费各环节，打破行业垄断和地方保护，形成国民经济良性循环。优化供给结构，改善供给质量，提升供给体系对国内需求的适配性。推动金融、房地产同实体经济均衡发展，实现上下游、产供销有效衔接，促进农业、制造业、服务业、能源资源等产业门类关系协调。破除妨碍生产要素市场化配置和商品服务流通的体制机制障碍，降低全社会交易成本。完善扩大内需的政策支撑体系，形成需求牵引供给、供给创造需求的更高水平动态平衡。

第二，促进国内国际双循环。立足国内大循环，发挥比较优势，协同推进强大国内市场和贸易强国建设，以国内大循环吸引全球资源要素，充分利用国内国际两个市场两种资源，积极促进内需和外需、进口和出口、引进外资和对外投资协调发展，促进国际收支基本平衡。完善内外贸一体化调控体系，促进内外贸法律法规、监管体制、经营资质、质量标准、检验检疫、认证认可等相衔接，推进同线同标同质。优化国内国际市场布局、商品结构、贸易方式，提升出口质量，增加优质产品进口，实施贸易投资融合工程，构建现代物流体系。

第三，全面促进消费。增强消费对经济发展的基础性作用，顺应消费升级趋势，提升传统消费，培育新型消费，适当增加公共消费。以质量品牌为重点，促进消费向绿色、健康、安全发展，鼓励消费新模式新业态发展。推动汽车等消费品由购买管理向使用管理转变，促进住房消费健康发展。健全现代流通体系，发展无接触交易服务，降低企业流通成本，促进线上线下消费融合发展，开拓城乡消费市场。发展服务消费，放宽服务消费领域市场准入。完善节假日制度，落实带薪休假制度，扩大节假日消费。培育国际消费中心城市。改善消费环境，强化消费者权益保护。

第四，拓展投资空间。优化投资结构，保持投资合理增长，发挥投资对优化供给结构的关键作用。加快补齐基础设施、市政工程、农业农村、公共安全、生态环保、公共卫生、物资储备、防灾减灾、民生保障等领域短板，推动企业设备更新和技术改造，扩大战略性新兴产业投资。推进新型基础设施、新型城镇化、交通水利等重大工程建设，支持有利于城乡区域协调发展的重大项目建设。实施川藏铁路、西部陆海新通道、国家水网、雅鲁藏布江下游水电开发、星际探测、北斗产业化等重大工程，推进重大科研设施、重大生态系统保护修复、公共卫生应急保障、重大引调水、防洪减灾、送电输气、沿边沿江沿海交通等一批强基础、增功能、利长远的重大项目建设。发挥政府投资撬动作用，激发民间投资活力，形成市场主导的投资内生增长机制。

第三节　需求管理规划的规律

一、消费水平逐渐提高，消费结构不断升级

消费水平变化可以分为改革开放前和改革开放后两个时期。由于受到多种因素影响，改革开放前物资匮乏，人民的衣、食、住、行四方面均无法得到完全满足，人民生活水平较低。改革开放后，我国消费水平有了质的飞跃。主要原因在于改革开放后，我国经济水平不断提升，城镇居民和农村居民的收入水平也在逐年上升，消费水平呈现逐年递增趋势。同时，在"七五"计划时期，经济体制改革开始由农村转向城市，以城市为重点的全面经济改革开始推进。这一时期后，城市经济不断得到提升，城镇居民收入增长速度加快。1992年以后，城镇居民消费量开始超过农村居民消费量。"九五"计划以前，在居民个人消费方面，对于全国居民人均实际消费水平、社会商品零售额增长率、就业人数增长率、工资增长率等都作出了适当的规定。从"十五"计划开始，减少了对消费指标的硬性规定，仅对城镇居民人均可支配收入和农村居民人均纯收入作出了增长要求。在社会公共消费方面，从"六五"时期开始，政府开始逐步增加教育、科学、文化、卫生、体育事业的开支，仅保证军政费用必不可少的支出，对国防费和行政管理费的增长适当加

以控制。

改革开放前，我国的居民消费主要以生活必需品为主，恩格尔系数较高。改革开放后，我国出现了三次消费升级，推动了经济的高速增长，同时消费结构的演变带动了我国产业结构的升级。第一次消费结构升级出现在改革开放之初。此时，粮食消费下降、轻工产品消费上升。这一转变对我国轻工、纺织产品的生产产生了强烈的拉动，带动了相关产业的迅速发展，并带动了第一轮经济增长；第二次消费结构升级出现在 20 世纪 80 年代末至 90 年代末，在这一阶段的前期，"老三件"（自行车、手表、收音机）和"新三件"（冰箱、彩电、洗衣机）分别是温饱和小康时期的标志性消费品，作为一种时尚受到消费者的青睐，并带动了相关产业的迅猛发展。随着经济的进一步发展，后期阶段的消费特点是：家用电器消费快速增加，耐用消费品向高档化方向发展，大屏幕高清晰度彩电、大容量冰箱、空调器、微波炉、影碟机、摄像机成为城镇居民的消费热点，普及率进一步提高。这一转变对电子、钢铁、机械制造业等行业产生了强大的驱动力，带动了第二轮经济增长；目前正在进行的第三次消费结构升级转型正驱动着相关产业的增长。在这一过程中，增长最快的是教育、娱乐、文化、交通、通信、医疗保健、住宅、旅游等方面的消费，尤其是与 IT 产业、汽车产业以及房地产业相联系的消费增长最为迅速。

随着经济的发展、收入水平的提高和社会的进步，消费资料开始分为生存资料、享受资料和发展资料。人们收入水平不断提高，生存资料所占比重呈下降趋势，享受资料和发展资料所占比重呈上升趋势。同时，随着时间的推移，这三种资料在绝对量上都会增加，但是由于生产资料受到生理因素的限制，相对来说，对其需求是有限的，而享受资料和发展资料的需求是无止境的。从长期发展来看，生存资料所占比重将下降，享受资料和发展资料的比重将逐步上升。合理引导消费，形成适合我国国情的消费结构和消费方式，要把生活改善建立在经济发展和劳动生产率提高的基础上。"十三五"规划强调扩大服务消费为重点带动消费结构升级，支持信息、绿色、时尚、品质等新型消费，稳步促进住房、汽车和健康养老等大宗消费，推动线上线下融合等消费新模式发展。

二、投资主体多样化，投资渠道不断扩展

改革开放前，我国的投资主要集中于基础建设、工业生产以及"三线建设"上，投资主体主要为国家。且当时我国投资结构主要呈现出以下特点：一是投资主体结构比较单一，片面强调以国有经济为主体，忽视市场机制的调节作用；二是单纯依靠财政手段集中和无偿拨付资金，忽视金融市场的作用，很大程度上降低了资金的使用效率；三是投资结构受非经济因素的影响较大，经济失衡状况始终未得到根本改变，长期以来加工业、制造业的超前发展导致绝大部分产品供大于求，农业和基础工业、基础设施的发展滞后一直成为我国国民经济发展的制约因素。

改革开放后，在集中决策体制向分散决策体制转变后，投资主体呈现出多元化：国家（包括中央和地方）、企业和个人（包括农村个人建房投资等）。在社会主义市场经济体制下，通过建立现代企业制度和公司法人治理结构，企业拥有独立的投资决策权，投资规模主要取决于多元化的投资主体的投资决策，取决于投资主体对经济增长前景和未来投资收益预期。全社会固定资产投资规模和房地产开发投资规模基本上是逐年增加的。并且，国有经济投资所占比重逐渐下降，而个体经济与其他经济投资占总投资的比重不断上升。不仅如此，投资结构的特点也发生了改变，具体表现为：一是1978年后，国家提出优先发展轻工业和农业，投资的部门结构由向生产资料倾斜转向生活资料生产部门倾斜，把农业放在重要的战略地位；二是投资主体结构发生了重大变化，呈现出国家投资的比重逐渐下降而集体所有和个体所有的投资比重逐渐上升的态势；三是伴随着社会主义市场经济体制的建立和融资渠道的不断拓展，呈现出国家财政投资、银行贷款、企业自筹投资和利用外资多种融资渠道并存的格局。在投资来源结构中，国家财政投资的比重趋于下降，与此同时，银行贷款投资、企业自筹投资和利用外资的比重趋于上升；四是在投资领域指令性计划调节速度逐渐弱化，投资结构的调节转

变为计划与市场的双重调节，由国家指令计划性调节的主要是中央政府投资及信贷投资的总规模，而国有企业自筹投资、集体企业、个人及外资主要依靠市场机制调节，它们根据市场需求的状况确定投资的目标和投资的规模；五是随着经济水平不断发展，消费需求不断升级，投资在第三产业的占比最大，第二产业次之，第一产业最少。

三、持续扩大对外开放，顺应全球化潮流

改革开放前，我国的经济体制实行配给制，采用计划经济制度。外贸局限于互通有无，农副及矿产资源型产品构成了出口商品的主流，贸易关系受制于外交政策和国家关系的变化。对外贸易主要被看作社会扩大再生产的补充手段。新中国成立之初，我国出口商品总额中初级产品占80%以上，进口商品主要是机器设备等生产资料。同时，新中国成立之前的进口商品结构，主要以进口消费品、奢侈品为主的情况也得以改变，生产资料在进口中占据了主要地位。而随着国内工业的迅速发展，出口商品结构也发生较大变化，轻纺产品成为主要出口商品，重工业产品出口比重呈上升趋势。但直到1978年，初级产品出口占出口总额的比重仍高达53.5%。[①]

1978～1991年，即改革开放初期，伴随着外贸管理体制的改革和更为灵活的贸易形式，对外贸易迅速发展；海外投资与经济特区的创办，为中国对外经贸关系的发展注入了巨大的活力，工业制成品成为中国主要的出口商品。这一阶段，国家对外贸的重视程度空前提高，外贸体制改革和外商直接投资极大地促进了外贸发展。1978～1991年，进出口总额由355亿元增长到7225.8亿元，年均增速为26%。其中出口由167.7亿元增长到3827.1亿元，进口由187.4亿元增长到3398.7亿

---

① 《经济结构不断升级　发展协调性显著增强——新中国成立70周年经济社会发展成就系列报告之二》，国家统计局网站，http://www.stats.gov.cn/ztjc/zthd/sjtjr/d10j/70cj/201909/t20190906_1696308.html。

元。[1] 1979年开始，中国陆续建立了经济特区、沿海开放城市、开发区等特殊经济区域，在进出口管理与经营政策、外汇政策等方面试点实行更灵活、更优惠的特殊政策，这些特殊区域对全国的外贸发展乃至开放型经济的发展起到了平台、示范与辐射作用，是这一时期对外贸易发展最为活跃的区域。同时，外商投资企业进出口规模不断扩大，在中国外贸中的作用迅速提升。1985年实际利用外资额为47亿美元，到了1991年实际利用外资额为115.5亿美元，年均增速为16%。[2] 中国市场经济的确立和发展，为进出口商品结构进一步优化提供了国内条件。资本和技术密集型产品逐步替代劳动和资源密集型产品，成为最主要出口产品。机电产品出口超过纺织产品，成为出口最大类产品，实现了出口商品结构的又一次重大转变。机电产品成为中国出口最重要的推动力，带动了对外贸易的迅速发展。同期，中国工业化进程开始加速，固定资产投入大、增长快，带来大量的资本货物需求，使机械及运输设备进口增长十分显著。

2001年11月，中国加入WTO后，对外贸易进入又一个新的阶段。中国加入WTO以来，切实履行入世承诺，积极参与多边贸易体制下的经贸合作，大力实施自由贸易区战略，推进贸易自由化和便利化；基本建立起了与市场经济要求相适应的、符合国际惯例与规则的外贸政策与体制，建立和完善贸易救济制度，维护公平贸易；建立和完善对外贸易的促进与服务体系，规范对外贸易秩序。政策体系的完善，促进了对外贸易又好又快发展。随着时代的发展和技术的进步，中国对外贸易额度不断加大，将世界市场作为未来发展的主攻市场，在扩大内需的同时扩大海外市场，增大海外市场的市场占有率。不仅仅局限于加工贸易等，而是不断推出自主品牌，将中国品牌推广到世界。习近平同志在党的十九大报告中指出："推动形成全面开放新格局。开放带来进步，封闭必然落后。中国开放的大门不会关闭，只会越开越大。要以'一带一路'建设为重点，坚持引进来和走出去并重，遵循共商共建共享原则，加强

①② 国家统计局国家数据网站，https：//data. stats. gov. cn/easyquery. htm？ cn = C01。

创新能力开放合作,形成陆海内外联动、东西双向互济的开放格局。"①

四、计划经济到市场经济,遵循经济发展规律

"一五"计划到改革开放前,我国实行高度集中的计划经济体制,这一时期实行计划经济既符合国情也符合当时的经济发展环境,体现了我国集中力量办大事的特色国情。在经济发展水平低,建设资金严重短缺,国力有限的条件下,运用这种行政集权的计划经济体制,保证把有限的资源集中到重点建设上,奠定国民经济良性循环的物质基础。在国民经济恢复时期结束后的第一个五年计划时期,正是由于国家利用手中的行政力量对重点建设进行集中统一的管理,才建成以苏联帮助中国建设的 156 项工程为中心的 694 个大中型建设项目和一些骨干企业,使中国建立起比较完整的基础工业体系和国际工业体系的骨架,积累了经验,培养了干部,为国家工业化奠定了初步基础,从而为国民经济的长远发展创造了有利的条件。

"六五"计划时期,中国开始改变长期以来奉行的"战争与革命"的时代观,将重点转向国内经济建设与体制改革,实行改革开放,以经济建设为重心成为全党全国人民的共识,这一政策的实施符合我国当时的经济发展规律。改革开放以来,随着计划经济体制下的流通格局被逐步打破和社会主义市场经济的不断发展,有效供给能力显著增强,社会商品大为丰富,长期存在的短缺状态宣告结束,供应市场的商品品种繁多、数量充足、质量档次明显提高,大众化消费增速加快,消费品市场向满足大众消费多样性和个性化需求方向迈进。虽然,由于放开价格导致了"七五"计划后期出现严重的通货膨胀,经济与社会秩序一度出现混乱,但是通过坚定市场经济改革、坚决控制通货膨胀,采取了紧缩

---

① 习近平:《决胜全面建成小康社会 夺取新时代中国特色社会主义伟大胜利——在中国共产党第十九次全国代表大会上的报告》,新华网,http://www.xinhuanet.com/politics/19cpcnc/2017-10/27/c_1121867529.htm。

的财政政策和货币政策，最终实现了经济软着陆。"十二五"规划里明确指出要将市场对资源配置起基础性作用改成市场对资源起决定性作用，并取消计划手段，此前虽然商品的价格基本上是由市场决定的，但是资源和要素的价格相当程度上还是由政府决定或者由政府直接控制，市场在资源配置中还没有发挥基础性作用，更谈不上决定性作用。现在，对市场的定位从以往的"基础性作用"上升为"决定性作用"，凸显了党坚持社会主义市场经济改革方向的决心，有利于完善社会主义市场经济体制，更有利于转变经济发展方式。

五、全面把握经济社会变化，适时调整需求管理政策

"一五"计划、"二五"计划时期实行高度集中的计划调控，国家集中统一计划调控财政和物资，没有独立的财政政策，政策符合当时国情。"一五"和"二五"计划时期，我国经济基础薄弱、生产方式落后且基础设施破坏严重，在这种状态下，实施计划经济体制可以稳定经济、恢复生产，初步建立起了现代工业体系，为中国经济发展打好了基础。"二五"计划末期和"三五"计划初期开始重视以财政政策为主的经济政策，由于此前违背经济规律的宏观政策导致经济混乱，这一阶段宏观调控主要借助计划控制和财政政策稳定国民经济运行，方向重点放在调整经济比例和恢复经济上，但由于后期的政治运动，搁置了宏观调控，对当时的经济造成了极大的影响。"三五"计划后期和"四五"计划时期，由于我国的政治运动，导致需求管理政策严重缺位，经济经历了新中国成立以来最混乱的时期。"五五"计划至"七五"计划时期，改革开放前我国财政政策的短期主义明显，收权放权的循环降低了政策效果。在货币政策层面，央行的工作目标服从于国家计划，货币政策缺乏独立性。这一时期我国财政政策调控手段日益多样化，并同时开始实践独立货币政策，财政政策和货币政策两大调控支柱的建立为现代宏观调控体系的建立奠定了基础。

"八五"计划和"九五"计划时期，宏观调控体系初步建立，这一

时期宏观调控政策的独立性有所加强，有效的宏观调控增加了经济运行的稳定性。1997年亚洲金融危机爆发，我国经济受到影响，经济增速减慢，有效需求不足，扩大内需成为当务之急，通过财政政策和货币政策应对通货紧缩、促进经济增长。在此期间，我国社会主义市场经济体制完成了从萌芽到初步建立的转变。"九五"计划末期至"十三五"规划期间，随着经济发展，宏观调控从需求侧逐步转向供给侧，我国逐步建立健全以供给侧结构性改革为核心的宏观调控新体系，社会主义市场经济体制实现了从初步建立到逐步完善的跨越。其中"十一五"规划时期，为抑制经济日益过热现象，货币政策从稳健开始转向收紧，同时财政政策也收紧。"十二五"规划时期，党的十八届三中全会将市场在资源配置中的作用从基础性作用更改为决定性作用，区间调控、定向调控、精准调控、区域调控等调控理念的提出，表明我国的调控手段更为灵活和创新。"十三五"时期，我国经济下行压力增大，提出供给侧结构性改革，将宏观调控体系从需求侧转向了供给侧，为经济转型提供了支撑。2018年中美贸易战爆发，经济下行压力持续加大，央行一年内四次降准，同时采取积极的财政政策，扩大内需，缓解经济下行压力。

六、充分运用宏观调控手段，财政与货币政策有效配合

西方凯恩斯主义主张财政政策和货币政策短期刺激消费、投资、出口，进而增加有效需求，缓解和救助经济危机，提高国民收入从而实现充分就业，财政政策和货币政策之间的关系十分密切，无论是短期、中期还是长期，两大政策都会通过刺激经济、预算约束等方式相互影响、相互联系，共同作用于经济发展。两大政策必须协调配合，才能维护经济稳定增长，应对经济衰退，走出经济危机。

"一五"计划到"五五"计划前期为计划经济时期，此时期致力于财政信贷综合平衡，国民经济主张综合平衡，财政政策和货币政策在此背景下主张实现财政信贷综合平衡，财政是资金配置的主要渠道，整体格局是"大财政、小银行"。

　　"五五"计划后期到八五计划前期是有计划的商品经济时期，属于"大银行、小财政"格局。这一时期是改革开放从计划经济向市场经济转变的过渡时期，市场逐步发挥基础性作用，宏观管理逐步向宏观调节、宏观调控转型，调整方式逐步从直接调控转向间接调控。此时，中央财政收入占 GDP 比重下滑。

　　1992 年后我国进入社会主义市场经济体制时期，市场机制作用不断增强，宏观调控以财政政策和货币政策为两大主要政策工具。1992 年后，经济体制改革取得重大进展，国民经济迅速增长。面对经济体制改革浪潮，1993～1994 年采取双宽松的财政政策和货币政策，经济增长迅猛；1995～1997 年采取从紧的财政政策和货币政策，实现了经济的软着陆，这一阶段经历了从"双松"到"双紧"的财政与货币政策协调配合。经济实现软着陆后，亚洲金融危机突然爆发，对外贸易严重受挫，国内消费和投资动力不足，出现生产过剩、失业率提高等问题，为了稳定经济，1998～2004 年采取了积极的财政政策和稳健的货币政策，主要从需求侧促进投资、消费和出口，重点加强基础设施建设提高国内需求。摆脱亚洲金融危机后，我国经济进入快速上升通道，此时需求总量较旺，但投资相对过旺、消费相对不足，经济结构有待调整，从 2005 年开始宏观调控实行稳健的财政政策和稳健的货币政策。此时稳健的财政政策既要控制投资膨胀又要引导扩大消费，既要防止通胀又要防止通缩；稳健的货币政策保持松紧适度，既防止物价上涨，又灵活应对各种经济情况。2008 年次贷危机从美国率先发生并迅速蔓延为国际金融危机，宏观调控面临重大挑战，GDP 增速下降，通缩现象出现，进出口增速减缓。为了应对国际金融危机带来的冲击，缓解经济下行趋势，2008 年我国实行积极的财政政策，加大财政赤字和债务规模，并且采取适度宽松的货币政策，多次下调利率，以扩大内需来弥补外需不足，提高城乡居民收入扩大消费。自 2008 年底实施的积极的财政政策和适度宽松的货币政策后，我国经济开始复苏，从 2011 年开始实行积极的财政政策和稳健的货币政策，积极的财政政策服务于宏观调控大局，通过有增有减的结构性减税，支持结构调整，提高居民消费能力，财政支出以惠民生、调结构、补短板、增动力、防风险为主。并从2015 年开启供给侧结构性改革，调整经济结构提高经济增长质量，此时两大政策协调配合的重点逐步从促进投资需求转向推动结构调整和风险防范上。

七、深刻理解政府与市场关系，有为政府和有效市场相互促进

政府和市场的关系总是随着时代背景的改变而改变。改革开放前，由于中国的经济力量薄弱，且是比较落后的小农经济，需要集中力量发展重工业，所以实行单一的公有制经济，实行计划经济，政府集中管理、使用、分配各种资源，是"全能型"政府，全能型政府的两大主要特征是高度计划性和集权性。由于这一时期我国没有建立市场经济体制，政府与市场关系也就无从谈起。但是全能型政府在建设工业化社会后期出现了很多弊端，比如计划失灵、活力不足、短缺、卖方市场、政府权力过大、监督缺失等，市场几乎无法发挥作用。

改革开放后，随着社会主义市场经济体制的建立和完善，我国政府职能发生了显著的变化。在社会主义市场经济体制建立时期，我国政府和市场关系一直处于不断的变动和发展中，大致经历了以下阶段：1978～1984 年，计划经济为主、市场调节为辅，这一阶段提出必须在公有制基础上实现计划经济，同时发挥市场调节的辅助作用；1984～1987 年为有计划商品经济，是公有制基础上的有计划的商品经济；1987～1988 年为计划与市场内在统一，提出国家调节市场，市场引导企业的改革思路；1988～1992 年为计划同市场调节相结合，这一时期市场化改革没有取得明显进展；1992～2002 年社会主义市场经济体制的确立，市场的作用和地位逐步提高，对政府与市场的关系以及政府职能有了新的认识，全能型政府被淘汰。

2002 年以后，政府职能有了新的发展，党的十六大报告提出要完善政府的经济调节、市场监管、社会管理和公共服务的职能，减少和规

范行政审批。2007 年党的十七大报告中指出，要健全政府职责体系，完善公共服务体系，强化社会管理和公共服务，党的十七大后，除了强调政府的公共服务职能外，还提出了建立服务型政府的目标。2012 年党的十八大报告中指出，经济体制改革的核心是处理好政府和市场的关系，要更加尊重市场规律，更好发挥政府作用，推进政企分开、政资分开、政事分开、政社分开，建设职能科学、结构优化、廉洁高效、人民满意的服务型政府。党的十八届三中全会通过的《中共中央关于全面深化改革若干重大问题的决定》指出："经济体制改革是全面深化改革的重点，核心问题是处理好政府和市场的关系，使市场在资源配置中起决定性作用和更好发挥政府作用。"① 需要明确的是，强调市场在资源配置中起决定性作用，并不是否定政府的作用，而是为了更好发挥政府的作用，妥善解决以往政府存在的"越位"和"缺位"、干预过多和监管不到位等问题。虽然由市场配置资源的效率是最高的，必须让市场在资源配置中起决定性作用，但市场机制并不能自动调节宏观经济若干总量的平衡，同时在某些特殊领域（如公共物品领域）也不能起到自动调节供求平衡的作用，这就使政府介入经济活动成为必要。一般来说，凡是市场管得了、管得好的，就要让市场管；凡是市场管不了、管不好的，就应当由政府管。政府在减少微观经济干预的同时，必须加强市场管理、维护市场秩序，为各类市场主体创造统一开放、竞争有序的发展环境。

我国政府职能经历了从全能型政府到服务型政府的转变，我国政府职能转变的内容主要包括以下几个方面：首先，在正确处理政府与市场关系的基础上，以科学发展观为指导，以转变经济发展方式为主要内容，加强政府对市场的监管；其次，要以改善民生为目的，加强政府的公共服务职能，加快建立公共服务体系，建设服务型政府；最后，以维护社会公平正义为出发点和落脚点，进一步强化政府的社会管理职能。

---

① 《中共中央关于全面深化改革若干重大问题的决定》，中国政府网，http://www.gov.cn/jrzg/2013 – 11/15/content_2528179.htm。

第四节 需求管理规划展望

习近平总书记在深圳经济特区建立 40 周年庆祝大会上的讲话中指出:"当今世界正经历百年未有之大变局,新冠肺炎疫情全球大流行使这个大变局加速演进,经济全球化遭遇逆流,保护主义、单边主义上升,世界经济低迷,国际贸易和投资大幅萎缩,国际经济、科技、文化、安全、政治等格局都在发生深刻调整,世界进入动荡变革期。我国正处于实现中华民族伟大复兴的关键时期,经济已由高速增长阶段转向高质量发展阶段。我国社会主要矛盾发生变化,人民对美好生活的要求不断提高,经济长期向好,市场空间广阔,发展韧性强大,正在形成以国内大循环为主体、国内国际双循环相互促进的新发展格局。"①

一、需求侧与供给侧改革并举,畅通国内循环

自 2015 年我国提出深化供给侧结构性改革以来,我国在"三去一补一降"等方面取得了明显成效,但供给侧改革还是较多地表现为行政性手段。为更好解决我国内需动力不足的问题,接下来应坚持需求侧改革和供给侧改革并举,着力打通生产、分配、流通、消费各个环节,推进供给与需求的对接,构建以国内大循环为主,国际国内互促的双循环发展的新格局。这个新发展格局是根据我国发展阶段、环境、条件变化提出来的,是重塑我国国际合作和竞争新优势的战略抉择。一方面是应对全球经贸活动萎缩、逆全球化趋势强化下,降低我国经济的外部依赖性,降低输入型风险的有效措施;另一方面也是从根本上保障我国经济持续稳定增长的关键。制约我国第二、第三产业收入增长的最直接原因

---

① 习近平:《在深圳经济特区建立 40 周年庆祝大会上的讲话》,中国政府网,http://www.gov.cn/xinwen/2020 – 10/14/content_5551299.htm。

是内需不足。我国是制造业大国，具有全球最完整、规模最大的工业体系、强大的生产能力和完善的配套能力；同时我国具备全球最大的消费市场，拥有4亿多中等收入群体在内的14亿人口形成的超大规模内需市场，打通内循环是我国应对发展环境长期趋势性变化的重要举措。依托强大国内市场，贯通生产、分配、流通、消费各环节，打破行业垄断和地方保护，形成国民经济良性循环。优化供给结构，改善供给质量，提升供给体系对国内需求的适配性。推动金融、房地产同实体经济均衡发展，实现上下游、产供销有效衔接，促进农业、制造业、服务业、能源资源等产业门类关系协调。破除妨碍生产要素市场化配置和商品服务流通的体制机制障碍，降低全社会交易成本。完善扩大内需的政策支撑体系，形成需求牵引供给、供给创造需求的更高水平动态平衡。

二、全面把握消费发展新趋势，促进消费升级

在中美贸易摩擦和新冠肺炎疫情全球蔓延的形势下，对外贸易存在较大的不确定性，经济增长单纯依靠投资驱动也难以为继，而消费尤其是高质量、供需匹配的消费将是维持中国经济增长的最稳定动力。《中共中央关于制定国民经济和社会发展第十四个五年规划和二〇三五年远景目标的建议》出台，建议中重点提出要全面促进消费，顺应消费升级的趋势，促进消费向绿色、健康、安全发展，发展服务消费，鼓励消费新模式新业态发展；推动汽车等消费品由购买管理向使用管理转变，促进住房消费健康发展；发展无接触交易服务，促进线上线下消费融合发展，开拓城乡消费市场；落实带薪休假制度，扩大节假日消费；改善消费环境，强化消费者权益保护，增强消费对经济发展的基础性作用，也就是改善和保障民生。

《中共中央关于制定国民经济和社会发展第十四个五年规划和二〇三五年远景目标的建议》主要提出以下几点建议。一是收入是民生之源，是消费的前提和基础。要坚持按劳分配为主体、多种分配方式并存，坚持初次分配和再分配调节并重，加快建立更加有效的收入持续增

长机制，加快形成以中等收入群体为主体的橄榄型收入分配格局。首先，完善初次分配政策体系。正确处理政府、企业、居民之间的收入分配关系，形成合理的利益分配机制。增加劳动者特别是一线劳动者的报酬，提高劳动报酬在初次分配中的比重。完善市场评价要素贡献并按贡献分配的机制，更加重视知识、技术、管理等要素的市场价值。丰富居民投资理财产品，增加居民投资渠道。其次，健全再分配调节机制。健全综合与分类相结合的个人所得税制度，合理调节城乡、区域、不同群体间分配关系。完善一般性转移支付制度，加大保障基本民生的力度。健全养老保险制度体系，促进基本养老保险基金长期平衡。完善统一的城乡居民基本医疗保险制度和大病保险制度，鼓励发展补充医疗保险、商业健康保险。最后，着力扩大中等收入群体。扶持中等收入群体"后备军"，破除影响新型职业农民、专业技术人员等重点群体增收的体制机制障碍，持续完善税收、住房、社保等配套支持体系，减轻中等收入群体负担。二是持续推动消费升级。消费是生产的目的和动力，适应居民收入水平提高和需求升级的需要，应加快完善消费软硬环境，不断创新消费新模式新业态，持续促进消费升级：积极培育网络消费、智能消费、定制消费、体验消费等消费新模式，鼓励线上线下融合发展，大力发展"智能+"服务消费模式，拓宽智能消费新领域，加快研发可穿戴设备、移动智能终端、智能家居、超高清视频终端、医疗电子、智能汽车等智能化产品；推动服务消费提质扩容，丰富旅游产品供给，优化旅游市场环境，充分挖掘中华文化精髓，培育优质文化产品和品牌，着力扩大体育产品和服务消费，充分发展"体育+"产业；持续优化消费环境，加快推进消费追溯体系建设，完善个人信息保护制度和消费后评价制度，加强线上线下一体化监管，建立健全集风险监测、网上抽查、源头追溯、属地查处、信用管理于一体的电子商务产品质量监督管理制度。三是以创新驱动优化供给质量。要把实施扩大内需战略同深化供给侧结构性改革有机结合起来，以创新驱动、高质量供给引领和创造新需求。适应消费结构升级推动产业转型。鼓励传统企业技术改造提升，扩大汽车产业规模和体系优势，推动轻工、纺织等消费品行业增品种、提品质、创品牌。推动新一代信息技术、生物医药、数字创意等产业与其他产业的融合发展，促进新产品新技术不断推陈出新，加快在线经济、智慧物流、智能制造等产业高质量发展。

三、全面拓展各类投资空间，优化投资结构

投资是需求的重要组成部分，投资结构直接影响产业结构的优化和经济的稳定增长，因此任何时候都不应忽视投资需求的重要性，必须发挥投资对增长的关键作用。精准发力，持续优化投资结构，要顺应需求结构变化，精准扩大有效投资，深入推进投融资体制改革，促进生产和消费"双升级"，推动供需动态平衡，精准扩大有效投资。投资工作需要优化供给结构，需要提升关键领域和薄弱环节补短板力度，"两新一重"应成为"十四五"时期投资新主线，新基建带动结构调整与创新发展。

一是在产业方面，要加快 5G 网络、人工智能、工业互联网、物联网、数据中心等建设，支持智慧城市、智慧物流、智慧医疗等示范应用，推动铁路、公路、机场、港口等智能化改造。同时强化城市群和都市圈内现代交通、信息、电力、管道等的规划、布局和建设，提高中西部跨区域基础设施畅通性。着力扩大制造业投资，理顺制造业与房地产、金融业关系，引导优质资源向制造业集聚。加快传统产业智能化、绿色化、服务化、高端化改造，拉动国产装备、系统集成、工程设计和施工等市场需求。同时加大机器人、新材料、高端装备、智能制造等投资力度。二是推动投融资体制改革。完善投资计划管理等配套制度，依法加强政府投资资金统筹使用，深化全国投资项目在线审批监管平台建设应用。加大土地（海域）、金融政策对投资结构调整的支持力度。三是努力释放民间投资潜力，进一步拓宽民间投资发展领域，营造公平竞争的良好环境，激活民间投资。要加强政府引导，加快民间投资发展步伐，合理引导民营企业在成长性好的和发展空间大的新兴服务业领域发展。同时，要规范企业投资流程，降低企业投资成本，避免产生因制度

和市场机制缺失所导致的过度投资。而为了更好地促进投资，政府可出台相应产业政策，鼓励和支持某些产业发展，以财政投资撬动民间投资。

四、构建高水平对外开放格局，推动内外循环

2020 年 8 月，习近平总书记在经济社会领域专家座谈会上的讲话中指出，要"以高水平对外开放打造国际合作和竞争新优势。当前，国际社会对经济全球化前景有不少担忧。我们认为，国际经济联通和交往仍是世界经济发展的客观要求。我国经济持续快速发展的一个重要动力就是对外开放。对外开放是基本国策，我们要全面提高对外开放水平，建设更高水平开放型经济新体制，形成国际合作和竞争新优势。要积极参与全球经济治理体系改革，推动完善更加公平合理的国际经济治理体系"。[①] "十四五"时期中国将持续扩大对外开放。加快构建以国内大循环为主体、国内国际双循环相互促进的新发展格局，绝不是封闭的国内循环，而是更加开放的国内国际双循环，让中国市场成为世界的市场、共享的市场、大家的市场。无论国际上单边主义、保护主义、逆全球化如何回潮，中国都将坚定不移扩大开放，持续缩减外资准入负面清单，深入推进规则标准等制度型开放，不断开放的中国市场必将为外商提供更多的投资机遇。

主要提出以下几点建议：一是削减进出口环节制度成本促进货物贸易，缩减外资准入负面清单以吸引外资，允许更多领域实行外资独自经营。加快与国际通行经贸规则对接，提高政策透明度和执行一致性，营造内外资企业一视同仁、公平竞争的市场环境。进一步改善营商环境，加强技术合作，并且不断推进服务业开放以及加快人民币国际化进程。我国将以"双边、多边自贸区"和"一带一路"倡议为重要抓手，构

---

① 习近平：《在经济社会领域专家座谈会上的讲话》，中国政府网，http://www. gov. cn/xinwen/2020 - 08/25/content_5537101. htm。

建"人类命运共同体",促进共同发展。二是完善内外贸一体化调控体系,促进内外贸法律法规、监管体制、经营资质、质量标准、检验检疫、认证认可等相衔接,推进同线同标同质。三是优化国内国际市场布局、商品结构、贸易方式,提升出口质量,增加优质产品进口,促进外贸提升质量。进一步推动出口市场多元化,扩大出口信用保险覆盖面,特别注意发展对小微企业的信用保险。扩大短期险业务,支持中小企业开拓国际市场。同时,完善跨境电商等新兴行业扶持政策,推动服务贸易创新发展,引导加工贸易转型升级,优化进口结构,积极扩大进口。实施贸易投资融合工程,构建现代物流体系。四是完善自由贸易试验区布局,赋予更大改革自主权,稳步推进海南自由贸易港建设,建设对外开放新高地。

五、创新财政与货币政策组合方式,优化宏观调控

"十四五"时期,新冠肺炎疫情全球大流行的全球治理后遗症可能会进一步恶化世界经济总体环境,世界经济低速下行风险态势难以在短期内出现根本性改观,国际贸易保护主义势力依然强劲,我国外部环境不稳定不确定性更加增强,总体偏紧将会是我国经济发展外部环境的重要特征和基本常态。我国国内经济受疫情和外部市场萎缩影响仍然明显,长期下行压力依然较大。在社会主要矛盾转变之后,人民群众对高品质生活的要求和对高质量的充分稳定就业要求会更加强烈,从而会长期影响社会安定和高质量发展环境,应当把稳就业和补短板置于"十四五"时期经济工作的突出位置,把就业优先政策作为宏观政策体系的基点与核心,形成"总体趋紧、长期向好,就业优先、补齐短板"的宏观政策基本取向。

首先,积极的财政政策更加积极有为,基于后疫情时期我国经济社会发展环境将会发生深刻变化的总体预判,"十四五"时期的财政政策实施应当更加积极有为。一是要加大专项债发行力度,继续精准聚焦国家重大战略,把铁路、收费公路、机场、城镇基础设施、农业农村基础

设施等纳入"十四五"规划重大项目;着眼于未来培育长期可持续竞争力,形成面向5G、人工智能、大数据、云计算、电子化、智能化改造等新一代技术基础设施建设项目,并积极鼓励金融机构提供配套融资支持。二是要保持减税降费政策的适当力度和持续性,实行普惠性减税和结构性减税相结合,重点减轻制造业和小微企业税收负担,清理规范地方收费项目,加大对乱收费查处和整治力度;与此同时,加大中央转移支付力度,保障财政困难地区的"三保"支出,做好兜底工作。三是要积极扩大有效需求,深化推进供给侧结构性改革,加大中央预算内投资规模,特别是在基础设施、公共服务等领域补短板项目上,发挥好财政资金的关键作用,既要加大新投资项目开工力度,也要加快在建项目建设进度。

其次,稳健的货币政策更加灵活适度。"十四五"时期货币政策要更加关注国际形势和全球市场变动,更加重视对国内市场需求的宏观刺激反应,特别是要灵活运用多种货币政策工具保持流动性的合理充裕。一是在总量层面要充分发挥逆周期调节作用,根据经济运行、通胀水平、就业状况、国际收支状况及时预调微调,保持广义货币供应量、社会融资规模增速与名义GDP增速相匹配。二是在结构层面要注意运用好定向降准、定向中期借贷便利、再贷款、再贴现等多种货币政策工具,创新和丰富货币政策工具组合,引导金融机构继续做好重点领域和薄弱环节的金融服务。三是在传导渠道上要加快利率市场化改革,特别是要加快基准利率和市场利率并轨,提升金融机构贷款意愿,适度放松对银行的宏观审慎评估考核,增加银行信贷投放额度,放宽对小微企业不良贷款容忍度。四是在重点视域上要立足缓解民营经济发展中融资难、融资贵问题,加大对"一带一路"、乡村振兴、战略性新兴产业、重点区域建设等重点领域的金融支持,提升金融服务消费结构升级和制造业转型升级的能力,为稳中求进的经济工作总基调提供机制保障,为实体经济发展提供精准金融服务。

第五章

"一五"至"十四五"时期
供给管理规划

第一节　供给管理的内涵与外延

一、供给管理演进

供给管理源远流长，最早可以追溯到古典经济学，其典型代表就是亚当·斯密的《国富论》，在从供给的角度讨论经济增长的动力、源泉以及效率的同时也从生产者的角度强调资本私有制和市场自由竞争，从而体现了供给学派的核心思想传统。从一定意义上讲，古典经济学就是典型的供给学派，亚当·斯密批评了重商主义，认为生产是第一位的，即供给会自动创造需求。供给会自动创造需求不仅是古典经济学坚定不移的信念，而且是与大卫·李嘉图同时代的法国经济学家让·萨伊（Jean Say）的名言，他说："是生产给产品创造需求。"此即著名的萨伊定律。萨伊断言，一种产品生产过剩，其价格必然会下降，从而减少利润。相反，另一种产品生产不足，其价格必然上涨，从而增加利润。因此"除非政府当局愚昧无知或贪得无厌，否则一种产品供给不足而另一种产品充斥过剩的现象，绝不会永久继续存在"。他认为，"仅仅鼓励消费并无益于商业，因为困难不在于刺激消费的欲望，而在于供给消费的手段。"20 世纪 30 年代突如其来的"大萧条"引发了经济学理论的凯恩斯革命，从而几乎将思想观点与之相对的"萨伊定律"彻底颠覆，供给管理思想经历了历史上的第一次否定，从此陷入了低谷。

20 世纪 70 年代发生于美国的"滞胀"经济危机促使了供给学派的诞生，他们重新肯定了"萨伊定律"在宏观调控中的正确性与重要性，并认为供给侧并非是由需求派生的次要因素，而是更为主要的因素。他们推崇的供给管理核心思想认为只有增加并优化劳动、资本和企业家精神这三种生产要素的投入，才能增加和优化总供给，进而提升整个经济体的社会财富。然而，自由市场会自动调节生产要素的供给和有效利用，故而应当消除阻碍市场调节的不利因素，实现小政府、大市场的经济环境，使经济运行在最优的长期增长路径上。供给经济学被不少人看成是对萨伊定律的复活，二者都从供给角度探讨如何促进社会经济发展。但二者间也有很大区别：一是萨伊认为，供给等于需求，不会出现生产过剩；而供给经济学认为，供给与需求常常是背离的。二是萨伊认为，资本主义市场经济具有内在的稳定性，供求能够自发调节平衡，不需要外部的强度干预；而供给经济学认为，国家适当干预是必要的，通过减税能够刺激供给。随后，供给经济学又迎来第二代凯恩斯主义浪潮，经历了历史上对自由主义的第二次否定。

新供给经济学的诞生表面上标志着西方供给管理和需求管理的统一，但本质内涵需要转轨国家的经济实践结合社会主义政治经济学、现代制度经济学以及西方供给管理相融合，并发挥短期宏观调控的特性，为宏观经济学未来的发展奠定了政策基础并指引发展方向。经历这两轮"否定之否定"的经济思想发展中的螺旋式上升，表明供给学派早已不是萨伊定律的简单复活，而是先由萨伊定律强调的完全自由放任的经济，发展到供给学派阶段，此时该学派已具有一定宏观理论倾向，即认为经济政策在短期内具有经济动力的功能，而从长期看，政策是无效的。目前供给侧研究已发展到研究更全面、更高级的制度安排及转轨与经济增长的关系，已不仅是政策手段的研究。新供给经济学绝非摒弃需求管理，而是强调供给管理与需求管理的结合并纳入制度经济学成果等的兼收并蓄式的建设性包容组合。"新供给经济学"在迎接党的十八大和十八届三中全会的背景之下，已提出了从供给端发力应对现实挑战、破解瓶颈制约的一套认识和建议。

在我国经济已经进入"新常态"的背景下，继续保持原有的经济政策和管理思路不仅无法解决我国现有的问题，而且还有可能造成更大的负面影响。我国经济现阶段的主要问题在供给领域，如存在着供需错配、供给抑制、不合格供给主体等问题。针对上述问题，理论界普遍认为我国应推行供给侧结构性改革。我国经济发展中所面临的问题，虽有周期性因素，但更关键的问题在于"结构性"矛盾，在对需求侧进行总量性管理的同时，更应该强调对"结构性"问题的调控。2015 年 11月 10 日，习近平总书记在中央财经领导小组第十一次会议上首次提出了供给侧结构性改革，同时在党的十九大报告明确提出以供给侧结构性改革为主线的经济高质量发展目标。这表明，供给侧改革是相对于需求侧管理提出的经济治理新思路，是国家经济治理政策的重大变迁，意味着今后一个时期内经济政策将从过去突出强调需求管理转变到加强供给管理，并将引发宏观政策的相应调整。

综上所述，20 世纪 30 年代突如其来的"大萧条"使得以"萨伊定律"为主的供给管理经历了第一次否定，20 世纪 70 年代美国的"滞胀"危机又促使了供给学派的诞生，重新肯定了"萨伊定律"在宏观调控中的正确性与重要性。然而，供给学派又迎来了第二代凯恩斯主义浪潮，经历了历史上对自由主义的第二次否定。两轮"否定之否定"下诞生的新供给经济学，不仅是对"萨伊定律"的简单复活，他们认为经济政策在短期内具有经济动力的功能，而从长期看，政策是无效的。新供给经济学绝非摒弃需求管理，而是强调供给管理与需求管理的结合并纳入制度经济学成果等的兼收并蓄式的建设性包容组合。供给管理经过了从"萨伊定律"到供给学派再到新供给经济学的演变发展，将其与凯恩斯主义为代表的国家干预主义进行对比分析，可以得出我国建立供给侧与需求侧相互依赖、相互转化、相互促进、辩证统一的经济发展动力体系，即可应对经济发展 "新常态" 下的诸多挑战，实现经济可持续发展。

二、供给管理界定

供给学派认为，供给管理是影响总供给或潜在产出的各种政策措施。供给管理通过调节总供给，从而实现一定的政策目标。在短期内影响供给的主要因素是生产成本，在长期内影响供给的主要因素是生产能力，即经济潜力的增长。一般来讲，供给管理包括控制工资与物价的收入政策、指数化政策、改善劳动力市场状况的人力政策以及促进经济增长的增长政策。同时，供给管理可以使用税收、行政和法制管理等手段，但往往需要较长的时间才能发挥作用。供给管理不断创新和改革激发市场经济的活力，又要通过政府完善市场经济体制，优化资源配置，以提高经济效率，促进经济增长。值得注意的是，有些政策既有需求管理特性，又有供给管理特性，如减税，既可减轻企业负担，系供给管理；也可降低产品价格，系需求管理。但这两种管理间的理论界限仍然明显，一些政策虽同时兼有需求管理和供给管理的属性，但侧重点有所不同。比较而言，货币政策更重视总量管理、具有浓厚的需求管理色彩。而财政支出政策在刺激经济增长时需求管理特性较明显，但在经济发展较平稳时期，要通过各种转移支付来调整各个地区、各个产业、各个不同的社会阶层间的利益关系，从而影响生产的发展，这些财政政策又是供给管理的重要手段。需求管理通常解决的是总量问题、眼前的问题、浅层次的问题，然而供给管理解决的是结构问题、长远的和深层次的问题。很多人认为，总供给决定于一个经济可用的资源总量和技术水平，而一个经济的可用资源总量和技术水平是个存量，在短期内难以发生大的变化，因此，供给管理只能用于长期调控，如促进经济增长等，而在短期内则不适用，这是一种错误认知。

总的来说，供给管理就是政府用于调整商品和服务供给的各种手段

（除价格手段外），它解决的是结构问题、长远的、深层次的问题，通常包括控制工资与物价的收入政策、指数化政策、改善劳动力市场状况的人力政策以及促进经济增长的增长政策。政府通过各种政策来影响生产领域的效率，从而实现总供给与总需求的均衡。供给管理并不是简单地指产能的扩大，而是指更有效地重组市场和生产，提高产出效率，一方面促使供给和需求趋向均衡，另一方面提高要素供给的效率与质量。

三、供给管理政策

纵观西方供给管理在美国和英国的政策实践可以发现，美国实施供给管理的直接目标在于降低供给要素的成本，如减税及税制改革、反垄断等，因为当时美国的市场完善程度相对较高，但生产要素相对昂贵；而英国实施供给管理的直接目标在于提高供给要素的效率，如减少政府管制、减少国有比重等，因为英国当时市场完善程度并不高，生产要素的供给效率和利用效率均很低。因此，西方供给管理的政策导向基本围绕供给要素成本和供给要素效率，供给要素成本的下降可以提高生产要素的投入量，而供给要素效率的提高可以提升生产要素的质量，两者在供给管理中的准确定位将决定政策执行的预期效益。西方发达资本主义国家在实施供给管理时面对的是经济"滞胀"的形势，因此，供给管理着眼于调节企业的盈利能力或工人的劳动报酬，运用的政策工具具体包括工资政策、原材料和能源价格政策、利率政策等。

供给管理政策的重心之一是要提高劳动生产率。供给学派认为，经济主体（个人、企业等）的各种有效需求都取决于其支付能力或购买能力，而支付能力或购买能力取决于其收入水平，收入水平又取决于其生产率。因此，企业只有通过制度创新、技术创新、管理创新等，提高能满足市场需要的有效供给能力，即提高竞争力，提高生产经营效率，才能赢得客户和市场，才能提高效益和收入，增加投资和消费需求。减税、放松管制能够调动包括企业和劳动者在内的生产者的积极性，是提高经济主体有效供给能力的重要手段。1981 年，供给学派主张的减税政策对美国《经济复兴税法案》的通过产生了重要影响，该法案是里根政府提出的个人所得税和公司税大幅度削减的一揽子税收方案。1981年减税刚刚付诸实施之后，美国经济就开始扩张，经济衰退也宣告结束。重心之二是供给管理政策重视发挥市场机制的作用。供给学派认为，战后美国多次发生的经济危机，是由于国家对经济活动的任意干预，造成市场机制的作用遭到破坏、无效供给增加的结果。因此，主张减轻经济生活中因政府决策代替市场主体决策而出现的资源配置扭曲，反对政府直接对总体需求产生影响。以"供给管理"代替"需求管理"，以有效、有限干预反对过多、过细的政府干预，强调发挥企业和市场的核心作用。重心之三是供给管理政策属于结构性政策。所谓有效供给就是能够满足现实需求的供给。有效供给的形成，意味着资源的合理配置和经济效益的提高。供给管理政策是促进增加有效供给，减少、消灭无效供给的管理措施，这一过程本身也正是经济机体新陈代谢、自我更新的过程。因此，供给管理政策本质上属于结构性政策，促进技术创新，提高劳动生产率、优化产业结构以保证经济快速增长。重心之四是供给管理政策是长期政策，其作用的主体是企业的经济活力即有效供给能力，其目的是长期持续地促进经济增长。此外，供给管理政策不仅可以长期促进经济增长，也可以对短期总供给产生影响。一是技术进步。许多人认为技术进步是长期的过程，对短期宏观调控没有作用。实际上，对于一些特定国家而言，技术进步可以很快，比如技术上比较落后的经济体，可以通过学习和模仿迅速提高自己的技术水平，因而在短期内可以影响宏观经济的运行。二是制度变迁。对于许多制度较为成熟或者制度变迁难度较大的国家而言，制度是个慢变量。但对于中国这样处于经济转轨过程中且政府大力推进改革的国家，改革的步伐可以很快，因而可以在短期内对经济产生影响，比如20世纪80年代初中国农村的家庭联产承包责任制。三是调节税收。调节税收相当于调节企业的生产成本，同时也会影响生产者的激励，因此也可以用于短期调控。四是调节要素成本。通过科技进步引入新的原材料和能源，或者通过对外开放引入国外资源，可以降低相关要素的价格，从而降低要素成本。

我国靠廉价劳动力、原材料和低环境成本获得高速增长的阶段即将过去，经济社会面临多重转型和结构升级的压力。我国实行的供给侧结构性改革政策就是为了促进经济结构的转型与升级。在 2015 年 11 月召开的中央财经领导小组第十一次会议上，习近平总书记强调："在适度扩大总需求的同时，着力加强供给侧结构性改革，着力提高供给体系质量和效率，增强经济持续增长动力，推动我国社会生产力水平实现整体跃升。"① 中央的这些决策可以认为是对新供给学派理论观点和政策建议的认可。供给侧改革中提出的供给管理就是政府通过各种政策来影响生产领域的效率，从而实现总供给与总需求的均衡，主要使用的手段包括税收管理、行政管理、法制管理等。纵观供给侧结构性改革在国内正式推行以来，"三去一降一补"五大任务取得了显著的预期效果。供给侧改革这一经济治理新思路，是国家经济治理政策的重大变迁，意味着今后一个时期内经济政策将从过去突出强调需求管理转变到加强供给管理，并将引发宏观政策的相应调整。供给管理可以着眼于宏观政策，它的基本取向是发挥激励生产的作用。在产能过剩的背景下，以结构调整为主，着力提高我国供给体系的质量和效率。实施供给管理，一是有利于扩大增长空间，二是有利于调整结构。支持新型产业发展并鼓励创新是供给管理政策选择的重要取向，有利于进一步扩大增长空间。同时，发展新型产业的过程就是产业结构重构的过程，有利于化解产能过剩、优化结构。供给管理不能简单地采取市场出清的方式，在市场的作用下，应该更好地发挥政府的作用，使政府在产能化解或产能改造方面提供一些政策支持。立足于微观政策的供给管理，不仅可以起到激励生产的作用，而且可以发挥优化市场的作用，通常表现为放松管制和价格政策等。放松管制的侧重点在于打破垄断，特别是国有垄断。因此，要配合国有企业改革，除了对涉及国家安全、关键领域、支柱产业、高新技术产业实行国家绝对或相对控制外，还需对竞争领域的国有企业加大改

---

① 习近平：《习近平主持召开中央财经领导小组第十一次会议》，中国政府网，http://www.gov.cn/guowuyuan/2015 - 11/10/content_5006868.htm。

革力度，通过混合所有制形式，推动国有企业的重组、兼并或退出。价格政策的主要取向是把握好"放"和"管"这两个方面。"放"主要是放开竞争性领域商品和服务价格，如水、石油、天然气、电力等商品和服务的价格要全面放开，"管"主要是管控好资源类产品的价格和工资。

综上所述，供给管理政策的重心一是提高劳动生产率，二是重视发挥市场机制的作用，三是供给管理政策属于结构性政策，四是供给管理政策是长期政策。供给管理政策不仅可以长期促进经济增长，也可以对短期总供给产生影响。我国步入新常态以来实行的供给侧结构性改革是对新供给学派理论观点和政策建议的认可，其目的是促进我国经济结构的调整和经济发展方式的转变，通过提高结构的适应性和灵活性，最终提高全要素生产率。供给管理政策既可以作用于宏观政策，也可以作用于微观政策，纵观供给侧结构性改革在国内正式推行以来，"三去一降一补"五大任务取得了显著的预期效果。可以看出，在调节经济方面，供给管理政策有着其独特的优势。并且，随着产业结构的不断调整和经济全球化的不断加速，供给管理政策在宏观调控中的作用将越来越大，应用范围越来越广泛，也将越来越受到政策制定者的重视。

四、供给侧结构性改革

自中国经济步入"新常态"以来，经济发展的新特征要求中国的宏观调控更侧重于供给管理。2015 年 11 月 10 日，习近平总书记在中央财经领导小组第十一次会议上首次提出了供给侧结构性改革，指出"在适度扩大总需求的同时，着力加强供给侧结构性改革，着力提高供给体系质量和效率，增强经济持续增长动力"①。当前及未来一段时期内，中国经济的发展正由"高速度"向"高质量"转变，从"有没有"向"好不好"转变，由关注"经济增长速度"转向注重"增长效率与效

---

① 习近平:《习近平主持召开中央财经领导小组第十一次会议》，中国政府网，http://www.gov.cn/guowuyuan/2015－11/10/content_5006868.htm。

益"，在充分释放全要素生产率的同时，兼顾经济效率与社会公平、生态环境等多维度的协同，以实现长期稳定、均衡发展的经济增长目标。新常态下我国经济面临巨大的下行压力，除了受全球性、阶段性因素的影响外，最根本的是发展动力不足和经济结构矛盾问题，突出表现为供需结构失衡，供给侧矛盾突出。我国面临的结构性供求失衡不仅是总量失衡的突出表现，而且有其深刻的经济结构原因和体制性等多方面原因，包括产业结构、资本结构、产品结构等方面均出现不同程度的失衡。因此从根本上消除结构问题，不仅需要短期的需求管理政策，更需要长期的供给管理政策。根据供给学派的思想，当有效供给不足时，唯一可供选择的出路是改善供给。结合我国具体情况，最主要的就是通过调整投资主体、放松管制、减税、创新激励等宏观和微观制度改革，为宏观困局提供根本解决手段。我国的供给侧结构性改革就是经济结构的调整和经济发展方式的转变，通过提高结构的适应性和灵活性，最终提高全要素生产率。纵观供给侧结构性改革在国内正式推行以来，"三去一降一补"五大任务取得了显著的预期效果。

供给侧结构性改革主要包含着两层含义：第一层是指针对结构性问题和体制缺陷而改革相应的体制机制；第二层是根据现实情况对原有制度的不足进行调整和优化，是关键领域的突破性改革，而不是全面性的改革。它是通过市场建设和制度改革，在调整结构中实现有效供给和有效需求的匹配。供给侧结构性改革并不是简单地指产能的扩大，而是指更有效地重组市场和生产，提高产出效率，并促使供给和需求趋向均衡，其重点要提高要素供给的效率与质量。供给侧结构性改革主要使用的手段包括税收管理、行政管理、法制管理等。相对需求侧而言，供给侧改革具体指的是包含劳动力、土地、资本在内的生产要素的有效供给和高效率利用。供给侧改革提出的经济治理新思路，是国家经济治理政策的重大变迁，意味着今后一个时期内经济政策将从过去突出强调需求管理转变到加强供给管理，并将引发宏观政策的相应调整。

供给侧结构性改革举措，一是施行减税降费。减税是西方供给学派的主要举措，也同样是中国供给侧结构性改革的核心内容，实质是重塑政府与市场的资源配置格局与配置方式。中国在 2008 年、2015 年、2016 年分别做出"实行结构性减税""实行减税政策""在减税、降费、降低要素成本上加大工作力度"的减税降费决策部署，减税降费力度空前。其中，减税主要是深化增值税改革，以实现普惠性和税制改革为目标，具体措施包括营业税改征增值税、制造业等企业增值税税率下调、将增值税税率由四档简并为三档等。降费主要是降低企业社保缴费负担，如下调城镇职工基本养老保险单位缴费比例，以及一些行政事业收费等。二是优化降准结构。在经济新常态下，无论是稳增长还是调结构，都需要加大金融支持实体经济的力度，同时为了避免"大水漫灌"式的强刺激，央行在实施下调存款准备金率的同时有针对性地对部分城商行、农商行、农信社等银行机构采取各种定向降准措施，同时央行自 2014 年引入定向降准动态考核机制，每年进行动态考核，并对达标的机构实施优惠措施，建立正向激励机制，引导商业银行改善优化信贷结构，增强对小微企业、"三农"、重大水利工程建设的支持力度。三是收紧政府开支。由于减税降费政策的落实给财政收入带来了压力，各级政府从开源和节支两个方面进行应对。其中，开源措施是增加特定国有金融机构和中央企业上缴利润和收回长期沉淀资金。节支措施是政府机关一般性支出及"三公经费"的减少。四是推进"放管服"改革，优化营商环境。长期以来，在处理政府与市场关系的基础上，出现"错位""越位"和"缺位"现象，导致行政成本高企、经济发展活力受挫等不利影响。2016 年，国务院总理李克强在《政府工作报告》中提出，简政放权、放管结合、优化服务的"放管服"改革措施①，目的在于提升政府效能，优化营商环境。

综上所述，我国经济发展进入新常态以来，经济发展面临巨大的下行压力，除了受全球性、阶段性因素的影响外，最根本的是发展动力不足和经济结构矛盾问题，突出表现为供需结构失衡，供给侧矛盾突出，

---

① 李克强：《政府工作报告——2016 年 3 月 5 日在第十二届全国人民代表大会第四次会议上》，中国政府网，http://www.gov.cn/guowuyuan/2016-03/05/content_5049372.htm。

要想从根本上消除结构问题，就必须实行供给侧结构性改革。供给侧结构性改革并不单单是指产能的扩大，而是指更有效地重组市场和生产，提高经济结构的适应性和灵活性，最终提高全要素生产率。供给侧结构性改革的具体举措主要包括四大方面：一是施行减税降费；二是优化降准结构；三是收紧政府开支；四是推进"放管服"改革。纵观供给侧结构性改革在国内正式推行以来，"三去一降一补"五大任务取得了显著的预期效果。供给侧改革提出的经济治理新思路，是国家经济治理政策的重大变迁，意味着今后一个时期内经济政策将从过去突出强调需求管理转变到加强供给管理，并将引发宏观政策的相应调整。

第二节　供给管理规划的内容

一、"一五"计划中的供给管理[①]

"一五"计划以户籍为依据来确定粮食供应的对象与数量。"一五"计划期间，预计在原有工业企业的生产能力下，加上新建和改建的工业企业投入生产，将使我国到1957年工业生产力有很大的提高。在农业及副业方面，5年内，农业及其副业的总产值增长23.3%，即平均每年递增4.3%。"一五"计划期间，国家继续保持市场稳定并采取了一系列措施。一是继续保持财政收支的平衡，增加财政和物资的后备力量；二是随着工业农业生产的发展，相应地发展城乡和内外的物资交流，扩大商品的流通；三是对供应不足的某些主要的工业农业产品，在努力增产的基础上逐步地实施计划收购和计划供应的政策。国家在1953年11月开始对粮食、食用植物油、棉花、棉布等实行了计划收购和计划供

---

① 李富春：《关于发展国民经济的第一个五年计划的报告》，中国政府网，http://www.gov.cn/test/2008-03/06/content_910770.htm。

应，同时扩大了对工业品的加工订货和收购包销及其他主要农产品的
收购。

二、"二五"计划中的供给管理①

"二五"计划期间，在供给管理上，国家继续进行以重工业为中心
的工业建设，推进国民经济的技术改造，以发展基本建设和继续完成社
会主义改造为基础，进一步发展工业、农业和手工业生产，相应地发展
运输业和商业，努力培养建设人才，提高社会生产力。

三、"三五"计划中的供给管理②

"三五"计划期间，在供给管理上，以重工业为主，发展农业生
产，相应地发展轻工业。加快三线建设，逐步改变工业布局。加强基础
工业，继续提高产品质量，增加产品品种，增加产量，相应发展交通运
输业、商业、文化、教育、科学研究事业，使国民经济有重点、按比例
地发展。

四、"四五"计划中的供给管理③

"四五"计划期间，在供给管理上，国家大力发展工农业，重视科
技力量，大力发展新技术，提高生产力。

---

① 周恩来：《关于发展国民经济的第二个五年计划的建议的报告》，中国日报网，
http://www.chinadaily.com.cn/dfpd/18da/2012-08/29/content_15715153.htm。
② 《中华人民共和国第三个五年计划（1966—1970）》，中国政府网，http://www.
gov.cn/test/2006-03/20/content_231432.htm。
③ 《中华人民共和国第四个五年计划（1971—1975）》，中国政府网，http://www.
gov.cn/test/2006-03/20/content_231442.htm。

五、"五五"计划中的供给管理①

"五五"计划期间，在供给管理上，提出了超乎实际水平的生产目标。于是，1978 年党的十一届三中全会强调必须按照客观经济规律办事，初步提出了调整、改革的任务和措施，预示着国民经济发展即将摆脱困境，进入新的不断探索发展道路的时期。党的十一届三中全会召开之后，农村中开始试行家庭联产承包责任制，城市里私营经济重新登上历史舞台，由原先的封闭经济向对外开放转变，从计划经济向市场经济的转轨也开始艰难起步。

六、"六五"计划中的供给管理②

"六五"计划提出大力增加适合社会现实需要的农产品、轻纺产品和其他日用工业品的生产，努力调整重工业的服务方向和产品结构，有计划、有重点地对现有企业进行技术改造，通过提高经济效益和适当集中资金使国家财政收入由下降转为上升，积极引进适合国内需要的先进技术，严格控制人口的增长，妥善安排城镇劳动力的就业。

"六五"计划把农业放到重要的战略地位，实行农村各种形式的生产责任制，并在总结群众实践经验的基础上逐步加以完善、提高，大力采用和推广农业科技新成果，改善农业生产条件。绝不放松粮食生产，积极发展多种经营，争取农业全面增长。

---

① 《中华人民共和国第五个五年计划（1976—1980）》，中国政府网，http：//www. gov. cn/test/2006 – 03/20/content_231447. htm。

② 赵紫阳：《关于第六个五年计划的报告》，中国政府网，http：//www. gov. cn/test/2008 – 03/11/content_916744. htm。

七、"七五"计划中的供给管理①

"七五"计划主要从经济体制改革、产业结构、价格体系和工资制度、税制以及金融等方面采取相应举措。经济体制改革方面，进一步增强企业特别是全民所有制大中型企业的活力；进一步发展社会主义的商品市场，逐步完善市场体系；国家对企业的管理逐步由直接控制为主转向间接控制为主，建立新的社会主义宏观经济管理制度。产业结构和政策方面，继续保持农业全面增长，优化结构；加快能源、原材料工业的发展；把交通运输和通信的发展放到优先地位；大力发展建筑业；加快为生产和生活服务的第三产业的发展；积极运用新技术改造传统产业、传统产品，有重点地开发知识密集和技术密集型产品。价格体系和工资制度方面，积极而稳妥地推进价格改革，逐步形成比较符合价值、反映供求关系的价格体系和国家定价、国家指导价格、市场调节价格相结合的价格管理制度。税制改革方面，进一步合理设置税种和调整税率，逐步过渡到按税种划分中央税、地方税和中央地方共享税的体制。金融政策方面，中国人民银行要有效地控制货币供应量和贷款总规模。各专业银行应当坚持企业化的改革方向，逐步办成独立核算的经济实体。

八、"八五"计划中的供给管理②

"八五"计划在供给管理上的目标包括：一是努力保持社会总需求与社会总供给基本平衡，在控制通货膨胀的前提下，以提高经济效益为中心，促进经济的适度增长。二是突出抓好经济结构调整。三是立足现有基础，充分挖掘潜力，积极地、有重点地推进现有企业技术改造。四

---

① 《中华人民共和国国民经济和社会发展第七个五年计划（1986—1990）》，中国人大网，http：//www. npc. gov. cn/wxzl/gongbao/2000 - 12/26/content_5001764. htm。

② 《中华人民共和国国民经济和社会发展十年规划和第八个五年计划纲要》，中国人大网，http：//www. npc. gov. cn/wxzl/gongbao/2000 - 12/28/content_5002538. htm。

是合理调整收入分配格局，增加国家财政收入特别是中央财政收入，并严格控制财政支出，减少财政补贴，逐步改善财政收支不平衡状况。同时，保持合理的信贷规模和结构，严格控制货币发行。五是进一步推动科技、教育事业发展，并使之更好地为调整结构、提高经济素质和效益服务。六是更有效地开展对外贸易，积极引进国外资金、技术和智力，巩固和发展对外开放的格局，把扩大对外开放同提高生产技术和经营管理水平更好地结合起来。七是以增强国营大中型企业活力、健全企业合理的经营机制为中心，协调配套地进行计划、投资、财政、税收、金融、价格、物资、商业、外贸和劳动工资等方面的体制改革，加快社会保障制度和住房制度的改革，促进社会主义有计划商品经济新体制的形成。同时，进一步完善政府行政管理体制。八是严格控制人口增长，妥善安排劳动就业。

九、"九五"计划中的供给管理[①]

"九五"计划在供给管理方面的目标是：到 2000 年，人口控制在 13 亿以内，实现人均国民生产总值比 1980 年翻两番；基本消除贫困现象，人民生活达到小康水平；加快现代企业制度建设，初步建立社会主义市场经济体制。经济总量持续增长，人民生活水平不断提高。到 2000 年，按 1995 年价格计算的国民生产总值从 5.76 万亿元增加到 8.5 万亿元。为了实现国民经济和社会发展的奋斗目标，"九五"期间，必须加强和改善宏观调控，实现经济总量基本平衡，促进经济结构优化，把抑制通货膨胀作为宏观调控的首要任务，引导国民经济持续、快速、健康发展。根据经济发展趋势和条件，努力保持总供给与总需求基本平衡，按国民生产总值年均增长 8% 左右把握宏观调控的力度。从需求和

---

① 李鹏：《关于国民经济和社会发展"九五"计划和 2010 年远景目标纲要的报告——1996 年 3 月 5 日在第八届全国人民代表大会第四次会议上》，中国政府网，http://www.gov.cn/test/2008-04/21/content_950407.htm。

供给两方面采取有效的政策，实现经济持续增长和宏观经济环境稳定。

十、"十五"计划中的供给管理①

"十五"期间供给管理方面的主要目标是：国民经济保持较快发展速度，经济结构战略性调整取得明显成效，经济增长质量和效益显著提高，为到 2010 年国内生产总值比 2000 年翻一番奠定坚实基础。经济增长速度预期为年均 7% 左右，到 2005 年按 2000 年价格计算的国内生产总值达到 12.5 万亿元左右，人均国内生产总值达到 9400 元。五年城镇新增就业和转移农业劳动力各达到 4000 万人，城镇登记失业率控制在 5% 左右。国有企业建立现代企业制度取得重大进展，社会保障制度比较健全，完善社会主义市场经济体制迈出实质性步伐，在更大范围内和更深程度上参与国际经济合作与竞争；就业渠道拓宽，城乡居民收入持续增加，物质文化生活有较大改善；科技、教育加快发展，国民素质进一步提高。

十一、"十一五"规划中的供给管理②

"十一五"时期供给管理方面的主要目标是：宏观经济平稳运行。国内生产总值年均增长 7.5%，实现人均国内生产总值比 2000 年翻一番。城镇新增就业和转移农业劳动力各 4500 万人，城镇登记失业率控制在 5%。价格总水平基本稳定，产业结构优化升级，产业、产品和企业组织结构更趋合理，服务业增加值占国内生产总值比重和就业人员占全社会就业人员比重分别提高 3 个和 4 个百分点。自主创新能力增强，

① 《中华人民共和国第十个五年计划（2001—2005 年)》，中国政府网，http://www.gov.cn/test/2006 - 03/20/content_231460.htm。

② 《中华人民共和国国民经济和社会发展第十一个五年规划纲要——2006 年 3 月 14 日第十届全国人民代表大会第四次会议批准》，中国政府网，http://www.gov.cn/gongbao/content/2006/content_268766.htm。

研究与试验发展经费支出占国内生产总值比重增加到2%，形成一批拥有自主知识产权和知名品牌、国际竞争力较强的优势企业。市场经济体制比较完善。行政管理、国有企业、财税、金融、科技、教育、文化、卫生等领域的改革和制度建设取得突破，市场监管能力和社会管理水平明显提高。对外开放与国内发展更加协调，开放型经济达到新水平。

十二、"十二五"规划中的供给管理①

"十二五"规划供给管理方面的主要目标是：经济平稳较快发展。国内生产总值年均增长7%，城镇新增就业4500万人，城镇登记失业率控制在5%以内，价格总水平基本稳定，经济增长质量和效益明显提高。结构调整取得重大进展，居民消费率上升，农业基础进一步巩固，工业结构继续优化，战略性新兴产业发展取得突破，服务业增加值占国内生产总值比重提高4个百分点。改革开放不断深化。财税金融、要素价格、垄断行业等重要领域和关键环节改革取得明显进展，政府职能加快转变，政府公信力和行政效率进一步提高。对外开放广度和深度不断拓展，互利共赢开放格局进一步形成。

十三、"十三五"规划中的供给管理②

"十三五"规划指出，我国供给管理方面的目标是贯彻落实新发展理念、适应把握引领经济发展新常态，必须在适度扩大总需求的同时，着力推进供给侧结构性改革，使供给能力满足广大人民日益增长、不断升级和个性化的物质文化和生态环境需要。必须用改革的办法推进结构调整，加大重点领域关键环节市场化改革力度，调整各类扭曲的政策和

---

① 《中华人民共和国国民经济和社会发展第十二个五年规划纲要》，中国政府网，http：//www.gov.cn/2011lh/content_1825838.htm。

② 《中华人民共和国国民经济和社会发展第十三个五年规划纲要》，中国政府网，http：//www.gov.cn/xinwen/2016－03/17/content_5054992.htm。

制度安排，完善公平竞争、优胜劣汰的市场环境和机制，最大限度激发微观活力，优化要素配置，推动产业结构升级，扩大有效和中高端供给，增强供给结构适应性和灵活性，提高全要素生产率。必须以提高供给体系的质量和效率为目标，实施宏观政策要稳、产业政策要准、微观政策要活、改革政策要实、社会政策要托底的政策支柱，去产能、去库存、去杠杆、降成本、补短板，加快培育新的发展动能，改造提升传统比较优势，夯实实体经济根基，推动社会生产力水平整体改善。

十四、"十四五"规划中的供给管理①

"十四五"规划中，我国供给管理主要在创新管理、国有企业改革、现代产业体系、现代财税金融体制、就业分配以及收入分配管理等方面采取相应举措。

创新管理方面，强化企业创新主体地位，促进各类创新要素向企业集聚。

国有企业改革方面，深化国资国企改革，做强做优做大国有资本和国有企业。加快国有经济布局优化和结构调整，发挥国有经济战略支撑作用。加快完善中国特色现代企业制度，深化国有企业混合所有制改革。健全管资本为主的国有资产监管体制，深化国有资本投资、运营公司改革。推进能源、铁路、电信、公用事业等行业竞争性环节市场化改革。优化民营经济发展环境，构建亲清政商关系，促进非公有制经济健康发展和非公有制经济人士健康成长，依法平等保护民营企业产权和企业家权益，破除制约民营企业发展的各种壁垒，完善促进中小微企业和个体工商户发展的法律环境和政策体系。

现代产业体系方面，坚持自主可控、安全高效，分行业做好供应链战略设计和精准施策，推动全产业链优化升级。

---

① 《中共中央关于制定国民经济和社会发展第十四个五年规划和二〇三五年远景目标的建议》，中国政府网，http://www.gov.cn/zhengce/2020-11/03/content_5556991.htm。

畅通国内大循环方面，依托强大国内市场，贯通生产、分配、流通、消费各环节，打破行业垄断和地方保护，形成国民经济良性循环。

现代财税金融体制方面，完善现代税收制度，健全地方税、直接税体系，优化税制结构，适当提高直接税比重，深化税收征管制度改革。

提高农业质量效益和竞争力方面，坚持最严格的耕地保护制度，深入实施藏粮于地、藏粮于技战略，加大农业水利设施建设力度，实施高标准农田建设工程，强化农业科技和装备支撑，提高农业良种化水平，健全动物防疫和农作物病虫害防治体系，建设智慧农业。强化绿色导向、标准引领和质量安全监管，建设农业现代化示范区。推动农业供给侧结构性改革，优化农业生产结构和区域布局，加强粮食生产功能区、重要农产品生产保护区和特色农产品优势区建设，推进优质粮食工程。完善粮食主产区利益补偿机制。保障粮、棉、油、糖、肉等重要农产品供给安全，提升收储调控能力。

深化农村改革方面，健全城乡融合发展机制，推动城乡要素平等交换、双向流动，增强农业农村发展活力。

就业政策及收入分配管理方面，坚持按劳分配为主体、多种分配方式并存，提高劳动报酬在初次分配中的比重，完善工资制度，健全工资合理增长机制，着力提高低收入群体收入，扩大中等收入群体。

第三节　供给管理规划的规律

一、市场经济体制改革稳步有序推进

我国从 1949 年开始实行计划经济体制，至 1978 年进行改革开放，改革生产不适应生产发展的管理体制和政策，并建立社会主义下的市场经济体制。"一五"计划至"五五"计划，是建立在计划经济体制的背景下进行计划的，"六五"计划至"十四五"规划，是建立在市场经济

体制背景下建立的。计划经济体制，又称指令型经济，简单地说就是对生产、资源分配以及产品消费事先进行计划的经济体制，也就是生产什么、怎样生产和为谁生产都依靠政府的指令性计划。在计划经济时代，与人们生活最密切并深有体会的就是各种票证，粮票、布票、肉票等，这就是计划经济体制在消费领域内的体现。市场经济体制是一种以市场作为资源配置基础的经济体制，对我国的经济发展起到了巨大推动作用。计划经济与市场经济在实质上是不同的，计划经济的实质是根据政府计划调节经济活动的经济运行体制。而市场经济的实质是指通过市场配置社会资源的经济形式。

在"一五"计划至"五五"计划中，我国实行的计划经济是由当时的实际情况决定的。我国当时要集中力量进行社会主义工业化建设，而计划经济可以将资源和对资源进行配置的权力都掌握在国家手中，国家可以运用自己掌握的大量资源，最大限度地集中人力、物力、财力建设一些国民经济当中急需建设的行业，集中建设一些个体或者小范围的力量无法达成的大型项目，可以高效率地推动国民经济的恢复和发展，保障重点建设，迅速改变新中国成立时一穷二白的经济状况。然而计划经济体制下，生产什么、怎样生产和为谁生产都是由政府决定的。在计划经济体制下，生产活动完全计划控制，供给方面所实施的是一种生产配给政策。在实行计划经济体制时期，由于我们实施的失衡的工业化战略，将更多的资源投入到重工业，导致农、轻、重供给结构的严重不平衡，进而形成"短缺经济"。供给管理在体制上的基本前提是尊重和运用市场法则，脱离市场机制和市场竞争基础的供给管理，很可能导致资源配置的行政化，因此供给管理的真正效率目标在计划经济体制下难以实现。

在"六五"计划至"十四五"规划中，我国实行的是市场经济体制。改革开放以后，我国政府运用行政力量，动员了大量资本、土地、矿产、劳动力等资源，从供给的角度动员全社会的力量来摆脱贫困陷阱，经济得到了高速增长。经济体制的改革，放松了对产业发展的严格计划管理，从而使比较优势原理在产业发展中得以贯彻，首先是农业得到长足发展，其次是轻工业快速成长。这种供给结构的调整大大促进了我国生产能力的提高。因此，我国的产品不断丰富起来，不仅告别了"短缺经济"，而且很快就出现了生产过剩问题。于是，中国经济从供给不足转向有效需求不足，从而扩张有效需求成为关键点，根据中国生产过剩的特点，通过需求管理来解决生产过剩问题的空间难以扩张。投资本身是引起过剩的主要原因，而且由于投资的政府推动作用十分明显，这无疑使需求管理的投资效应难以提高。出口的疲软可能是一个长期的趋势，进一步扩张的空间有限。消费是我们寄予期望最大的需求因素，但受制于收入分配差距问题，短期内很难改善。而且需求管理宏观政策只具有短期效应，甚至可能会延滞结构调整并强化产能过剩，因此必须运用价格政策、税收政策、汇率政策、法律政策及行政手段等，从生产领域不断地、长期地对各种经济关系和结构加以调节和改善，这就是我们强调的供给管理。通过把国家干预的取向引导到供给管理的方向，用供给管理助推结构调整，进而把过去依赖通过量的扩张实现经济增长的路径转变为依靠借助结构调整实现经济增长的新路径，这也是产能过剩下采取供给管理的一种特殊逻辑。

二、产业结构优化逐步同步经济发展

我国在"一五"计划至"二五"计划中，主要集中力量发展重工业，在"三五"计划至"六五"计划中逐步改变了工业布局，发展农业生产，把农业放到重要的战略地位，相应地发展轻工业，使农业、轻工业、重工业严重不均衡的产业布局逐步好转。从"七五"计划开始，我国开始着重改善农业、轻工业以及重工业之间的内部结构；同时加快为生产和生活服务的第三产业的发展；积极运用新技术改造传统产业、传统产品，有重点地开发知识密集和技术密集型产品，努力开拓新的生产领域，有计划地促进若干新兴产业的形成和发展。"八五"计划至"十四五"规划间：一是持续优化产业结构，坚持走新型工业化道路，坚持以市场为导向、企业为主体，把增强自主创新能力作为中心环节，继续发挥劳动密集型产业的竞争优势，调整优化产品结构、企业组织结构和产业布局，提升整体技术水平和综合竞争力，促进工业由大变强。按照产业集聚、规模发展和扩大国际合作的要求，加快促进高技术产业从加工装配为主向自主研发制造延伸，推进自主创新成果产业化，引导形成一批具有核心竞争力的先导产业、一批集聚效应突出的产业基地、一批跨国高技术企业和一批具有自主知识产权的知名品牌。二是为适应市场需求变化，根据科技进步新趋势，发挥我国产业在全球经济中的比较优势，发展结构优化、技术先进、清洁安全、附加值高、吸纳就业能力强的现代产业体系。推进重点产业结构调整，优化产业布局，加强企业技术改造，引导企业兼并重组，促进中小企业发展。围绕结构深度调整、振兴实体经济，推进供给侧结构性改革，培育壮大新兴产业，改造提升传统产业，进一步深入构建创新能力强、品质服务优、协作紧密、环境友好的现代产业新体系。三是大力培育发展战略性新兴产业，以重大技术突破和重大发展需求为基础，促进新兴科技与新兴产业深度融合，在继续做强做大高技术产业基础上，把战略性新兴产业培育发展成为先导性、支柱性产业。推动重点领域跨越发展，大力发展节能环保、新一代信息技术、生物、高端装备制造、新能源、新材料、新能源汽车等战略性新兴产业。实施产业创新发展工程，以掌握产业核心关键技术、加速产业规模化发展为目标，发挥国家重大科技专项引领支撑作用，依托优势企业、产业集聚区和重大项目，统筹技术开发、工程化、标准制定、应用示范等环节，支持商业模式创新和市场拓展，组织实施若干重大产业创新发展工程，培育一批战略性新兴产业骨干企业和示范基地。

三、市场配置资源作用日益增强

我国在"一五"计划至"五五"计划期间，实行计划经济体制。国家一方面对粮食、食用植物油、棉花、棉布等进行计划收购和计划供应，另一方面对工业品进行加工订货和收购包销，因此对物价稳定具有主导作用，有力地控制物价稳定。"六五"计划至"十四五"规划期间，我国实行市场经济体制，采取了一系列措施来确保市场上物价的稳定。一是大力增加适合社会现实需要的农产品、轻纺产品和其他日用工业品的生产，争取消费品供应的数量和质量同社会购买力的增长和消费结构的变化大体相适应，保持市场物价的基本稳定。二是积极而稳妥地推进价格改革，完善市场形成价格的机制，从逐步形成比较符合价值、反映供求关系的价格体系和国家定价、国家指导价格、市场调节价格相结合的价格管理制度到进一步开放市场，放开价格，继续发展商品市场，重点培育和发展要素市场，建立和完善全国统一、公平竞争、规范有序的市场体系，再到加快形成统一开放、竞争有序的市场体系，建立公平竞争保障机制，打破地域分割和行业垄断，着力清除市场壁垒，促进商品和要素自由有序流动、平等交换，市场价格管理体制逐步放开。三是健全要素市场体系，推进价格形成机制改革，减少政府对价格形成的干预，全面放开竞争性领域商品和服务价格，放开电力、石油、天然气、交通运输、电信等领域竞争性环节价格。在这个过程中，逐步引入竞争机制，大力加快电力、铁路、民航、通信、公用事业等垄断行业管理体制改革。破除地方封锁，反对地方保护主义，废除阻碍统一市场形成的各种规定，如合理调整水利工程供水、城市供水和再生水价格。推进电价改革，逐步建立发电、售电价格由市场竞争形成，输电、配电价格由政府定价的机制。适时推进石油价格改革，建立与替代能源价格挂钩的天然气价格形成机制。

四、全面积极促进劳动力有效就业

在"六五"计划至"九五"计划期间，我国充分开发和合理利用劳动力资源，拓宽就业渠道，积极解决劳动就业问题。一是在农村，大力推进农村经济向广度、深度进军，充分发挥农村富余劳动力的作用。二是积极发展乡镇企业、第三产业，大力发展城乡集体经济，继续发展个体和私营经济，增加劳动积累型工程和城乡基础设施建设，促进城乡劳动力合理有序流动。三是采取多种就业形式，建立与社会主义市场经济相适应的新型劳动制度，实行就业前和在岗培训制度，建立失业预警和调控体系，以及失业保险、救济、转化和促进再就业的新机制。

"十五"计划至"十四五"规划期间，我国实行有利于扩大就业的政策，把扩大就业作为政府工作的主要目标之一，想方设法增加城乡居民就业机会。一是广开就业门路，将第三产业、中小企业、非公有制经济作为继续扩大就业的主渠道，实行灵活的弹性就业形势，促进多种形式的就业。积极引导农村富余劳动力向小城镇转移，向第二、第三产业转移，向高效农业转移，组织劳务输出。二是强化技能培训，提高劳动力素质，继续实施和完善鼓励企业增加就业岗位、加强就业培训的财税、信贷等优惠政策，推行终身职业技能培训制度。三是培育劳动力市场，规范劳务中介组织，完善优质高效的就业以及创业服务体系，健全市场导向的就业机制，加快建立政府扶助、社会参与的职业技能培训机制。四是完善税费减免、岗位补贴、培训补贴、社会保险补贴、技能鉴定补贴等政策，促进高校毕业生、农村转移劳动力、城镇就业困难人员就业。五是健全协调劳动关系三方机制，发挥政府、工会和企业作用，努力形成企业和职工利益共享机制，建立规范有序、公正合理、互利共赢、和谐稳定的劳动关系。

五、科学有效加强收入分配管理

从"九五"计划开始，直至"十四五"规划期间，我国在收入分配方面一直坚持和完善按劳分配为主体、多种分配方式并存的分配制度，重视发挥市场竞争机制的调节作用，并逐步完善企业、行政机关和事业单位等的工资体系。具体来讲，在"九五"计划中，强调深化企业工资收入分配制度的改革，建立企业自我调节、自我约束的分配机制，形成工资收入增长与劳动生产率、经济效益提高相适应的关系。规范和完善其他分配方式，土地、资本、知识产权等生产要素，按有关规定公平参与收益分配。在"十五"计划中，把按劳分配与按生产要素分配结合起来。推行职工工资集体协商制度，规范全社会工资性收入的结构和支付行为。建立健全与经济发展水平相适应的最低工资保障制度和最低工资标准调整机制。建立健全收入分配的激励机制，要提高国有企业高层管理人员、技术人员的工资报酬，充分体现他们的劳动价值，可以试行年薪制。鼓励资本、技术等生产要素参与收益分配。规范社会分配秩序，加强对垄断行业收入分配的监管，对依靠垄断地位获取的不合理收入进行调节。在"十一五"规划中，坚持各种生产要素按贡献参与分配。加快推进收入分配制度改革，规范个人收入分配秩序，强化对分配结果的监管，努力缓解行业、地区和社会成员间收入分配差距扩大的趋势。更加注重社会公平，特别要关注就学、就业机会和分配过程的公平。在"十二五"规划中，深化工资制度改革，按照市场机制调节、企业自主分配、平等协商确定、政府监督指导的原则，形成反映劳动力市场供求关系和企业经济效益的工资决定机制和增长机制。健全工资支付保障机制。完善最低工资和工资指导线制度，逐步提高最低工资标准，建立企业薪酬调查和信息发布制度，积极稳妥扩大工资集体协商覆盖范围。健全资本、技术、管理等要素参与分配制度。在"十三五"规划中，强调正确处理公平和效率关系，坚持居民收入增长和经济增长同步、劳动报酬提高和劳动生产率提高同步，持续增加城乡居民收入，规范初次分配，加大再分配调节力度，调整优化国民收入分配格局，努力缩小全社会收入差距。在"十四五"规划中，继续坚持居民收入增长和经济增长基本同步、劳动报酬提高和劳动生产率提高基本同步，持续提高低收入群体收入，扩大中等收入群体，更加积极有为地促进共同富裕。

六、持续大力推进国有企业改革

我国从"七五"计划开始提出要增强全民所有制大中型企业的活力，使它们真正成为相对独立的经济实体，成为自主经营、自负盈亏的社会主义商品生产者和经营者；在"八五"计划至"十四五"规划中：一是要改革企业体制，持续增强企业特别是国有大中型企业的活力，认真贯彻落实《中华人民共和国企业法》，合理调整和改进指令性计划的范围与实施办法，从资金、物资和经济政策等方面支持国有大中型企业，逐步创造使大中型企业与其他企业平等竞争的条件。二是逐步完成国有企业中现代企业制度的建立。把国有企业的改革同改组、改造和加强管理结合起来，构造产业结构优化和经济高效运行的微观基础。全面准确把握"产权清晰、权责明确、政企分开、管理科学"的现代企业制度基本特征，加大改革力度，使大多数国有大中型骨干企业逐步建立现代企业制度。三是健全责权统一、运转协调、有效制衡的公司法人治理结构。对国有大中型企业进行规范的公司制改革，除少数国家垄断经营的企业可改制为国有独资公司外，鼓励其他国有大中型企业通过规范上市、中外合资、相互参股等形式，逐步改制为多元持股的有限责任公司或股份有限公司。四是建立分工明确的国有资产管理、经营和监督体制，使国有资产出资人尽快到位，探索授权有条件的国有企业或国有资产经营公司行使出资人职能，强化对国有资产经营主体的外部监督。五是进一步放开搞活国有中小企业，对国有小企业继续采取改组、联合、兼并、租赁、承包经营和股份合作制、出售等多种形式，进行产权制度和经营机制改革。完善市场退出机制，积极疏通和逐步规范企业特别是上市亏损公司退出市场的通道。六是改善国有企业股本结构，发展混合所有制经济，开展混合所有制改革试点示范，实现投资主体和产权多元化。支持国有资本、集体资本、非公有资本等交叉持股、相互融合。推进公有制经济之间股权多元化改革。坚持权利平等、机会平等、规则平等，更好激发非公有制经济活力和创造力。废除对非公有制经济各种形式的不合理规定，消除各种隐性壁垒，保证依法平等使用生产要素、公平参与市场竞争、同等受到法律保护等。

七、科技创新逐渐成为发展核心

"九五"计划及之后，我国高度重视科技创新对生产力的提升作用。一方面积极促进技术开发及应用，推动企业成为技术进步和创新的主体，另一方面逐步加强基础性科学研究，瞄准世界科技前沿，攀登科技高峰。在"九五"计划期间，我国实行科教兴国战略。一是加速科技成果商品化和产业化，自主开发和引进、消化先进技术相结合，集中力量解决经济社会发展中的重大和关键技术问题。二是积极发展高新技术及其产业，在一些重要领域接近或达到国际先进水平，应用高新技术改造传统产业，切实办好高新技术产业开发区。在"十五"计划期间，一是以企业为技术创新主体，推进技术升级。加快开发能够推动结构升级和促进可持续发展的共性技术、关键技术和配套技术，为产业结构调整特别是传统产业升级提供技术支撑。加强对引进技术的消化吸收和创新。二是积极推进高技术研究，在有相对优势或战略必争的关键领域取得突破，在一些关系国家经济命脉和安全的高技术领域，提高自主创新能力，努力实现产业化。三是加强数学、物理、化学、天文等基础学科重点领域的前沿性、交叉性研究和积累。在"十一五"规划中，一是大力推进自主创新，加强基础研究、前沿技术研究和社会公益性技术研究，在信息、生命、空间等领域超前部署，集中优势力量，加大投入力度，同时启动一批重大科技专项，在能源、资源、环境等领域加强关键技术攻关，实现核心技术集成创新与跨越。实施重大产业技术开发专项，促进引进技术消化吸收再创新。二是建设科技支撑体系，全面提升科技自主创新能力。建设国家重大科技基础设施，实施知识创新工程，整合研究实验体系，建设若干世界一流水平的科研机构和研究型大学，构筑高水平科学研究和人才培养基地。三是加快建立以企业为主体、市场为导向、产学研相结合的技术创新体系，形成自主创新的基本体制架构。深化技术开发类院所企业化转制改革和社会公益类科研机构改革，完善现代科研院所制度，形成开放合作的研究开发体系。在"十二五"规划中，把握科技发展趋势，超前部署基础研究和前沿技术研究，推动重大科学发现和新学科产生。深化科技体制改革，促进全社会科技资源高效配置和综合集成。加强科技基础设施建设。围绕增强原始创新、集成创新和引进消化吸收再创新能力，强化基础性、前沿性技术和共性技术研究平台建设，建设和完善国家重大科技基础设施，加强相互配套、开放共享和高效利用。在"十三五"规划中，以科技创新为核心，以人才发展为支撑，推动科技创新与大众创业、万众创新有机结合，塑造更多依靠创新驱动、更多发挥先发优势的引领型发展。发挥科技创新在全面创新中的引领作用，加强基础研究，强化原始创新、集成创新和引进消化吸收再创新，着力增强自主创新能力，为经济社会发展提供持久动力。把大众创业、万众创新融入发展各领域各环节，鼓励各类主体开发新技术、新产品、新业态、新模式，打造发展新引擎。破除束缚创新和成果转化的制度障碍，优化创新政策供给，形成创新活力竞相迸发、创新成果高效转化、创新价值充分体现的体制机制。在"十四五"规划中，以国家战略性需求为导向推进创新体系优化组合，加快构建以国家实验室为引领的战略科技力量。优化提升国家工程研究中心、国家技术创新中心等创新基地。推进科研院所、高等院校和企业科研力量优化配置和资源共享。在事关国家安全和发展全局的基础核心领域，制定实施战略性科学计划和科学工程。强化应用研究带动，鼓励自由探索，制订实施基础研究十年行动方案，重点布局一批基础学科研究中心。支持北京、上海、粤港澳大湾区形成国际科技创新中心，建设北京怀柔、上海张江、大湾区、安徽合肥综合性国家科学中心，支持有条件的地方建设区域科技创新中心。

八、有效推进供给侧结构性改革

"十三五"规划至"十四五"规划期间，我国实行供给侧结构性改革。由于我国经济发展进入新常态，向形态更高级、分工更优化、结构更合理阶段演化的趋势更加明显。消费升级加快，市场空间广阔，物质基础雄厚，产业体系完备，资金供给充裕，人力资本丰富，创新累积效应正在显现，综合优势依然显著。新型工业化、信息化、城镇化、农业现代化深入发展，新的增长动力正在孕育形成，新的增长点、增长极、增长带不断成长壮大。全面深化改革和全面推进依法治国正释放新的动力、激发新的活力。然而发展方式粗放，不平衡、不协调、不可持续问题仍然突出，经济增速换挡、结构调整阵痛、动能转换困难相互交织，面临稳增长、调结构、防风险、惠民生等多重挑战。有效需求乏力和有效供给不足并存，结构性矛盾更加凸显，传统比较优势减弱，创新能力不强，经济下行压力加大，财政收支矛盾更加突出，金融风险隐患增大。农业基础依然薄弱，部分行业产能过剩严重，商品房库存过高，企业效益下滑，债务水平持续上升。

以供给侧结构性改革为主线，使供给能力满足广大人民日益增长、不断升级和个性化的物质文化和生态环境需要，推进生产模式和产业组织方式创新，促进供需协调匹配。通过改革的办法推进结构调整，加大重点领域、关键环节市场化改革力度，调整各类扭曲的政策和制度安排，完善公平竞争、优胜劣汰的市场环境和机制，最大限度激发微观活力，优化要素配置，推动产业结构升级，扩大有效和中高端供给，增强供给结构适应性和灵活性，提高全要素生产率。必须以提高供给体系的质量和效率为目标，实施宏观政策要稳、产业政策要准、微观政策要活、改革政策要实、社会政策要托底的政策支柱，去产能、去库存、去杠杆、降成本、补短板，加快培育新的发展动能，改造提升传统比较优势，夯实实体经济根基，推动社会生产力水平整体改善。宏观政策要稳，就是要为结构性改革营造稳定的宏观经济环境，主要体现在积极的财政政策要加大力度，提高赤字率，扩大赤字规模，从而为更大规模的减税提供空间。稳健的货币政策要有灵活度，为结构性改革营造适宜的货币金融环境，降低融资成本，优化资金结构，完善汇率形成机制。产业政策要准，就是要准确定位结构性改革方向，主要体现在优化产业结构，坚持创新驱动，着力补齐短板，发展实体经济。微观政策要活，就是要完善市场环境、激发企业活力和消费者潜力，主要体现在为企业营造良好的服务和制度环境、提高有效供给能力。改革政策要实，就是要加大力度推动改革落地，主要体现在完善落实机制、加强统筹协调、调动地方积极性、发挥基层首创精神。社会政策要托底，就是要守住民生底线，主要体现在保障群众基本生活、保障基本公共服务。"去产能"被称为供给侧结构性改革能否取得成功的关键之战，只要有的放矢地针对供给过剩和供给结构不合理共存问题"去产能",这场关键之战就一定能够取得最后胜利。而"补短板"则是供给侧结构性改革的核心内容,补齐创新短板是经济高质量发展的必由之路。

第四节 供给管理规划展望

实施供给管理时必须精准施策,要做到精准施策必须是各项政策相互配合,宏观政策要为结构性改革营造稳定的宏观经济环境,产业政策要选中有前途、能引领的产业予以扶持,微观政策要以完善市场机制为基础、以激活企业为目标。只有把三个层次的政策配合好,才能够使供给管理产生应有的效果,不仅可以化解产能过剩,而且可以形成一个更有活力的经济结构。

一、完善宏观经济治理体系

我国应健全以国家发展规划为战略导向,以财政政策和货币政策为主要手段,就业、产业、投资、消费、环保、区域等政策紧密配合,目标优化、分工合理、高效协同的宏观经济治理体系。完善宏观经济治理体系,要以供给侧结构性改革为主线,质量第一、效益优先,推动经济发展质量变革、效率变革、动力变革。促进高质量发展是今后宏观经济治理体系要实现的根本目标。要更好发挥财政政策对经济结构优化升级的支持作用;要深化投融资体制改革,更好发挥投资对优化供给结构的关键性作用;要完善促进消费的体制机制,增强消费对发展的基础性作用;要进一步完善科技创新制度和组织体系,加强国家创新体制建设,健全符合科研规律的科技管理体制和政策体系;要完善产业政策体系,推动产业政策向普惠化和功能性转型,强化对技术创新和结构升级的支持;要完善宏观经济政策制定和执行机制,重视预期管理,提高调控的科学性;要加强国际宏观经济政策协调,搞好跨周期政策设计，提高逆周期调节能力，促进经济总量平衡、结构优化、内外均衡；要加强宏观经济治理数据库等建设，提升大数据等现代技术手段辅助治理能力。

二、积极畅通国内大循环

我国应依托强大国内市场，贯通生产、分配、流通、消费各环节，形成需求牵引供给、供给创造需求的更高水平动态平衡，促进国民经济良性循环。一是提升供给体系适配性。深化供给侧结构性改革，提高供给适应引领创造新需求能力。适应个性化、差异化、品质化消费需求，推动生产模式和产业组织方式创新，持续扩大优质消费品、中高端产品供给和教育、医疗、养老等服务供给，提升产品服务质量和客户满意度，推动供需协调匹配。优化提升供给结构，促进农业、制造业、服务业、能源资源等产业协调发展。完善产业配套体系，加快自然垄断行业竞争性环节市场化，实现上下游、产供销有效衔接。二是促进资源要素顺畅流通。破除制约要素合理流动的堵点，矫正资源要素失衡错配，从源头上畅通国民经济循环。提高金融服务实体经济能力，健全实体经济中长期资金供给制度安排，创新直达实体经济的金融产品和服务，增强多层次资本市场融资功能。三是强化流通体系支撑作用。深化流通体制改革，畅通商品服务流通渠道，提升流通效率，降低全社会交易成本。加快构建国内统一大市场，对标国际先进规则和最佳实践优化市场环境，促进不同地区和行业标准、规则、政策协调统一，有效破除地方保护、行业垄断和市场分割。

三、提升劳动力就业水平

我国应强化就业优先政策。劳动力是重要的生产要素之一，通过提升劳动力就业水平，扩大就业容量，提升就业质量，可以进一步提升供给质量。我国应该健全就业公共服务体系、劳动关系协调机制、终身职业技能培训制度。更加注重缓解结构性就业矛盾，加快提升劳动者技能素质，完善重点群体就业支持体系，统筹城乡就业政策体系。扩大公益性岗位安置，帮扶残疾人、零就业家庭成员就业。完善促进创业带动就业、多渠道灵活就业的保障制度，支持和规范发展新就业形态，健全就业需求调查和失业监测预警机制。

就业优先不是短期的行为，进一步激活劳动力市场、进一步稳定当前国内就业和增加新的就业岗位，需要相关政策持续不断地完善和推进，需要在就业政策工具箱中增加新的政策工具，形成更为完备的就业政策体系。具体来讲，政策的实施可以在三个方面持续发力：一要继续保市场主体、稳就业岗位；抓好助企纾困和就业创业扶持政策落实，完善减负、稳岗、扩就业措施，对受冲击大、生产经营恢复慢的中小微企业、困难行业加大帮扶。二要突出抓好重点群体就业；开展高校毕业生就业创业推进行动和技能培训，提升就业能力，拓展市场化就业渠道，做好对未就业毕业生"不断线"服务；加大对农民工就业服务和创业支持，扩大以工代赈建设领域和实施范围；强化困难人员就业援助；统筹做好受灾群众、退捕渔民、残疾人等就业工作。三要更大释放就业潜力；持续实施职业技能提升行动；压实各方责任，鼓励发展灵活就业，多措并举增加岗位。

四、促进收入分配更加合理化

收入分配管理方式是供给管理的措施之一，合理的收入分配管理方式，可以有效提升供给管理质量。我国应继续坚持按劳分配为主体、多种分配方式并存，提高劳动报酬在初次分配中的比重，完善工资制度，健全工资合理增长机制，着力提高低收入群体收入，扩大中等收入群体。完善按要素分配政策制度，健全各类生产要素由市场决定报酬的机制，探索通过土地、资本等要素使用权、收益权增加中低收入群体要素收入。多渠道增加城乡居民财产性收入。完善再分配机制，加大税收、社保、转移支付等调节力度和精准性，合理调节过高收入，取缔非法收入。发挥第三次分配作用，发展慈善事业，改善收入和财富分配格局。建立合理有序的分配秩序，实现居民收入增长和经济发展同步、劳动报酬增长和劳动生产率提高同步的目标，需要我们在初次分配中充分发挥市场的决定性作用，让各类要素取得合理的回报，又需要我们在再分配环节，合理调节收入差距，让改革发展成果更多更公平惠及全体人民，实现全体人民共同富裕。

五、实现产业高质量发展

我国产业正处于由高速发展向高质量发展的过渡阶段，低水平供给能力有余，满足高质量需求能力不足，因此，要促进我国产业高质量发展。一是要发展战略性新兴产业。加快壮大新一代信息技术、生物技术、新能源、新材料、高端装备、新能源汽车、绿色环保以及航空航天、海洋装备等产业。推动互联网、大数据、人工智能等同各产业深度融合，推动先进制造业集群发展，构建一批各具特色、优势互补、结构合理的战略性新兴产业增长引擎，培育新技术、新产品、新业态、新模式。促进平台经济、共享经济健康发展。发展新型产业就是一个产业结构重构的过程，结构的调整主要是化解产能过剩。二是坚持把发展经济着力点放在实体经济上，坚定不移建设制造强国、质量强国、网络强国、数字中国，推进产业基础高级化、产业链现代化，提高经济质量效益和核心竞争力。坚持自主可控、安全高效，分行业做好供应链战略设计和精准施策，推动全产业链优化升级。锻造产业链供应链长板，立足我国产业规模优势、配套优势和部分领域先发优势，打造新兴产业链，推动传统产业高端化、智能化、绿色化，发展服务型制造。促进产业在国内有序转移，优化区域产业链布局，支持老工业基地转型发展。补齐产业链供应链短板，实施产业基础再造工程，加大重要产品和关键核心技术攻关力度，发展先进适用技术，推动产业链供应链多元化。优化产业链供应链发展环境，强化要素支撑。加强国际产业安全合作，形成具有更强创新力、更高附加值、更安全可靠的产业链供应链。三是加快发展现代服务业。推动生产性服务业向专业化和价值链高端延伸，推动各类市场主体参与服务供给，加快发展研发设计、现代物流、法律服务等服务业，推动现代服务业同先进制造业、现代农业深度融合，加快推进服务业数字化。推动生活性服务业向高品质和多样化升级，加快发展健康、养老、育幼、文化、旅游、体育、家政、物业等服务业，加强公益性、基础性服务业供给。推进服务业标准化、品牌化建设。四是加快数字化发展。发展数字经济，推进数字产业化和产业数字化，推动数字经济和实体经济深度融合，打造具有国际竞争力的数字产业集群。

六、高度重视科技发展

我国应优化科技资源布局，提升科技创新能力，借用科技的力量大力提升我国生产供给能力，走出一条符合我国国情的科技研发道路。科技发展要坚持问题导向、目标导向。

一是要强化国家战略科技力量。把科技自立自强作为国家发展的战略支撑，面向世界科技前沿、面向经济主战场、面向国家重大需求、面向人民生命健康，深入实施科教兴国战略、人才强国战略、创新驱动发展战略，完善国家创新体系，加快建设科技强国。二是要着重攻克核心技术，争取关键核心技术实现重大突破。瞄准人工智能、量子信息、集成电路、生命健康、脑科学、生物育种、空天科技、深地深海等前沿领域，实施一批具有前瞻性、战略性的国家重大科技项目。三是加强基础研究、注重原始创新，优化学科布局和研发布局，推进学科交叉融合，完善共性基础技术供给体系。制定实施战略性科学计划和科学工程，推进科研院所、高校、企业科研力量优化配置和资源共享。重视顶层设计，优化基础研究布局，做强优势领域，完善高校专业设置，加强基础学科教育和人才培养，补上冷门短板，把我国基础研究体系逐步壮大起来，努力多出"从0到1"的原创性成果。推进国家实验室建设，重组国家重点实验室体系。布局建设综合性国家科学中心和区域性创新高地，支持北京、上海、粤港澳大湾区形成国际科技创新中心。构建国家科研论文和科技信息高端交流平台。四是提升企业技术创新能力。强化企业创新主体地位，促进各类创新要素向企业集聚。推进产学研深度融合，支持企业牵头组建创新联合体，承担国家重大科技项目。发挥企业家在技术创新中的重要作用，鼓励企业加大研发投入，对企业投入基础研究实行税收优惠。发挥大企业引领支撑作用，支持创新型中小微企业成长为创新重要发源地，加强共性技术平台建设，推动产业链上中下游、大中小企业融通创新。五是激发人才创新活力。贯彻尊重劳动、尊重知识、尊重人才、尊重创造方针，深化人才发展体制机制改革，全方位培养、引进、用好人才，造就更多国际一流的科技领军人才和创新团队，培养具有国际竞争力的青年科技人才后备军。健全以创新能力、质量、实效、贡献为导向的科技人才评价体系。加强创新型、应用型、技能型人才培养，实施知识更新工程、技能提升行动，壮大高水平工程师和高技能人才队伍。支持发展高水平研究型大学，加强基础研究人才培养。实行更加开放的人才政策，构筑集聚国内外优秀人才的科研创新高地。六是完善科技创新体制机制。深入推进科技体制改革，完善国家科技治理体系，优化国家科技规划体系和运行机制，推动重点领域项目、基地、人才、资金一体化配置。改进科技项目组织管理方式，实行"揭榜挂帅"等制度。完善科技评价机制，优化科技奖励项目。加快科研院所改革，扩大科研自主权。加强知识产权保护，大幅提高科技成果转移转化成效。加大研发投入，健全政府投入为主、社会多渠道投入机制，加大对基础前沿研究支持。完善金融支持创新体系，促进新技术产业化、规模化应用。

七、建设高标准市场体系

市场经济是由市场机制发挥资源配置功能的经济，而市场体系则是市场机制发挥作用的必要条件。通过建设高标准市场体系，释放市场活力，进一步提升供给质量。一个立体化、多层次、多元化的相互联系、相互促进的市场体系的日益完善，不仅让供求机制、价格机制、竞争机制等市场机制充分发挥出资源优化配置的功能，更在于极大激发了各类市场主体参与市场竞争的活力和创新力，创造出经济快速发展的奇迹，也在于促进政府加快职能转变，不断厘清政府与市场的边界，更好地发挥政府在宏观管理、市场监管、社会管理、公共服务和生态保护上的作用。当前我国经济已由高速增长阶段转向高质量发展阶段，建设现代化经济体系、实现高质量发展是我国发展的战略目标。这就需要着力构建市场机制有效、微观主体有活力、宏观调控有度的经济体制，需要建设高标准市场体系，以彻底破除束缚市场主体活力、阻碍市场和价值规律充分发挥作用的弊端，为高质量发展构筑更加成熟、更加定型的市场制度支撑。

建设高标准市场体系，一是要健全市场体系基础制度，坚持平等准入、公正监管、开放有序、诚信守法，形成高效规范、公平竞争的国内统一市场。实施高标准市场体系建设行动。二是要完善产权制度。抓紧完善相关制度，健全以公平为原则的产权保护制度，依法平等保护各类产权，实现产权有效激励，夯实产权制度这个市场经济的基石。特别是要建立知识产权侵权惩罚性赔偿制度，进一步加强知识产权保护。三是要健全公平竞争审查机制，加强反垄断和反不正当竞争执法司法，提升市场综合监管能力。要完善公平竞争制度。市场体系的核心在于公平竞争。要强化竞争政策基础地位，以竞争政策为基础来协调相关政策。只有全面实施市场准入负面清单制度，清除妨碍统一市场和公平竞争的各种规定和做法，才能确保各类市场主体平等公平参与市场的机会，才有利于推动企业实现优胜劣汰。各级政府也要大力促进城乡、产业、区域间市场开放，促进各类要素合理流动和高效集聚，由过去偏重追求政策"洼地"转为更倾力打造公平营商环境的"高地"，让营商环境真正成为生产力和市场竞争力。四是要完善要素市场化配置。要素自由流动是市场体系的活力所在。着力推进土地、金融、科技、数据等要素市场的规则健全和制度建设，通过深化市场化改革，实现要素价格市场决定、流动自主有序、配置高效公平，确保现代产业体系中的实体经济、科技创新、现代金融、人力资源"四个轮子"协同运转和良性互动。五是要强化竞争政策基础地位。坚持鼓励竞争、反对垄断，完善竞争政策框架，构建覆盖事前、事中、事后全环节的竞争政策实施机制。完善市场竞争状况评估制度，建立投诉举报和处理回应机制。加大反垄断和反不正当竞争执法司法力度，防止资本无序扩张。推进能源、铁路、电信、公用事业等行业竞争性环节市场化改革，放开竞争性业务准入，进一步引入市场竞争机制，加强对自然垄断业务的监管。

八、加快推进乡村振兴战略

农业农村改革是一种激励机制的改革，这一改革可以大大增加农民的生产积极性，实施乡村振兴战略是供给管理的重要实践之一。具体来说，在有效提高农业质量效益和竞争力方面，一是要推动农业供给侧结构性改革，深化农业结构调整。优化农业生产结构和区域布局，推进粮经饲统筹、农林牧渔协调，优化种植业结构，大力发展现代畜牧业，促进水产生态健康养殖。积极发展设施农业，因地制宜发展林果业，并推进优质粮食工程。二是要保障粮、棉、油、糖、肉等重要农产品供给安全，提升收储调控能力。三是要发展县域经济，推进农村一二三产业融合发展，延长农业产业链条，发展各具特色的现代乡村富民产业。在深化农村改革方面，一是要健全城乡融合发展机制，推动城乡要素平等交换、双向流动，增强农业农村发展活力。二是要落实第二轮土地承包到期后再延长 30 年政策，完善农村承包地所有权、承包权、经营权分置制度，进一步放活经营权。发展多种形式适度规模经营，加快培育家庭农场、农民合作社等新型农业经营主体，健全农业专业化、社会化服务体系，实现小农户和现代农业有机衔接。深化农村宅基地制度改革试点，加快房地一体的宅基地确权颁证，探索宅基地所有权、资格权、使用权分置实现形式。三是要积极探索实施农村集体经营性建设用地入市制度。允许农村集体在农民自愿前提下，依法把有偿收回的闲置宅基地、废弃的集体公益性建设用地转变为集体经营性建设用地入市。建立土地征收公共利益认定机制，缩小土地征收范围。四是要深化农村集体产权制度改革，完善产权权能，将经营性资产量化到集体经济组织成员，发展壮大新型农村集体经济。发挥国家城乡融合发展试验区、农村改革试验区示范带动作用。

第六章

"一五"至"十四五"时期
产业政策规划

第一节　产业政策的内涵与外延

一、产业政策起源与发展

在"重商主义"居于支配地位的 16 世纪初到 18 世纪末，英国议会于 1721 年颁布的《印花布法案》可以说是世界上最早、影响最深远的产业政策。在当时"重商主义"主张国家干预经济，主张鼓励出口、禁止或限制进口政策的对外贸易思想影响下，英国政府利用高关税来禁止包括来自印度、中国等地的棉布进口。平卡斯（Pincus S A, 2009）称之为"产业政策之母"。

1776 年，古典经济学的开山鼻祖亚当·斯密在他的经济学奠基之作《国富论》中提出了市场自由竞争理论和劳动分工理论，在之后的一百多年里，崇尚自由竞争的市场机制和"看不见的手"（指市场）支配着社会经济活动思想的古典经济学派，一直占据着主流地位，但其间不乏看到政府干预资本主义市场经济的身影。19 世纪前半叶，英国当时推崇的是古典经济学派的自由主义理论，但实质上是通过贸易保护政策成功完成了工业革命，成功驶上了工业化的快车道，登上了工业化国家的顶峰，获得了世界工厂的地位。紧随其后的是美国在 19 世纪追随工业化的进程时，全面采纳了 1791 年美国政治家、财政部长亚历山大·汉密尔顿（Alexander Hamilton）在《关于制造业的报告》一文中提出的一系列贸易保护政策，对幼稚工业采取包括保护性关税、关税退让和进口禁令、重要原料的出口禁令、政府补贴等反对放开贸易自由竞争的管制，保护美国制造业的发展。

19 世纪中叶，在考察了英、美两国工业化的进程后，为了加速德国资本主义的发展历程，弗里德里希·李斯特（Friedrich List）从民族和国家利益出发，反对英国古典经济学及其鼓吹的贸易自由化政策，极力促成德国各邦建立关税同盟，对德国的日用品制造业采取税制保护。在其 1841 年出版的经济学著作《政治经济学的国民体系》一书中，第二部分系统地论述了包括"国家经济学理论""生产力理论""保护关税理论"以及"经济发展阶段论"贸易保护主义和国家主导经济发展的思想，李斯特的这些理论成功遏制了英国古典学派的自由主义学说对德国工业的威胁，为德国的工业化提供了理论思想保护，其所主张的关税结构理论和保护幼稚工业论也为落后国家实现经济的"赶超发展"提供了理论支持，对今后西方国家和世界各国制定产业政策都产生了直接和重大影响。1890 年，马歇尔的以均衡价格理论为核心的《经济学原理》问世，揭示了自由竞争与规模经济的内在矛盾，即自由竞争会导致生产规模扩大，追求规模经济又不可避免地造成市场垄断，而垄断发展又必然阻止竞争，扼杀企业活力，导致社会资源的不合理配置，这种内在矛盾被后人称为"马歇尔冲突"（Marshall Conflict）。这样看来，资本主义国家政府的作用就不应仅限于提供国防和治安、基础设施以及保障交易正常进行的司法系统了。

1929 年，美国爆发的经济危机带来大规模的失业和严重的经济衰退，使得奉行自由竞争主义思想的新古典经济学家和政治家陷入了困境，人们纷纷怀疑单纯依靠"看不见的手"市场机制能否实现经济的自我调节走出衰退和萧条。在此背景下，美国总统罗斯福（Roosevelt）采取凯恩斯主义的政府干预经济的经济思想，通过国会制定了《紧急银行法令》《全国工业复兴法》《农业调整法》《社会保障法案》等，揭开了资本主义政府对经济直接或间接干预的序幕。此后，促使基于主张国家采用扩张性的经济政策，通过增加需求促进经济增长的经济学理论基础上的宏观经济学应运而生。

20世纪80~90年代，陷于债务危机的拉美国家和东欧转轨国家急需进行国内经济改革，以秉承新自由主义的政治经济理论的"华盛顿共识"主导经济改革，"华盛顿共识"主张国家要减少政府干预，对外开放市场、外国投资自由化，对内推行私有化、保护产权，使发展中国家经济通过实现自由市场经济的途径，来实现经济社会的快速发展。再加上产业政策被贴上国家政体制度等意识形态的标签，遭到西方国家恶意的诋毁和排斥。2008年因美国爆发的次贷危机，在全球化和一体化的经济体系下，全球制造业遭受重大损失，使过去30年间遭到刻意忽视的产业政策重拾昔日的光辉。

二、产业政策内涵和类型

（一）产业政策内涵

20世纪80年代以来，产业政策问题引起诸多方面的注意和研究，相关理论争论也从来没有停止过，但迄今为止也没有形成公认的、统一的产业政策概念。

一是将之理解为是各种指向产业的特定政策，即政府有关产业的一切政策的总和。阿格拉（EI – Agraa，1985）认为，产业政策是与产业有关的一切国家法令和政策；江小涓（2014）认为，产业政策是政府为了实现某种经济和社会目标而制定的有特定产业指向的政策的总和。

二是将其理解为是弥补市场缺陷的政策。即当市场调节发生障碍时，由政府采取的一系列补救的政策。由于市场并非是万能的，产业在发展过程中会面临各种外部性、信息不完全和不对称等情况都会导致市场失灵，需要政府政策力量的介入与市场力量呈现互补性（韩永辉等，2017；王东京，2018；杨瑞龙等，2019）。小宫隆太郎等（1988）认为产业政策是政府为改变产业间的资源分配和各种产业中私营企业的某种经营活动而采取的政策；周林等（1987）认为产业政策是政府将宏观管理深入到社会再生产过程之内，对以市场机制为基础的产业结构变化进行定向干预的一系列政策的总称。

三是将之理解为赶超战略，即工业后发国家为赶超工业先进国家而采取的政策总和。在名著《政治经济学的国民体系》中，李斯特站在落后国立场上，主张政府要充分发挥自身作为"赶超协调人"的作用，这一理论后来也被世界上大多数国家或地区成功实践。比如战后亚洲"四小龙"经济的飞速增长。产业政策的赶超理论被成功地应用于日本经济的发展，同时也获得了日本学者的深入研究。如并木信义（1990）基于这一理论将产业政策定义为"产业政策就是当一国产业处于比其他国家落后状态，或者可能落后于其他国家时，为加强本国产业所采取的各种政策"。基于赶超理论中市场和政府间的联系，我国学者杨永忠（2006）主张政府要逐步减少产业政策的直接干预，重视政策的间接引导，强化市场对资源的基础性配置作用。黄群慧等（2015）认为产业政策手段需要从直接干预微观经济行为为主转向通过培育市场机制、间接引导市场主体行为为主。

四是保护幼稚工业理论。幼稚工业是一国发展经济和调整产业结构的阶段性结果，正如李斯特提出了保护幼稚工业的观点：后进国家的"幼稚工业"在面对外来激烈的竞争时容易衰退，需要政府采取如关税、财政补贴等经济政策来干预市场。将资源集中到技术、资本匮乏的后进产业，以保护幼稚工业的竞争发展。今天的中国已经深入参与全球经济合作与分工，对于我国那些缺乏国际竞争力的行业，赵全海等（2008）认为要从国家和民族利益出发，对于那些缺乏国际竞争力的行业要进行必要的保护，使其尽快成长。

从以上对产业政策的各种定义可以看出，各种定义的差别主要在于定义的角度不同。在全球化和肯定市场机制在资源配置起决定性作用的大背景下，我国产业政策的转型与宏观调控理念、竞争政策、外资政策和贸易政策息息相关。

（二）产业政策类型

按照与市场的关系，拉尔（Lall，1994）将产业政策区分为选择性产业政策和功能性产业政策。选择性产业政策是指战后日、韩等东亚国家（或地区）曾实施的干预性产业政策，政府主动扶持战略产业和新兴产业，缩短产业结构的演进过程，以实现经济赶超目标。选择性产业政策首先要选择未来一段时期重点发展的产业，有特定的产业指向，通过各种政策措施加以扶持，以促进某种产业的生产、投资、研究开发、现代化和产业改组而抑制其他产业同类活动的政策（小宫隆太郎，1988），因此也被称作倾斜性产业政策。实施选择性产业政策的理论基础是"赶超理论"，这一理论源于后发展国家的比较优势，后发展国家可以从发达国家直接取得现成的经济技术和学习先进经验，通过确定优先发展的产业并实施扶持政策，在短时期内赶超发达国家。根据日、韩等东亚国家（或地区）和我国 20 世纪 80 年代后的经验总结，苏东水（2000）将选择性产业政策划分为产业组织政策、产业结构政策、产业布局政策和产业技术政策等四类。产业政策实施在很大程度上压缩了市场机制的作用空间，甚至在产业结构调整、产业组织实施、产业布局规划等方面政府处于主导性地位，政府"驾驭"、干预甚至替代市场机制的作用（江飞涛、李晓萍，2015）。

20 世纪 80 年代以来，随着经济的发展，选择性产业政策的有效性越来越差，功能性产业政策越来越受到学术界与政府的青睐（李晓萍、罗俊，2017）。功能性产业政策是政府为促进市场高效运转而实施的政策，主要通过发挥政府在经济活动中的基础性作用以弥补市场失灵、完善市场制度来实现（江飞涛、李晓萍，2018；林毅夫等，2018），很多欧美国家采用这一类型的产业政策。功能性产业政策的理论基础是"市场失灵"论，将弥补市场不足视为政策形成的逻辑基点（周振华，

1991）。产业政策是矫正市场失效的工具，通过对公共产品、外部性、信息不对称的规制，克服"市场失灵"，实现公平有序的自由竞争秩序，恢复市场的活力，提升市场机制的资源配置效率，而不是替代市场的安排。功能性产业政策以"前期支持"（主要指基础设施建设、科技投入、人力资本投资等形式）为重点提高产业的核心竞争力，目的是为了弥补"市场失灵"，并不是以"后期保护"（主要指价格补贴、出口奖励、经营亏损补贴等）为主；这一类型的产业政策通常没有特定的产业指向，政府的作用是为产业发展创造良好的外部环境，而不是只针对少数目标产业，因此也被称为普惠性产业政策。

三、我国产业政策的争论

理论研究方面，由于信息外部性和协调外部性，导致产业在发展过程中出现市场失灵，这也是学术界的普遍共识。关于产业的发展是否需要产业政策扶持的讨论，学术界存在正反两种不同的观点。"市场失灵"是产业政策支持者认定中国应制定产业政策进行干预的理论基石。对此，王东京（2018）、韩永辉等（2017）指出需要发挥政府作用与借助政策工具，实现产业结构升级与市场经济发展。从微观角度看，对于企业来说，江小涓（1996）指出由于生产中存在外部性，产业政策可以减弱企业对于市场的冲击。顾昕等（2014）认为企业处于转型升级过程中，当面临由于成本升高而在竞争中处于劣势的困境时，如果缺乏产业政策的支持，会导致单独企业丧失生产创新的动力。产业政策是解决资本市场不完善的重要手段，在新兴市场国家，即使具备未来高成长特性的中小企业，其股权融资也普遍比大型企业难。连立帅等（2015）指出产业政策总体上能够引导信贷资源进行有效配置，引导信贷资源流向高成长性企业。从中观角度来看，周淑莲等（2008）认为产业政策可以通过促进企业间开展协同创业性活动，实现相关产业竞争能力的培育和提升。产业政策可以解决产业发展产能过剩的"痼疾"问题。林毅夫等（2010）、韩乾等（2014）、张倩肖等（2014）指出面对可能由于经济周期波动或者发展中国家对发达国家某一完善的产业链进行引进而导致投资层面出现暴增的"潮涌现象"，从而引起的产能过剩情况不能完全由市场调节，产业政策可以预防和化解"潮涌现象"带来的产业资源严重过剩的问题。产业政策对产业竞争及产业安全同样具有重要的作用。张鹏飞、徐朝阳（2007）从保护国内产业角度解释，在面对他国企业的不完全竞争或寡头垄断时，可以实施保护性的产业政策来提高本国企业的国际竞争力，保护本国的产业发展。周灏（2018）从保护我国在国外的产业角度出发，认为中国是世界反倾销的最大受害国，产业政策可以提升反倾销威胁下的中国产业安全水平，来化解我国长期面临反倾销的严峻形势。从宏观角度来看，产业政策关系到国家安全和民族利益。周勤等（2006）、林平等（2009）、金碚（2017）、蔡之兵（2017）指出为了国家产业安全和保持产业技术优势，需要政府对外商经济活动采取安全审查以保障本地产业的发展。

产业政策的反对者认为，政府实施产业政策本身具有成本且会造成市场扭曲。对于产业政策制定者而言，首先，江小涓（1996）指出当政府在制定产业政策时会考虑特定部门、集团、地方的利益，甚至夹带私人利益，这会导致地方政府和中央政府产生矛盾，且产业政策的实施效果存在时滞性，当政府出现新旧部门间的人事调动、相关政策等变化时，会使产业政策执行混乱。其次，白雪洁、孟辉（2018）指出产业政策在实施过程中常常面临"逆向选择"和"道德风险"问题，使产业政策不仅无法纠正市场失灵，还容易造成政府失灵。再次，江飞涛、李晓萍（2015）指出政府通过产业政策保留了大量对微观经济的干预权力，这会扭曲市场机制，带来许多不良的政策效应以及较为严重的寻租问题，在很大程度上阻碍了结构调整与经济转型。对于产业接受者而言，杨振（2013）、侯方宇等（2018）研究发现产业政策会扭曲企业投资和退出决策，使投资陷入产能过剩的恶性循环。此外，王克敏等（2017）指出政府与公司间的信息不对称问题可能会降低资源配置效率，引发公司过度投资，影响产业政策实施效果。甚至聂辉华（2017）、朱希伟等（2017）研究发现伴随产业政策而出现的企业与地方政府合谋的扭曲政商关系，会促成企业的产能过剩，导致全社会消费者福利水平损失。

对于如何衡量中国的产业政策重点，目前没有一致的结论。对产业政策效果的评价方面，学术界也存在正反两种不同的声音。产业政策支持者，刘冰、马宇（2008）认为产业政策有效地调控行业产量和保障安全生产，并提高出口数量。王文等（2014）认为促进了行业竞争的同时，显著降低了行业内的企业资源错配程度。对企业来说，李骏等（2017）认为产业政策对非国有企业的全要素生产率提高作用显著大于国有企业。对产业来说，宋凌云、王贤斌（2013）认为重点产业政策提高了地方产业的生产率。产业政策的反对者，黎文靖等（2016）、晏艳阳等（2018）、张莉等（2019）认为产业政策的实施并没有起到正面影响，甚至导致企业过度投资、投资效率降低，从而抑制了相应行业内企业全要素生产率（TFP）的提升。针对产业政策调控下产能过剩的形成机理，王文甫等（2014）、张杰（2015）用事实证明，是政府行为与投资"潮涌现象"引起的。

第二节 产业政策规划的内容

一、"一五"计划中的产业政策[①]

"一五"时期集中主要力量进行 156 个建设项目为中心的、由限额以上的 694 个建设项目组成的工业建设，从而建立我国社会主义工业化的初步基础。

---

① 李富春：《关于发展国民经济的第一个五年计划的报告》，中国政府网，http：//www. gov. cn/test/2008 – 03/06/content_910770. htm。

二、"二五"计划中的产业政策①

"二五"时期在继续进行以重工业为中心的工业建设中，扩大冶金工业的建设，大力推进机器制造工业的建设，加强电力工业、煤炭工业和建筑材料工业的建设，积极进行工业中的落后部门——石油工业、化学工业和无线电工业的建设。

三、"三五"计划中的产业政策②

"三五"计划提出围绕国防开展工业建设，大力发展农业，相应地发展运输业、商业、文化教育和科研事业。但后来重新调整成以国防建设为中心的战备计划，围绕国防和备战开展军事工业建设，由沿海向内地划分为一二三线区域，在西北地区、四川、云贵地区、西藏、湖北与湖南西部新建工业基地。

四、"四五"计划中的产业政策③

"四五"计划以备战和三线建设为中心确定的产业政策规划主要任务是狠抓战备，集中力量建设大三线强大的战略后方，改善布局；大力发展农业，加速农业机械化的进程；狠抓钢铁、军工、基础工业和交通运输的建设；大力发展新技术，赶超世界先进水平。

---

① 周恩来：《关于发展国民经济的第二个五年计划的建议的报告》，共产党员网，http：//fuwu. 12371. cn/2012/09/24/ARTI1348470546428983. shtml。

② 《中华人民共和国第三个五年计划（1966—1970）》，中国政府网，http：//www. gov. cn/test/2006 –03/20/content_231432. htm。

③ 《中华人民共和国第四个五年计划（1971—1975）》，中国政府网，http：//www. gov. cn/test/2006 –03/20/content_231442. htm。

五、"五五" 计划中的产业政策①

1979 年中共中央对"五五"计划中农林牧副渔业和工业的产量指标作出了较大幅度的调整，降低了工业增长速度指标，提出要在以后两年压缩基本建设投资，降低重工业增长速度，努力发展农业和轻工业。

六、"六五" 计划中的产业政策②

"六五"计划提出我国工农业总产值计划增长 21.7%，平均每年递增 4%，在执行中争取达到 5%。农业与工业总产值在"六五"计划期间平均每年递增 4%，在执行中争取达到 5%。"六五"计划产业投资的重点是能源、交通建设，这方面的投资占总投资的 38.5%，比过去有所提高。同时，适当安排了农业、轻纺工业、冶金工业、化学工业等方面的建设。教育、科学、文化、卫生、体育事业的经费占国家财政支出总额的 15.9%。

七、"七五" 计划中的产业政策③

"七五"计划产业主要指标是五年内全国工农业总产值增长 38%。

调整产业结构的方向和原则为：在继续保持农业全面增长、促进轻工业和重工业稳定发展的前提下，着重改善它们各自的内部结构；加快能源、原材料工业的发展，同时适当控制一般加工工业生产的增长，使

① 《中华人民共和国第五个五年计划（1976—1980）》，中国政府网，http：//www. gov. cn/test/2006 – 03/20/content_231447. htm。

② 赵紫阳：《关于第六个五年计划的报告》，中国政府网，http：//www. gov. cn/test/2008 – 03/11/content_916744. htm。

③ 《中华人民共和国国民经济和社会发展第七个五年计划（1986—1990）摘要》，中国人大网，http：//www. npc. gov. cn/wxzl/gongbao/2000 – 12/26/content_5001764. htm。

两者的比例关系逐步趋向协调；把交通运输和通信的发展放到优先地位；大力发展建筑业；加快为生产和生活服务的第三产业的发展；积极运用新技术改造传统产业、传统产品，有重点地开发知识密集和技术密集型产品，努力开拓新的生产领域，有计划地促进若干新兴产业的形成和发展。

八、"八五"计划中的产业政策①

"八五"计划产业产值的要求是按1990年价格计算，农业总产值平均每年增长3.5%；工业总产值平均每年增长6.5%；第三产业增加值平均每年增长9%。

1993年，国家计委对"八五"计划进行了调整，重点是调整优化产业结构。强化交通运输和通信等基础设施建设；加快能源和重要原材料工业的发展，加快能源工业的发展，重点是加快煤炭工业和电力工业的发展。

九、"九五"计划中的产业政策②

"九五"计划强调把加强农业放在发展国民经济的首位。增加对农业的投入；强化科教兴农，突出抓好"种子工程"；加快中低产田改造，建设稳定的商品粮基地；依法保护耕地，开垦宜农荒地，提高复种指数，保持粮食播种面积长期稳定。同时，要加强林业建设。"九五"计划提出全面大力发展第二产业。第三产业要形成合理的规模和结构。继续发展商业和生活服务等传统产业。积极发展旅游、信息、咨询、技术、法律和会计服务等新兴产业。规范和发展金融、保险业。引导房地

①《中华人民共和国国民经济和社会发展十年规划和第八个五年计划纲要》，中国人大网，http://www.npc.gov.cn/wxzl/gongbao/2000-12/28/content_5002538.htm。

②《中华人民共和国国民经济和社会发展"九五"计划和2010年远景目标纲要》，中国人大网，http://www.npc.gov.cn/wxzl/gongbao/2001-01/02/content_5003506.htm。

产业健康发展。健全资产评估、业务代理、行业协调等中介服务。改革管理体制，建立适应市场竞争的运行机制，区别情况，促进符合条件的福利型、事业型单位向经营型、企业型转变。

十、"十五"计划中的产业政策①

"十五"计划提出的产业调整目标是产业结构优化升级、国际竞争力增强。2005年第一、第二、第三产业增加值占国内生产总值的比重分别为13%、51%和36%，从业人员占全社会从业人员的比重分别为44%、23%和33%。加强农业基础地位，促进农村经济全面发展。加快转变工业增长方式，围绕增加品种、改善质量、节能降耗、防治污染和提高劳动生产率，鼓励采用高新技术和先进适用技术改造传统产业，带动产业结构优化升级。积极支持和促进东北等老工业基地改造和结构调整。加速推进信息化，提高信息产业在国民经济中的比重。广泛应用信息技术，发展各级各类教育，发展高技术产业，以信息化带动工业化。

十一、"十一五"规划中的产业政策②

"十一五"时期坚持把发展农业生产力作为建设社会主义新农村的首要任务，推进农业结构战略性调整，转变农业增长方式，提高农业综合生产能力和增值能力，巩固和加强农业基础地位。振兴装备制造业，努力突破核心技术。加快促进高技术产业从加工装配为主向自主研发制造延伸，推进自主创新成果产业化。坚持以信息化带动工业化，以工业化促进信息化，提高经济社会信息化水平。

---

① 《中华人民共和国国民经济和社会发展第十个五年计划纲要》，中国人大网，http://www.npc.gov.cn/wxzl/gongbao/2001-03/19/content_5134505.htm。

② 《中华人民共和国国民经济和社会发展第十一个五年规划纲要》，中国政府网，http://www.gov.cn/gongbao/content/2006/content_268766.htm。

十二、"十二五"规划中的产业政策①

"十二五"时期坚持走中国特色农业现代化道路，把保障国家粮食安全作为首要目标，加快转变农业发展方式，提高农业综合生产能力、抗风险能力和市场竞争能力。坚持走中国特色新型工业化道路，适应市场需求变化，根据科技进步新趋势，发挥我国产业在全球经济中的比较优势，发展结构优化、技术先进、清洁安全、附加值高、吸纳就业能力强的现代产业体系。推进重点产业结构调整，培育发展战略性新兴产业。加快建设宽带、融合、安全、泛在的下一代国家信息基础设施，推动信息化和工业化深度融合，推进经济社会各领域信息化。加快发展生产性服务业，大力发展生活性服务业。

十三、"十三五"规划中的产业政策②

"十三五"时期要增强农产品安全保障能力，构建现代农业经营体系，提高农业技术装备和信息化水平，完善农业支持保护制度。实施制造强国战略，支持战略性新兴产业发展。构建泛在高效的信息网络，发展现代互联网产业体系，实施国家大数据战略，强化信息安全保障。坚持战略和前沿导向，集中支持事关发展全局的基础研究和共性关键技术研究，更加重视原始创新和颠覆性技术创新。

十四、"十四五"规划中的产业政策③

"十四五"时期要提高农业质量效益和竞争力。提升产业链供应链

① 《中华人民共和国国民经济和社会发展第十二个五年规划纲要》，中国人大网，http：//www.npc.gov.cn/wxzl/gongbao/2011 - 08/16/content_1665636.htm。

② 《中华人民共和国国民经济和社会发展第十三个五年规划纲要》，中国人大网，http：//www.npc.gov.cn/wxzl/gongbao/2016 - 07/08/content_1993756.htm。

③ 《中华人民共和国国民经济和社会发展第十四个五年规划和2035年远景目标纲要》，中国人大网，http：//www.npc.gov.cn/npc/kgfb/202103/bf13037b5d2d4a398652ed253cea8eb1.shtml。

现代化水平保持制造业比重基本稳定，巩固壮大实体经济根基。落实第二轮土地承包到期后再延长三十年政策，加快培育农民合作社、家庭农场等新型农业经营主体，健全农业专业化社会化服务体系，发展多种形式适度规模经营，实现小农户和现代农业有机衔接。健全农村金融服务体系，发展农业保险。加快壮大新一代信息技术、生物技术、新能源、新材料、高端装备、新能源汽车、绿色环保以及航空航天、海洋装备等产业。

第三节 产业政策规划的规律

自新中国成立以来，我国共实施了 14 个五年计划或规划。随着经济发展方式的转变和市场机制的完善，五年计划或规划中产业政策的实施，使我国从一个封闭落后的农业大国迈向开放进步的工业强国，改善了中国工业结构，促进中国经济社会发生了翻天覆地的变化。目前，我国经济已由高速增长阶段转向高质量发展阶段，正处在优化产业结构的攻关时期，探究 14 个五年规划中中国产业政策规划的演变规律和特征，对加快产业结构的转换和升级具有重要的意义。

基于国内外学者对产业政策概念定义和内涵理解的多样化，对产业政策的分类也呈现出多元化特征。我国学者苏东水（2000）将产业政策划分为产业结构政策、产业组织政策、产业技术政策和产业布局政策四类。但查阅我国现有有关产业政策类资料，并未发现有以国务院名义出台的专门的产业布局政策。因此，以下有关我国 14 个五年规划的产业政策规律主要从产业结构政策、产业组织政策、产业技术政策三方面分析。构建现代化产业体系离不开产业政策的支持，虽然我国 1989 年才正式提出产业政策，但五年计划或规划中有关产业的制定长期以来一直都具有产业政策特点。根据我国经济体制改革进程和发展策略，可将自新中国成立以来的 14 个五年规划中产业政策的演进大致分为 1949～1977 年、1978～2001 年、2002～2012 年、2013 年至今四个阶段：第一阶段：1949～1977 年，"一五"到"五五"计划期间，是重工业优先发展时期；第二阶段：1978～2001 年，"六五"到"九五"计划期间，是传统体制转型初期阶段；第三阶段：2002～2012 年，"十五"到"十一五"规划期间，是体制改革深化阶段；第四阶段：2013 年至今，"十二五"到"十四五"规划期间，是党的十八大以来我国市场经济体制基本建立阶段。在不同阶段的经济背景下，我国产业政策的重点任务和实施效果等有所区别。

一、产业政策不断向功能性政策转变

1949～1977 年，国家实行计划经济，这一时期产业政策只有产业发展计划且具有完全指令性的政策安排。"一五"计划（1953～1957 年）报告指示，要集中主要力量进行包括苏联帮助中国设计的 156 个建设项目为中心的、由限额以上的 694 个建设项目组成的工业建设，工业方面等近百个重要项目都主要在东北地区。"二五"计划（1958～1962 年）提出了明确的高指标指令：1962 年工农业总产值比 1957 年原计划增长 75% 左右，工业总产值增长 1 倍左右，农业总产值增长 35% 左右，钢产量达到 1050 万～1200 万吨，煤产量 1.9 亿～2.1 亿吨，粮食 5000 亿斤左右，棉花 4800 万担左右等。由于中苏交恶以及美国在我国东南沿海的攻势，"三五"计划（1966～1970 年）以"备战、备荒、为人民"为指示开展相关产业的建设任务，强调了必须集中国家的人力、物力、财力，把三线的国防工业等相配套工业逐步建立起来。其中三线建设是典型的计划经济的运作模式：唯一的投资主体是国家，单一的所有制结构是国有经济，调节机构是国家计划和行政命令。"四五"计划（1971～1975 年）的纲要依然以备战和三线建设为产业政策的中心思想，且计划的制定具有较强的个人主观愿望，缺乏科学论证和调查研究。"五五"计划（1976～1980 年）处于国家新旧体制转化和经济发展方式转变的初步探索时期，但"五五"计划制定的高标准产业产量目标大都没有完成。由此可见，"一五"到"五五"计划期间，产业结构以重工业和国防工业为主,主要形式是由国家下达指令计划产业产能,政府分配生产资料控制产业发展。

伴随中国经济体制由计划向市场转变,由计划经济时期只有完全指令性的产业发展计划安排,发展到 20 世纪 80 年代,通过借鉴和引进日本的产业政策,中国产业政策逐渐从制定具体资源分配向选择性产业政策转变。"六五"计划投资的重点是能源、交通、农业的建设计划和现有企业技术改造;大力发展自然科学。"七五"计划保持农业全面增长,改善轻、重工业比重;加快发展能源、原材料工业;优先发展交通运输和通信产业;加快发展第三产业;发展新技术,改造传统产业,促进若干新兴产业的形成和发展。"八五"计划重点是调整优化产业结构,强化交通运输和通信等基础设施建设;加快能源和重要原材料工业的发展,加快能源工业的发展,重点是加快煤炭工业和电力工业的发展。重要原材料工业的发展,重点是加快钢铁、建筑材料和石化工业的发展,同时加强资源节约工作;加强农业,促进农村经济的全面发展。粮食产量要求大幅度地增加优质品种的产量;按照规模经济、合理布局和突出重点的原则,积极发展机械电子、石油化工、汽车制造和建筑业,使之成为国民经济的支柱产业;加快第三产业的发展。"九五"计划期间,把农业发展放在首位;实施科教兴农战略,重视教育产业发展;大力振兴支柱产业,积极发展第三产业。"六五"计划到"九五"计划期间,我国处在传统体制转型初期阶段,产业政策虽仍带有许多计划管理的特点,但已逐渐从制定具体资源分配向选择性产业政策转变。

进入 21 世纪后,产业分类进一步细化,产业政策由选择性产业政策发展成为功能性产业政策。"十五"计划,发展服务业、教育事业和高新技术;"十一五"规划,布局信息化、高技术产业、装备制造业、能源原材料工业等现代产业体系,要逐步形成服务经济为主的产业结构。从第十二个五年计划开始,中央明确提出我国经济发展不能简单以国内生产总值增长率来论英雄,GDP 增长速度开始逐渐放缓,中国经济进入追求质变的经济新常态时期。经济新常态下,产业发展方式由追求粗放式增长转变为追求高效率发展,由实现产业数量生产转变为提高产品质量供给，产业结构调整进入"阵痛期"。自"十五"计划以来，我国加大对基础设施建设、科技创新、人力资本等方面的投资，实施了科教兴国、人才强国战略，同时加速发展生产性服务业、消费性服务业、公共性服务业和基础性服务业等现代服务业，出现了价格补贴、税收优惠、出口奖励、贷款补助等普惠性金融工具，政府开始逐步为产业发展创造良好的外部环境，产业政策表现为以选择性产业政策为辅，功能性产业政策快速发展。

中国在改革开放中形成的产业政策，是计划经济向市场经济转变过程的政策需要，产业政策的发展与改革开放进程联系在一起。渐进式改革的推进使指令性计划减少而指导性计划的范围扩大，也使产业政策的重要性逐步上升，对市场主体和产业发展的调节作用增强。

二、产业政策工具由单一转向多种共同协调

计划经济期间的"一五"计划到"五五"计划，产业政策工具单一，以行政法令为主要政策工具。从产业组织政策和产业技术政策上分析，计划经济占主导地位，政府指令性较强，并对生产统一技术标准。

传统体制转型初期的"六五"计划到"九五"计划，随着政府职能的变化，产业政策通过财政拨款、土地分配、公共服务方式实现。在产业组织和产业技术政策上，"六五"计划开始向商品经济转变，强调简政放权；计划向中长期转变；计划部门职权范围外事务交由地方和企业。"七五"计划中将机械电子工业企业下放到大中城市，并赋予企业经营管理权；倡导国家、集体、个人等多方筹资兴办交通和通信；积极稳妥地推进体制改革，实行政企分开。"八五"计划完善以公有制为主体的所有制结构，进一步扩大市场调节的作用；改革企业、价格、金融、计划、投资和财政体制，改造骨干企业。"九五"计划加快建设现代企业制度，逐步建立社会主义市场经济体制；优化企业组织结构，打破地区、部门和行业界限；明确"政企分开"，发展乡镇企业；使用改组、合并、股份制改革等方法扩大企业规模。由此可见，"六五"计划

到"九五"计划期间，计划性的产业政策逐渐衰退，政府虽然通过财政拨款、土地分配、公共服务方式等实施产业政策，但已逐渐开始精简职能，简政放权，减少了对微观主体的计划管理。产业政策工具也呈现出多样化，审批准入、税率、金融等成为主要调控工具。

到了深化体制改革阶段之后，产业政策工具进一步多样化，出现了金融政策工具、人才政策工具等。产业组织技术政策方面，"十五"计划，以市场为导向，以企业为投资主体，引导技术引进与自主创新相结合，提高我国工业的整体素质和国际竞争力；加强基础学科的研究和各级各类教育的发展；建设科学现代企业管理制度，转变观念，突破体制障碍，鼓励国有企业参与资本市场；进一步深化国有大中型企业改革，采取联合兼并、改组等方式激发中小企业活力。"十一五"规划，立足三次产业协同推动发展，立足提高资源利用效率推动发展，立足科技进步、自主创新能力增强推动发展。在此阶段，计划性的产业政策几乎消失，取而代之的是财政、金融、税率等经济工具成为主要调控手段。

自"十二五"规划以来，产业组织和产业技术政策方面，政府一方面清除一切妨碍市场自由公正的规定，提高市场监管水平，另一方面继续完善金融市场监管体制机制和服务体系，以促进中小企业发展，增强产业技术创新能力。至此，产业政策工具已形成多种形式共同协调局面。

三、农业产业政策贯穿五年规划产业政策始终

农业作为国民经济的重要产业，一直作为中国产业政策重点之一。新中国的第一个五年计划就对农业实行社会主义改造。"二五"计划由于一开始受到"大跃进"和人民公社化运动的冲击，导致农业实际生产被严重破坏，随后在国民经济"八字方针"的指导下，开始大力恢复农业。"三五"的基本任务就是要大力发展农业，在此基础上，"四五"计划和"五五"计划开始加速农业机械化的进程。可见，改革开放之前的五年计划，支持农业发展的目的是基本上要解决人民的吃穿用

问题。

改革开放后的"六五"计划至"九五"计划，始终坚持把农业作为整个国民经济的基础。"六五"计划开始重视农业生产的发展速度和经济效益，提高了农业平均年增长率和农业产值占工农业总产值的比重。在复杂的政治经济形势下，"七五"计划对农业产业结构的调整方向和原则是需要继续保持农业全面增长。随着改革开放步伐的加快，进入新阶段，进一步加强农业，搞好农业综合开发，是"八五"和"九五"期间经济和社会发展的首要任务，并提出农业的发展目标是：到20世纪末使工农业总产值平均每年增长6.1%，人民生活从温饱达到小康。随着社会主义市场经济体制的建立，农业发展是实现中国社会主义现代化建设的第二步战略目标的重要组成部分，从最初的要解决人民吃穿用的温饱问题到使人民生活达到小康。

从21世纪开始，我国将进入全面建设小康社会，农业发展也进入加快推进社会主义现代化的新的发展阶段。在人民生活总体上达到了小康水平的保障下，"十五"计划进一步巩固和加强农业的基础地位，是产业结构调整的重要内容，也是保持经济发展和社会稳定的基础。"十一五"时期把发展农业生产力作为建设社会主义新农村的首要任务，明确建设资金要更多地向"三农"倾斜，推进农业结构战略性调整，转变农业增长方式。农业开始重视提高农业综合生产能力和增值能力。

"十二五"规划至"十四五"规划时期，在工业化、城镇化深入发展中，农业开始推进现代化，农业生产经营出现专业化、标准化、规模化、集约化，呈现出综合发展的特点，农业进入可持续发展阶段。农业产业政策目标也由增量扩能转变为做优增量、调整存量。产业政策始终把农业发展作为保障国家粮食安全的首要目标。

四、各类产业政策涉及产业领域宽泛且具体

总体上看，我国每个五年规划中产业政策涉及领域较宽、覆盖范围较广。第一产业里农林牧副渔并举；第二产业中轻工业涉及消费品工

业、轻纺工业等各行业；重工业包括能源工业、原材料工业、机械电子工业、航空航天、建筑业、交通运输和邮电通信等各行业；第三产业涉及教育、科学、文化事业等以及各种服务业。几乎覆盖一、二、三次产业各行业产品、工艺和技术，涉及生产、流通、消费全过程乃至产业链各个环节，具有明显的广泛性特征。且产业政策对各个产业的发展都具有明确的发展指标和指导方向，政策内容全面细致且具体，政策体系相对完整。政府产业政策目标明确、干预力度大、手段直接，呈现出明显的差异化、选择性、管制性等特征。

五、重点产业随着国民经济的发展不断调整

新中国成立初期，国民经济处于被战争严重破坏的瘫痪状态，经济基础薄弱、产业结构落后、工业体系不健全，借鉴苏联的发展模式实施了优先发展工业特别是重工业的现代化发展战略，并较长时期坚持这一战略。这一时期，产业政策倾向于补短板，为中国经济发展建设工业基础。在"一五"计划规定的各部门的基本建设投资中，工业部门更是占据了近六成，工业投资的88.8%用于重工业建设，"一五"计划可谓取得了令人瞩目的成就，绝大部分指标超额完成。"二五"计划的基本任务是：继续进行以重工业为中心的工业建设，推进国民经济的技术改造，为中国社会主义工业化巩固基础；进一步发展工业、农业和手工业生产，相应地发展运输业和商业。"三五"计划和"四五"计划把国防建设放在第一位，加快三线建设，逐步改变工业布局，重工业和国防工业的投资占国家基本建设投资70%以上。"五五"计划从基本建设投资结构看，重工业占48.7%，农业占10.6%，轻工业只占5.8%。经过五个五年计划的艰苦建设，重工业得到了迅速的发展，奠定了较好的工业基础特别是重工业基础，形成了以农业为基础、工业为主导的产业格局，逐步建立了独立的、比较完整的国民经济体系。

由于新中国建设初期严格的计划经济管理，以及以钢为纲的工业化生产目标，加剧了"重工业过重，农、轻工业过轻"的畸形投资结构，

导致国民经济比例失调，经济发展缺乏活力，同时基础设施十分落后。改革开放后，中国基础设施与基础产业仍然薄弱，对于经济主体仍管制太多，同时需要促进产业结构的升级，这一时期产业政策的重点是减少计划经济管理、加快基础设施建设和基础产业发展，支持资本密集型产业的发展并将其培育成支柱产业。"六五"计划基础设施建设的重点是交通建设，基础产业的发展采取对现有企业开展节约能源和原材料的技术改造工作，改进产品结构，提高产品性能和质量。"七五"计划依然把交通运输和通信的发展放到优先地位，并积极运用新技术改造传统产业、传统产品，促进基础产业的发展。"八五"计划强化交通运输、能源和通信等基础设施建设，开始积极发展机械电子、石油化工、汽车制造和建筑业等资本密集型产业，使之成为国民经济的支柱产业。"九五"计划继续加强基础设施和基础工业，大力振兴支柱产业，积极发展第三产业。这一时期基础产业的改造和支柱产业的培育，带动了整个经济的增长，推进国有经济布局和产业结构调整，使生产关系适应生产力发展的要求。

进入 21 世纪，我国将进入工业化中期阶段，并加入世界贸易组织，进一步融入经济全球化的世界经济体系中。中国产业发展也需要进一步融入国际分工体系和参与国际市场竞争，需要进一步提高技术能力与竞争能力，在这样的改革开放背景下，我国制定了 21 世纪的第一个五年计划。"十五"计划提出的产业调整目标是：工业改组改造和产业结构优化升级，加速发展信息产业，增强产业国际竞争力。"十一五"规划开始对推进信息化、发展高技术产业、振兴装备制造业、发展能源原材料工业等方面的主要任务和建设布局做了部署，规划了一批重大建设项目。并提出要加快发展服务业特别是信息、金融、保险、物流、旅游和社区服务业，不断提高服务业的比重和水平。这时产业政策的重点在于全面支持资本密集型行业的技术提升、产品升级以及竞争力提升，培育和发展技术密集型产业以及全面提高服务业的比重和水平。走科技含量高、经济效益好、资源消耗低、环境污染少、人力资源优势得到充分发挥的新型工业化道路。

随着中国步入中等偏高收入国家水平与进入工业化后期，与发达国家在产业与技术领域上的竞争越来越激烈，迫切需要提升产业创新能力。"十二五"规划至"十四五"规划中指出农业要提高其综合生产能力、抗风险能力和市场竞争能力，加快推进农业机械化，提升农业技术装备水平，加强农业与信息技术融合，发展智慧农业，提高农业生产力水平；工业要发展成为技术先进、清洁安全、附加值高、吸纳就业能力强的现代产业体系，包括新一代信息技术、生物、高端装备制造、新能源、新材料等战略性新兴产业。中国产业政策的重点转为提升技术密集型行业的技术能力、促进其产品升级及研发能力，培育和发展高附加值、高竞争力的战略新兴产业，推动整个产业体系研发能力、创新能力的提升以及新技术的扩散。

第四节　产业政策规划展望

一、加强功能性产业政策，提高产业政策实施效率

随着我国改革开放的不断深入，以选择性政策为主体的产业政策体系使国民经济"赶超"步伐加快，部分产业领域已经实现"并跑"，但当前我国进入工业化后期，产业技术需要完成从"追赶并跑"向"并跑领跑"历史性转身，选择性产业政策效果越来越有限且带来的不良政策效应日趋突出。我国政府的产业政策往往以宏观调控名义推出，其本质是相机抉择的逆周期变动行为，这种选择性产业政策的许多措施具有反竞争性，与竞争政策之间存在矛盾和冲突，竞争政策的基础性地位难以确立，无法更好地发挥政府作用。但随着我国经济转向高质量发展阶段，需要充分发挥市场竞争机制的优化资源配置作用来提高效率，需要采用有效的产业政策来强化竞争，才能更好地发挥政府作用，积极推进产业结构调整。探索当前中国产业发展问题与未来经济高质量发展对

策，确立竞争政策基础性地位，推动产业政策的转型，加强产业政策与竞争政策的协同，是保持我国经济稳步发展的基本保障。因此，推动我国实施与市场竞争机制、竞争政策相容、互补与协同的功能性产业政策势在必行，就需要从整体上推动产业政策及时转型为以功能性产业政策为主的政策模式。

第一，构建功能性产业政策体系，与竞争政策相容。公平竞争是市场制度的灵魂，是激发企业家精神和创新活力的最重要的驱动力，因而产业政策要继续废除妨碍全国统一市场和公平竞争的规定和做法，而不是限制和扭曲市场竞争，违背公平竞争的基本原则。并将产业政策限定在市场失灵的领域，发挥与竞争政策互补与协同的作用，产业政策和竞争政策可以并行不悖。产业政策工具选择方面应主要采用功能性、服务性的政策工具，包括加快完善社会主义市场经济体制，营造公平竞争的市场环境，给基础科学研究与通用技术研究以稳定支持，加强经济主体之间的交流与合作，培养高技能人才与提升劳动者技能素质。重点支持保障国家安全战略性产业和支持经济社会发展的新兴产业，对公共科技服务体系和技术创新活动发放税收优惠与政府补贴。维护各类市场主体在自由参与市场竞争和平等使用生产要素等方面的权利，消除产业歧视，让各企业遵循市场规则、平等参与市场竞争。

第二，构筑功能性产业政策，应快速推动绿色发展，促进人与自然和谐共生。建立健全激励与约束机制，倡导低碳绿色和新发展理念，鼓励使用节能、清洁能源和新能源工具，加强节能环保技术、工艺、装备创新的研发力度，加快制造业绿色改造升级和清洁生产，继续实施可持续发展战略。要发展循环经济，推进资源高效循环利用，大幅降低能耗、物耗和水耗水平。进一步加强安全生产保障能力建设，要加快推动绿色低碳发展，持续改善环境质量，提升生态系统质量和稳定性，全面提高资源利用效率。将建立资源节约与环境友好的绿色产业发展体系作为调整中国产业结构的迫切需求和重大任务。

第三，构建功能性产业政策时，还应重视包容性发展。包容性发展倡导的是机会平等，需要营造平等竞争的市场环境，让每个人拥有平等参与到产业发展中的机会，并分享发展成果。在推动产业包容性发展时，还有赖于政府重视改善民生，需高度重视劳动者素质与技能的提升，大力加强职业技能培训，帮助劳动者获取新的工作技能以适应新技术与新产业发展的需要。一方面有助于提升产业生产效率，另一方面劳动者的劳动报酬随产业发展能够得到逐步提高，应尤为重视低收入阶层继续教育的针对性和适用性，提高其职业教育和工作技能水平，让更多低技能阶层人民有更多机会参与到产业发展中，还应鼓励和支持制造业企业为创造更多新工作岗位特别是高质量工作岗位进行投资。

二、加快推进产业创新驱动，促进产业结构优化升级

中国式创新的一个重要特点，就是通过引进技术和设备，消化、吸收然后模仿创新，逐渐赶上发达国家的技术，但在这种创新模式下，中国也只是获得了价值链上低端的技术和价值。然而，正如经济学家纳尔逊（Nelson）所证明的：在模仿创新的过程中，后发国家技术进步的速度将由快到慢，保持"均衡的技术差距"。可见，后发国家要赶超先发国家，实现产业结构向高端化升级，必须从模仿创新为主转向自主创新为主。新时代提出中国经济增长动力要从要素驱动、投资驱动向创新驱动转变，只有通过科技创新，掌握关键技术，才能推动产业链向价值链中高端跃进，才能使中国真正实现产业结构升级、建成现代化经济体系。

第一，完善科技创新体制机制。中国共产党第十九届中央委员会第五次全体会议提出，坚持创新在我国现代化建设全局中的核心地位，把科技自立自强作为国家发展的战略支撑，面向世界科技前沿、面向经济主战场、面向国家重大需求、面向人民生命健康，深入实施科教兴国战略、人才强国战略、创新驱动发展战略，完善国家创新体系，加快建设科技强国，可见，建设科技强国和现代化强国的关键在于科技自立自强。一是深入推进科技体制改革，完善国家科技治理体系和国家科技规划体系，提升科技创新治理能力。二是弘扬科学精神和工匠精神，是建

设创新型国家的根本。三是进一步加大政府基础研究和科技投入力度，健全鼓励支持基础研究、原始创新的体制机制。

第二，提升企业技术创新能力。深化科技体制改革，建立以企业为主体、市场为导向、产学研深度融合的技术创新体系。首先，在财税、金融、投资等政策上加大对大中小企业和各类主体技术创新的支持，推动创新创业高质量发展。其次，加强企业与高等院校、科研院所的联合与合作，加速科研成果的产业化与市场化。提高高等院校和科研机构对市场经济需求度的调查和掌握，以便科研成果转化与市场需求成果衔接，提高企业科技成果转化的效率，同时鼓励企业兼并重组，防止低水平重复建设。最后，充分发挥政府的引导作用，发展战略性新兴产业，通过产业政策引导创新资源向信息技术、生物技术、新能源、新材料、高端装备、新能源汽车、绿色环保以及航空航天、海洋装备等战略性新兴产业领域聚集。推动互联网、大数据、人工智能等同各产业深度融合，推动先进制造业集群发展，构建一批各具特色、优势互补、结构合理的战略性新兴产业增长引擎，培育新技术、新产品、新业态、新模式。

第三，加快加大创新型人才的培养。习近平总书记强调人才是创新的根基，是创新的核心要素，创新驱动实质上是人才驱动，可见，实施创新驱动关键在于人才。一是贯彻尊重劳动、尊重知识、尊重人才、尊重创造方针，深化人才发展体制机制改革，全方位培养、引进、用好人才，支持发展高水平研究型大学，壮大高水平工程师和高技能人才队伍，培养造就一大批具有国际水平的战略科技人才、科技领军人才、青年科技人才和高水平创新团队。二是完善和改进科技人才发现、培养、激励、评价机制，健全以创新能力、质量、实效、贡献为导向的科技人才评价体系，构建充分体现知识、技术等创新要素价值的收益分配机制，完善科研人员职务发明成果权益分享机制，健全符合科研规律的科技管理体制和政策体系。三是通过产学研合作确立以市场需求为导向、企业为主体的创新型人才培养模式，不断强化院企校企合作力度，推进产学研深度融合，形成优势互补互利，充分发挥产学研多方优势为科技创新提供新资源。

三、继续巩固农业基础地位，提高农业质量效益和竞争力

自新中国成立以来，农业发展始终在政府五年计划中占有大量篇幅，并被放在重要位置。其原因在于：首先，从经济角度看，农业一直是国民经济的命脉和基础，特别是我国是人口大国，农业的发展与否直接关系着社会的稳定，决定了中国对外依赖程度和人民的生活水平，只有解决好吃饭问题，才有精力发展其他产业。其次，从产业间关系看，工业特别是轻工业中的原料主要由农业供给，重工业如橡胶工业、化学工业；轻工业中的食品工业、纺织工业、皮革工业、烟酒业等所用的原料也来自农业。再次，从社会稳定角度看，"民以食为天"，农业是人类社会的衣食之源、生存之本，农业如果不能满足社会粮食的必要需求，那么人民的生活就不会安定。最后，从政治角度看，农业是国家自立的基础，如果农业不能满足自给自足，过多依赖农副产品进口，在国际上必将受制于人，甚至会危及国家安全。

因此，我国农业发展要适应确保国计民生要求，以保障国家粮食安全为底线，对于农业耕地面积逐渐缩小的危险预警，要坚持最严格的耕地保护制度，保障粮、棉、油、糖、肉等重要农产品的基本供给安全，提升收储调控能力；要深入实施藏粮于地、藏粮于技战略，夯实国家粮食安全的基础，健全农业支持保护制度。同时也要提高我国农业质量效益和竞争力，强化农业科技和装备支撑，加快发展现代种业，积极推进科技创新，提高农业良种化水平，大力推进农业机械化和信息化，为农业插上科技的翅膀。坚持农业绿色发展，推广应用绿色高效生产方式，进一步减少化肥、农药、地膜、除草剂的使用量，降低农业面源污染，鼓励涉农科研人员对低污染、无危害的新型肥料和农业药品的研发，最大程度减轻化肥农药对农业和生态环境的污染率，打造绿色循环、优质高效的现代特色农业。要加快推进农业结构调整，关键是要不断适应农产品消费结构加快升级的需要，做好加减法，增加高端有效供给，减少低端无效供给，推进农业供给由中低端向中高端迈进，使生产更好地适

应市场消费需求，提高农业竞争力。

四、科学设计多种产业政策，不断优化完善政策体系

继续加快支持性政策手段创新。一是政府继续通过税收优惠和财政补贴政策等支持性政策加大对企业的资金支持力度。二是继续设立专项投资基金、产业创业投资引导基金等政策性基金引导社会资金集聚，通过市场化方式吸引社会优质资本共同参与股权投资，实现供给端产业结构调整及升级。三是同时注重需求侧引导来引导新兴产业发展。在此基础上，产业政策应重点关注以下方面：以国家战略性产业需求为导向，如国防科技产业、第五代移动信息技术、量子通信、生物技术、高端装备、航空航天、海洋装备等产业；大力发展比较优势、竞争优势有待提高的产业，如国内技术不成熟发展受限制的新能源汽车、人工智能、工业互联网、高端医药用品产业、高端芯片制造业等，要加强基础研究和应用基础研究，突破关键性技术的瓶颈；在"一带一路"建设的背景下，援助其他国家提供基础建设，化解国内产能过剩，促进国内产业与"一带一路"沿线国家的共同发展，把握好"一带一路"区域建设推动中国形成国内国际双循环新格局，以此充分调动国内外劳动者、资本、技术等各种生产要素的参与积极性；继续实施"互联网＋"战略，鼓励传统农业、工业积极拥抱"互联网＋"，基于与互联网平台的联动解决当前社会供需不匹配的问题，促使产品供给能够按量、按质、按时生产，有效改善经济结构失衡；搭建农业、工业互联网平台，促进互联网、云计算、大数据与农业、制造业深度融合，实现农业、制造业生产方式的智能化，以此为纽带促进产业融合发展；加强高等院校、研究机构等与企业相互合作，加快推进高校产学研和科技研究成果快速转化为社会生产力；发展普惠金融，逐步解决新兴产业领域和创新型企业融资难问题，为中小企业融资提供保障。

五、坚持供给侧结构性改革引领，制定高质量发展产业政策

坚持以供给侧结构性改革为引领，推进"去产能、去库存、去杠杆、降成本和补短板"的"三去一降一补"五大任务，改革的重点应逐步转向为降成本、补短板、促进创新、培育新动能，着力提高供给体系的质量和效率，以深化改革促进中国产业结构政策的合理设计和有效实施，推进产业结构升级，建设现代国家治理体系与治理能力。新时代要把深化改革作为产业政策领域的主要方法、手段和路径，坚定不移地将提高供给体系质量当作高质量发展的主攻方向，坚决淘汰落后产能，改造提升传统产业，精心培育新兴产业，推进产业政策的制度创新和改革，以产业政策促进降成本、补短板、技术创新和培育新动能，提升产业竞争力。

六、坚持处理好政府与市场关系，提供精准化产业发展政策

坚持处理好政府和市场的关系，要坚持社会主义市场经济改革方向，将"有效市场"与"有为政府"更好地有机结合起来，使产业结构政策能够建立在使市场在资源配置中起决定性作用和更好发挥政府作用的体制机制上。产业政策作为政府干预经济的一种重要经济手段，相应地，其功能和目的应重点在于如何解决"市场失灵"和弥补"市场残缺"。因此要深入研究确定经济发展规划中的产业政策内容，最大限度减少政府对市场资源的直接配置和对微观经济活动的直接干预，以充分发挥市场在资源配置中的决定性作用，确保"市场机制有效"。逐步缩小产业政策的内容和范围，突出产业政策的重点，设计和建立产业政策退出的机制，深化与产业政策相关的体制改革。特别是改变地方政府实施产业政策的行为动机，扭转地方政府之间日益激烈竞争而过度干预本地产业发展导致出现区域产业政策趋同的现状，相反，政府应该减少对微观经济活动的直接干预，努力做到不越位，而是更多地运用普惠

性、功能性产业政策，为产业发展提供必要的公共服务、基础设施和制度基础，营造良好的市场环境。通过深化财税体制、用地及国土空间规划等改革，进一步调整中央与地方的财权、财力与事权之间关系，使地方政府跳出卖地生财的利益陷阱，警惕土地财政助长的经济泡沫，减少和消除地方政府部门对市场的不适当干预，增强市场在资源配置中起决定性作用的内在功能，更好发挥政府作用。

第七章

"一五"至"十四五"时期
区域发展规划

第一节　区域发展规划的内涵与外延

一、区域发展规划

关于区域发展规划，学者们有着较为深入的研究，主要从区域发展规划的起源、内容与功能、性质与地位、目标与核心任务等方面进行研究。

区域发展规划的内涵和外延处于一个不断拓展和深化的过程当中。有关区域发展规划的起源，胡序威（1998）认为我国早期编制的区域规划和国土规划在内涵上基本一致，随着区域经济的不断发展，区域规划的内涵不断丰富。马娜、刘士林（2015）认为区域发展规划是在城市规划的基础上发展起来的。张满银（2020）认为区域规划和区域发展规划可以视为相同概念，二者的内涵基本一致。

内容与功能方面，孙娟、崔功豪（2002）认为，区域发展规划是对一定地域范围内国民经济建设和土地利用的总体部署。汤筠、孟芊、杨永恒（2009）认为区域发展规划体现为对资源、人口和经济活动的综合性空间配置。邓明翔、李巍（2017）认为随着区域发展规划的不断发展，区域发展规划的内容从物质和经济建设规划发展到兼顾经济发展、社会公平和环境健康三方面的可持续发展规划，生态环境因素越来越受到区域发展规划的重视。王文华、郑洁（2017）认为区域发展规划应包括规划的范围、指导思想与发展的目标、区域功能定位与发展方向、产业结构调整与空间优化布局、基础设施建设与生态环境保护以及政策与保障措施等几方面内容。张满银（2019）认为区域发展规划是为了解决区域内和区域间发展不平衡问题，是实现其经济效益、社会效益和生态效益的有机统一的行动方案。

性质与地位方面，杨洁（1998）认为区域发展规划是国民经济中长期计划的重要组成部分，是宏观调控的一种手段，属于指导性的规划。胡序威（2006）认为区域发展规划在空间管治和综合协调中的重要作用越来越受到政府和社会的重视。周春山、谢文海、吴吉林（2017）认为区域发展规划同时也是政府公共政策的重要组成部分。张满银（2019）认为区域发展规划往往具有战略性、地域性和综合性的特点。

目标与核心任务方面，达文特（1969）认为，区域发展规划的主要任务是根据区域的发展条件，从历史、现状和发展趋势出发，明确该区域社会、经济发展的总体战略。张可云（2005）认为区域发展规划是一个特定区域内社会经济发展的具体空间安排，着眼于解决特定区域落后、膨胀、萧条和衰退问题。汤筠、孟芊、杨永恒（2009）认为区域发展规划的效果取决于规划目标的确定、规划制定、规划实施和管理等全过程。于楠（2010）认为区域发展规划的核心任务是实现区域经济协调发展，出台区域规划是落实可持续发展战略的重要机制。文余源、段娟（2019）认为区域发展规划的目标不再注重静态空间配置和追求单纯的经济增长，而是转向动态过程，引导和完善区域治理框架结构。

总的来说，上述关于区域发展规划的定义，虽然来自不同的角度，但是都体现出区域发展规划的基本内涵：导向性，区域发展规划是对一个区域未来发展的构想，有目的地引导最终结果的发生；特色化，区域发展规划是针对某一特定区域，根据其历史和现状进行综合分析，从而得到符合该区域经济可持续发展的规划。不同区域因为要素禀赋各不相同，所以区域发展规划内容也不同；公共政策性，区域发展规划是国家宏观调控的一种手段，目的是解决区域内和区域间经济不平衡现象，属于指导性的规划；高质量发展，区域发展规划不再单纯追求经济增长，而是从经济、社会和生态环境等更宽广的多元维度来重塑区域发展的图景，追求更高质量发展。

综合以上学者的研究，区域发展规划可以理解为对特定区域内经济发展、社会活动和生态环境进行综合性空间部署，具有强烈公共政策属性，以解决区域内和区域间经济发展不平衡问题，最终实现区域经济高质量发展。

二、我国区域发展规划的形成与发展

区域发展规划是我国国家发展规划体系中的重要一环，是"五年"规划在特定区域的具体落实与体现（张满银，2019）。受到苏联的影响，我国最早的区域发展规划可以追溯到1953年公布的"一五"计划，围绕苏联援建的156个项目进行区域布局。20世纪80年代我国正式开展区域发展规划工作，出台了《全国国土总体规划纲要》等全国性和跨地区的规划文件。从1992年开始，以区位优势、合理分工和资源互补为核心的跨省区经济规划开始不断发展，从宏观的角度去合理安排生产力布局。党的十九大以来，区域协调发展战略上升到国家战略层面，国内外区域全面开放和合作，旨在促进各个区域朝着更加高质量方向发展。在马克思主义生产力均衡布局和协调发展思想指导下，"一五"计划至"十四五"规划期间，我国制定并实施了一系列的区域发展规划，具体可分成四个发展阶段即计划经济体制下的区域发展规划、改革开放后经济体制转轨时期的区域发展规划、市场经济体制建立时期的区域发展规划和市场经济体制完善时期的区域发展规划。

（一）计划经济体制下的区域发展规划（"一五"至"五五"中期）

我国区域发展规划是伴随"一五"计划的具体实施而逐渐发展起来的。"一五"计划期间，我国从苏联引进多个项目来建设和培育新工业基地和工业城市，同时，也引入了区域规划的理论和方法。1956年，国务院在《关于加强新工业区和新工业城市建设工作几个问题的决定》中提出要搞区域规划。同年，国家建委公布了《区域规划编制和审批暂行办法（草案）》，曾在茂名、包头、个旧、兰州等地进行了区域规划（建筑科学院区域规划与城市规划研究室，1958）。1958年开始"大跃进"后，不少省份开始制定以工业布局和城镇布局为主要内容的区域规划。1960年，随着"大跃进"的失败，区域规划的制定也出现停滞（胡序威，2006）。区域生产力布局的综合调查研究成为当时主流研究对象（胡序威，1985）。1964年8月，毛泽东对《关于国家经济建设如何防备敌人突然袭击的报告》进行相关批示，为了在保证国家安全的基础上发展工业经济，我国开始重点进行三线建设。

计划经济体制时期，我国并没有明确出台专门的区域规划，更多的是作为五年计划中重要的组成部分。我国最早的区域发展规划是引自苏联，并以"联合选厂"为出发点，强调工业的生产力布局（陈明、商静，2015）。我国区域发展规划是区域经济发展和社会发展达到一定阶段提出的客观要求，也是在工业生产力布局研究中不断发展起来的（陆大道，2003）。

（二）改革开放后经济体制转轨时期的区域发展规划（"五五"后期至"七五"）

改革开放以后，中央领导人出访西欧回来，对西欧一些国家出台的国土整治工作很是赞赏（胡序威，2006）。可以说，改革开放初期的区域规划实践，就是以国土规划的名义展开的。此阶段我国处于有计划的商品经济体制时期，1981 年国家建委成立国土局，开启国土整治工作，出台了一系列国土规划、城镇体系规划的法律法规及政策（周春山、谢文海、吴吉林，2017）。1982 年国务院机构重组，国家建委合并到国家计委，统一由国家计委负责国土规划。1982～1984 年，国家计委在以京津唐为代表的 10 多个地区开启国土规划试点工作。1985～1987 年，借鉴日本经验，我国开始编制《全国国土总体规划纲要》，同时各省份开始编制省级和地级市级的国土规划以及一些跨省份的国土规划，这项工作一直延续到 1991 年，在全国掀起国土规划的高潮。历时 10 年（1980～1990 年）的第一轮国土规划研究和编制对问题研究、规范设定和确定编制内容发挥了非常重要的作用（毕维铭，1993）。其后，由于机构调整等原因以及缺乏法律法规作为依托，国土规划的作用不断被消减，国家计委的规划工作开始以地区经济发展规划为重点，到 1996 年国土规划工作已经完全停顿。

国土规划尚属计划经济体制下的产物，在方法和内容上还存在一些问题。但是《全国国土总体规划纲要》中对东部、中部、西部三大经济带的划分，优先发展长三角、珠三角等沿海重点区域的理念，对现在区域发展规划仍然有很大的借鉴意义。

（三）市场经济体制建立时期的区域发展规划（"八五"至"十五"时期）

1992 年国家确定建立社会主义市场经济体制后，一直到 21 世纪初，此阶段为区域规划理论探索时期。我国实行的财税改革很好地激励了地方政府的积极性，区域规划在此时受到重视，但是此时的区域发展仍然是非均衡发展战略。为了消除东西部间经济发展不平衡的现象，国家在 1999 年提出了西部大开发战略，同时扩大经济开放范围（周春山、谢文海、吴吉林，2017）。进入 21 世纪以来，国土部门、建设部门和发展改革部门都曾参与制定相应的区域规划。国土部门在 1998 年启动了新一轮的国土规划试点工作，以部省合作的方式在辽宁、天津、广东和新疆编制国土规划。改革开放以来，城市的综合实力不断增强，浙江省建设部门率先于1996年开展省域城镇体系规划工作，其余各省也随后跟进。2003年，建设部组织编制了长三角、珠三角、京津冀等城镇群规划，规划的主要目标仍是经济发展，但是规划内容已体现出统筹思想（王凯、陈明，2008）。国家发改委在2004～2008年编制完成了京津冀都市圈区域规划。2008年金融危机以来，发展改革部门编制和审批了许多经济区规划，范围覆盖国家主要城市和地区。区域规划的管理实施需要获得法律地位，发展改革部门通过编制主体功能区规划，以此来强化空间管制能力（林坚，2014）。

此阶段，城镇体系规划在区域规划中占据主导地位。建设部于1994年发布《城镇体系规划编制审批办法》，并开始编制《全国城镇体系规划》，城镇体系规划成为城市规划的重要组成部分。1994年广东省编制了《珠江三角洲经济区城市群规划》，城市群和都市圈的规划开始受到广泛的关注和重视。地方政府开始主动制定区域发展规划以便更好地适应市场经济（周春山、谢文海、吴吉林，2017）。有关区域规划内容的探讨，开始将人口、资源和环境的协调发展当作区域发展的重要方向（毛汉英、方创琳，1997）。同时结合日本、德国等国家的区域规划制度来完善我国区域规划制度（方创琳，1999）。

（四）市场经济体制完善时期的区域发展规划（"十一五"至"十四五"时期）

随着我国城镇化进程不断加快，区域规划出现了多主体和多目标的新形势，国家级区域规划不断出台，区域发展规划的战略地位不断上升。2005年，国务院下发了《国务院关于加强国民经济和社会发展规划编制工作的若干意见》，规定五年规划包括总体规划、专项规划和区域规划三类，同时对应着国家级、省级和市县级三个级别，第一次将五年规划作为一个完整的体系来指导区域发展，并强调了体系内各个规划之间的关系（王磊、沈建法，2013）。2006年在"十一五"规划中，区域规划开始占据着重要位置。2007年国家出台《西部大开发"十一五"规划》和《东北地区振兴规划》，此时区域规划主要是服务于国家大开发战略。2008年金融危机爆发后，国家通过出台区域规划，加强对地方经济发展的指导。2008~2012年为区域规划出台密集时期，中央共批复57个重点区域规划，涵盖经济区规划、城市群规划、都市圈规划、老少边穷地区规划等区域规划（李爱民，2019）。党的十八大以来，"一带一路"建设和六大经济走廊建设使我国进入国内区域协同发展、国外多边合作的全面开放新阶段。2014年国家发改委公布了区域协调发展重点工作清单，重点落实和完善区域规划，并制定了相应的评估政策。此阶段，国家级新区规划受到国家重点支持，批复了贵州贵安新区等10个新区方案。同时，这一时期的区域规划更侧重于西部欠发达地区。2017年以来，国务院批复了8个自由贸易试验区，全面开放格局进一步扩大。

此阶段区域规划类型不断丰富，内容更加精细。"十一五"规划以来，国家陆续推进西部大开发战略、振兴东北地区战略，鼓励东部率先发展战略，促进中部崛起战略、京津冀协同发展战略、长三角一体化发展战略、粤港澳大湾区战略、长三角一体化战略、黄河流域生态保护与高质量发展战略、雄安新区建设战略等。我国东、中、西和东北四大板块格局逐渐形成。四大板块所面临的区域问题不同，因此区域规划的侧重点也不同。通过区域规划整合特定的功能区域是这一时期区域发展的重要特征。同时，学者们开始关注区域规划实施效果，试图从实施机制和手段、实施评估体系的建立等方面评估区域规划（郭垚、陈雯，2012）。

三、我国区域发展规划实施效果

（一）国家级区域规划实施效果

一是西部大开发战略实施效果。淦未宇、徐细雄、易娟（2011）选取工业化发展进程、宏观经济水平、生态发展状况和居民生活质量四大类指标对西部大开发战略展开系统评价，研究发现西部大开发战略实施后西部的经济发展得到有效改善，但是东西部之间的差距并没有缩减。李万明、吴奇峰、王能（2014）发现西部大开发战略能够有效促进西部地区经济发展，改善西部地区基础设施和生态环境情况，但是没有缩小东西部地区之间的发展差距。苏明、韩凤芹、付阳（2015）对"十二五"时期西部大开发财税政策效果进行评估，研究发现财政支出和转移支付能够促进西部地区经济发展，西部的税负高于东部和中部，东西部地区经济发展差距仍然明显。董香书、肖翔（2016）采用中国工业企业数据，对西部大开发战略、振兴东北老工业基地战略和中部崛起战略的效果进行实证分析，研究发现仅有西部大开发战略对劳动报酬比有积极作用，剩余两个战略的效果不佳。

二是中部崛起战略实施效果。王升泉、陈浪南、李涵静（2017）采用双重差分法（DID）对中部崛起战略效果进行评价，研究发现中部崛起战略能够在短期内减缓区域发展不均衡程度，但是在长期内效果不明显。郑展鹏、岳帅、李敏（2019）以河南省和湖北省为研究对象，采用合成控制法对中部崛起战略效果进行评价，研究发现中部崛起战略对河南省和湖北省经济增长率和全要素生产率有着明显的提高作用。徐春秀、汪振辰（2020）运用倾向得分匹配—双重差分法（PSM－DID）对中部崛起政策效果进行分析，研究发现从长期影响角度来看，中部崛起政策能够提高产业结构复杂性，但由于异质性的存在，个别省份的产业升级效果并不理想。

三是振兴东北战略实施效果。李秀敏、王艳真、刘明明（2015）发现中央对东北的财政转移支付政策能够带动东北地区经济发展，同时能够促进东北地区就业，提高居民收入。杨天宇、荣雨菲（2017）采用合成控制法，对2003年实施的振兴东北老工业基地战略效果进行评价，研究发现该战略对经济增长有一定的增长效应，但是从2007年以来，经济增长效应在不断降低。所有制结构和产业结构虽有改善但是效果不是很明显，科技进步、人力资本积累和投资环境并未得到有效改善。王晓玲、方杏村（2017）采用数据包络分析（DEA）模型对振兴东北老工业基地战略的效率进行测算，研究发现振兴东北老工业基地的效率缓慢增长，成效不够，缺乏技术进步是造成振兴效率不高的主要原因。温家隆、张满银、何维达（2020）通过层次分析法构建评价体系，运用模糊评价法对"十一五"至"十三五"期间东北振兴计划的实施效果进行评价，研究发现东北振兴计划对东北经济发展起到了带动作用，但是在科技创新和产业结构升级方面存在不足，忽视区域协调发展。孙久文、苏玺鉴、闫昊生（2020）采用双重差分模型对东北振兴战略实施效果进行评价，发现东北振兴战略能够有效带动东北地区经济发展，但是没有改变东北地区经济增长的方式，政策的预期效果没有完全实现。

四是其他国家级规划实施效果。朱天星、高丽峰、李丹、薛海龙（2014）利用长三角地区的经济增长数据，基于偏相关和多元分布滞后模型实证研究长三角地区区域规划的实施效果，研究发现中央补助收入对上海和江苏的经济增长有明显促进作用，对于浙江省的经济增长促进不明显。同时，国家的税收返还政策存在政策时滞性。迟国泰、陈洪海（2016）采用固定效应变截距回归模型对《长江三角洲地区区域规划》的实施效果进行评价，研究发现区域规划地区的人均可支配收入在显著增加，人均可支配收入的差距在减小。孟斌、迟国泰（2017）以长三角为研究对象，采用加权灰色关联度筛选出和区域规划效果最相关的几个指标，从而构造回归函数来评价国家重大区域规划的政策效果。研究发现，区域规划对上海和浙江的经济发展起到了较强的促进作用，但是对江苏的发展存在滞后性。孙天阳、陆毅、成丽红（2020）采用双重差分的方法实证研究资源枯竭型城市扶助政策的实施效果，研究发现资源枯竭型城市扶助政策显著提高了地区人均 GDP 和就业率。

（二）省级区域规划实施效果

王学锋（2003）发现我国区域规划实施机制缺乏有效的法律保护，从而导致省级区域规划实施受阻，规划效果难以实现。朱李鸣（2006）发现浙江省在规划实践中各部门缺乏交流合作，对规划实施效果关注不足，同时出现规划编制混乱、规划效益低等问题。为了更好地完善省级规划体系，首先需要弄清规划体系出现的问题和成因，进而以更加科学的方法解决问题，来实现区域规划的效益最大化。郭垚、陈晓（2013）以《江苏省沿江开发总体规划》为例，构建区域规划实施效果评价体系，实证发现区域规划在引导产业布局与定位、基础设施建设方面发挥正向作用，但是在生态保护方面的作用较弱。总体来看，该规划的实施效果良好，能够提高区域竞争力，减少区域间的不平衡。成为杰（2014）认为省级主体功能区规划应该拓展区划范围，提高规划影响力和政策准确性，从而为下一阶段区域规划的制定提供帮助。张路路、蔡玉梅、郑新奇（2016）从规划实施保障机制、功能落实情况、目标实现程度和规划社会影响四个方面构建评价指标，探讨了主体功能区规划实施效果的评价体系。罗成书、周世锋（2017）以浙江省海洋空间规划为例，提出海洋规划"多规合一"的可行路径，建议把海洋主体功能区规划作为顶层规划。

第二节　区域发展规划的内容

一、"一五"计划中的区域发展[①]

"一五"计划中提出要解决我国原有工业地区分布不合理问题。新中国成立初期，东部地区涵盖了我国70%以上的工业基地。面对紧张的国际关系和不合理的生产力布局，第一个五年计划对工业地区的分布做了比较合理的部署。这一时期，国家实施了重点发展东北地区，逐步开发西部落后地区，同时兼顾沿海地区的区域平衡发展战略。为了使工业接近原料、燃料的产区和消费地区，同时使工业分布适合于巩固国防

---

① 李富春：《关于发展国民经济的第一个五年计划的报告》，中国政府网，http://www.gov.cn/test/2008 – 03/06/content_910770.htm。

条件，我国将苏联援建的156个项目中超过100个项目布局在东北地区和西部地区，694个限额工业建设项目中内陆地区占比达到70%，沿海地区占比仅有30%。这一时期的发展是以东北部地区为主、沿海地区为辅。城市的建设核心是发展内地中小城市，并适当限制大城市的发展。

二、"二五"计划中的区域发展①

"二五"计划中再一次强调了生产力分布问题。计划指出：为了合理地配置我国的生产力，促进各区域的经济发展，并且使我国工业的布局适合于资源和国防的条件，必须在内地有计划地建设新的工业基地。加强内地工业的新建设，也将促进少数民族地区经济和文化的发展。必须继续进行华中地区和内蒙古两地以钢铁为中心的工业建设，积极进行西南、西北和三门峡周围等地区以钢铁工业和大型水电站为中心的新工业基地建设，继续进行新疆地区石油工业和有色金属工业的建设，并且加强西藏地区的地质工作，为发展西藏的工业做好准备。

同时，必须充分利用近海地区原有的工业基础，继续加强东北地区的工业基地，充分利用和适当加强华北、华东、华南各地区近海城市的工业，以发挥它们在国家建设中的作用。在工业地点的分布问题上，不论是内地的工业还是近海的工业，方针都是既要适当分散，又要相互配合，反对过分集中和互不联系两种偏向。随着生产力的合理分布，将要建设许多新的城市和扩建许多原有的城市，为此，应该加强城市规划的工作和建设工作，求得同工业建设相配合。

"二五"计划中再一次强调了要以内地工业建设为主，兼顾沿海地区工业发展，发挥沿海地区工业对内地同业的促进作用。同时强调了城市规划工作的重要性，要求城市规划和工业建设之间相辅相成。

---

① 周恩来：《关于发展国民经济的第二个五年计划的建议的报告》，中国日报网，http：//www.chinadaily.com.cn/dfpd/18da/2012 - 08/29/content_15715153.htm。

三、"三五"计划中的区域发展[①]

在"三五"计划时期，我国的生产力布局偏向于内陆地区，其中大部分集中于西北和西南等三线地区。这一时期的区域发展战略是以国防安全为导向和向内陆地区倾斜。内陆地区获得了大部分新增投资，占总投资的60%。除此之外，国家对沿海地区的工业进行分散转移，将一部分重要的工业由沿海地区向三线地区迁入。从一定程度上改变了我国不合理的工业布局，促进了内地经济发展建设。加大了内地和沿海地区的经济合作，有利于改变内地与沿海地区间的不平衡。与此同时，在沿海地区开展"小三线"战略，将发展重点转移到各省的内陆地区。

四、"四五"计划中的区域发展[②]

"四五"计划要求把内地建设成一个部门比较齐全的战略大后方。同时根据备战和经济发展的要求，将全国分为西南、西北、中原、华南、华北、华东、东北、山东、闽赣、新疆十个经济协作区，加大区域间的合作发展。1973年国家计委对"四五"计划提出了修改意见：适当改变了以备战和三线建设为中心的经济思想，提出有重点建设内地战略后方的同时，必须充分发挥沿海工业基地的生产潜力，并且适当发展，将经济协作区改为6个。

---

① 《中华人民共和国第三个五年计划（1966—1970年）》，中国政府网，http：//www. gov. cn/test/2006 – 03/20/content_231432. htm。

② 《中华人民共和国第四个五年计划（1971—1975年）》，中国政府网，http：//www. gov. cn/test/2006 – 03/20/content_231442. htm。

五、"五五"计划中的区域发展①

"五五"计划是计划经济体制最后一个五年计划，"五五"前期区域战略是继续完善发展 6 个经济协作区。1978 年党的十一届三中全会后，党把工作重点转移到社会主义现代化建设上，开启了改革开放。东部沿海地区凭借着自身区位优势和外向经济成为改革开放的先锋。1979 年国家正式同意在广东的深圳、珠海、汕头和福建的厦门设立出口特区，并在 1980 年改名为经济特区。至此，我国区域规划在沿海地区取得突破，经济指导思想开始转变。

六、"六五"计划中的区域发展②

"六五"计划中提到要在广东的深圳、珠海、汕头和福建的厦门试办经济特区。在地区经济发展计划中，将全国分为沿海地区、内陆地区和少数民族地区三个区域。沿海地区要积极利用现有的经济基础，充分发挥自己的特长，带动内地经济进一步发展。内陆地区加快能源、交通和原材料工业的建设，支持沿海地区的经济发展。同时，继续积极支持和切实帮助少数民族地区发展生产，繁荣经济。"六五"计划强调了地区协作的重要性，要在总结经验的基础上，有计划有步骤地开展地区经济技术合作，要坚持"全国一盘棋"，加强计划管理，逐步建立全国经济协作管理系统，同时要注意地区间经济技术协作的立法工作。与此同时，国家开始编制部分地区国土开发整治规划，首先是编制以上海为中心的长江三角洲的经济区规划，以山西为中心包括内蒙古西部，陕北，宁夏，豫西的煤炭、重化工基地的经济区规划。

---

① 《中华人民共和国第五个五年计划（1976—1980 年)》，中国政府网，http：//www. gov. cn/test/2006 – 03/20/content_231447. htm。
② 赵紫阳：《关于第六个五年计划的报告》，中国政府网，http：//www. gov. cn/test/2008 – 03/11/content_916744. htm。

七、"七五"计划中的区域发展①

"七五"计划中提出要正确处理东部沿海、中部、西部三个经济地带的关系。要加速东部沿海地区的发展，同时把能源、原材料建设的重点放在中部，并积极做好进一步开发西部地带的准备。把东部沿海的发展同中、西部的开发很好地结合起来，做到相互扶持、互相促进。

（一）东部沿海地区区域发展

东部沿海地区的发展重点是加强传统工业和现有企业的技术改造，大力开拓新兴产业、发展知识密集型产业和高档消费品工业，使产品向高、精、尖、新方向发展。加快经济特区、沿海开放城市和经济开发区的建设，使这一地带逐步成为我国对外贸易基地，培养和向全国输送高级技术和管理人才的基地，向全国传送新技术、提供咨询和信息的基地。

（二）中部地区区域发展

中部地区发展重点是加快电力、煤炭、石油、有色金属、磷矿、建筑材料的开发和建设。在经济发展水平较高的城市和地区，积极发展知识技术密集型产业和新兴产业。为此要适当增加中部地带能源、原材料工业建设的投资。积极消化、吸收国外的先进技术和管理经验，大力发展同东部、西部地带的横向经济联系。有计划地接受从东部转移过来的消耗能源。原材料多的产业和产品。积极扶持地方采矿业的发展。加强由西到东的运输通道的建设。

（三）西部地区区域发展

西部地区主要的任务是大力发展农林牧业、交通运输业，有步骤、

---

① 赵紫阳：《关于第七个五年计划的报告》，中国政府网，http：//www. gov. cn/test/ 2008 – 03/24/content_927136. htm。

有重点地开发能源、矿产资源、因地制宜地发展加工工业；在经济技术比较好的城市和地区，积极对现有的企业进行改造，提高技术水平。为此大力提高各族人民的科学文化水平，为进一步开发建设做好人才储备。加强与东部、中部地带的合作和联系，国家对西部地带继续实行"六五"期间的各项优惠政策，同时对发展交通、能源、采矿、教育事业等方面实行新的扶持措施。

（四）其他区域经济发展

在老革命根据地，要发展交通运输，促进山区商品经济的发展。在少数民族地区要发挥其资源优势，改善农牧业生产条件，搞好粮食生产，加强草原建设，植树种草，逐步实现生态环境良性循环。在陆地边境地区要努力发展农林牧副业和地方工业。国家对老少边穷地区继续在资金方面进行扶持，减少它们的税负，进一步组织发达地区对它们进行对口支持。

"七五"计划当中强调地区协作和经济区网络构建。制订协作计划，使地区协作同国家计划更好地衔接，实行地区协作以地方为主的原则。进一步推动上海经济区、东北经济区、以山西为中心的能源基地、京津唐地区、西南"四省五方"地区等全国一级经济区网络的形成和发展。形成以省会城市和一批口岸与交通要道城市为中心的二级经济区网络，发展以省辖市为中心的三级经济区网络，同时对三线建设进行调整和改造。关于城乡建设上继续贯彻执行"控制大城市规模，合理发展中等城市，积极发展小城市"的方针。除此之外，要继续编制国土开发和整治规划。

八、"八五"计划中的区域发展①

"八五"计划提出要根据统筹规划、合理分工、优势互补、协调发

---

① 《中华人民共和国国民经济和社会发展十年规划和第八个五年计划纲要》，中国人大网，http：//www.npc.gov.cn/wxzl/gongbao/2000-12/28/content_5002538.htm。

展、利益兼顾、共同富裕的原则，努力改善地区经济结构和生产力布局。采取有力的措施逐步改变目前地区分割、市场封锁，追求自成体系的不合理现象。正确处理并协调沿海和内地之间的关系。经济比较发达的地区，要采取多种形式帮助经济较不发达的地区，加快它们的经济发展，逐步实现共同富裕和繁荣。

（一）东部沿海地区区域发展

沿海地区要根据经济技术水平较高而资源相对缺乏的状况，在加强对传统工业改造的同时，大力开拓新兴产业，发展知识技术密集型产业，加快产业结构合理化和现代化的步伐。主要任务包括：改造传统产业，提高现有企业技术水平，大力发展高、精、尖、新等层次较高的产业和产品。有计划地将消耗能源和原材料多的发展项目转移到内地。加强沿海地区基础设施的建设，积极稳步地调整农村产业结构，继续积极发展外向型经济，扩展对外贸易和经济技术交流，更好地发挥外引内联双向辐射的作用，同时大力发展第三产业。

（二）内陆地区区域发展

内陆地区要发挥资源丰富的优势，加快能源、原材料工业建设和农牧业的开发，特别要注意发展本地有特殊资源优势、面向国内外市场的行业和产品。在经济发展水平比较高的地区，发展知识技术密集产业和新兴产业。加快以山西为中心包括内蒙古西部、宁夏等省份在内的煤炭基地建设，加快黑龙江等省份煤炭资源开发，综合开发黄河中上游、长江中上游地区水资源。大力发展农林牧业生产，加强交通运输邮电业的建设，依托大城市，建立一批新兴产业的知识技术密集区，加强对原三线地区军工企业的调整和改造。

（三）少数民族地区区域发展

少数民族地区要充分发挥地区优势，把少数民族地区的资源开发和社会经济发展妥善结合起来，逐步改变民族地区经济相对落后的状况，使之同全国经济发展相适应，促进各民族的共同繁荣，要认真贯彻执行民族区域自治法，继续实行对少数民族地区的各项优惠政策，促进它们经济和文化的较快发展。要大力发展农林牧业生产，积极发展交通运输业和邮电业，加强能源和矿产资源开发，有重点地发展具有本地优势和特色的加工工业，大力发展民族特需产品生产。进一步发展少数民族地区科学、教育、文化、卫生、体育事业。

（四）其他区域经济发展

对于贫困地区要坚持以经济开发为主的扶贫方针，继续贯彻帮助贫困地区尽快改变面貌的政策措施，增强这些地区经济自立和经济内在活力。加强农业建设，改善农林牧业的生产条件，从当地实际情况出发，因地制宜地选好扶贫开发项目，加强贫困山区基本设施的建设，国家对贫困地区继续发放"支援不发达地区发展资金"和低息贴息贷款，经济比较发达的地区，要加强对贫困地区对口的支援。

与此同时，"八五"计划继续提出要巩固地区间经济协作和联合。在全国统一规划和政策指导下，提倡各地区之间按照互惠互利、风险共担、发挥优势的原则，开展多领域、多层次、多形式的横向联合与协作，推动生产要素的优化组合，加快地区产业结构的合理化。在开发横向联合和协作中，要重合同、守信用。要相互开放市场，使货畅其流，促进全国统一市场的形成与发展。继续完善和发展区域合作，以省、区、市为基础，以跨省、区、市的横向联合为补充，发展各具特色、分工合理的经济协作区。提倡经济发达的沿海地区与经济不发达的内陆地区的经济联合。巩固、完善和发展区域合作组织和各种经济网络。

关于城乡规划和建设，要继续加强城乡建设的统筹规划。城市发展要坚持实行严格控制大城市规模、合理发展中等城市和小城市的方针，有计划地推进我国城市化进程，并使之同国民经济协调发展。要合理规划城市新区的开发或旧区的改造。乡村建设，继续贯彻"全面规划，正确引导，依靠群众，自力更生，因地制宜，逐步建设"的方针，以集镇为重点、以乡镇企业为依托的基础设施建设。

同时，继续编制国土开发整治规划。合理确定重点经济开发区、各经济区主体功能和生产力布局。加强环境监测系统的建设和管理，加强自然保护区的规划和建设，建成一批国家级重点自然保护区，初步形成布局合理、类型齐全的自然保护区网络。

"八五"期间，进一步办好深圳、珠海、汕头、厦门和海南省五个经济特区，巩固和发展已开辟的经济技术开发区、沿海开放城市和开放地区，使它们充分发挥作用。有计划、有步骤地搞好浦东新区的开发和开放。选择内陆边境地区作为对外开放的窗口，所有经济特区、开放城市和开放地区都要继续深化改革。

九、"九五"计划中的区域发展①

要引导地区经济协调发展，形成若干个各具特色的经济区域，促进全国经济布局合理化，逐步缩小地区发展差距。要按照统筹规划、因地制宜、发挥优势、分工合作、协调发展的原则，正确处理全国经济发展和地区经济发展的关系，正确处理建立区域经济与发挥各省区市积极性的关系，正确处理地区与地区之间的关系，积极推动地区间的优势互补、合理交换和经济联合。

（一）七个跨省份经济区域

按照市场经济规律和经济内在联系以及自然特点，突破行政区划界限，在已有的经济布局上，以中心城市和交通要道为依托，逐步形成7个跨省份的经济区域。一是长江三角洲及沿江地区，要发挥技术水平优势，以浦东开放开发、三峡建设为契机，依托沿江大中城市，逐步形成一条横贯东西、连接南北的综合型经济带。二是环渤海地区要发挥交通发达、大中城市密集、科技人才集中、煤铁石油等资源丰富的优势，形

---

① 《中华人民共和国国民经济和社会发展"九五"计划和2010年远景目标纲要》，中国人大网，http://www.npc.gov.cn/wxzl/gongbao/2001-01/02/content_5003506.htm。

成以辽东半岛、山东半岛、京津冀为主的环渤海综合经济圈。三是东南沿海地区，发挥对外开放高的优势，以珠三角和闽东南地区为主，进一步发展创汇农业，形成外向型经济发达的经济区。四是西南和华南部分省份，要发挥沿海、沿江、沿边和农林水、矿产、旅游资源丰富的优势，以对外通道建设、水电和矿产资源开发为基础，依托国防工业的技术力量，形成全国重要的能源基地。有色金属和磷硫生产地、热带亚热带农作物基地、旅游基地。五是东北地区，要加快老工业基地改造，综合开发农业资源，发展深加工，形成全国重要的重化工基地和农业基地。六是中部五省地区，发挥农业发达、工业基础好、交通便利的优势，形成重要的农业基地、原材料基地。机械工业基地和新的经济带。七是西北地区要发挥连接东亚和中亚的区位优势，农牧业、能源、矿产资源丰富和军工企业的优势，以亚欧大陆桥为纽带，加快水利、交通建设和资源开发，形成全国重要的棉花和畜产品基地、石油化工基地、能源基地和有色金属基地。

（二）东中西区域经济发展

为了进一步发挥各地区的优势，发展各具特色的优势产业。东部地区要充分利用有利条件，发展外向型经济，研究生产技术含量高、附加值高的产品。中西部地区要积极适应发展市场经济的要求，加快改革的步伐，发挥自身的资源优势。具体来说，一是优先在中西部地区安排资源开发和基础设施建设项目。作为全国性基地的中西部资源开发项目，国家实行投资倾斜。跨地区的能源、交通、通信等重大基础设施项目，以国家投资为主进行建设。调整加工工业的地区布局，引导资源加工型和劳动密集型产业向中西部地区转移。二是理顺资源性产品价格，增强中西部地区自我发展的能力。加大中西部地区矿产资源勘探力度。三是实行规范的中央财政转移支付制度，逐步增加对中西部地区的财政支持。随着全国经济的发展和中央财政实力的增强，逐步提高中央财政用于支持中西部地区的比重。四是加快中西部地区改革开放的步伐，引导外资更多地投向中西部地区。提高国家政策性贷款用于中西部地区的比重。国际金融组织和外国政府贷款 60% 以上要用于中西部地区。五是加强东部沿海地区与中西部地区的经济联合与技术合作。鼓励东部沿海地区向中西部地区投资，组织好中西部地区对东部沿海地区的劳务输出。东部经济发达地区采取多种形式与中西部地区联合开发资源，利用中西部地区丰富的劳动力资源，发展劳动密集型产业。加强人才培训和交流。

（三）其他区域发展

经济特区、沿海开放城市和开放地带要积极参与国际经济合作，充分发挥示范、辐射和带动作用。沿交通干线、沿江、沿边地区和内陆中心城市要发挥自身优势，加快开放步伐，引进外来资金、技术和人才，发展对外经济合作，促进中西部地区的经济开发和振兴。

针对城乡建设要统筹规划城乡建设，严格控制城乡建设用地，加强城乡建设法制化管理。逐步形成大中小城市和城镇规模适度、布局和结构合理的城镇体系。

十、"十五"计划中的区域发展①

"十五"计划期间国家重点实施西部大开发战略，加快中西部地区发展，合理调整地区经济布局，促进地区经济协调发展。西部大开发要从实际出发，积极进取、量力而行，统筹规划、科学论证，突出重点、分步实施。力争用五年到十年时间，使西部地区基础设施和生态环境建设有突破性进展，科技、教育有较大发展。要开拓新思路，采用新机制，着力改善投资环境，扩大对内对外开放，大力发展多种所有制经济，积极吸引社会资金和外资参与西部开发和建设。

---

① 《中华人民共和国国民经济和社会发展第十个五年计划纲要》，中国政府网，http：//www. gov. cn/gongbao/content/2001/content_60699. htm。

（一）西部地区区域经济发展

西部地区要加快水利、交通、通信、电网及城市基础设施建设。加强生态建设和环境保护，保护天然林资源，因地制宜实施坡耕地退耕还林还草，推进防沙治沙和草原保护，注意发挥生态的自我修复能力。巩固和加强西部地区的农业基础。依托亚欧大陆桥、长江水道、西南出海通道等交通干线及中心城市，以线串点，以点带面，实行重点开发，促进西陇海兰新线经济带、长江上游经济带和南贵昆经济区的形成，提高城镇化水平。国家实行重点支持西部大开发的政策措施，增加对西部地区的财政转移支付和建设资金投入，并在对外开放、税收、土地、资源、人才等方面采取优惠政策。

（二）中部地区区域经济发展

中部地区要充分发挥承东启西、纵贯南北的区位优势和综合资源优势，加快发展步伐，提高工业化和城镇化水平。巩固农业的优势地位，大力发展农业产业化经营，形成区域性、专业化、大规模的农产品生产、流通和加工基地。加快调整工业结构，改造传统产业，建设能源基地，发展有竞争力的制造业和高新技术产业，大力发展服务业。搞好大江大河大湖治理，继续加强交通、通信、仓储等基础设施建设和生态环境建设。以长江、陇海、京广、京九、京哈等沿线地区为重点，壮大沿线城市规模，充实中心城市，积极培育新的经济增长点和经济带。

（三）东部地区区域经济发展

东部地区要在体制创新、科技创新、对外开放和经济发展中继续走在前列，有条件的地方争取率先基本实现现代化。优化产业结构，优先发展高新技术产业、现代服务业和出口产业。发展外向型经济，广泛参与国际经济竞争。促进经济特区和浦东新区增创新优势，进一步发挥环渤海、长江三角洲、闽东南地区、珠江三角洲等经济区域在全国经济增长中的带动作用。发展黄河三角洲高效生态经济。东部地区要加强与中西部地区全方位的经济技术合作，支持和参与西部开发，更好地发挥对中西部地区的辐射带动作用。

（四）其他区域经济发展

要打破行政分割，重塑市场经济条件下的新型地区经济关系。改变追求经济门类齐全的做法，发挥比较优势，发展有市场竞争优势的产业和产品，防止结构趋同。通过区域规划和政策，引导和调动地方的积极性，形成各具特色的区域经济，并先行在生态功能保护区、专业化农产品生产基地、旅游经济区等方面取得突破。

积极支持和促进东北等地的老工业基地改造和结构调整。充分发挥其基础雄厚、人才聚集的优势，结合国有经济布局调整，优化产业结构、企业组织结构和地区布局，形成新的优势产业和企业，有条件的地区要成为新的装备制造基地。积极稳妥地关闭资源枯竭的矿山，因地制宜地促进以资源开采为主的城市和大矿区发展接续产业和替代产业，研究探索矿山开发的新模式。

十一、"十一五"规划中的区域发展①

根据资源环境承载能力、发展基础和潜力，按照发挥比较优势、加强薄弱环节、享受均等化基本公共服务的要求，逐步形成主体功能定位清晰，东中西良性互动，公共服务和人民生活水平差距趋向缩小的区域协调发展格局。坚持实施推进西部大开发，振兴东北地区等老工业基地，促进中部地区崛起，鼓励东部地区率先发展的区域发展总体战略，健全区域协调互动机制，形成合理的区域发展格局。

（一）西部地区区域经济发展

西部地区要加快改革开放步伐，通过国家支持、自身努力和区域合

---

① 《中华人民共和国国民经济和社会发展第十一个五年规划纲要》，中国政府网，http：//www.gov.cn/gongbao/content/2006/content_268766.htm。

作，增强自我发展能力。坚持以线串点，以点带面，依托中心城市和交通干线，实行重点开发。加强基础设施建设，建设出境、跨区铁路和西煤东运新通道，建成"五纵七横"西部路段和八条省际公路，建设电源基地和西电东送工程。巩固和发展退耕还林成果，继续推进退牧还草、天然林保护等生态工程，加强植被保护，加大荒漠化和石漠化治理力度，加强重点区域水污染防治。加强青藏高原生态安全屏障保护和建设。支持资源优势转化为产业优势，大力发展特色产业，加强清洁能源、优势矿产资源开发及加工，支持发展先进制造业、高技术产业及其他有优势的产业。加强和改善公共服务，优先发展义务教育和职业教育，改善农村医疗卫生条件，推进人才开发和科技创新。建设和完善边境口岸设施，加强与毗邻国家的经济技术合作，发展边境贸易。落实和深化西部大开发政策，加大政策扶持和财政转移支付力度，推动建立长期稳定的西部开发资金渠道。

（二）东北地区区域经济发展

东北地区要加快产业结构调整和国有企业改革改组改造，在改革开放中实现振兴。发展现代农业，强化粮食基地建设，推进农业规模化、标准化、机械化和产业化经营，提高商品率和附加值。建设先进装备、精品钢材、石化、汽车、船舶和农副产品深加工基地，发展高技术产业。建立资源开发补偿机制和衰退产业援助机制，抓好阜新、大庆、伊春和辽源等资源枯竭型城市经济转型试点，搞好棚户区改造和采煤沉陷区治理。加强东北东部铁路通道和跨省区公路运输通道等基础设施建设，加快市场体系建设，促进区域经济一体化。扩大与毗邻国家的经济技术合作。加强黑土地水土流失和东北西部荒漠化综合治理。支持其他地区老工业基地的振兴。

（三）中部地区区域经济发展

中部地区要依托现有基础，提升产业层次，推进工业化和城镇化，在发挥承东启西和产业发展优势中崛起。加强现代农业特别是粮食主产区建设，加大农业基础设施建设投入，增强粮食等大宗农产品生产能力，促进农产品加工转化增值。支持山西、河南、安徽加强大型煤炭基地建设，发展坑口电站和煤电联营。加快钢铁、化工、有色、建材等优势产业的结构调整，形成精品原材料基地。支持发展矿山机械、汽车、农业机械、机车车辆、输变电设备等装备制造业以及软件、光电子、新材料、生物工程等高技术产业。构建综合交通运输体系，重点建设干线铁路和公路、内河港口、区域性机场。加强物流中心等基础设施建设，完善市场体系。

（四）东部地区区域经济发展

东部地区要率先提高自主创新能力，率先实现经济结构优化升级和增长方式转变，率先完善社会主义市场经济体制，在率先发展和改革中带动帮助中西部地区发展。加快形成一批自主知识产权、核心技术和知名品牌，提高产业素质和竞争力。优先发展先进制造业、高技术产业和服务业，着力发展精加工和高端产品。促进加工贸易升级，积极承接高技术产业和现代服务业转移，提高外向型经济水平，增强国际竞争力。加强耕地保护，发展现代农业。提高资源特别是土地、能源利用效率，加强生态环境保护，增强可持续发展能力。继续发挥经济特区、上海浦东新区的作用，推进天津滨海新区开发开放，支持海峡西岸和其他台商投资相对集中地区的经济发展，带动区域经济发展。

（五）其他区域经济发展

对于革命老区、民族地区和边疆地区要加大财政转移支付力度和财政性投资力度，支持其快速发展。保护自然生态，改善基础设施条件。支持发展民族特色产业、民族特需商品、民族医药产业和其他有优势的产业。优先解决特困少数民族贫困问题，扶持人口较少民族的经济社会发展，推进兴边富民行动。继续实行支持西藏、新疆及新疆生产建设兵团发展的政策。

各区域健全市场机制，打破行政区划的局限，促进生产要素在区域间自由流动，引导产业转移。健全合作机制，鼓励和支持各地区开展多种形式的区域经济协作和技术、人才合作，形成以东带西、东中西共同发展的格局。健全互助机制，发达地区要采取对口支援、社会捐助等方式帮扶欠发达地区。健全扶持机制，按照公共服务均等化原则，加大国家对欠发达地区的支持力度。国家继续在经济政策、资金投入和产业发展等方面，加大对中西部地区的支持。

"十一五"规划中提出要推进形成主体功能区根据资源环境承载能力、现有开发密度和发展潜力，统筹考虑未来我国人口分布、经济布局、国土利用和城镇化格局，将国土空间划分为优化开发、重点开发、限制开发和禁止开发四类主体功能区，按照主体功能定位调整完善区域政策和绩效评价，规范空间开发秩序，形成合理的空间开发结构。并开始实施分类的区域管理政策。

同时为了促进城镇化健康发展，要坚持大中小城市和小城镇协调发展，提高城镇综合承载能力，按照循序渐进、节约土地、集约发展、合理布局的原则，积极稳妥地推进城镇化，逐步改变城乡二元结构。

十二、"十二五"规划中的区域发展①

实施区域发展总体战略和主体功能区战略，构筑区域经济优势互补、主体功能定位清晰、国土空间高效利用、人与自然和谐相处的区域发展格局，逐步实现不同区域基本公共服务均等化。坚持走中国特色城镇化道路，科学制定城镇化发展规划，促进城镇化健康发展。充分发挥不同地区比较优势，促进生产要素合理流动，深化区域合作，推进区域良性互动发展，逐步缩小区域发展差距。

（一）西部地区区域经济发展

对于西部地区，坚持把深入实施西部大开发战略放在区域发展总体

---

① 《中华人民共和国国民经济和社会发展第十二个五年规划纲要》，中国人大网，http：//www.npc.gov.cn/wxzl/gongbao/2011 - 08/16/content_1665636.htm。

战略优先位置，给予特殊政策支持。加强基础设施建设，扩大铁路、公路、民航、水运网络，建设一批骨干水利工程和重点水利枢纽，加快推进油气管道和主要输电通道及联网工程。加强生态环境保护，强化地质灾害防治，推进重点生态功能区建设，继续实施重点生态工程，构筑国家生态安全屏障。发挥资源优势，实施以市场为导向的优势资源转化战略，在资源富集地区布局一批资源开发及深加工项目，建设国家重要能源、战略资源接续地和产业集聚区，发展特色农业、旅游等优势产业。大力发展科技教育，增强自我发展能力。支持汶川等灾区发展。坚持以线串点、以点带面，推进重庆、成都、西安区域战略合作，推动呼包鄂榆、广西北部湾、成渝、黔中、滇中、藏中南、关中—天水、兰州—西宁、宁夏沿黄、天山北坡等经济区加快发展，培育新的经济增长极。

（二）东北地区区域经济发展

对于东北老工业地区，发挥产业和科技基础较强的优势，完善现代产业体系，推动装备制造、原材料、汽车、农产品深加工等优势产业升级，大力发展金融、物流、旅游以及软件和服务外包等服务业。深化国有企业改革，加快厂办大集体改革和"债转股"资产处置，大力发展非公有制经济和中小企业。加快转变农业发展方式，建设稳固的国家粮食战略基地。着力保护好黑土地、湿地、森林和草原，推进大小兴安岭和长白山林区生态保护和经济转型。促进资源枯竭地区转型发展，增强资源型城市可持续发展能力。统筹推进全国老工业基地调整改造。重点推进辽宁沿海经济带和沈阳经济区、长吉图经济区、哈大齐和牡绥地区等区域发展。

（三）中部地区区域经济发展

对于中部地区，发挥承东启西的区位优势，壮大优势产业，发展现代产业体系，巩固提升全国重要粮食生产基地、能源原材料基地、现代装备制造及高技术产业基地和综合交通运输枢纽地位。改善投资环境，有序承接东部地区和国际产业转移。提高资源利用效率和循环经济发展水平。加强大江大河大湖综合治理。进一步细化和落实中部地区比照实施振兴东北地区等老工业基地和西部大开发的有关政策。加快构建沿陇海、沿京广、沿京九和沿长江中游经济带，促进人口和产业的集聚，加强与周边城市群的对接和联系。重点推进太原城市群、皖江城市带、鄱阳湖生态经济区、中原经济区、武汉城市圈、环长株潭城市群等区域发展。

（四）东部地区区域经济发展

对于东部地区，发挥东部地区对全国经济发展的重要引领和支撑作用，在更高层次参与国际合作和竞争，在改革开放中先行先试，在转变经济发展方式、调整经济结构和自主创新中走在全国前列。着力提高科技创新能力，加快国家创新型城市和区域创新平台建设。着力培育产业竞争新优势，加快发展战略性新兴产业、现代服务业和先进制造业。着力推进体制机制创新，率先完善社会主义市场经济体制。着力增强可持续发展能力，进一步提高能源、土地、海域等资源利用效率，加大环境污染治理力度，化解资源环境瓶颈制约。推进京津冀、长江三角洲、珠江三角洲地区区域经济一体化发展，打造首都经济圈，重点推进河北沿海地区、江苏沿海地区、浙江舟山群岛新区、海峡西岸经济区、山东半岛蓝色经济区等区域发展，建设海南国际旅游岛。

（五）其他区域经济发展

对于革命老区、民族地区、边疆地区和贫困地区，要进一步加大扶持力度，加强基础设施建设，强化生态保护和修复，提高公共服务水平，切实改善老少边穷地区生产生活条件。继续实施扶持革命老区发展的政策措施。

实施主体功能区战略，按照全国经济合理布局的要求，规范开发秩序，控制开发强度，形成高效、协调、可持续的国土空间开发格局。优化国土空间开发格局，实施分类管理的区域政策，实行各有侧重的绩效评价，建立健全衔接协调机制。

同时积极稳妥推进城镇化，优化城市化布局和形态，加强城镇化管理，不断提升城镇化的质量和水平。按照统筹规划、合理布局、完善功能、以大带小的原则，遵循城市发展客观规律，以大城市为依托，以中小城市为重点，逐步形成辐射作用大的城市群，促进大中小城市和小城镇协调发展。在东部地区逐步打造更具国际竞争力的城市群，在中西部有条件的地区培育壮大若干城市群。科学规划城市群内各城市功能定位和产业布局，缓解特大城市中心城区压力，强化中小城市产业功能，增强小城镇公共服务和居住功能，推进大中小城市基础设施一体化建设和网络化发展。

稳步推进农业转移人口转为城镇居民，增强城镇综合承载能力，坚持以人为本、节地节能、生态环保、安全实用、突出特色、保护文化和自然遗产的原则，科学编制城市规划，健全城镇建设标准，强化规划约束力。合理确定城市开发边界，规范新城新区建设，提高建成区人口密度，调整优化建设用地结构，防止特大城市面积过度扩张。预防和治理"城市病"。

十三、"十三五"规划中的区域发展[①]

（一）推进新型城镇化

坚持以人的城镇化为核心、以城市群为主体形态、以城市综合承载能力为支撑、以体制机制创新为保障，加快新型城镇化步伐，提高社会主义新农村建设水平，努力缩小城乡发展差距，推进城乡发展一体化。一是加快农业转移人口市民化。统筹推进户籍制度改革和基本公共服务均等化，健全常住人口市民化激励机制，推动更多人口融入城镇。二是优化城镇化布局和形态。加快构建以陆桥通道、沿长江通道为横轴，以

---

① 《中共中央关于制定国民经济和社会发展第十三个五年规划的建议》，中国政府网，http：//www. gov. cn/xinwen/2015 – 11/03/content_5004093. htm。

沿海、京哈京广、包昆通道为纵轴，大中小城市和小城镇合理分布、协调发展的"两横三纵"城市化战略格局。加快城市群建设发展，增强中心城市辐射带动功能，加快发展中小城市和特色镇。三是建设和谐宜居城市。转变城市发展方式，提高城市治理能力，加大"城市病"防治力度，不断提升城市环境质量、居民生活质量和城市竞争力，努力打造和谐宜居、富有活力、各具特色的城市。加快新型城市建设，加强城市基础设施建设，加快城镇棚户区和危房改造，提升城市治理水平。四是推动城乡协调发展。推动新型城镇化和新农村建设协调发展，提升县域经济支撑辐射能力，促进公共资源在城乡间均衡配置，拓展农村广阔发展空间，形成城乡共同发展新格局。发展特色县域经济，加快建设美丽宜居乡村，促进城乡公共资源均衡配置。

（二）推动区域协调发展

以区域发展总体战略为基础，以"一带一路"建设、京津冀协同发展、长江经济带发展为引领，形成沿海沿江沿线经济带为主的纵向横向经济轴带，塑造要素有序自由流动、主体功能约束有效、基本公共服务均等、资源环境可承载的区域协调发展新格局。

1. 深入实施区域发展总体战略

深入实施西部开发、东北振兴、中部崛起和东部率先的区域发展总体战略，创新区域发展政策，完善区域发展机制，促进区域协调、协同、共同发展，努力缩小区域发展差距。

一是深入推进西部大开发。把深入实施西部大开发战略放在优先位置，更好发挥"一带一路"建设对西部大开发的带动作用。加快内外联通通道和区域性枢纽建设，进一步提高基础设施水平，明显改善落后边远地区对外通行条件。大力发展绿色农产品加工、文化旅游等特色优势产业。设立一批国家级产业转移示范区，发展产业集群。依托资源环境承载力较强地区，提高资源就地加工转化比重。加强水资源科学开发和高效利用。强化生态环境保护，提升生态安全屏障功能。健全长期稳定资金渠道，继续加大转移支付和政府投资力度。加快基本公共服务均等化。加大门户城市开放力度，提升开放型经济水平。

二是大力推动东北地区等老工业基地振兴。加快市场取向的体制机制改革，积极推动结构调整，加大支持力度，提升东北地区等老工业基地发展活力、内生动力和整体竞争力。加快服务型政府建设，改善营商环境，加快发展民营经济。大力开展和积极鼓励创业创新，支持建设技术和产业创新中心，吸引人才等各类创新要素集聚，使创新真正成为东北地区发展的强大动力。加快发展现代化大农业，促进传统优势产业提质增效，建设产业转型升级示范区，推进先进装备制造业基地和重大技术装备战略基地建设。支持资源型城市转型发展，组织实施好老旧城区改造、沉陷区治理等重大民生工程。加快建设快速铁路网和电力外送通道。深入推进国资国企改革，加快解决厂办大集体等问题。支持建设面向俄日韩等国家的合作平台。

三是促进中部地区崛起。制定实施新时期促进中部地区崛起规划，完善支持政策体系，推动城镇化与产业支撑、人口集聚有机结合，形成重要战略支撑区。支持中部地区加快建设贯通南北、连接东西的现代立体交通体系和现代物流体系，培育壮大沿江沿线城市群和都市圈增长极。有序承接产业转移，加快发展现代农业和先进制造业，支持能源产业转型发展，建设一批战略性新兴产业和高技术产业基地，培育一批产业集群。加强水环境保护和治理，推进鄱阳湖、洞庭湖生态经济区和汉江、淮河生态经济带建设。加快郑州航空港经济综合实验区建设。支持发展内陆开放型经济。

四是支持东部地区率先发展。支持东部地区更好发挥对全国发展的支撑引领作用，增强辐射带动能力。加快实现创新驱动发展转型，打造具有国际影响力的创新高地。加快推动产业升级，引领新兴产业和现代服务业发展，打造全球先进制造业基地。加快建立全方位开放型经济体系，更高层次参与国际合作与竞争。在公共服务均等化、社会文明程度提高、生态环境质量改善等方面走在前列。推进环渤海地区合作协调发展。支持珠三角地区建设开放创新转型升级新高地，加快深圳科技、产业创新中心建设。深化泛珠三角区域合作，促进珠江—西江经济带加快发展。

五是健全区域协调发展机制。创新区域合作机制，加强区域间、全流域的协调协作。完善对口支援制度和措施，通过发展"飞地经济"、共建园区等合作平台，建立互利共赢、共同发展的互助机制。建立健全生态保护补偿、资源开发补偿等区际利益平衡机制。鼓励国家级新区、国家级综合配套改革试验区、重点开发开放试验区等平台体制机制和运营模式创新。

2. 推动京津冀协同发展

坚持优势互补、互利共赢、区域一体，调整优化经济结构和空间结构，探索人口经济密集地区优化开发新模式，建设以首都为核心的世界级城市群，辐射带动环渤海地区和北方腹地发展。有序疏解北京非首都功能，优化空间格局和功能定位，构建一体化现代交通网络，扩大环境容量和生态空间，推动公共服务共建共享。

3. 推进长江经济带发展

坚持生态优先、绿色发展的战略定位，把修复长江生态环境放在首要位置，推动长江上中下游协同发展、东中西部互动合作，将其建设成为我国生态文明建设的先行示范带、创新驱动带、协调发展带。建设沿江绿色生态廊道，构建高质量综合立体交通走廊，优化沿江城镇和产业布局。

4. 扶持特殊类型地区发展

加大对革命老区、民族地区、边疆地区和困难地区的支持力度，实施边远贫困地区、边疆民族地区和革命老区人才支持计划，推动经济加快发展、人民生活明显改善。支持革命老区开发建设，推动民族地区健康发展，推进边疆地区开发开放，促进困难地区转型发展。

5. 拓展蓝色经济空间

坚持陆海统筹，发展海洋经济，科学开发海洋资源，保护海洋生态环境，维护海洋权益，建设海洋强国。壮大海洋经济，加强海洋资源环境保护，维护海洋权益。

（三）加快建设主体功能区

强化主体功能区作为国土空间开发保护基础制度的作用，加快完善主体功能区政策体系，推动各地区依据主体功能定位发展。

1. 推动主体功能区布局基本形成

有度有序利用自然，调整优化空间结构，推动形成以"两横三纵"为主体的城市化战略格局、以"七区二十三带"为主体的农业战略格局、以"两屏三带"为主体的生态安全战略格局，以及可持续的海洋空间开发格局。合理控制国土空间开发强度，增加生态空间。推动优化开发区域产业结构向高端高效发展，优化空间开发结构，逐年减少建设用地增量，提高土地利用效率。推动重点开发区域集聚产业和人口，培育若干带动区域协同发展的增长极。划定农业空间和生态空间保护红线，拓展重点生态功能区覆盖范围，加大禁止开发区域保护力度。

2. 健全主体功能区配套政策体系

根据不同主体功能区定位要求，健全差别化的财政、产业、投资、人口流动、土地、资源开发、环境保护等政策，实行分类考核的绩效评价办法。重点生态功能区实行产业准入负面清单。加大对农产品主产区和重点生态功能区的转移支付力度，建立健全区域流域横向生态补偿机制。设立统一规范的国家生态文明试验区。建立国家公园体制，整合设立一批国家公园。

3. 建立空间治理体系

以市县级行政区为单元，建立由空间规划、用途管制、差异化绩效考核等构成的空间治理体系。建立国家空间规划体系，以主体功能区规划为基础统筹各类空间性规划，推进"多规合一"。完善国土空间开发许可制度。建立资源环境承载能力监测预警机制，对接近或达到警戒线的地区实行限制性措施。实施土地、矿产等国土资源调查评价和监测工程。提升测绘地理信息服务保障能力，开展地理国情常态化监测，推进全球地理信息资源开发。

（四）区域生态保护

1. 推进重点区域生态修复

坚持源头保护、系统恢复、综合施策，推进荒漠化、石漠化、水土流失综合治理。继续实施京津风沙源治理二期工程。强化三江源等江河源头和水源涵养区生态保护。加大南水北调水源地及沿线生态走廊、三峡库区等区域生态保护力度，推进沿黄生态经济带建设。支持甘肃生态安全屏障综合示范区建设。开展典型受损生态系统恢复和修复示范。完善国家地下水监测系统，开展地下水超采区综合治理。建立沙化土地封禁保护制度。有步骤对居住在自然保护区核心区与缓冲区的居民实施生态移民。

2. 积极应对全球气候变化

在城乡规划、基础设施建设、生产力布局等经济社会活动中充分考虑气候变化因素，适时制定和调整相关技术规范标准，实施适应气候变化行动计划。加强气候变化系统观测和科学研究，健全预测预警体系，提高应对极端天气和气候事件能力。

（五）完善对外开放战略布局

1. 完善对外开放区域布局

加强内陆沿边地区口岸和基础设施建设，开辟跨境多式联运交通走廊。发展外向型产业集群，形成各有侧重的对外开放基地。加快海关特殊监管区域整合优化升级，提高边境经济合作区、跨境经济合作区发展水平。提升经济技术开发区的对外合作水平。以内陆中心城市和城市群为依托，建设内陆开放战略支撑带。支持沿海地区全面参与全球经济合作和竞争，发挥环渤海、长三角、珠三角地区的对外开放门户作用，率先对接国际高标准投资和贸易规则体系，培育具有全球竞争力的经济区。支持宁夏等内陆地区开放型经济试验区建设。支持中新（重庆）战略性互联互通示范项目。推进双边国际合作产业园建设。探索建立舟山自由贸易港区。

2. 畅通"一带一路"经济走廊

积极推进"21世纪海上丝绸之路"战略支点建设，参与沿线重要港口建设与经营，推动共建临港产业集聚区，畅通海上贸易通道。推进公铁水及航空多式联运，构建国际物流大通道，加强重要通道、口岸基础设施建设。建设新疆丝绸之路经济带核心区、福建"21世纪海上丝绸之路"核心区。

3. 强化区域和双边自由贸易体制建设

加快实施自由贸易区战略，逐步构筑高标准自由贸易区网络。积极同"一带一路"沿线国家和地区商建自由贸易区，加快区域全面经济伙伴关系协定、中国—海合会、中日韩自贸区等谈判，推动与以色列、加拿大、欧亚经济联盟和欧盟等建立自贸关系以及亚太自贸区相关工作。全面落实中韩、中澳等自由贸易协定和中国—东盟自贸区升级议定书。继续推进中美、中欧投资协定谈判。

（六）其他区域战略规划

1. 深化内地和港澳、大陆和台湾地区合作发展

支持港澳巩固传统优势、培育发展新优势，拓宽两岸关系和平发展道路，更好实现经济互补互利、共同发展

2. 支持贫困地区加快发展

把革命老区、民族地区、边疆地区、集中连片贫困地区作为脱贫攻坚重点，持续加大对集中连片特殊困难地区的扶贫投入力度，增强造血能力，实现贫困地区农民人均可支配收入增长幅度高于全国平均水平，基本公共服务主要领域指标接近全国平均水平。加强贫困地区基础设施建设，提高贫困地区公共服务水平。

十四、"十四五"规划中的区域发展①

深入实施区域重大战略、区域协调发展战略、主体功能区战略，健

---

① 《中共中央关于制定国民经济和社会发展第十四个五年规划和二〇三五年远景目标的建议》，中国政府网，http://www.gov.cn/zhengce/2020-11/03/content_5556991.htm。

全区域协调发展体制机制，构建高质量发展的区域经济布局和国土空间支撑体系。

（一）完善新型城镇化战略

坚持走中国特色新型城镇化道路，深入推进以人为核心的新型城镇化战略，以城市群、都市圈为依托促进大中小城市和小城镇协调联动、特色化发展，使更多人民群众享有更高品质的城市生活。

（二）完善城镇化空间布局

1. 推动城市群一体化发展

以促进城市群发展为抓手，全面形成"两横三纵"城镇化战略格局。优化提升京津冀、长三角、珠三角、成渝、长江中游等城市群，发展壮大山东半岛、粤闽浙沿海、中原、关中平原、北部湾等城市群，培育发展哈长、辽中南、山西中部、黔中、滇中、呼包鄂榆、兰州—西宁、宁夏沿黄、天山北坡等城市群。建立健全城市群一体化协调发展机制和成本共担、利益共享机制，统筹推进基础设施协调布局、产业分工协作、公共服务共享、生态共建环境共治。优化城市群内部空间结构，构筑生态和安全屏障，形成多中心、多层级、多节点的网络型城市群。

2. 建设现代化都市圈

依托辐射带动能力较强的中心城市，提高 1 小时通勤圈协同发展水平，培育发展一批同城化程度高的现代化都市圈。以城际铁路和市域（郊）铁路等轨道交通为骨干，打通各类"断头路""瓶颈路"，推动市内市外交通有效衔接和轨道交通"四网融合"，提高都市圈基础设施连接性贯通性。鼓励都市圈社保和落户积分互认、教育和医疗资源共享，推动科技创新券通兑通用、产业园区和科研平台合作共建。鼓励有条件的都市圈建立统一的规划委员会，实现规划统一编制、统一实施，探索推进土地、人口等统一管理。

3. 优化提升超大特大城市中心城区功能

统筹兼顾经济、生活、生态、安全等多元需要，转变超大特大城市开发建设方式，加强超大特大城市治理中的风险防控，促进高质量、可持续发展。有序疏解中心城区一般性制造业、区域性物流基地、专业市场等功能和设施，以及过度集中的医疗和高等教育等公共服务资源，合理降低开发强度和人口密度。增强全球资源配置、科技创新策源、高端产业引领功能，率先形成以现代服务业为主体、先进制造业为支撑的产业结构，提升综合能级与国际竞争力。坚持产城融合，完善郊区新城功能，实现多中心、组团式发展。

4. 完善大中城市宜居宜业功能

充分利用综合成本相对较低的优势，主动承接超大特大城市产业转移和功能疏解，夯实实体经济发展基础。立足特色资源和产业基础，确立制造业差异化定位，推动制造业规模化集群化发展，因地制宜建设先进制造基地、商贸物流中心和区域专业服务中心。优化市政公用设施布局和功能，支持三级医院和高等院校在大中城市布局，增加文化体育资源供给，营造现代时尚的消费场景，提升城市生活品质。

5. 推进以县城为重要载体的城镇化建设

加快县城补短板强弱项，推进公共服务、环境卫生、市政公用、产业配套等设施提级扩能，增强综合承载能力和治理能力。支持东部地区基础较好的县城建设，重点支持中西部和东北城镇化地区县城建设，合理支持农产品主产区、重点生态功能区县城建设。健全县城建设投融资机制，更好发挥财政性资金作用，引导金融资本和社会资本加大投入力度。稳步有序推动符合条件的县和镇常住人口 20 万人以上的特大镇设市。按照区位条件、资源禀赋和发展基础，因地制宜发展小城镇，促进特色小镇规范健康发展。

（三）优化国土空间开发保护格局

立足资源环境承载能力，发挥各地区比较优势，促进各类要素合理流动和高效集聚，推动形成主体功能明显、优势互补、高质量发展的国土空间开发保护新格局。

1. 完善和落实主体功能区制度

顺应空间结构变化趋势，优化重大基础设施、重大生产力和公共资源布局，分类提高城市化地区发展水平，推动农业生产向粮食生产功能区、重要农产品生产保护区和特色农产品优势区集聚，优化生态安全屏障体系，逐步形成城市化地区、农产品主产区、生态功能区三大空间格局。细化主体功能区划分，按照主体功能定位划分政策单元，对重点开发地区、生态脆弱地区、能源资源富集地区等制定差异化政策，分类精准施策。加强空间发展统筹协调，保障国家重大发展战略落地实施。

2. 开拓高质量发展的重要动力源

以中心城市和城市群等经济发展优势区域为重点，增强经济和人口承载能力，带动全国经济效率整体提升。以京津冀、长三角、粤港澳大湾区为重点，提升创新策源能力和全球资源配置能力，加快打造引领高质量发展的第一梯队。在中西部有条件的地区，以中心城市为引领，提升城市群功能，加快工业化城镇化进程，形成高质量发展的重要区域。破除资源流动障碍，优化行政区划设置，提高中心城市综合承载能力和资源优化配置能力，强化对区域发展的辐射带动作用。

3. 提升重要功能性区域的保障能力

以农产品主产区、重点生态功能区、能源资源富集地区和边境地区等承担战略功能的区域为支撑，切实维护国家粮食安全、生态安全、能源安全和边疆安全，与动力源地区共同打造高质量发展的动力系统。支持农产品主产区增强农业生产能力，支持生态功能区把发展重点放到保护生态环境、提供生态产品上，支持生态功能区人口逐步有序向城市化地区转移并定居落户。优化能源开发布局和运输格局，加强能源资源综合开发利用基地建设，提升国内能源供给保障水平。增强边疆地区发展能力，强化人口和经济支撑，促进民族团结和边疆稳定。健全公共资源配置机制，对重点生态功能区、农产品主产区、边境地区等提供有效转移支付。

（四）深入实施区域重大战略

1. 加快推动京津冀协同发展

紧抓疏解北京非首都功能"牛鼻子"，构建功能疏解政策体系，实施一批标志性疏解项目。高标准高质量建设雄安新区，加快启动区和起步区建设，推动管理体制创新。高质量建设北京城市副中心，促进与河北省三河、香河、大厂三县市一体化发展。推动天津滨海新区高质量发展，支持张家口首都水源涵养功能区和生态环境支撑区建设。提高北京科技创新中心基础研究和原始创新能力，发挥中关村国家自主创新示范区先行先试作用，推动京津冀产业链与创新链深度融合。基本建成轨道上的京津冀，提高机场群港口群协同水平。深化大气污染联防联控联治，强化华北地下水超采及地面沉降综合治理。

2. 全面推动长江经济带发展

坚持生态优先、绿色发展和共抓大保护、不搞大开发，协同推动生态环境保护和经济发展，打造人与自然和谐共生的美丽中国样板。持续推进生态环境突出问题整改，推动长江全流域按单元精细化分区管控，实施城镇污水垃圾处理、工业污染治理、农业面源污染治理、船舶污染治理、尾矿库污染治理等工程。深入开展绿色发展示范，推进赤水河流域生态环境保护。实施长江十年禁渔。围绕建设长江大动脉，整体设计综合交通运输体系，疏解三峡枢纽瓶颈制约，加快沿江高铁和货运铁路建设。发挥产业协同联动整体优势，构建绿色产业体系。保护好长江文物和文化遗产。

3. 积极稳妥推进粤港澳大湾区建设

加强粤港澳产学研协同发展，完善广深港、广珠澳科技创新走廊和深港河套、粤澳横琴科技创新极点"两廊两点"架构体系，推进综合性国家科学中心建设，便利创新要素跨境流动。加快城际铁路建设，统筹港口和机场功能布局，优化航运和航空资源配置。深化通关模式改革，促进人员、货物、车辆便捷高效流动。扩大内地与港澳专业资格互认范围，深入推进重点领域规则衔接、机制对接。便利港澳青年到大湾区内地城市就学就业创业，打造粤港澳青少年交流精品品牌。

4. 提升长三角一体化发展水平

瞄准国际先进科创能力和产业体系，加快建设长三角 G60 科创走廊和沿沪宁产业创新带，提高长三角地区配置全球资源能力和辐射带动全国发展能力。加快基础设施互联互通，实现长三角地级及以上城市高铁全覆盖，推进港口群一体化治理。打造虹桥国际开放枢纽，强化上海自贸试验区临港新片区开放型经济集聚功能，深化沪苏浙皖自贸试验区联动发展。加快公共服务便利共享，优化优质教育和医疗卫生资源布局。推进生态环境共保联治，高水平建设长三角生态绿色一体化发展示范区。

5. 扎实推进黄河流域生态保护和高质量发展

加大上游重点生态系统保护和修复力度，筑牢三江源"中华水塔"，提升甘南、若尔盖等区域水源涵养能力。创新中游黄土高原水土流失治理模式，积极开展小流域综合治理、旱作梯田和淤地坝建设。推动下游二级悬河治理和滩区综合治理，加强黄河三角洲湿地保护和修复。开展汾渭平原、河套灌区等农业面源污染治理，清理整顿黄河岸线内工业企业，加强沿黄河城镇污水处理设施及配套管网建设。实施深度节水控水行动，降低水资源开发利用强度。合理控制煤炭开发强度，推进能源资源一体化开发利用，加强矿山生态修复。优化中心城市和城市群发展格局，统筹沿黄河县城和乡村建设。实施黄河文化遗产系统保护工程，打造具有国际影响力的黄河文化旅游带。建设黄河流域生态保护和高质量发展先行区。

（五）深入实施区域协调发展战略

深入推进西部大开发、东北全面振兴、中部地区崛起、东部率先发展，支持特殊类型地区加快发展，在发展中促进相对平衡。

1. 推进西部大开发形成新格局

强化举措推进西部大开发，切实提高政策精准性和有效性。深入实施一批重大生态工程，开展重点区域综合治理。积极融入"一带一路"建设，强化开放大通道建设，构建内陆多层次开放平台。加大西部地区基础设施投入，支持发展特色优势产业，集中力量巩固脱贫攻坚成果，补齐教育、医疗卫生等民生领域短板。推进成渝地区双城经济圈建设，打造具有全国影响力的重要经济中心、科技创新中心、改革开放新高地、高品质生活宜居地，提升关中平原城市群建设水平，促进西北地区与西南地区合作互动。支持新疆建设国家"三基地一通道"，支持西藏打造面向南亚开放的重要通道。促进400毫米降水线西侧区域保护发展。

2. 推动东北振兴取得新突破

从维护国家国防、粮食、生态、能源、产业安全的战略高度，加强政策统筹，实现重点突破。加快转变政府职能，深化国有企业改革攻坚，着力优化营商环境，大力发展民营经济。打造辽宁沿海经济带，建设长吉图开发开放先导区，提升哈尔滨对俄合作开放能级。加快发展现代农业，打造保障国家粮食安全的"压舱石"。加大生态资源保护力度，筑牢祖国北疆生态安全屏障。改造提升装备制造等传统优势产业，培育发展新兴产业，大力发展寒地冰雪、生态旅游等特色产业，打造具有国际影响力的冰雪旅游带，形成新的均衡发展产业结构和竞争优势。实施更具吸引力的人才集聚措施。深化与东部地区对口合作。

3. 开创中部地区崛起新局面

着力打造重要先进制造业基地、提高关键领域自主创新能力、建设内陆地区开放高地、巩固生态绿色发展格局，推动中部地区加快崛起。做大做强先进制造业，在长江、京广、陇海、京九等沿线建设一批中高端产业集群，积极承接新兴产业布局和转移。推动长江中游城市群协同发展，加快武汉、长株潭都市圈建设，打造全国重要增长极。夯实粮食生产基础，不断提高农业综合效益和竞争力，加快发展现代农业。加强生态环境共保联治，着力构筑生态安全屏障。支持淮河、汉江生态经济带上下游合作联动发展。加快对外开放通道建设，高标准高水平建设内陆地区开放平台。提升公共服务保障特别是应对公共卫生等重大突发事件能力。

4. 鼓励东部地区加快推进现代化

发挥创新要素集聚优势，加快在创新引领上实现突破，推动东部地区率先实现高质量发展。加快培育世界级先进制造业集群，引领新兴产业和现代服务业发展，提升要素产出效率，率先实现产业升级。更高层次参与国际经济合作和竞争，打造对外开放新优势，率先建立全方位开放型经济体系。支持深圳建设中国特色社会主义先行示范区、浦东打造社会主义现代化建设引领区、浙江高质量发展建设共同富裕示范区。深入推进山东新旧动能转换综合试验区建设。

5. 支持特殊类型地区发展

统筹推进革命老区振兴，因地制宜发展特色产业，传承弘扬红色文化，支持赣闽粤原中央苏区高质量发展示范，推进陕甘宁、大别山、左右江、川陕、沂蒙等革命老区绿色创新发展。推进生态退化地区综合治理和生态脆弱地区保护修复，支持毕节试验区建设。推动资源型地区可持续发展示范区和转型创新试验区建设，实施采煤沉陷区综合治理和独立工矿区改造提升工程。推进老工业基地制造业竞争优势重构，建设产业转型升级示范区。改善国有林场林区基础设施。多措并举解决高海拔地区群众生产生活困难。推进兴边富民、稳边固边，大力改善边境地区生产生活条件，完善沿边城镇体系，支持边境口岸建设，加快抵边村镇和抵边通道建设。推动边境贸易创新发展。加大对重点边境地区发展精准支持力度。

6. 健全区域协调发展体制机制

建立健全区域战略统筹、市场一体化发展、区域合作互助、区际利益补偿等机制，更好促进发达地区和欠发达地区、东中西部地区和东北地区共同发展。提升区域合作层次和水平，支持省际交界地区探索建立统一规划、统一管理、合作共建、利益共享的合作新机制。完善财政转移支付支持欠发达地区的机制，逐步实现基本公共服务均等化，引导人才向西部和艰苦边远地区流动。完善区域合作与利益调节机制，支持流域上下游、粮食主产区主销区、资源输出地输入地之间开展多种形式的利益补偿，鼓励探索共建园区、"飞地经济"等利益共享模式。聚焦铸牢中华民族共同体意识，加大对民族地区发展支持力度，全面深入持久开展民族团结进步宣传教育和创建，促进各民族交往交流交融。

第三节　区域发展规划的规律

一、区域发展规划同步经济不断完善与优化

梳理"一五"计划至"十四五"规划中有关区域发展规划的内容可以发现，在经济发展不同阶段，区域发展规划也是不尽相同，区域发展规划同步经济不断完善和优化。总体来看，区域发展规划的内容以区域经济格局为起点，以资源环境承载力为约束，以地方政府为实施主体，以政策和管理架构等具体制度建设为途径，对区域内要素进行合理配置，以求达到区域的可持续发展。

具体来看，改革开放前计划经济体制时期（1949~1980年），"一五"计划时期，新中国刚刚成立，百废待兴，国际关系并不稳定，国家主要的任务是在保证国家安全的基础上发展国民经济。此时五年计划中并没有单独的区域发展规划，国家关注的是工业布局问题。"二五"计划至"三五"计划期间，国家经济有所好转，但是外交关系紧张，生产力布局主要在内陆地区，重点发展东北地区，逐步开发西部落后地区，同时兼顾沿海地区的发展，并开始设立一些经济协作区。党的十一届三中全会后国家筹建改革，工作重心开始发生转移。1979年国家正式同意在广东的深圳、珠海、汕头和福建的厦门设立出口特区，东部沿海地区成为改革先锋。

改革开放后经济体制转轨期（1981~1995年），"六五"计划时期，和平与发展成为世界的主题，以经济建设为中心成为全党全国人民的共识，改革在各个领域开始进行。全国分为沿海地区、内陆地区和少数民族地区三个区域，加强各个区域之间的合作。开放沿海城市以及开辟沿海经济开放区。与此同时，国家开始编制部分地区国土开发整治规划。"六五"后期，固定资产投资规模过大，消费基金增长过猛，货币发行

过多，经济过热，"七五"时期在解决这些问题的同时，更加注意处理东部沿海、中部、西部三个经济地带的关系。"八五"时期，国民经济高速增长和经济环境有效改善，国家开始努力改善地区经济结构和生产力布局。区域发展规划的重点在于正确处理好沿海与内地，经济发达与经济不发达地区之间的关系。同时，继续发展和深化改革经济特区和开放城市。

市场经济体制确立时期（1996～2005年），全球化进程加速，国内通货紧缩，内需不足成为生活中的突出问题。区域发展规划的重心在引导地区经济协调发展，形成若干个各具特色的经济区域，促进全国经济布局合理化，逐步缩小地区发展差距。同时，进入21世纪，中国加入世贸组织，经济全球化成为世界主题，中国经济与国际逐渐接轨，公平和效率的问题首次出现，此阶段中国出台西部大开发战略以降低东西部经济发展的差距。

市场经济体制完善时期（2006～2020年），"十一五"期间全球化的趋势继续加强，国内社会问题和矛盾凸显，我国已进入全面建成小康社会新时期，此时区域发展规划的重点是坚持实施推进西部大开发，振兴东北地区等老工业基地，促进中部地区崛起，鼓励东部地区率先发展的区域发展总体战略，健全区域协调互动机制，形成合理的区域发展格局。"十二五"要求科学发展，加快转变经济发展方式，国家开始提出要科学制定城镇化发展规划，促进城镇化发展。面临全面建成小康的艰巨任务，"十三五"期间区域发展规划以区域发展总体战略为基础，以"一带一路"建设、京津冀协同发展、长江经济带发展为引领，形成沿海沿江沿线经济带为主的纵向横向经济轴带。"十四五"规划更是持续推进区域协调发展，形成更高水平的区域发展规划。

可见，随着经济不断发展，区域发展规划的内容以及形式在不断丰富，不同种类的区域发展规划能够有效解决区域所面临的问题。随着改革开放的不断深入，区域发展规划也不断优化与创新。

二、区域发展规划从属国家战略

立国战略（1949～1979 年），新中国刚成立时，我国面临着人民对于建立先进的工业国的要求同落后的农业国的现实之间的矛盾。此阶段我国工业基础几乎为零，面对复杂的外部情况，中央以"立国战略"为目标，此时由政府主导实施重工业优先的区域发展规划，在空间布局上逐渐向内地倾斜，采用大区制来管理区域经济增长，区域经济格局呈现出由不平衡向平衡发展的趋势。此阶段重工业的发展为中国经济起飞奠定了基础并提供动力，但是由政府完全主导的制度下，经济效率有待提升。

富民战略（1978～2011 年），改革开放后，我国面临的主要矛盾是：人民日益增长的物质文化需要同落后的社会生产之间的矛盾。随着外部环境逐渐宽松，中国于 1978 年开始实施改革开放政策，逐步引入市场机制。对外开放政策落实在不同区位空间上，逐步形成了对外开放的经济增长空间格局。通过建设培育经济特区，逐步将市场调节引入计划经济。此阶段的区域发展规划主要是以培育区域增长极为主，同时兼顾地区间的均衡发展。1992 年，邓小平南方谈话后，中国的改革开放进入了新的发展阶段。此阶段，区域发展规划不完全由中央政府制定，地方政府作为明确主体开始参与到区域发展规划的编制与制定。进入21 世纪后，中国经济开始形成巨大财富积累，但是东部和西部人均地区生产总值之比逐渐扩大，非均衡发展造成的区域差异并不能自然消除，而是会逐渐成为经济持续发展的阻碍因素。此阶段，国家开始实施西部大开发战略、振兴东北战略、中部崛起战略以及鼓励东部地区加快发展战略，区域协调发展是这一阶段区域发展规划制定的主题。

强国战略（2012 年至今），进入新时代后，我国面临的主要矛盾是：人民日益增长的美好生活需要与不平衡、不充分发展之间的矛盾。面对日益严峻的国内外经济形势，传统粗放式的经济增长并不能持久为中国经济发展带来动力，国家开始实行强国战略，开始重视区域高质量发展。区域发展规划在实施路径上呈现出协调发展和高质量发展的特点。此阶段，继续推进实施四大板块协调发展战略，推进城市群健康发展，并以乡村振兴战略为支撑带动乡村发展。同时，区域发展呈现出多个增长极，"一带一路"倡议进一步扩大我国的区域开放格局，长三角城市群和粤港澳大湾区的建设为我国经济发展带来持续动力，中国正在形成东南西北协调的区域经济发展新格局。

由此可见，区域发展规划是从属于国家发展战略，在不同国家战略的引导下，区域发展规划呈现出不同的特点，区域要素流动和空间格局调整是区域发展规划的重点内容。

三、区域发展规划在五年规划中的地位不断提升

新中国成立初期我国并没有专门的区域发展规划，可以说我国区域发展规划是以"工业布局选址"发展起来的。经济发展往往会呈现出很强的区域性，改革开放以后，国家区域发展规划侧重于东部沿海地区，沿海地区的率先发展带动整个国家经济高速发展，20世纪90年代以来，地方政绩考核和分税制的实施，使区域发展规划的作用和地位进一步提升。改革开放之前，区域发展规划更多的是作为五年规划的附属部分，呈现出被动型的特点。改革开放之后，经济发展成为国家发展的核心，区域发展规划逐渐由被动型转为主动型。

面对转变经济发展方式和解决区域经济发展不断涌现出来的新矛盾、新问题的迫切要求，为了促进国民经济协调健康发展，中央政府对区域发展和区域规划工作做出一系列具体部署，战略性区域发展规划密切出台。区域问题日益精细化和复杂化是区域发展规划密切出台的一个重要原因。我国地域广阔，经济基础和资源禀赋差异较大，区域问题复杂多变。要素流动性不断增强，单一的区域规划并不能有效解决区域发展问题。改革开放后，经济资源禀赋不断向东部沿海地区集聚，东部沿海地区率先发展，东西部地区发展差距不断扩大，在此背景下，中央开始制定并实施西部大开发战略。从国家发展的长远角度来看，制定相应

的区域发展规划能够优化经济结构调整，促进区域一体化发展。日益复杂的区域问题需要区域发展规划精准治理。依据不同地区实际发展情况，制定出具有指导性和前瞻性的区域发展规划，找到区域问题的解决思路。

党的十九大报告进一步提出创新和完善宏观调控，发挥国家发展规划的战略导向作用，从国家层面更加注重顶层设计，更加突出区域规划的统筹性和整体性。重视和加强区域规划是避免区域经济冲突和实现区域经济一体化的需要。可以看出，区域发展规划在五年规划中的地位不断提升。

四、区域发展规划的内容和类型不断丰富

2006 年以来，我国区域发展规划逐步进入了以新区、自由贸易试验区密集出台为特征的区域协调发展新阶段，区域发展规划日益细化，类型不断丰富，全方位开发开放格局日益形成。2015 年，国家发展和改革委员会公布了《国家级区域规划管理暂行办法》，其中明确了区域发展规划的内涵和外延，并对国家级区域发展规划分成三类：第一类为跨省级区域发展规划，如《西部大开发规划》《东北地区振兴计划》等；第二类为国家层面规划确定的特定区域，如《辽宁沿海经济带发展规划》等，这些特定区域承担着区域发展增长极的作用，是国家重点发展的地区；第三类为承担国家重大改革发展战略任务的特定区域，比如一些先行示范区，承担着试点功能。

区域发展规划的内容也在不断丰富，在规划范围上涵盖东、西、中和东北四大板块区域。"十一五"以来，国家陆续实施推进西部大开发，振兴东北地区等老工业基地，促进中部地区崛起，鼓励东部地区率先发展的区域发展总体战略，不断健全区域协调互动机制。四大板块战略实施以来，我国四大区域之间以及各省份之间的不平衡得到了有效的控制和缓解。区域规划的空间布局还是向西部、中部和东北部倾斜。同时，不同区域面临着不同的区域发展问题，从而相应国家级区域规划的

侧重点也各不相同。东部沿海地区在经济发展、开放程度、城市化、资本流动等方面都具有领先优势，区域发展规划涉及自由贸易试验区总体方案、综合配套改革试验的相对较多，主要承担国家重大发展改革战略任务，在制度创新和转型发展上承担着示范作用。中部地区具有承东启西的作用，随着西部大开发战略的实施，中部地区的定位比较尴尬，经济发展缺乏可持续的动力。从而，中部地区的区域发展规划在承接产业转移、推动区域崛起方面有较多的部署。西部地区经济发展长期处于落后地位，老少边穷地区较多，区域问题比较严重。最初，西部地区的发展规划的主要目标是解决区域贫困落后问题和自然资源有效开发。在进入全方位开放格局的新时期后，向西开放成为区域规划重点，区域间有效互动和合作一直是西部地区发展规划的重点。对于东北地区来说，区域发展存在的问题比较复杂，作为共和国的"长子"，在新中国成立初期的一段时间内，东北地区是全国最为发达的地区，是全国重工业的集中地。近年来，东北地区面临着诸多体制机制束缚，针对东北地区的区域发展规划一直围绕着增加经济发展活力和振兴东北老工业基地而展开。

可见，从"一五"至"十四五"时期，区域发展规划在内容和类型上都在不断完善和发展。针对不同的区域发展问题，制定具有针对性的规划方案，更能有效解决经济发展中存在的难题。

五、国家与地方的区域发展规划逐渐良性互动

国家完全主导的区域发展规划（1949～1991年）。新中国成立初期，国民经济百废俱兴，区域发展前景并不明朗。面对严峻的国内外形势，需要由国家完全主导的区域发展规划带动区域经济发展。恢复生产是新中国成立之初的主要目标，国家用了3年时间恢复国民生产工作。20世纪中叶，中国工业主要分布在东部沿海地区，区域经济发展出现严重不平衡。国家制定了偏向内陆地区的区域发展规划，并且全面制定区域发展规划。国家加大在内陆地区的产业部署力度，全面开展三线建

设，平衡工业分布。改革开放后，东部沿海地区因外向经济、区位优势、基础设施和交通条件等成为改革开放的先锋区。国家完全主导的区域发展规划使国民经济迅速恢复，并建成了相对完备的工业体系。向西部倾斜的区域发展规划使西部地区的工业基地和交通设施不断完善，改革开放使东部沿海地区充分释放发展活力。

国家与地方制定区域发展规划共存（1992～2011年）。此阶段，区域发展规划的主体不单单是国家，地方政府也积极参与到区域发展规划的制定中。经过均衡发展战略和非均衡发展战略后，形成了一批新的增长极，由于区域发展能力和政策支持力度不同，区域间出现了较大的发展差距。国家制定的区域发展规划并没有达到预期的效果，这是因为在非均衡发展阶段东部地区积累了大量的资源禀赋，同时东部地区的地方政府也在积极制定符合当地经济发展的区域发展规划。这一阶段带来的启示是，区域经济发展存在着很强的差异性，地方政府应以国家制定的区域发展规划为指导，制定和实施符合当地实际情况的区域发展规划。内陆地区各省份开始积极参与对接国家区域发展规划，东部地区充分挖掘优惠政策潜力。

国家与地方区域发展规划良性互动（2012年至今）。在区域发展规划的制定领域，国家和地方的分工日益清晰，区域在区域经济发展顶层设计中的主体地位得到有效巩固，尤其在东部地区，两大主体形成互动关系，区域发展能力出现质的飞跃。西部大开发战略和振兴东北战略实施之后，东西部地区之间的差距在不断缩小，但是区域内部出现了经济发展不均衡现象。西部地区主要以国家制定的区域发展规划为核心发展经济，缺乏自主的区域发展规划。此时，地方政府应该更多地参与到地方区域规划的制定当中。在东部地区的带领下，全国范围内形成了以地方申请、国家批复为特色的区域发展规划，差异化的区域发展规划有效地带动了地区经济的发展。

国务院各部门对国家级区域规划的重视是区域规划实施的重要保障。同时，地方政府在区域发展规划的制定和执行过程中扮演着越来越重要的角色。目前，越来越多的区域发展规划是自下而上推动编制实施，充分体现了地方的意志和相关诉求，能够将地方实际情况和国家级区域发展规划有机结合，形成更加务实有效的发展思路和政策路径。随着地方政府在区域规划制定和执行过程中自主性的增强，各地经济发展将具有更强的积极性和地方特色。中央和地方共同推动区域规划编制实施，一定程度上确保地方发展政策的连贯性和稳定性，有利于整合、协调各部门资源。

六、区域发展规划同步外部环境变化不断调整

国家与国家之间并不是孤立存在，国家在制定区域发展规划过程中充分考虑到了国家所面临的外部环境。新中国成立之初，资本主义阵营对中国进行政治孤立、经济制裁与军事封锁。面对复杂的外部环境和对国家安全的考虑，工业布局主要分布在东北部地区，沿海地区的工业逐步向内陆地区转移。进入20世纪60年代，中国的经济实力有了显著提升，国内工业布局也趋于合理。但是中国的地缘政治关系逐渐紧张，中苏关系恶化，中印关系紧张，美国在台湾海峡频繁进行军事演习，越南战争全面爆发，国民党也加大反攻大陆的力度，国家再一次强调了要以内地工业建设为主，兼顾沿海地区工业发展。为了保障新中国建设的工业成果和新建工业设施的安全，国家做出了继续加大对西部地区投资的区域发展战略部署。与此同时，国家提出全国范围内搞三线建设，其中三线地区即为远离战争区域，是当时各国武装力量所达不到的地区，同时在各个区域内搞"小三线"建设。这一时期生产力布局偏向于内陆地区，其中大部分集中于西北和西南等三线地区，区域发展战略是以国防安全为导向和向内陆地区倾斜。20世纪80年代，国际形势好转，国内向良性发展迈进，党的十一届三中全会后对"文革"错误进行纠正，国家工作中心发生转移，1979年国家正式同意在广东的深圳、珠海、汕头和福建的厦门设立出口特区，东部沿海地区成为改革先锋。1987年，中共中央提出沿海地区经济发展战略，提出沿海地区要积极参加国际竞争，扩大出口，加速发展外向经济。此阶段，和平发展成为世界的

主题，国家开始逐步开放沿海城市以及开辟沿海经济开放区。进入 21 世纪，中国加入世贸组织，经济全球化，中国经济与国际逐渐接轨，东部地区要在体制创新、科技创新、对外开放和经济发展中继续走在前列。"十二五"以来，外部环境并不稳定，贸易保护主义盛行，全球化进程受阻，此阶段国家提出"一带一路"倡议，坚持引进来和走出去并重，遵循共商共建共享原则，加强创新能力开放合作，形成陆海内外联动、东西双向互济的开放格局。新冠肺炎疫情暴发以来，"逆全球化"现象更加明显，许多国家实施贸易保护政策，党的十九届五中全会提出要加快构建以国内大循环为主体、国内国际双循环相互促进的新发展格局，通过内需带动我国区域经济发展。

由此可见，根据面临的不同的外部环境，国家采取了不同的区域发展规划，从建国初期以"国家安全"为主的区域发展规划，到改革开放以"外向经济"为主的区域发展规划，再到党的十九届五中全会以"国内国外双循环"为主的区域发展规划。

七、可持续和协调发展成为区域发展规划主导理念

1992 年，联合国环发会议颁布《21 世纪议程》，里面对可持续发展做出重要讲述，可持续发展逐渐成为全球共识，并深刻融入世界各国区域规划的指导理念中。可持续发展思想作为具有现代意义的发展观，追求社会、经济和环境目标的协调统一，区域规划在目标上也应增加社会公正、环境保护、资源利益等方面的内容，除了要有经济增长和社会进步的总体目标外，还要制定出区域发展在环境、资源和社会文化等方面的具体目标及措施。社会公平不仅体现在人与人之间具有平等生存发展权利，而且各个区域也应具有平等的发展机会。

"一五"计划至"十五"计划期间，我国区域发展规划是依托于国民经济计划体系，从"十一五"规划开始，我国区域发展规划是依托于国民经济规划体系。发展规划不仅强调了中长期规划的指导性和约束性，而且更加重视国土空间的规划和管治。区域发展规划将成为引领我

国区域经济科学发展的行动指南,也成为国家战略布局和区域发展政策的一个重要工具。与计划相比,规划更强调可持续发展。以科学发展观为指导的规划体系,意味着我国从过度依赖资金、自然资源和环境投入,以量的扩张实现增长,转向更加依靠劳动者素质和技术进步,以提高效率获取发展。自主创新将成为经济结构调整的核心。区域发展规划内容更加关注生态因素,将生态优化和环境宜居置于规划发展的基本目标序列。与计划相比,规划更加注重以人为本。区域发展规划的最终目的是使区域中的人安全幸福地生活,要关心区域中不同阶层居民的心理和生活,不应该仅仅追求区域增长的宏伟目标,应切实使区域居民生活水平和社会福利得到提高,不应该只体现少数人的利益,而应该体现绝大多数人的利益。

进入到新时代以来,中国统筹实施四大板块和三大支撑带战略组合的区域发展规划,区域协调发展逐渐成为区域发展规划的主导理念。区域发展规划体现了全方位、多领域、深层次的开放协调发展格局,以"一带一路"倡议、京津冀协同发展、长江经济带发展、粤港澳大湾区建设等重大战略为引领,并结合细分的城市群、主体功能区、自贸区等战略,加速提升中国区域经济的整体发展水平。

八、区域发展规划理论呈现多元化发展趋势

从新中国成立初期学习苏联的区域规划理论,到改革开放后学习西欧和日本的区域规划理论,再到进入新时代后形成具有中国特色的区域规划理论,我国区域发展规划理论不断丰富,呈现出多元化发展趋势。随着经济的发展,人才和技术等要素在区域发展中发挥出了更大的作用,传统的区域规划理论不断被丰富,形成新增长理论、新国际劳动分工理论、新经济地理学理论等。进入2000年,新区域主义理论被我国学者引入到区域规划领域,区域协商协调、多个参与主体、跨区域合作成为我国区域发展规划编制的重要方法。区域空间协调成为区域规划的新的理论导向。同时,区域可持续发展理论被广泛应用到区域发展规划

当中，区域发展要兼顾经济、社会、环境、文明和生态等目标。近年来，我国出台的多个区域发展规划如《长江经济带发展规划纲要》《粤港澳大湾区发展规划纲要》等，都体现了新区域主义倡导的区域可持续发展理念。"一五"至"十四五"期间，我国从国外不断引入相关理论并结合中国实际，不断应用发展，形成具有中国特色的区域发展规划理论和规划体系。

我国区域规划理论经历了从劳动地域分工、地域生产综合体、区位论、增长极等传统理论到可持续发展、循环经济、景观生态学说等现代理论，再到多重目标平衡、多方参与协调多层治理的新区域主义理论。区域规划实践是区域规划理论形成的基础，区域规划理论又反过来指导区域规划实践，二者辩证统一。

第四节　区域发展规划展望

一、区域发展规划要以区域协调发展为核心

党的十九大报告和十九届五中全会从战略层面对区域协调发展做出了重要部署，从统筹国际国内两个大局的高度，从理论和实践两个层面为我国区域协调发展描绘了美好蓝图。为更好地发挥区域经济发展的扩散效应，未来中国区域发展必然要求加大区域协调发展制度建设力度，以体制机制创新作为推动区域协调发展的引擎，协调解决跨区域发展中的制度性难题，建立更加紧密的区域关系。区域经济协调发展既包括区域间的协调发展，也包括区域内的协调发展。实施区域协调发展是新时代国家重大战略之一，是贯彻新发展理念、建设现代化经济体系的重要组成部分。新时代区域协调发展战略结构体系更加多元化，涵盖四大板块、重点地区、城镇化与城乡融合、陆海统筹、欠发达地区扶贫与乡村振兴等多个维度，致力于构建连接东中西、贯通南北方的多中心、网络

化、开放式的区域开发格局，不断缩小地区发展差距。在不平衡与不充分发展相互交织的现实条件下，中国区域协调发展战略不仅是为解决地区间公平问题而做出的制度安排，也应承担起增长任务，向区域协调要红利已经成为新时代高质量发展的重要路径。"全面建成小康社会"和"建成现代化社会主义强国"的两个百年目标，不仅强调社会财富大规模积累，而且深刻地蕴含着财富分配的"公平导向"——居民维度"人民共同富裕"和空间维度"区域共同发展"。区域发展失衡是社会主要矛盾的空间维度反映，严重影响着中国经济发展的平衡性、协调性与可持续性。未来区域发展规划的制定当中一定要充分考虑到区域协调发展理念。具体来说，第一，可以完善地方政府绩效考核，促使其与中央政府治理目标保持一致性。第二，深化改革并健全区域协调发展与区域间利益关系调整的新机制。第三，完善和落实主体功能区战略，实现分类精准施策，提升经济布局与人口及资源分布、环境承载力的匹配度。第四，深入促进四大板块与京津冀协同发展、长江经济带发展、粤港澳大湾区建设等国家重大战略的对接和交流合作，促进东西加强合作与南北加强互动。

二、城市群规划是区域发展规划的重点

城市群已成为支撑世界各主要经济体发展的核心区，国家间的竞争正日益演化为主要城市群之间的综合比拼。我国十分重视城市群的建设，"十一五"规划期间就出台了一系列有关城市群的区域政策，更加注重区域协调、可持续发展、区域合作和扩大对外开放。2014年出台的《国家新型城镇化规划（2014—2020年）》强调城市群是中国未来经济发展格局中最具活力和潜力的核心地区，在全国生产力布局中起着战略支撑点的作用。随着城镇化道路的推进，区域空间载体将从点块状和圈层状，转向多极点、网络化、连绵带的城市群建设。未来，以高质量城市群为重点，不断扩大城市群的经济规模和承载能力，从而带来更好的经济辐射能力。同时，城市群的空间结构将进一步优化，大中小城市

协调发展是城市群空间结构的重要方面。在空间结构上，将更加充分发挥核心城市在经济、金融、管理等方面的增长引领作用，周边多层次功能性城市将通过人口、资金、技术等资源要素的流动，形成层次有序的城市群空间规模体系。

我国应以城市群作为基本发展单元，以实现深化改革及构建全面开放新格局相互融通为基点，采用差别化模式推进重点地区实现高效快速发展，打造更大空间尺度的经济增长极和经济增长带，以各具特色和优势互补的空间新动力支撑国家经济高质量发展。"十四五"时期应以全面提升质量、推进一体化和增强可持续性为重点，在充分发挥各区域优势基础上，加快推进世界级、国家级、区域级三级城市群建设，形成分级分类、多中心的增长极网络，支撑中国经济的高质量发展。具体来看，高水平城市群雄安新区与京津冀、长三角、粤港澳地区等要在经济规模、创新能力以及国际影响力等方面达到全球公认领先水平。拉动区域性经济增长的城市群，如山东半岛城市群、成渝城市群等要形成多极支撑的区域经济增长格局。削弱区域落差的城市群，如关中平原城市群要快速发展从而减少东西部之间的发展差距。不同城市群面对不同的现实背景和实际诉求，这就要求区域发展规划要有特色的规划目标和灵活的实施路径，积极研究探索跨行政区域的城市群健康发展模式，从而更好地发挥城市群的经济带动能力和经济支撑作用。

三、区域发展规划要以区域高质量发展为目标

改革开放以来，中国经济保持了 40 多年的高速增长，跃升为全球第二大经济体，创造了经济发展的奇迹。然而，随着国内外发展环境的变化，原来的粗放型增长模式已不适应新时代推动经济持续健康发展的要求，迫切需要转变发展方式。党的十九大报告明确指出，"我国经济已由高速增长阶段转向高质量发展阶段"，推动高质量发展成为当前和今后一个时期确定发展思路、制定经济政策、实施宏观调控的根本要求。

推动实现区域经济高质量发展,必须按照创新、协调、绿色、开放、共享的新发展理念,坚持质量第一、效益优先,不断满足人民对美好生活的向往。加快推进科技创新是实现区域经济高质量发展的根本动力,构建现代化经济体系是实现区域经济高质量发展的重要支撑,完善政府制度供给是实现区域经济高质量发展的基本保障,发挥市场机制作用是实现区域经济高质量发展的关键所在。为推动形成区域高质量发展的新格局,在"十四五"时期,国家应制定差异化的区域发展规划。区域发展规划要以区域高质量发展为目标,加大对老少边穷地区和少数民族地区的政策支持,注重城市群的生态建设,应当加快推进"深度城市化",充分发掘、发挥城市发展的潜力。应加紧研究并适时出台都市圈发展的国家级规划,加快打造设施完善、品质优良的现代化都市圈,为经济高质量发展提供动能。与此同时,城市建设应以保障民生为底线,注重社会治理现代化,提高城市生活品质,要把绿色发展理念为区域经济高质量发展提供要素保障。

四、要对落后地区出台相应区域发展规划

"十四五"时期是中国推动减贫战略和政策转型的关键时期。在这一时期,既要巩固全面脱贫成果,提高脱贫质量,又要着手建立减少相对贫困的体制机制和政策体系,推动减贫战略和工作体系实现转型。在全部贫困县实现"摘帽"和现有贫困地区政策退出之后,国家仍需要对相对贫困地区或者欠发达地区给予政策扶持,以促进区域高质量协调发展。

党的十九大报告提出要"坚决打赢脱贫攻坚战""坚持精准扶贫、精准脱贫",切实解决区域性整体贫困问题,做到脱真贫、真脱贫,重点就在于老少边穷地区。可见,未来一段时间中国必然会更加关注老少边穷地区的发展问题,不断加大力度支持老少边穷地区改善基础设施条件,加快各类基础设施向老少边穷地区延伸和倾斜,着力提高老少边穷地区基本公共服务能力,推动教育事业、卫生事业、文化事业等各项社

会事业加快发展。

具体来说，在对贫困地区制定区域规划时应注意：第一，科学制定相对贫困地区标准。随着中国减贫战略由绝对贫困治理向相对贫困治理转变，当前急需从经济、社会发展和生态环境等维度，综合考虑居民家庭收入、消费、就业、教育、健康、社会保障、人居环境等指标，制定全国统一的多维相对贫困标准。可以县级行政区为基本单元，综合考虑相对贫困发生率、基本公共服务水平、居民人均收入、人均财政收入和财政收支缺口等指标，将全国排名靠后的一定比例区域纳入相对贫困地区范畴，并在综合评估的基础上以 5 年为期进行动态调整。第二，统筹做好新旧政策的衔接。对现行贫困地区政策的退出应设置过渡期，采取分类渐次弱化的办法逐步退出。在过渡期内，对面临困难的已摘帽贫困县尤其是深度贫困县仍应给予资金和政策扶持，以增强其内生发展动力。同时，应对现有贫困地区政策进行系统梳理，将那些长期以来实施过程中效果较好的政策，以及可以经过改进、完善适应未来相对贫困地区发展需要的政策，逐步整合到相对贫困地区扶持政策体系当中。今后国家对相对贫困地区的扶持应着重增强内生发展动力和发展活力，建立农民持续稳定增收和减贫长效机制。

五、要形成具有中国特色的区域发展规划体系

随着中国区域经济不断发展，在总结国外区域发展规划经验基础之上，结合中国区域发展实践，探索构建具有中国特色的区域规划体系是新时代建立更加有效的高质量区域发展新机制的重要任务。中国特色区域发展规划体系应以马克思主义关于生产力均衡布局和协调发展的思想为基础，以中国特色的生产力均衡布局理论和新时代以人民为中心的平衡发展理论为指导，结合具有中国特色的区域发展实践，不断深化、改革和完善。在国民经济发展的不同阶段，特定区域发展的定位并不相同，在国民经济发展的相同阶段，不同区域间的发展定位也并不相同，这就要求中国特色区域发展规划体系要统筹制定、实施和协同不同区域

间的发展规划。区域发展并不是孤立存在的,建立多尺度区域发展规划是中国特色区域发展规划体系的重要任务。目前,我国存在的不同层级的区域发展规划包括:跨国的多边区域发展愿景与行动、跨国双边区域合作规划、战略区域规划、跨省区域规划、独立行政区发展规划、新区规划以及各种开发区规划。中国特色区域规划体系应是科学分工、互为补充、互为支撑、统一开放和协同有力的规划体系。不同空间尺度和功能属性的区域发展规划尺度等级结构体系具有其一定的相对稳定性,多维的区域发展规划需要在实践中不断优化和改善。

"十四五"期间,中国应切实全面形成不同空间尺度的多层次、多类型、全面分工协同和有机协调统一的区域规划体系。其中小空间尺度的区域发展规划,如城市经济规划,需要发挥出更大的力量。事实上,只有形成我国全面有机协调统一的包括区域规划体系在内的国家发展规划和空间规划实施体系的强大合力,才能够更好地贯彻实施区域协调发展战略。

六、要加强区域发展规划编制中体制和机制的创新

经历了较长时段的高速增长之后,中国经济进入增速放缓阶段,创新驱动是跨越中等收入陷阱、维持稳定增速、向发达经济体迈进的唯一选择。区域经济是国家经济体系的重要组成与空间载体,实现创新驱动与区域发展新动能培育是其服务于国家任务的必然选择。我国一系列区域发展规划的实施在改变区域发展格局、缩小区域差距等方面取得一定成效,但地区之间的人均 GDP、人均财政收入、人均拥有财富的水平等指标上的差距依然在扩大。欠发达地区特别是贫困地区发展的基础仍较薄弱,发达地区转型发展的任务依然繁重。因此,区域发展规划在编制和实施中应该重视机制和体制的创新。

具体来看,第一,要遵循科学的发展理念和区域发展的新要求,加强区域发展规划的出台机制和编制方法创新研究。要遵循科学的发展理念研究创新区域规划的编制方法,将定性分析与定量分析相结合,对区

域规划的编制内容、范围、深度、层次等进行明确规定，建立国家战略区域规划编制标准和规范。第二，要加强区域发展规划法制化进程的研究，为区域发展规划的有效实施提供保障。区域发展规划的编制与实施是一项长期的系统工程，要求有坚实的法律保障。为保障区域发展规划的实施具有权威性，世界上许多国家和地区都制定了与区域规划相关的法律法规，而我国现行的空间规划法仅有《中华人民共和国城乡规划法》与《中华人民共和国土地管理法》两部法律，目前出台的多项区域发展规划虽然上升到国家战略，都缺乏法律依据，这无疑会影响区域规划和区域政策实施的权威性和持续性。未来我国可以参考其他发达国家，制定相关法律来保证区域发展规划的有效实施。

七、要合理构建区域发展规划评估体制机制

"十一五"时期以来，中央政府已经批准或批复的国家级区域规划至少有39个，这些国家级区域规划实施的成效需要采取及时有效的科学方法进行评估。我国过去长期存在"重编制、轻评估"的现象。按时、保质和保量评估国家级区域规划的实施成效，需要准确把握国家级区域规划的战略性、全局性和关键性，切实建立起更加有效的国家级区域规划实施评估的机制。

具体来看，第一，要健全实施评估的组织体系。为了能够更好体现国家级区域规划的战略性、全局性和关键性的特点，应建立健全中央政府自我评估、中央政府委托评估、全国人大委托评估、公众评估以及自我评估与委托评估相结合的区域规划组织体系。第二，要明确实施评估的周期和任务。国家级区域规划实施评估的周期可以包括年度监测、中期评估和总结性评估等不同的阶段。年度监测是中期评估、总结性评估等的基础和关键。中期评估是在年度监测的基础上进行的更为全面的时间过半的阶段性评估。总结性评估是在年度监测和中期评估的基础上，在规划期结束时对其实施情况的全面总结，即全面评估其实施完成的成效。第三，科学建立实施评估的"共性"指标体系。国家级区域规划

实施评估的指标体系的确定，既要对我国已经实施的众多国家级区域规划实际使用的指标体系进行研究，又要将已经实施的国家级区域规划实际使用的指标体系和规范的理论上的评估指标体系进行对比，从而提出评估的"共性"指标体系。

第八章

“一五”至“十四五”时期
城乡融合发展规划

第一节　城乡融合发展的内涵与外延

马克思在《哲学的贫困》中讨论城乡关系的重要性时指出，“城乡关系一改变，整个社会也跟着改变”①。因此，处理城乡关系是我国在发展和改革中必须面对的核心问题。但是，分析我国经济社会的发展过程以及改革进程来看，我国在很长一段时间的发展过程中并没有正确处理好城乡关系，城市和农村在发展过程中的长期分割，导致城乡无法协调发展，城乡之间在居民收入、基础设施、医疗、教育等方面存在各种各样的差异。尽管自改革开放以后，“三农”问题一直是我国改革的重点问题，一系列力图改善城乡关系政策的制定与实施，缓和了城市与农村之间的分割情况，城乡之间某些领域的差距正在逐渐缩小，但整体上看，农村仍然是我国改革进程中收获红利较小的一方，仍必要着力缩小城乡差距。因此，总结我国城乡经济社会发展、改革过程中的经验和教训、重新塑造我国城乡关系、缩小城乡差距，让农村、农民享受更多的

---

① 《马克思恩格斯选集》（第一卷），人民出版社2012年版，第237页。

改革红利，无疑对于当下还是今后的改革发展来说都具有十分重要的意义。

2017年10月，党的十九大报告明确指出："要坚持农业农村优先发展，按照产业兴旺、生态宜居、乡风文明、治理有效、生活富裕的总要求，建立健全城乡融合发展体制机制和政策体系，加快推进农业农村现代化。"① 这标志着新时代中国将加快城乡融合发展的步伐。2019年5月，中共中央、国务院发布的《关于建立健全城乡融合发展体制机制和政策体系的意见》明确指出了建立健全城乡融合发展体制机制和政策体系的指导思想、基本原则和主要目标，规划了城乡融合发展的崭新路线图。2020年4月，国家发展和改革委员会印发的《2020年新型城镇化建设和城乡融合发展重点任务》中提出要"突出以城带乡、以工促农，健全城乡融合发展体制机制，促进城乡生产要素双向自由流动和公共资源合理配置。"2020年10月，党的十九届五中全会通过的《中共中央关于制定国民经济和社会发展第十四个五年规划和二〇三五年远景目标的建议》中强调："坚持把解决好'三农'问题作为全党工作重中之重，走中国特色社会主义乡村振兴道路，全面实施乡村振兴战略，强化以工补农、以城带乡，推动形成工农互促、城乡互补、协调发展、共同繁荣的新型工农城乡关系，加快农业农村现代化。"又进一步提出："健全城乡融合发展机制，推动城乡要素平等交换、双向流动，增强农业农村发展活力。"②

由此可见，面对新的历史条件，城乡融合发展是我们重塑城乡关系、促进城乡协调发展、全方位地缩小城乡差距的必然选择。只有推动城乡融合发展，农村、农民才能享受更多的改革红利，才能提升生活幸福感，才能缓和"美好生活需要"和"不平衡不充分的发展"之间的

---

① 习近平：《决胜全面建成小康社会 夺取新时代中国特色社会主义伟大胜利——在中国共产党第十九次全国代表大会上的报告》，共产党员网，http://www.12371.cn/2017/10/27/ARTI1509103656574313.shtml。

② 《中共中央关于制定国民经济和社会发展第十四个五年规划和二〇三五年远景目标的建议》，中国政府网，http://www.gov.cn/zhengce/2020-11/03/content_5556991.htm。

矛盾。要想建立健全城乡融合发展体制机制和政策体系、重塑城乡关系，必然要理解好"城乡融合发展"的内涵和外延。

一、城乡

"城乡"二字仅从字面意思来看，指的就是地理单元上的城市和农村这样两个地区。但当我们剖析"城乡融合发展"内涵的时候，这种仅仅基于地理的解释是不够的。

农村是城市的摇篮，农村的发展促进了城市的诞生。城市和农村的分化，是源于生产力的分化和部门的分工。生产力的分化，形成了工人和农民两种职业；部门的分工，导致了一二三产业的逐渐分化。而且，一般情况下，尤其是比较早的时期，工人主要是在城市中从事机械工业生产，农民主要在农村从事农业生产。马克思和恩格斯对生产力的分化和部门的分工问题做出了一系列重要论述，是我们科学认识城乡问题的思想依据。马克思和恩格斯认为，城市和乡村都是历史性产物，随着社会分工的不断发展，城市与乡村的关系会呈现出历史阶段性特征，由"农业劳动和工业劳动是不分离的；后者同前者是连接在一起的"城乡混合阶段转向"城乡分离阶段"，然后再到"城乡对立阶段"，即"一个民族内部的分工，首先引起工商业劳动同农业劳动的分离，从而也引起城乡的分离和城乡利益的对立"。[①] 在此基础上，马克思认为："物质劳动和精神劳动的最大的一次分工，就是城市和乡村的分离"[②]。进一步，马克思和恩格斯认为，在资本主义条件下，城乡对立会更加尖锐：一方面，社会分工带来的城乡分离关系会对农村居民的精神发展基础以及城市居民的体力发展基础造成破坏，严重影响社会劳动生活；另一方面，城乡对立会对人和土地之间的物质交换造成严重破坏。最终，农村逐渐地屈服于城市，农业和工业逐渐分离——城市发展成为大生产中

---

① 《马克思恩格斯选集》（第一卷），人民出版社 2012 年版，第 147～148 页。
② 《马克思恩格斯选集》（第一卷），人民出版社 1995 年版，第 104 页。

心，而农村逐渐被孤立。由此，马克思和恩格斯指出，随着社会的进一步发展，城乡关系由对立转向融合，能够有助于大工业按自身规律发展，即"城市和乡村的对立的消灭不仅是可能的，而且已经成为工业生产本身的直接需要，同样也已经成为农业生产和公共卫生事业的需要"①。这是因为，大工业发展对地方局限性的摆脱，需要在空间层面统筹土地、水力、能源等资源配置，而城乡对立却阻碍了资源配置的空间统筹性。"人们只有在消除城乡对立后才能从他们以往历史所铸造的枷锁中完全解放出来"②。可见，马克思、恩格斯以物质生活资料的生产为出发点，围绕生产力与生产关系的辩证统一关系，科学阐释了城乡经济关系，形成了马克思主义城乡经济关系思想的基本框架，为我们准确研究城乡劳动力分工和部门的分化问题提供了思想依据。

这里还要注意两个问题：第一，由于工业生产的特性以及工业生产的比较优势，决定了工业生产需要集聚经济，正是集聚经济的出现，逐步形成了地方化经济和城市化经济，最终产生了城市。也可以说，工业化伴随着城市化，城市化也伴随着工业化；第二，城市的出现将原本的土地格局分割成两部分：即城市内土地和城市外土地，所谓的"城市外"即为农村地区。农业的生产离不开土地，这就限制了农民必须在农村从事农业生产。所以，城市的形成造成了城乡地区在地理上的分割，并进一步导致了生产关系的相对独立，最终形成了城乡二元格局。但我们需要强调的是二元经济不仅仅是工业和农业之间的二元，也是商业化部门和非商业化部门的二元。

虽然逐渐出现了城市周边兴起农业生产，农村中出现机械生产，这需要结合实际情况另行分析。只要存在闲置土地，农业生产就可以进行，而对于城市周边农业能够将其剩余农业生产转化成更多收益——因为这种剩余农业生产相比农村地区，有着更少的"进城成本"，也可能具有更高的售价。所以这种地区不同于一般的农村地区，但也不能说其

---

① 《马克思恩格斯选集》（第三卷），人民出版社 2012 年版，第 684 页。
② 《马克思恩格斯选集》（第三卷），人民出版社 2012 年版，第 265 页。

就是城市地区，在我国对于这种地区有一个很好的词来形容，即"城乡结合部"——这里的社会群体中既有大量"农转非"的新市民，也有许多将要转"非"的农民，还有大量的外来流动人口。对于农村中出现的机械生产现象，我们能说从事这类生产的劳动者是工人吗？答案自然是否定。机械生产在农村中的应用是源自农业生产追求生产力提高和规模经济的结果。随着农民进城，带来了农村农业出现规模经济的可能，机械的运用在提高生产力的基础上，能够发挥潜在规模经济，所以机械的运用是必然的。另外，即使农村出现了机械生产，机械从事的产业也基本都是农业，并不具备工业生产的条件。但还需要强调的是，工业生产不仅限于城市，农业活动也不仅限于农村。

所以说，"城乡融合发展"中的城市和农村，指的是发展中的主体——城市地区和农村地区，以及各自主体中的生产关系。

二、城乡融合

从唯物史观的角度，马克思、恩格斯把城乡关系的发展大致分为了"城乡混沌一体""城乡分离对立"和"城乡融合"三个阶段（郭彩琴，2010）。那么何为"城乡融合"？马克思、恩格斯在《共产主义原理》中明确提出"城乡融合"的概念："……通过消除旧的分工，通过产业教育、变换工种、所有人共同享受大家创造出来的福利，通过城乡的融合，才能使社会全体成员得到全面发展——这就是废除私有制的主要结果。"所以，城乡融合的核心要义就是要正确处理好工农关系、城乡关系、农民与市民的关系以及农村市场与城市市场的关系。其中，前两者是核心，后两者是重要补充。城乡融合就是要发挥城市的带动作用，实现城乡优势互补。随着生产力的发展，旧的分工体系会被新的分工体系所取代，社会分工水平进一步提高。由于城乡融合而产生的新的分工体系下，劳动的异化和分工的异化逐渐消除，不会再有工人和农民的区分（文丰安、王星，2020）。就如马克思肯定科学技术对城乡融合的推动作用一样："如果说在最初它只是对城市有利，那么到最后它必将成为消除城乡对立的最强有力的杠杆。"[1]

综上所述,"城乡融合"是城乡关系发展的最高形态,在这个状态下,城市和农村的生产力趋同,逐渐建立起来的分工体系取代了原有的工农分工体系,劳动的异化和分工的异化逐渐消除,不存在工人和农民之分,在这个意义上,城市和农村没有差别。由此可以看出,城乡融合是社会生产力充分发展条件下,由制度变革、技术进步、文化创新共同引致的,以城乡要素自由流动、功能深度耦合、权利平等化为基本特征,形成新的地域组织结构、均衡化资源要素配置格局、互补型城乡功能形态等,最终实现人的全面发展的动态过程,本质上是城乡优势互补、协同统一的过程(涂圣伟,2020),是在将城市与农村视为一个有机整体的基础上(金成武,2019)的一个多层次、多领域、全方位的全面融合概念,它包括城乡要素融合、产业融合、居民融合、社会融合和生态融合等方面的内容(魏后凯,2020)。

三、城乡融合发展

在明确了"城乡融合"的内涵之后,我们就能明确所谓"城乡融合发展"就是用城乡融合的思想来引领城市和农村发展,必须将工业与农业、城市与乡村、城镇居民与农村居民作为一个整体纳入全面建成小康社会和现代化建设的全过程中。

"城乡融合发展"是党的十八大之后,对于城乡关系演变规律的最新认识,是新时代提出的城乡应如何发展的最新要求。城乡融合发展与城乡一体化发展总体上并无本质的差别(张克俊、杜婵,2019)。党的十六大提出"统筹城乡经济社会发展"之后,我国就进入了为破除城乡二元结构,统筹城乡发展,实现城乡一体化发展的新阶段。打破城乡二元结构是解决"三农问题"的根本出路,是缩小城乡差距的必然要求(刘奇、王飞,2003),不推进城乡统筹就无法解决农村问题(陈锡

---

① 《马克思恩格斯文集》(第十卷),人民出版社2009年,第500页。

文，2005）。城乡一体化是指在经济社会发展过程中，城市与农村在相互依存的区域内，在社会、经济、政治等各方面互补融合、协调发展、共同繁荣的过程（姜作培，2004；孙津，2008）。至于推进城乡统筹、一体化的路径，我们应该建立城乡统一的土地管理制度，对政府进行约束，建立平等的、公平的产权交易以保障农民的权利（曲福田、田光明，2011；刘永强等，2013）；应该加大对农村社会保障的投入力度，逐步缩小城乡保障水平的差距（杨翠迎、黄祖辉，2007；孙洁，2004）。

城乡融合发展是城市和乡村两个具有不同功能的子系统及组成要素相互作用、共同演进涌现的结果。这个性质不存在单个要素中，只有构成系统整体才具备。城与乡是不可分的，城乡同等重要，本质上是城乡优势互补、协同统一的过程（涂圣伟，2020）。城乡融合发展就是把城乡当作一个有机整体，赋予城市与农村一个发展机会公平、平等的环境，促进城乡各要素自由流动、城乡产业相互融合、城乡功能优势互补，推动城乡走向一体化的一种协调的发展方式（陈志钢等，2020；许彩玲、李建建，2019；盛辉，2018）。城乡融合发展是城市系统和乡村系统相互作用形成统一体的发展过程，在融合发展过程中，城乡系统涌现出共生性、开放性、非线性、主体适应性、自组织性等特性。城乡融合发展过程中城乡空间结构融合是载体，因为"一切存在的基本形式是空间和时间"①，必须在空间维度上兼顾城市与农村；基础设施融合是依托，推动城市供水、供电、供气、交通、通信等基础设施向农村延伸，有利于发挥其网络外部性，这种外部性促进城乡互联互通，降低搜索和生产成本，加强企业技术扩散和创新，有助于提高经济效率，促进经济增长；公共服务融合是条件，城乡公共服务融合有助于农村公共服务供给收益提升和支出成本下降，确保城乡居民在居住、就业、教育、医疗和文化卫生等方面享受同等待遇，最大限度地缩小城乡差别，实现农村地区经济赶超；生态环境融合是保障，"只有通过城市和乡村的融合，现在的空气、水和土地的污染才能排除，只有通过这种融合，才能

---

① 《马克思恩格斯选集》（第三卷），人民出版社 2012 年版，第 428 页。

使目前城市中病弱群众的粪便不致引起疾病，而被用作植物的肥料"（高波、孔令池，2019）；要素融合是城乡融合发展的核心，城乡融合发展就是要通过一系列政策措施促进城乡促进人才、技术、资本等要素流动双向互动流动，发挥市场对资源配置的决定性作用（李源峰，2018；曲延春，2020）；推进城乡产业融合是根本，城乡产业融合是产业融合的特殊形态，是农业与第二、第三产业融合，或农村第一、第二、第三产业融合，所以必然需要相应的城乡产业融合发展制度相配套，这涉及农村问题的根本。另外，只有通过产业融合，才能实现产业兴旺、生活富裕，没有产业兴旺，何谈乡村振兴，而且实践证明，城乡产业融合在推进农业供给侧结构性改革、构建新型农业经营体系等方面都具有积极作用。

关于城乡融合发展的路径：第一，利用资本下乡推动城乡融合可以作为解决农业农村发展不充分问题的一种尝试（张凤兵、乔翠霞，2019）。疏通阻碍城乡要素双向自由流动的"堵点"，需要以推进城乡双向开放为切入点，以完善产权制度和要素市场化配置为重点，激活主体、要素和市场，加快形成城乡统一的土地市场，促进人才、土地、资金、产业、信息等各类城乡要素平等交换双向流动。第二，促进农村第一、第二、第三产业的融合以有效增加农民、农村的收入（钟真等，2020；郭军等，2019），完善促进农民工资性收入增长环境，发展农村新产业、新业态，在提高农民收入同时增加农民就地非农就业机会，健全农民经营性收入增长机制。第三，优化城市格局、完善城乡融合的社会保障体系应该成为我国政府在当前阶段施政的重要着力点（张文武等，2018），促进城乡公共资源均衡配置，全面提升提高农村公共基础设施建设、医疗卫生教育、社会保障以及文化体育等基本公共服务供给水平、效率和质量，推动城乡交通等基础设施互联互通，逐步建立全民覆盖、普惠共享、城乡一体的基本公共服务体系。

总的来说，城乡融合发展就是要在城乡融合思想的指导下，统筹城市和农村两个主体，推动城乡全面开放和融合，全面缩小城市和农村在各个领域的差距，形成"城乡命运共同体"，需要做到以下几点：打通城乡要素流动障碍，促进城乡要素双向自由流动；推动城乡产业升级，实现城乡产业优势互补；加快城乡基础设施和公共服务一体化建设，加快完善农村交通、邮电、医疗、教育、就业等各方面的假设；坚持美丽乡村建设，牢固"绿水青山就是金山银山"的理念。

第二节 城乡融合发展规划的内容

一、"一五"计划中的城乡融合发展[①]

"一五"计划时期重视产业发展（有关"工业"的关键词多达 400 余个，"农业"则只有 100 多个），尤其强调优先发展重工业，农业生产用以辅助工业生产，尝试建立大工业经济和集体大农业经济，尽管认识到一些农业落后可能导致的问题，比如"克服农业的发展过分落后于工业发展的矛盾，是五年计划的一个重大任务"，但是政策上的倾斜最终扩大了工业和农业的差距。

关于工业建设，我国建设社会主义的事业，是以社会主义工业化为主体的，而对农业、手工业的改造和对资本主义工商业的改造是两个必要的组成部分，这三者是不可分割的，社会主义工业化是我们国家在过渡时期的中心任务，而社会主义工业化的中心环节，则是优先发展重工业。社会主义不可能建立在小农经济的基础上，而只能建立在大工业经济和集体大农业经济的基础上，年内增加工业品产量的一个困难是工业原料不够。所谓原料不够，首先是农产品的工业原料不够，为着克服工业原料不足的困难，必须增加棉花、黄麻、洋麻、烤烟、甘蔗、甜菜、花生、芝麻、油菜籽等工业原料的产量。

---

① 李富春：《关于发展国民经济的第一个五年计划的报告》，中国政府网，http://www.gov.cn/test/2008-03/06/content_910770.htm。

关于农业建设，必须对农业和手工业实行社会主义改造，即根据宪法第八、第九两条规定，鼓励个体农民根据自愿的原则组织生产合作、供销合作和信用合作，只有使农业和手工业从个体经营逐步地转变为集体经营，并在这个基础上用现代技术装备起来的时候，才能大大地发展农业的生产力、扩大农业的再生产、提高生产量，以适应国家的社会主义工业化的要求，也才能限制以至消灭资本主义发展的基础，使广大农民和手工业者永远摆脱贫穷和痛苦，而得到普遍富裕的生活。农业生产合作社是第一个五年计划期间农业增产的基础，也是改造小农经济的必由之路，发展农业是保证工业发展和全部经济计划完成的基本条件。集中力量发展工业，但决不能够减轻发展农业的意义。没有农业的相应发展，工业化事业是不可能实现的。防止和克服农业同工业的脱节，是在建设社会主义事业中重大而又迫切的任务。

对于"城市"和"农村"规划主要涉及的是日常生活领域，如消费和粮食等问题，但能看出，国家十分重视农村基本生活问题，所以在一个相当长的时期内，人民购买力的增长速度将超过消费品生产的增长速度，而农村购买力的增长速度将比城市购买力的增长速度还要来得快些。1953年，在实行粮食统购统销的同时，国家就确定了"城市和农村都需要的工业品，应该优先地供应农村"的方针。国营和合作社商业部门必须根据不同地区、不同季节和农民的不同习惯等情况，认真地改善对农村的工业品的供应，尽可能地充分供应和优先供应给农民其所需的生产资料和生活资料，农民的需要是具体的、多样性的、各地都不同的，应努力增产，增加供应量。由于就业人数还会增加，因此农民购买力还会提高。

值得关注的一点是，国家注意到了要处理好城乡关系，随着工业农业生产的发展，相应地发展城乡和内外的物资交流，扩大商品的流通，以促进生产的发展和经济的繁荣，并巩固工农的联盟，这是我们国家一个重要的经济政策。粮食的计划收购和计划供应对于改善城乡关系、加强工业同农业的结合、巩固工人阶级同农民的团结，是极其重要的。

人民消费品供应量的增加，只能在发展工业农业生产的基础上逐步地实现。因此，解决某些消费品供不应求的问题，根本的道路是发展工业农业生产，这是全国人民的任务，特别是工人和农民的任务。

二、"二五"计划中的城乡融合发展①

"二五"计划时期仍然重工轻农，继续进行以重工业为中心的工业建设。强调加强工业在国民经济中的作用，在工农业总产值中，工业总产值（包括手工业的产值在内）的比重将达到50%左右，而在工业总产值中，生产资料工业产值的比重将达到40%以上。但也重视轻工业的发展，在优先发展重工业的同时，采取了加速发展农业合作化的方针来促进农业的增产，并且相应地发展了轻工业的生产，这就使国民经济的几个主要部门在发展中避免了互相脱节的危险。

对农业的重要性也存在着一定的认识：经验证明，以重工业为中心的工业建设，是不能够也不应该孤立地进行的，它必须有各个方面的配合，特别是农业的配合。在第一个五年计划期间，我国市场的物价一般是稳定的，工业品和农产品之间的比价大体是适当的，这就表明，物价政策是正确的，促进了工农业生产和国家建设的发展，并且保证了社会主义改造的顺利进行。在分配国家基本建设投资的时候，应该保证工业和农业能够得到较高速度的发展。农业是工业发展以至整个国民经济发展必不可少的条件。延缓农业的发展，不仅直接影响轻工业的发展和人民生活的改善，而且也将极大地影响重工业以至整个国民经济的发展，影响工农联盟的巩固。因此，在第二个五年计划期间，继续努力发展农业，求得农业和工业的发展互相配合。

这一时期更为重视城市的建设，相对忽视农村建设。"随着工业生产力的合理分布，要建设许多新的城市和扩建许多原有的城市，为此，应该加强城市的规划工作和建设工作，求得同工业建设相配合。""爱

---

① 周恩来：《关于发展国民经济的第二个五年计划的建议的报告》，共产党员网，http：//fuwu. 12371. cn/2012/09/24/ARTI1348470546428983. shtml。

国卫生运动在改善环境卫生、减少疾病方面起了重大的作用。继续大力开展这一运动,并且使它更加深入和经常化,以进一步改进城市和乡村的环境卫生。"

尽管这一时期在一定程度上忽视农村的建设,但较为重视农民生活状况。这几年里面,稳定了农民的农业税负担,并且适当地提高了粮食的收购价格,因而使农民在生产发展的基础上逐步地改善了生活。1955年,实行了定产、定购、定销的粮食政策,从而安定了农民的情绪和提高了他们的生产积极性。同时,基于促进农业经济全面发展和改善农民物质生活的目的,强调"凡是农民有经营习惯而又为社会所需要的各科生产,应该继续经营并且加以发展",并"注意调整国家积累和合作社收入之间的比例关系,正确地解决农民的负担问题"。

值得一提的是,"二五"时期,对商品的价值规律的认识不断加深。"商业作为联系生产和消费、工业生产和农业生产的纽带,不仅担负着满足居民生活需要和一部分生产需要的任务,担负着为国家积累资金的任务,而且也担负着促进工农业生产发展的任务。由于价值规律在我国经济生活中还起着一定的作用,在某些方面更起着重要的作用,因此,正确地运用价值规律,正确地掌握物价政策,就可以促进工农业生产的发展。"

三、"三五"计划至"五五"计划中的城乡融合发展[1][2][3]

"三五"计划提出的基本任务要求大力发展农业,基本上解决人民的吃穿用问题,但这一时期根据毛泽东"备战、备荒、为人民"的指

---

① 《中华人民共和国第三个五年计划(1966—1970年)》,中国政府网,http://www.gov.cn/test/2006-03/20/content_231432.htm。

② 《中华人民共和国第四个五年计划(1971—1975年)》,中国政府网,http://www.gov.cn/test/2006-03/20/content_231442.htm。

③ 《中华人民共和国第五个五年计划(1976—1980年)》,中国政府网,http://www.gov.cn/test/2006-03/20/content_231447.htm。

示和日趋紧张的国际形势，国家计委重新修改了"三五"计划，特别强调了必须集中国家的人力、物力、财力，把三线的国防工业等相配套工业逐步建立起来，从而忽视了"三农"的发展。

"四五"规划提出大力发展农业、加速农业机械化的进程，尽管这一时期在政治上出现一定干扰，但相比"三五"时期，适当改变了以备战和三线建设为中心的经济建设思想，提出要把发展农业放在第一位。但由于当时历史条件有限，"四五"计划仍然实施得不尽人意。

在"四五"时期之后，经历了一段时间的经济调整期，因此，"五五"计划中，国家主要提出了"五五"时期后三年的设想和安排。提出后三年的主要任务是把农业搞上去，工农业生产 10 年平均增长速度为 8.7%。要在全国基本建成六个大区不同水平、各有特点、各自为战、大力协同、农轻重比较协调发展的经济体系，这也是我国正确认识农业、工业关系的一大突破。但由于经济建设指导思想急躁冒进，受"左"倾错误影响，计划实施仍不理想。

四、"六五"计划中城乡融合发展①

"六五"计划时期开始控制大城市规模，同时合理发展中等城市，并积极发展小城市。比如要求将新建大中型工业项目尽量放到中小城市或郊区。注意工业技术改造和城市规划相结合。建议特大城市和部分有条件的大城市，要有计划地建设卫星城镇。城镇建设要根据综合开发的原则进行。

此外，这一时期开始重视城市基础设施建设和公共服务建设，注重发挥中央、地方、企业各方面的积极性，分期分批地进行城市各项市政公用工程的改造和建设。尤其在教育方面，有很大改善，1985 年以前，城市要普及初中教育，1985 年同 1980 年相比，农业中学在校学生数增

---

① 赵紫阳：《关于第六个五年计划的报告》，中国政府网，http://www.gov.cn/test/2008–03/11/content_916744.htm。

长 6.1 倍。

对于农村的建设也同样开始重视基础设施建设，并重视教育（如特殊地区的入学率以及入学巩固率）和医疗问题。同时关注农村住宅问题，"农民住房仍以农民自建为主，集体经济主要辅助建设村镇公用设施。五年内，预计农民新建住宅 25 亿平方米，新建公共福利设施 3 亿平方米"。

在处理城乡关系上，相较之前有一定的进步。在继续严格控制人口增长的前提下，注重妥善安排城镇劳动力的就业，在生产发展和劳动生产率提高的基础上，改善城乡人民的物质和文化生活。

通过"六五"计划中的相关表述，可以看出，在这一时期，政府对于我国城乡关系已经有了新的认识，出现了单独一章规划城乡建设，这是前所未有的进步，同时还出现了统筹城乡医疗的雏形。但是尽管如此，大部分规划的要求还是侧重于发展城市的经济、基础设施和公共服务等方面，城市和农村之间的差距仍然在加大。

五、"七五"计划中的城乡融合发展[①]

"七五"计划认识到了产业结构的重要性。在继续保持农业全面增长、促进轻工业和重工业稳定发展的前提下，着重改善它们各自的内部结构。进一步强调了农业的重要性，"七五"期间，继续坚持把农业作为整个国民经济的基础，进一步促进农村经济全面发展，并对原有的有碍农业发展政策开始改革，进一步改革农业计划体制和农产品统购派购制度。积极改良土壤，推广优良品种，改进农业技术，改善经营管理。增加化肥、农药、农用薄膜、农业机具的供应量和农村用电量，提高农业机械化水平。适当增加国家对农业的投资，主要加强农业的基础设施建设。同时，积极扩大农业自身的积累。

---

① 《中华人民共和国国民经济和社会发展第七个五年计划（摘要）》，中国人大网，http：//www.npc.gov.cn/wxzl/gongbao/2000－12/26/content_5001764.htm。

城市建设仍沿袭"六五"时期的思想，加快小城镇建设，重视基础设施建设和公共服务建设（如居民饮用水、城市煤气和集中供热、城市绿化和环境卫生事业和教育普及等），继续贯彻执行"控制大城市规模，合理发展中等城市，积极发展小城市"的方针，切实防止大城市人口规模的过度膨胀，有重点地发展一批中等城市和小城市。

在农村地区开始重视能源开发，努力搞好农村能源的合理使用和节约，开始推广省柴、节煤炉灶，发展农户用沼气池，并在资源条件比较好的地区，开始发展小水电，以及太阳能、风能、地热等新能源的开发利用。同时注重农业机械化的发展，围绕农村经济发展和其他主要行业技术改造的需要，安排好农机产品和各种专用机械的生产建设。增加化肥、农药、农用薄膜、农业机具的供应量和农村用电量，提高农业机械化水平。同时也强调农村基本生活保障问题，要求"1990年争取使80%的农村人口饮用安全卫生水"。

但在农村劳动力安排方面，继续贯彻"离土不离乡"的方针，通过大力发展林业、牧业、渔业以及乡镇企业，吸收农村富余劳动力，这阻碍了农村的发展，巩固了城乡二元分割格局。

与农村劳动力安排相矛盾的是，"七五"计划提出继续扩大消费品市场，积极发展城乡之间、地区之间、城市之间在商品流通方面的横向联系。因此，总体上是在坚持在发展生产和提高经济效益的基础上，进一步改善城乡人民的物质文化生活。在发展生产和提高经济效益的基础上，继续改善城乡人民生活。

总之，"七五"计划第一次在规划的主要任务中提到要改善城乡人民的生活，而且在具体规划内容中也多次提到要改善城乡人民生活，这在一定程度上说明了我国开始认识到要把城乡作为一个统一的有机体来进行规划。而且此时，对于农业和农村发展的规划也逐渐细致，多方面提出了具体的规划安排。但由于"七五"规划提出时，正值改革开放初期，国家将重要城市特别是沿海重要城市的发展，放在了特别突出的地位。因此，尽管存在着认识上的进步，但实际上在改革发展中，规划中涉及的城乡建设以及提高农民生活水平的政策效果着实有限。

六、"八五"计划中的城乡融合发展①

"八五"计划进一步确立了农业在产业中的基础地位，重视产业结构调整，重视科学技术、教育、管理在农业发展中的应用，要求"逐步把农业生产体系转移到先进技术基础上来"，同时要求"充分利用农村丰富的劳动力资源，向农业的广度和深度进军"。坚决贯彻以农业为基础的方针，大力加强和发展农业，力图改变农业基础脆弱、后劲不足的局面，并将"进一步加强农业，全面发展农村经济"作为"八五"期间经济和社会发展的首要任务。

在产权配置问题上，要求"继续深化农村改革，稳定和完善以家庭联产承包为主的责任制，积极发展多种形式的社会化服务体系，逐步壮大集体经济实力，健全统分结合的双层经营体制"。同时，提出农业生产应尽量采取因地制宜的办法，实行不同形式的适度规模经营。重视土地综合利用总体规划的制定，严格控制非农业建设占用耕地。在调整经济结构的同时，改善农业与工业、基础工业和基础设施与加工工业比例失调的状况。

在农产品流通问题上，积极改革农产品的流通体制，更加重视价值规律的应用，以调动商品粮主产区和粮农中粮的积极性。

城市的发展与"七五"时期思路相似，城市发展要坚持实行严格控制大城市规模、合理发展中等城市和小城市的方针，有计划地推进我国城市化进程，并使之同国民经济协调发展。城市新区的开发或旧区改造，要实行统一规划、合理布局、因地制宜、综合开发、配套建设的原则，继续加强城市供排水、公共交通、污染治理等公用设施的建设，进一步提高城市功能和环境质量。

对农村的规划则出现了巨大的提升，提出"要全面振兴农村经济，

① 《中华人民共和国国民经济和社会发展十年规划和第八个五年计划纲要》，中国人大网，http：//www.npc.gov.cn/wxzl/gongbao/2000 - 12/28/content_5002538.htm。

加强农村经济、基础设施、公共服务等全方位的建设，继续引导和促进农村乡镇企业健康发展，全面振兴农村经济"。要求"乡村建设，继续贯彻'全面规划、正确引导、依靠群众、自力更生、因地制宜、逐步建设'的方针，以集镇为重点，以乡镇企业为依托，建设一批布局合理、节约土地、设施配套、交通方便、文明卫生、具有地方特点的新型乡镇"。并继续加强农村能源、交通等基础设施及养老、医疗卫生等公共服务方面的建设。

农村劳动力工作的重点则是放在农村和加强对流动人口计划生育的管理上。严格控制城镇劳动力的机械增加，继续控制"农转非"人口的过快增长，防止未进入劳动年龄的人口进入劳动队伍。继续实行农村剩余劳动力"离土不离乡、就地转移为主"的方针。重视增加劳动积累，促进劳动积累对资金的替代。同时，加快农村非农产业的发展，接纳劳动力就业。虽然提出"在农村，要大力推进农村经济向广度、深度进军，充分发挥农村富余劳动力的作用"，但这也是建立在限制人口流动的基础上的。

更加重视城乡居民的收入、消费等生活问题。要求在居民收入增长的基础上，保障城乡人民的消费在数量和质量上都将进一步提高，还要注意缩小城乡居民收入水平的差距。

"八五"计划中，出现了三个"首次"：一是首次提出了要"健全统分结合的双层经营体制"；二是首次提出了"统筹规划"城乡发展的任务要求；三是首次提出了要"缩小城乡居民收入水平的差距"。这些论述，都体现了政府对城市和农村、城镇居民和农村居民在生活各方面上存在的差距产生了正确的认识，开始从政策实施角度力图缩小这些差距。但"八五"计划中承认了"七五"期间改革的重点从农村转到城市，而且"八五"计划中城市的发展规划仍然比农村的发展规划地位稍微高一些。因此，尽管出现了正确的认识，但政策实施起来，效果也不显著。

七、"九五"计划中的城乡融合发展[①]

"九五"计划在工业方面主要强调基础工业发展和轻纺工业的发展，而对于农业发展，则继续重视其基础地位，把加强农业放在发展国民经济的首位。

"九五"计划要求各级主要领导要亲自抓农业，在制订计划和部署经济工作时，首先把农业和支农产业安排好，提高农业对国民经济发展的支撑能力。同时要处理好农业与其他产业的关系。充分调动广大农民、农业科技工作者和农村干部的积极性，各行各业都要为发展农业作出贡献，大力促进产业结构的合理化，全面振兴农村经济。

"九五"计划更加重视集体经济发展、价值规律的应用，开始从制度、政策、法律等方面进行规范，以维护农民的合法权益。大力发展农业社会化服务体系，逐步壮大集体经济实力，增强乡村集体经济组织的服务功能。鼓励发展多种形式的合作与联合，发展联结农户与市场的中介组织，大力发展贸工农一体化，积极推进农业产业化经营。供销合作社和信用合作社要真正办成农民的合作经济组织，充分发挥它们为农服务的作用。继续完善重要农产品价格体系、流通体制和储备调节制度，进一步理顺农产品和农业生产资料价格。制定鼓励地方和农民增加粮食生产的政策，促进粮食调出区提高商品率，调入区提高自给率。增加对农业及农村集体经济的资金投入，扩大劳动积累并积极吸引外资从事农业开发和建设。

政府认识到了以前劳动力政策带来的严重后果：人口总量持续增加，农业剩余劳动力数量大，就业矛盾日趋突出；产业结构不合理。进而提出要依靠乡镇企业来解决农村剩余劳动力问题，引导乡镇企业合理集中，把发展乡镇企业与建设小城镇结合起来，促进农业剩余劳动力有

① 《中华人民共和国国民经济和社会发展"九五"计划和 2010 年远景目标纲要》，中国人大网，http://www.npc.gov.cn/wxzl/gongbao/2001－01/02/content_5003506.htm。

序转移。

对于城市和农村建设问题，同前两个五年规划一样，都着力在基础设施、公共服务等方面加强建设。要求统筹规划城乡建设，严格控制城乡建设用地，加强城乡建设法制化管理。逐步形成大中小城市和城镇规模适度、布局和结构合理的城镇体系。比如，在城市建设上，要求到2000年，城市自来水普及率达到96%，村镇自来水普及率达到42%，城市燃气普及率达到70%。对城市住宅建设、城镇住房制度改革也提出相关要求，要求大力建设经济实用的居民住宅，同时促进住房商品化，并发展配套的金融、保险、住房建设、维修和管理服务市场。在城镇建设上，强调有序发展，并引导少数基础较好的小城镇发展成为小城市，同时要求小城镇要向"交通方便、设施配套、功能齐全、环境优美"的方向发展。在农村建设上，提出要加快农村能源商品化的进程，推广省柴、节煤炉灶和民用型煤，形成完整的产业和完善的服务体系。并要求在因地制宜的前提下，大力发展小型水电、风能、太阳能、地热能、生物质能等新型能源。在农村和条件较差地区的公共服务建设上，采取了不同的措施：教育问题上，在强调加强义务教育的同时，重视提高劳动技能，并与社会需要的职业教育相结合，并且在经费、师资和教学手段上加强对贫困地区的支持；养老问题上，基于对以家庭保障为主的农村养老的考虑，发展多种形式的养老保险要坚持政府引导和农民自愿，逐步建立城镇社会统筹医疗基金与个人医疗账户相结合的医疗保险制度。医疗问题上，强调因地制宜地发展和完善不同形式的农村合作医疗保险制度。重点改善农村医疗卫生条件。"加强农村基层卫生组织建设，完善县乡村三级医疗预防保健网，改善农村居民饮用水质量和卫生状况，2000年农村改水受益人口达到90%。"并"坚持以农村为重点、预防为主、中西医并重、依靠科技进步、为人民健康和经济建设服务的方针，积极发展卫生保健事业，实现人人享有初级卫生保健的目标"。

在建设农村经济以及保障农民经济利益等方面，提出了一系列重要内容。坚持深化改革，在完善以家庭联产承包为主的责任制和统分结合的双层经营体制的基础上，鼓励土地使用权依法转让，有条件的地方逐步推进土地适度规模经营，稳定党在农村的基本政策。建议充分利用农村劳动力，通过兴修水利、修筑道路、植树造林、开垦荒地，大搞农田基本建设，同时强调因地制宜，鼓励对非耕地资源的开发，发展林牧渔等产业，扩大农业副产品的利用，发展节粮型畜禽，以求全面发展农村经济。"九五"计划继续把发展乡镇企业作为繁荣农村经济的战略重点，努力提高乡镇企业的素质和水平。引导乡镇企业合理集中，把发展乡镇企业与建设小城镇结合起来，促进农业剩余劳动力有序转移。

"九五"时期认识到了"工农产品剪刀差"的存在，并努力缩小工农产品价格"剪刀差"，以保证农民生活奔向小康，这对于改善城乡关系、缩小工农差距、城乡差距，巩固工农联盟和推动城乡由分割向融合发展转变具有重要意义。

"九五"时期统筹发展的思想得到了更进一步应用。在劳动力问题上，积极引导和组织农业劳动力进行农业深度和广度开发，积极发展乡镇企业、第三产业，大力发展城乡集体经济，继续发展个体和私营经济，增加劳动积累型工程和城乡基础设施建设。建立规范化的劳动力市场，促进城乡劳动力合理有序流动，并积极拓宽就业渠道，强调统筹规划以扩大城乡就业。开始注意运用法律、分配政策等手段，以及社会保障等措施，协调城乡之间、地区之间、行业之间、不同社会群体之间的分配关系。在城乡建设上也开始进行统筹规划，严格控制城乡建设用地，加强城乡建设法制化管理。逐步形成大中小城市和城镇规模适度、布局和结构合理的城镇体系。

"九五"计划在"八五"计划的基础上，又进一步承认了城乡之间存在的差距，提出了努力缩小工农产品价格"剪刀差"，保证农民收入较快增加，生活达到小康水平，逐步缩小工农差别、城乡差别，巩固工农联盟等发展要求，也在城乡之间的教育、医疗、基础设施各方面提出了更为具体的发展要求，对"统筹"的认识也更加全面，都试图利用统筹的方法缩小城乡之间的差距。

八、"十五"计划中的城乡融合发展①

"十五"计划在坚持农业的重要地位的基础上,试图开展农业创新。继续强调农业在国民经济的首要地位,要求在保证农业在提高整体素质和效益的基础上持续、稳定发展,农民收入较快增长。要求"农业和农村经济结构调整,要面向市场,依靠科技,以农户和农业产业化经营企业为主体,不断向生产的广度和深度进军"。并"鼓励农业服务组织创新,培育经纪人队伍,全面发展农业社会化服务"。

"十五"计划还提出为适应快速的工业化进程,实施城镇化战略。提高城镇化水平,转移农村人口,有利于农民增收致富,可以为经济发展提供广阔的市场和持久的动力,是优化城乡经济结构、促进国民经济良性循环和社会协调发展的重大措施。随着农业生产力水平的提高和工业化进程的加快,我国推进城镇化的条件已渐成熟,要不失时机地实施城镇化战略。

"十五"计划划历史地开始破除城乡二元结构,开始促进城乡要素流动,尤其是城乡人口的流动。"十五"计划期间宏观调控的主要预期目标是五年城镇新增就业和转移农业劳动力各达到4000万人,城镇登记失业率控制在5%左右。改革城镇户籍制度,形成城乡人口有序流动的机制。取消对农村劳动力进入城镇就业的不合理限制,引导农村富余劳动力在城乡、地区间的有序流动。改革完善城镇用地制度,调整土地利用结构,盘活土地存量,在保护耕地和保障农民合法权益的前提下,妥善解决城镇建设用地。积极有序转移农村富余劳动力,引导农民更多地从事非农产业。取消对农村劳动力进入城镇就业的不合理限制,引导农村富余劳动力在城乡、地区间的有序流动。优化人才的专业、年龄结构,促进人才在产业、地区、城乡间的合理流动和分布。

---

① 《中华人民共和国国民经济和社会发展第十个五年计划纲要》,中国政府网,http://www.gov.cn/gongbao/content/2001/content_60699.htm。

同时也强调了农村和城市的协调发展。发展小城镇的关键在于繁荣小城镇经济，把引导农村各类企业合理集聚、完善农村市场体系、发展农业产业化经营和社会化服务等与小城镇建设结合起来。

开始着重提高农民收入，努力缩小城乡差距。在经济发展的同时，不断增加城乡居民特别是农民和城镇低收入者的收入，努力实现城乡居民收入增长的预期目标。把不断增加农民收入放在经济工作的突出位置，千方百计促进农民收入较快增长。建设一批有利于农民直接增收的项目，增加农民劳务收入。

制定了更加细致的城乡统筹方案，明确提出要打破城乡分割体制。打破城乡分割体制，逐步建立市场经济体制下的新型城乡关系。要把调整产业结构与调整所有制结构、地区结构、城乡结构结合起来。坚持城乡统筹就业的改革方向，推动城乡劳动力市场逐步一体化。完成农村电网改造，实现城乡用电同网同价。努力解决无电地区的用电问题。加强农村通信基础设施建设，降低农村电信资费，实现城乡通话费同价。

"十五"计划提出要打破城乡分割体制，逐步建立市场经济体制下的新型城乡关系，这是国家发展"五年计划"中首次认识到了我国存在着城乡分割的体制，并进一步提出要构建新型城乡关系，这是我国城乡发展过程中的一个重要突破。除此之外，"十五"计划继续遵循统筹的原则，继续在医疗、基础设施和教育等各方面提出要缩小城乡差距，而且首次提出了"一体化"的说法，这也是城乡关系改革发展中的一个突破。

九、"十一五"规划中的城乡融合发展①

"十一五"规划提出了"工业反哺农业"的方法，不一味强调工业的发展，坚持把解决好"三农"问题作为重中之重，实行工业反哺农

---

① 《中华人民共和国国民经济和社会发展第十一个五年规划纲要》，中国政府网，http：//www. gov. cn/gongbao/content/2006/content_268766. htm。

业、城市支持农村，推进社会主义新农村建设，促进城镇化健康发展。立足优化产业结构推动发展，把调整经济结构作为主线，促使经济增长由主要依靠工业带动和数量扩张带动向三次产业协同带动和结构优化升级带动转变。

开始着力建设社会主义新农村，全面支持农业发展。坚持把发展农业生产力作为建设社会主义新农村的首要任务，推进农业结构战略性调整，转变农业增长方式，提高农业综合生产能力和增值能力，巩固和加强农业基础地位。调整国民收入分配格局，国家财政支出和预算内固定资产投资，要按照存量适度调整、增量重点倾斜的原则，不断增加对农业和农村的投入。扩大公共财政覆盖农村的范围，确保财政用于"三农"投入的增量高于上年，新增教育、卫生、文化财政支出主要用于农村，中央和地方各级政府基础设施建设投资的重点要放在农业和农村。改革政府支农投资管理方式，整合支农投资，提高资金使用效率，鼓励、支持金融组织增加对农业和农村的投入，积极发展小额信贷，引导社会资金投向农业和农村。

在允许劳动力自由流动的基础上，妥善安排进城劳动力。对在城市已有稳定职业和住所的进城务工人员，要创造条件使之逐步转为城市居民，依法享有当地居民应有的权利，承担应尽的义务；对因城市建设承包地被征用、完全失去土地的农村人口，要转为城市居民，城市政府要负责提供就业援助、技能培训、失业保险和最低生活保障等。对临时进城务工人员，继续实行亦工亦农、城乡双向流动的政策。最重要的是要逐步建立城乡统一的劳动力市场。但在土地要素安排上，仍然十分严格。严格土地利用总体规划、城市总体规划、村庄和集镇规划修编的管理。

"十一五"规划对于农村的全面建设规划更为重视，涵盖以下几个方面：一是农村公路规划。加强农村公路建设，基本实现全国所有乡镇通油（水泥）路，东中部地区所有具备条件的建制村通油（水泥）路，西部地区具备条件的建制村通公路，健全农村公路管护体系。二是能源规划。积极发展农村沼气、秸秆发电、小水电、太阳能、风能等可再生能源，完善农村电网。三是电信邮政规划。建立电信普遍服务基金，加强农村信息网络建设，发展农村邮政和电信，基本实现村村通电话、乡乡能上网。四是环境规划。推进农村生活垃圾和污水处理，改善环境卫生和村容村貌。禁止工业固体废物、危险废物、城镇垃圾及其他污染物向农村转移。五是医疗规划。加强以乡镇卫生院为重点的农村卫生基础设施建设，健全农村三级卫生服务和医疗救助体系。培训乡村卫生人员，开展城市医师支援农村活动。建设农村药品供应网和监督网。六是社会保障规划。探索建立与农村经济发展水平相适应、与其他保障措施相配套的农村养老保险制度。基本建立新型农村合作医疗制度。有条件的地方要建立农村最低生活保障制度。完善农村"五保户"供养、特困户生活补助、灾民救助等社会救助体系。对因城市建设承包地被征用、完全失去土地的农村人口，要转为城市居民，城市政府要负责提供就业援助、技能培训、失业保险和最低生活保障等。鼓励农村人口进入中小城市和小城镇定居。七是教育和培训规划。着力普及和巩固农村九年制义务教育。对农村义务教育阶段学生免收学杂费，对其中的贫困家庭学生免费提供课本和补助寄宿生生活费。按照明确各级责任、中央地方共担、加大财政投入、提高保障水平、分步组织实施的原则，将农村义务教育全面纳入公共财政保障范围，构建农村义务教育经费保障机制。实施农村教师培训计划，使中西部地区50%的农村教师得到一次专业培训。鼓励城市各单位开展智力支农，加大城镇教师支援农村教育的力度。全面实施农村中小学远程教育。重点加强农村义务教育，努力降低义务教育阶段农村学生特别是女性学生、少数民族学生和贫困家庭学生的辍学率。鼓励城市各单位开展智力支农，加大城镇教师支援农村教育的力度。全面实施农村中小学远程教育。支持新型农民科技培训，提高农民务农技能和科技素质。实施农村劳动力转移培训工程，增强农村劳动力的就业能力。实施农村实用人才培训工程，培养一大批生产能手、能工巧匠、经营能人和科技人员。八是文化设施规划。加强农村文化设施建设，扩大广播电视和电影覆盖面。引导文化工作者深入乡村，满足农民群众精神文化需求。扶持农村业余文化队伍，鼓励农民兴办文化产业。推动实施农民体育健身工程。开展"文明村镇"和"文明户"活动，引导农民形成科学文明健康的生活方式。

开始重视财政、税收以及农村金融体系对农村地区的作用。扩大公共财政覆盖农村的范围，确保财政用于"三农"投入的增量高于上年，新增教育、卫生、文化财政支出主要用于农村，中央和地方各级政府基础设施建设投资的重点要放在农业和农村。改革政府支农投资管理方式，整合支农投资，提高资金使用效率。鼓励、支持金融组织增加对农业和农村的投入，积极发展小额信贷，引导社会资金投向农业和农村。巩固农村税费改革成果，全面推进农村综合改革，基本完成乡镇机构、农村义务教育和县乡财政管理体制等改革任务。深化农村金融体制改革，规范发展适合农村特点的金融组织，发挥农村信用社的支农作用，建立健全农村金融体系。

统筹思想继续指导城乡发展。促进城乡区域协调发展。要从社会主义现代化建设全局出发，统筹城乡区域发展。坚持大中小城市和小城镇协调发展，提高城镇综合承载能力，按照循序渐进、节约土地、集约发展、合理布局的原则，积极稳妥地推进城镇化，逐步改变城乡二元结构。加快破除城乡分割的体制障碍，建立健全与城镇化健康发展相适应的财税、征地、行政管理和公共服务等制度。完善行政区划设置和管理模式。改革城乡分割的就业管理制度，深化户籍制度改革，逐步建立城乡统一的人口登记制度。"十一五"时期要努力实现以下经济社会发展的主要目标：城乡区域发展趋向协调。社会主义新农村建设取得明显成效，城镇化率提高到47%。各具特色的区域发展格局初步形成，城乡、区域间公共服务、人均收入和生活水平差距扩大的趋势得到遏制。人民生活水平继续提高。城镇居民人均可支配收入和农村居民人均纯收入分别年均增长5%，城乡居民生活质量普遍提高，居住、交通、教育、文化、卫生和环境等方面的条件有较大改善。

除此之外，这一时期政府正逐渐关注进城务工人员。对临时进城务工人员，继续实行亦工亦农、城乡双向流动的政策，在劳动报酬、劳动时间、法定假日和安全保护等方面依法保障其合法权益；对在城市已有稳定职业和住所的进城务工人员，要创造条件使之逐步转为城市居民，依法享有当地居民应有的权利，承担应尽的义务。并且注意为进城务工人员提供保障措施，认真解决进城务工人员社会保障问题。各地政府要保证进城务工人员子女与当地学生平等接受义务教育。

通过对"十一五"规划时期相关表述的梳理，我们能明显看出，这一时期政府对"三农"问题的重视程度明显提高，已经在认识到城乡之间存在差距的基础上，认识到了城乡之间存在巩固的城乡二元结构，提出要继续按照"统筹"的思想来破除城乡二元结构，缩小城乡差距。"十一五"规划对于破除城乡二元分割格局的努力是很大的，尤其是关于劳动力流动问题，首次提出要"逐步建立城乡统一的劳动力市场"，这对于促进城乡劳动力自由双向流动以及由此带来的生产问题是十分重要的。而且规划也为由劳动力流动而带来的保障隐患做了相关规划。

在具体措施上，政府提出的措施也已经逐渐全面并深入。在农村基础设施建设方面，"十一五"规划全面展开对农村的市场经营网络、公里、电网、电信、邮政、生活垃圾、污水处理、卫生基础设施的建设；在公共服务方面，"十一五"规划提出要健全卫生服务和医疗救助体系、养老保险制度、新型农村合作医疗制度、最低生活保障制度、社会救助体系、教育、文化设施建设、鼓励农民兴办文化产业、实施农民体育健身工程、深化农村金融体制改革等。如此细致而全面的规划，是前所未有的。可以说，在改善城乡关系的过程中，"十一五"规划具有里程碑的意义。

十、"十二五"规划中的城乡融合发展[①]

"十二五"规划首次提出要同步推进工业化、城镇化和农业现代

---

① 《国民经济和社会发展第十二个五年规划纲要》，中国政府网，http://www.gov.cn/2011lh/content_1825838.htm。

化，并且坚持工业反哺农业、城市支持农村和多予少取放活方针，充分发挥工业化、城镇化对发展现代农业、促进农民增收、加强农村基础设施和公共服务的辐射带动作用，夯实农业农村发展基础，加快现代农业发展步伐，提出要在工业化、城镇化深入发展中同步推进农业现代化，完善以工促农、以城带乡长效机制，加大强农惠农力度，提高农业现代化水平和农民生活水平，建设农民幸福生活的美好家园。

对于农业单方面的支持也是很大的。健全农业补贴制度，坚持对种粮农民实行直接补贴，继续实行良种补贴和农机具购置补贴，完善农资综合补贴动态调整机制。积极发展政策性农业保险，增加农业保险费补贴品种并扩大覆盖范围。加大扶贫投入，逐步提高扶贫标准。

"十二五"规划也同样促进农业人口转移，并注意权益的保障。把符合落户条件的农业转移人口逐步转为城镇居民作为推进城镇化的重要任务。鼓励各地探索相关政策和办法，合理确定农业转移人口转为城镇居民的规模。加强农民技能培训和就业信息服务，开展劳务输出对接，引导农村富余劳动力平稳有序外出务工。对暂时不具备在城镇落户条件的农民工，要改善公共服务，加强权益保护。以流入地全日制公办中小学为主，保证农民工随迁子女平等接受义务教育，并做好与高中阶段教育的衔接。将与企业建立稳定劳动关系的农民工纳入城镇职工基本养老和医疗保险。建立农民工基本培训补贴制度，推进农民工培训资金省级统筹。多渠道多形式改善农民工居住条件，鼓励采取多种方式将符合条件的农民工纳入城镇住房保障体系。充分尊重农民在进城或留乡问题上的自主选择权，切实保护农民承包地、宅基地等合法权益。

"十二五"规划在统筹思想的基础上，提出了"城乡经济社会发展一体化"，并以一体化为目标对农村各方面开展规划。按照推进城乡经济社会发展一体化的要求，搞好社会主义新农村建设规划，加强农村基础设施建设和公共服务，推进农村环境综合整治。加强农村饮水安全工程建设，大力推进农村集中式供水。继续推进农村公路建设，进一步提高通达通畅率和管理养护水平，加大道路危桥改造力度。加强农村能源建设，继续加强水电新农村电气化县和小水电代燃料工程建设，实施新一轮农村电网升级改造工程，大力发展沼气、作物秸秆及林业废弃物利用等生物质能和风能、太阳能，加强省柴节煤炉灶炕改造。全面推进农村危房改造和国有林区（场）、棚户区、垦区危房改造，实施游牧民定居工程。加强农村邮政设施建设。推进农村信息基础设施建设。增加新型农村社会养老保险基础养老金，提高新型农村合作医疗补助标准和报销水平，提高农村最低生活保障水平。引导建设宽带无线城市，推进城市光纤入户，加快农村地区宽带网络建设，全面提高宽带普及率和接入带宽。合理配置公共教育资源，重点向农村、边远、贫困、民族地区倾斜，加快缩小教育差距。建立健全农村医疗卫生服务网络，向农民提供安全价廉的基本医疗服务。完善农村社会保障体系，逐步提高保障标准。加强农村公共文化和体育设施建设，丰富农民精神文化生活。扩大公共财政覆盖农村范围，全面提高财政保障农村公共服务水平。提高农村义务教育质量和均衡发展水平，推进农村中等职业教育免费进程，积极发展农村学前教育。建立健全农村医疗卫生服务网络，向农民提供安全价廉的基本医疗服务。完善农村社会保障体系，逐步提高保障标准。加强农村公共文化和体育设施建设，丰富农民精神文化生活。鼓励和支持连锁经营、物流配送、电子商务等现代流通方式向农村延伸，完善农村服务网点，支持大型超市与农村合作组织对接，改造升级农产品批发市场和农贸市场。

"十二五"规划开始利用城乡一体化发展的要求来引导城乡协调发展，全面缩小城乡差距。加快消除制约城乡协调发展的体制性障碍，促进公共资源在城乡之间均衡配置、生产要素在城乡之间自由流动。统筹城乡发展规划，促进城乡基础设施、公共服务、社会管理一体化。完善城乡平等的要素交换关系，促进土地增值收益和农村存款主要用于农业农村。严格规范城乡建设用地增减挂钩，调整优化城乡用地结构和布局，逐步建立城乡统一的建设用地市场。严格界定公益性和经营性建设用地，改革征地制度，缩小征地范围，提高征地补偿标准。完善农村集体经营性建设用地流转和宅基地管理机制。加快建立城乡统一的人力资源市场，形成城乡劳动者平等就业制度。加大国家财政支出和预算内固定资产投资向农业农村倾斜力度。深化农村信用社改革，鼓励有条件的地区以县为单位建立社区银行，发展农村小型金融组织和小额信贷，扩大农村有效担保物范围。认真总结统筹城乡综合配套改革试点经验，积极探索解决农业、农村、农民问题新途径。促进城乡劳动者平等就业，努力实现农民工与城镇就业人员同工同酬，提高农民工工资水平。发挥县域资源优势和比较优势，科学规划产业发展方向，支持劳动密集型产业、农产品加工业向县城和中心镇集聚，推动形成城乡分工合理的产业发展格局。统筹城乡公共交通一体化发展。促进义务教育均衡发展，统筹规划学校布局，推进义务教育学校标准化建设。实行县（市）域内城乡中小学教师编制和工资待遇同一标准，以及教师和校长交流制度。坚持以人为本、服务为先，履行政府公共服务职责，提高政府保障能力，逐步缩小城乡区域间基本公共服务差距。完善城乡最低生活保障制度，规范管理，分类施保，实现应保尽保。健全低保标准动态调整机制，合理提高低保标准和补助水平。加强城乡低保与最低工资、失业保险和扶贫开发等政策的衔接。健全覆盖城乡居民的基本医疗保障体系，进一步完善城镇职工基本医疗保险、城镇居民基本医疗保险、新型农村合作医疗和城乡医疗救助制度。

十一、"十三五"规划中的城乡融合发展①

"十三五"规划对于农业的保障更加完善。建立农业农村投入稳定增长机制。优化财政支农支出结构，创新涉农资金投入方式和运行机制，推进整合统筹，提高农业补贴政策效能。逐步扩大"绿箱"补贴规模和范围，调整改进"黄箱"政策。将农业"三项补贴"合并为农业支持保护补贴，完善农机具购置补贴政策，向种粮农民、新型经营主体、主产区倾斜。建立耕地保护补偿制度。完善开发性金融、政策性金

① 《中华人民共和国国民经济和社会发展第十三个五年规划纲要》，中国政府网，http：//www. gov. cn/xinwen/2016－03/17/content_5054992. htm。

融支持农业发展和农村基础设施建设的制度。推进农村信用社改革，增强省级联社服务功能。积极发展村镇银行等多形式农村金融机构。稳妥开展农民合作社内部资金互助试点。建立健全农业政策性信贷担保体系。完善农业保险制度，稳步扩大"保险＋期货"试点，扩大保险覆盖面，提高保障水平，完善农业保险大灾风险分散机制。

"十三五"规划为农业转移人口提供了更为安心的保障，进一步促进了农村劳动力转移。推进有能力在城镇稳定就业和生活的农业转移人口举家进城落户，并与城镇居民享有同等权利和义务。健全财政转移支付同农业转移人口市民化挂钩机制，建立城镇建设用地增加规模同吸纳农业转移人口落户数量挂钩机制，建立财政性建设资金对城市基础设施补贴数额与城市吸纳农业转移人口落户数量挂钩机制。强化地方政府推动农业转移人口市民化主体责任。维护进城落户农民土地承包权、宅基地使用权、集体收益分配权，并支持引导依法自愿有偿转让。促进农村富余劳动力转移就业和外出务工人员返乡创业。

"十三五"规划提出了城镇化建设的主要目标，提出建设城乡共同发展新格局。坚持以人的城镇化为核心、以城市群为主体形态、以城市综合承载能力为支撑、以体制机制创新为保障，加快新型城镇化步伐，提高社会主义新农村建设水平，努力缩小城乡发展差距，推进城乡发展一体化。推动新型城镇化和新农村建设协调发展，提升县域经济支撑辐射能力，促进公共资源在城乡间均衡配置，拓展农村广阔发展空间，形成城乡共同发展新格局。

"十三五"规划对于农村地区的各类市场建设更为重视。加快建立城乡统一的建设用地市场，在符合规划、用途管制和依法取得前提下，推进农村集体经营性建设用地与国有建设用地同等入市、同权同价。加强农产品流通设施和市场建设，完善农村配送和综合服务网络，鼓励发展农村电商，实施特色农产品产区预冷工程和"快递下乡"工程。深化供销合作社综合改革。创新农业社会化服务机制。依托优势资源，促进农产品精深加工、农村服务业及劳动密集型产业发展，积极探索承接产业转移新模式，融入区域性产业链和生产网络。引导农村第二、第三产业向县城、重点乡镇及产业园区集中。扩大县域发展自主权,提高县级基本财力保障水平。

对于农村生产生活条件的改善也提出了重要建议。全面改善农村生产生活条件。科学规划村镇建设、农田保护、村落分布、生态涵养等空间布局。加快农村宽带、公路、危房、饮水、照明、环卫、消防等设施改造。开展新一轮农网改造升级,农网供电可靠率达到99.8%。实施农村饮水安全巩固提升工程。改善农村办学条件和教师工作生活条件,加强基层医疗卫生机构和乡村医生队伍建设。建立健全农村留守儿童和妇女、老人关爱服务体系。加强和改善农村社会治理,完善农村治安防控体系,深入推进平安乡村建设。加强农村文化建设,深入开展"星级文明户""五好文明家庭"等创建活动,培育文明乡风、优良家风、新乡贤文化。开展农村不良风气专项治理,整治农村非法宗教活动等突出问题。开展生态文明示范村镇建设行动和农村人居环境综合整治行动,加大传统村落和民居、民族特色村镇保护力度,传承乡村文明,建设田园牧歌、秀山丽水、和谐幸福的美丽宜居乡村。通过改善从业环境和薪酬待遇,促进医疗资源向中西部地区倾斜、向基层和农村流动。

在城乡关系上,"十三五"规划更加注重协调发展。协调是持续健康发展的内在要求,重点促进城乡区域协调发展。继续以统筹发展和一体化发展的思想引领发展,统筹规划城乡基础设施网络,健全农村基础设施投入长效机制,促进水电路气信等基础设施城乡联网、生态环保设施城乡统一布局建设。把社会事业发展重点放在农村和接纳农业转移人口较多的城镇,推动城镇公共服务向农村延伸,逐步实现城乡基本公共服务制度并轨、标准统一。建立城乡统一、重在农村的义务教育经费保障机制,加大公共教育投入向中西部和民族边远贫困地区的倾斜力度。科学推进城乡义务教育公办学校标准化建设,建立国家基本公共服务清单,动态调整服务项目和标准,促进城乡区域间服务项目和标准有机衔接。

从"十一五"规划的统筹城乡发展到"十二五"规划的城乡一体化发展,再到"十三五"规划中沿袭"十一五"规划和"十二五"

规划的思想引领发展，政府在破除城乡二元分割格局的问题上重视，越来越致力于缩小包括城乡收入差距、消费差距，教育、医疗卫生、公路、电话、互联网、体育、文化、金融服务体系、生态环境等全方位的城乡差距。而对此做出的努力，毫无疑问地包含"城乡融合发展"的思想。

十二、"十四五"规划中的城乡融合发展[①]

"十四五"规划中有关城乡融合发展具体规划的 2035 年远景目标主要包括：基本实现新型工业化、信息化、城镇化、农业现代化，建成现代化经济体系，人均国内生产总值达到中等发达国家水平，中等收入群体显著扩大，基本公共服务实现均等化，城乡区域发展差距和居民生活水平差距显著缩小。

"十四五"规划中有关城乡融合发展具体规划的"十四五"时期的主要目标包括：农业基础更加稳固，城乡区域发展协调性明显增强，现代化经济体系建设取得重大进展。实现更加充分、更高质量就业，居民收入增长和经济增长基本同步，分配结构明显改善，基本公共服务均等化水平明显提高，全民受教育程度不断提升，多层次社会保障体系更加健全，卫生健康体系更加完善，脱贫攻坚成果巩固拓展，乡村振兴战略全面推进。

有关城乡融合发展规划的具体措施主要包括以下几点：一是坚持把解决好"三农"问题作为全党工作重中之重，走中国特色社会主义乡村振兴道路，全面实施乡村振兴战略，强化以工补农、以城带乡，推动形成工农互促、城乡互补、协调发展、共同繁荣的新型工农城乡关系，加快农业农村现代化。二是实施乡村建设行动。把乡村建设摆在社会主义现代化建设的重要位置。强化县城综合服务能力，把乡镇建成服务农

---

① 《中华人民共和国国民经济和社会发展第十四个五年规划和 2035 年远景目标纲要》，人民出版社 2021 年版。

民的区域中心。统筹县域城镇和村庄规划建设，保护传统村落和乡村风貌。完善乡村水、电、路、气、通信、广播电视、物流等基础设施，提升农房建设质量。因地制宜推进农村改厕、生活垃圾处理和污水治理，实施河湖水系综合整治，改善农村人居环境。提高农民科技文化素质，推动乡村人才振兴。三是深化农村改革。健全城乡融合发展机制，推动城乡要素平等交换、双向流动，增强农业农村发展活力。落实第二轮土地承包到期后再延长三十年政策，加快培育农民合作社、家庭农场等新型农业经营主体，健全农业专业化社会化服务体系，发展多种形式适度规模经营，实现小农户和现代农业有机衔接。健全城乡统一的建设用地市场，积极探索实施农村集体经营性建设用地入市制度。建立土地征收公共利益用地认定机制，缩小土地征收范围。探索宅基地所有权、资格权、使用权分置实现形式。保障进城落户农民土地承包权、宅基地使用权、集体收益分配权，鼓励依法自愿有偿转让。深化农村集体产权制度改革，发展新型农村集体经济。健全农村金融服务体系，发展农业保险。四是深化户籍制度改革，完善财政转移支付和城镇新增建设用地规模与农业转移人口市民化挂钩政策，强化基本公共服务保障，加快农业转移人口市民化。五是推进城乡公共文化服务体系一体化建设，创新实施文化惠民工程，广泛开展群众性文化活动，推动公共文化数字化建设。六是多渠道增加城乡居民财产性收入。完善再分配机制，加大税收、社保、转移支付等调节力度和精准性，合理调节过高收入，取缔非法收入。七是注重缓解结构性就业矛盾，加快提升劳动者技能素质，完善重点群体就业支持体系，统筹城乡就业政策体系。八是坚持教育公益性原则，深化教育改革，促进教育公平，推动义务教育均衡发展和城乡一体化。九是健全覆盖全民、统筹城乡、公平统一、可持续的多层次社会保障体系。推进社保转移接续，健全基本养老、基本医疗保险筹资和待遇调整机制。实现基本养老保险全国统筹，实施渐进式延迟法定退休年龄。

第三节 城乡融合发展规划的规律

新中国成立以来，我国城乡关系发展历经曲折，但自改革开放以后，城市和农村逐渐从二元分割格局走向城乡融合。只有更好地总结历史发展的经验和教训，才能为推动城乡融合发展提供更有力的理论支撑和实践遵循，其中以下几个重点城乡发展规律始终贯穿于我国城市、农村发展和改革的历史过程当中。

一、国家发展战略是影响城乡关系的关键因素

这里所谓"国家发展战略"指的是国家在某个时期制定的宏观总体发展目标。新中国成立伊始，基于对国情的考虑，中央提出："国家在过渡时期的总任务是逐步实现国家的社会主义工业化，逐步完成对农业、手工业和资本主义工商业的社会主义改造"，"实现国家的社会主义工业化的中心环节是发展重工业"。[①] 我国逐渐把经济建设的重心落到了建设重工业的问题上，导致了我国在经济发展过程中对工业和农业的重视程度逐渐拉开，中国进入了工业发展优先于农业发展的发展模式，形成了"农业哺育工业"的局面，工农产品"剪刀差"也因此而逐渐产生，农民、农村相对于市民、城市而逐渐成为在发展过程中获得红利较少或者说是牺牲的一方。尽管这种发展导向，对于当时社会生产力水平低下的中国是一种被迫之举，但正是这种"重工轻农"的发展导向，逐渐使城市与农村、市民与农民的地位和利益分割开来，"统购统销"制度、户籍制度等一系列限制城乡融合制度的实施，使得城乡二元分割格局的出现成为必然。

---

① 李富春：《关于发展国民经济的第一个五年计划的报告》，中国政府网，http://www.gov.cn/test/2008-03/06/content_910770.htm。

改革开放以后，我国以"农村家庭联产承包责任制"为基础拉开了全面改革的序幕，逐渐开始以经济建设为核心的发展目标放弃了集中力量发展重工业的目标。1992 年，党的十四大胜利召开，我国经济体制也由原本的计划经济体制向社会主义市场经济体制改革。在社会主义市场经济体制下，市场包含劳动力市场、资金市场、产品市场、服务市场等多种市场，市场在资源配置中起决定性作用。而要想全面进行社会主义市场经济体制改革，社会主义市场经济体制要想充分发挥市场的作用以推动经济增长，城乡二元分割格局就是一个最大的障碍。从经济的角度来看，首先，城市化作为我国的一个发展目标，其实现必须伴随着工业化进程。同样，反过来，工业化也伴随着城市化发展。因此，要想实现城市化的发展目标，必须要充分发挥城市化经济和工业发展中需要的集聚经济和规模经济等。其次，由于长期的城乡二元分割格局，农村所掌握的生产要素，尤其是资金、技术等生产要素严重匮乏，农村地区的生产力严重低下。农村的发展需要先进生产力，这就需要城市的剩余要素能够流向农村。从人的角度来看，由于长期以来的户籍制度限制，城乡居民保障严重不平衡，"以人民为中心"的发展目标要求我们必须为农民提供切实的保障，缩小城乡居民公共服务差距。

因此，从国家发展导向来看，国家制定的发展目标，决定了之后一段时间或短期、或长期内的城乡关系，只有正确地认识到城市和农村今后的发展目标，才能正确处理城乡关系。城乡二元分割格局早已成为我国经济发展的桎梏，无论是社会主义市场经济体制改革的需要还是"以人民为中心"发展的要求，城乡二元格局急需破除，推动城乡关系由分割走向融合是必然之举，必须全面推动城乡融合发展。

二、制度优化与创新是影响城乡关系的重要因素

制度是国家以发展为目标在各个领域具体的政策安排，是反映国家发展导向的具体而详细的内容。如果说国家发展导向是影响城乡关系的根本因素，那么制度就是影响城乡关系的直接因素。具体来看，涉及我

国城乡关系演变的具体制度,大概包括统购统销制度、人民公社化、影响人口流动的户籍制度、土地制度等。

(一) 改革开放之前的制度安排 (1949~1978 年)

第一,统购统销制度。1953 年 11 月,中共中央做出《关于在全国实行计划收购油料的决定》。同月,政务院发布《政务院关于实行粮食的计划收购和计划供应的命令》。1954 年 9 月,政务院发布《关于实行棉花计划收购的命令》。1957 年 8 月,国务院发布《关于由国家计划收购(统购)和统一收购的农产品和其他物资不准进入自由市场的规定》。该《规定》提出将烤烟、黄洋麻、苎麻等重要农产品,集中产区的重要木材,38 种重要中药材,供应出口的苹果和柑橘,若干产鱼区供应出口和大城市的水产品由国家委托国营商业和供销合作社统一收购。同时,该《规定》提出将废铜、废锡、废铅、废钢实行国家统一收购。自此,我国确立了完善的以农产品为主要对象的统购统销制度。

还需要注意的是,该《规定》中提出计划收购任务完成以后,才允许农民把自己留用的粮食、油料、棉花在国家粮食市场和国家领导的其他市场上出卖。可见,国家实行统购统销的对象并不是农民的剩余劳动产品,而且,在国家进行收购时,收购价格往往很低,这一系列措施都在一定程度上降低了农民的生活水平,然而同时期发展工业是国家的经济发展重心,这也加深了工业和农业的矛盾。

第二,人民公社制度。1958 年 3 月,中共中央政治局成都会议通过的《关于把小型的农业合作社适当地合并为大社的意见》指出,在有条件的地方,把小型的农业合作社有计划地适当地合并为大型的合作社是必要的。1958 年 7 月,《红旗》杂志第 3 期《全新的社会,全新的人》一文明确提出把一个合作社变成一个既有农业合作又有工业合作基层组织单位,实际上是农业和工业相结合的人民公社,这是第一次在报刊上提出"人民公社"。同年 8 月,中共中央政治局在北戴河举行扩大会议,做出了《中共中央关于在农村建立人民公社问题的决议》。该《决议》指出建立人民公社首先是为了加快社会主义建设的速度,我们应该积极地运用人民公社的形式，摸索出一条过渡到共产主义的具体途径。

以"一大二公"为主要特点的人民公社化制度，严重地影响了农民的生产积极性，制约了农村生产力和经济的发展。尽管中央在后来认识到了人民公社的错误，但人民公社制度仍然在一定程度上推动了城乡的分离。

第三，户籍制度。1953 年 4 月，政务院发出《关于劝阻农民盲目流入城市的指示》，规定未经劳动部门许可或介绍者，不得擅自去农村招收工人。1957 年 12 月，中共中央、国务院联合发布《关于制止农村人口盲目外流的指示》，指出农村人口大量外流，不仅使农村劳动力减少，妨碍农业生产的发展和农业生产合作社的巩固，而且会使城市增加一些无业可就的人口，也给城市的各方面工作带来不少困难。要求各地采取多种方法把人口留在农村。1958 年 1 月，第一届全国人大常委会第 91 次会议通过了《中华人民共和国户口登记条例》，把人口分为城市户口和农村户口两大类，并严格限制城乡之间的迁徙。同时，该《条例》第十条规定："公民由农村迁往城市，必须持有城市劳动部门的录用证明，学校的录取证明，或者城市户口登记机关的准予迁入的证明，向常住地户口登记机关申请办理迁出手续。"

这种户籍制度的实施，从根本上改变了人口迁徙的程序，阻碍了劳动力的流动，城市与乡村的分离进一步拉开。

在优先发展重工业的发展方式下的一系列制度安排，使我国国民经济水平显著提高，但对农业发展的不重视和一系列存在问题的制度安排，逐渐使工农产品价格的"剪刀差"扩大。逐步建立起来的统购统销制度、人民公社制度和户籍制度互相支撑，阻碍了生产要素和社会产品在城市与乡村之间的流动，造成了生产要素、社会产品、基础设施和生活服务等方面在城市与乡村之间的分离，城乡二元结构由此逐步形成。

（二）改革开放到党的十六大期间的制度安排（1978～2002 年）

在这一时期内，政府对于处理城乡关系有了比较正确的认识，陆续出台过多个针对不同方面改革的政策，以调节城乡关系，改善城乡二元结构。以下选取与前面所述的统购统销制度、人民公社制度和人口流动问题相关的政策来讨论这一时期内的城乡关系演变轨迹。

第一，统购统销制度改革。1978 年召开的党的十一届三中全会提出了只有大力恢复和加快发展农业生产，逐步实现农业现代化，才能保证整个国民经济的迅速发展，才能不断提高全国人民的生活水平。自此开始放开对农产品的统购统销。1985 年中央一号文件提出，从 1985 年起，除个别品种外，国家不再向农民下达农产品统购派购任务，按照不同情况，分别实行合同定购和市场收购，如果市场粮价低于原统购价，国家仍按原统购价敞开收购，保护农民的利益，其他统购派购产品，也要分品种、分地区逐步放开。

第二，人民公社制度改革。1982 年中央一号文件指出，目前实行的各种责任制，包括小段包工定额计酬，专业承包联产计酬，联产到户，包产到户、到组，包干到户、到组，等等，都是社会主义集体经济的生产责任制。联产承包制的运用，可以恰当地协调集体利益与个人利益，并使集体统一经营和劳动者自主经营两个积极性同时得到发挥。1983 年 10 月，中共中央、国务院发出《关于实行政社分开建立乡政府的通知》指出，随着农村经济体制的改革，现行农村政社合一的体制显得很不适应。并提到当前的首要任务是把政社分开，建立乡政府，同时按乡建立乡党委，并根据生产的需要和群众的意愿逐步建立经济组织。

第三，人口流动问题。1983 年 12 月，国务院发布的《关于严格控制农村劳动力进城做工和农业人口转为非农业人口的通知》中指出，要采取有效措施，严格控制农村劳动力进城做工和农业人口转为非农业人口。尽管之后在 1985 年中央一号文件中提出可以在各级政府统一管理下，允许农民进城开店设坊，兴办服务业，提供各种劳务，在一定程度上促进了农村人口流动，但之后出台的《关于严格控制民工盲目外出的紧急通知》《全民所有制企业招用农民合同制工人的规定》《农村劳动力跨省流动就业管理暂行规定》又限制了农村人口流动。1993 年 11 月，党的十四届三中全会通过的《中共中央关于建立社会主义市场经济体制若干问题的决定》中指出，逐步改革小城镇的户籍管理制度，允许农民进入小城镇务工经商，发展农村第三产业，促进农村剩余劳动力的转移。自此之后，农村人口流动逐步放开。

除上述政策之外，政府还出台了诸如建立统分结合的双层经营体制、兴办乡镇企业、开设农产品批发市场等提高农村生产力、缩小城乡差距、扩大城乡经济交往、促进要素流动的相关政策，这都在一定程度上为破除城乡二元结构起到了重要作用。

（三）党的十六大至今的制度安排（2002 年至今）

真正认识到我国社会中存在着城乡二元结构，并开始调节城乡二元关系开始于党的十六大之后。党的十六大报告中指出，城乡二元经济结构还没有改变，进一步提出统筹城乡经济社会发展，建设现代农业，发展农村经济，增加农民收入，是全面建设小康社会的重大任务。党的十六届三中全会通过的《中共中央关于完善社会主义市场经济体制若干问题的决定》要求建立有利于逐步改变城乡二元经济结构的体制。

党的十七大报告中指出，统筹城乡发展，推进社会主义新农村建设。解决好农业、农村、农民问题，事关全面建设小康社会大局，必须始终作为全党工作的重中之重。要加强农业基础地位，走中国特色农业现代化道路，建立以工促农、以城带乡长效机制，形成城乡经济社会发展一体化新格局。党的十七届三中全会通过的《中共中央关于推进农村改革发展若干重大问题的决定》提出，把加快形成城乡经济社会发展一体化新格局作为根本要求，必须统筹城乡经济社会发展，始终把着力构建新型工农、城乡关系作为加快推进现代化的重大战略。

党的十八大报告中指出解决好农业农村农民问题是全党工作重中之重，城乡发展一体化是解决"三农"问题的根本途径。要加大统筹城乡发展力度，增强农村发展活力，逐步缩小城乡差距，促进城乡共同繁荣，加快完善城乡发展一体化体制机制，着力在城乡规划、基础设施、公共服务等方面推进一体化，促进城乡要素平等交换和公共资源均衡配置，形成以工促农、以城带乡、工农互惠、城乡一体的新型工农、城乡关系。党的十八届三中全会通过的《中共中央关于全面深化改革若干重大问题的决定》中指出，城乡二元结构是制约城乡发展一体化的主要障碍。必须健全体制机制，形成以工促农、以城带乡、工农互惠、城乡一体的新型工农城乡关系，让广大农民平等参与现代化进程、共同分享现代化成果。

2017 年 10 月，党的十九大报告明确指出，要坚持农业农村优先发展，按照产业兴旺、生态宜居、乡风文明、治理有效、生活富裕的总要求，建立健全城乡融合发展体制机制和政策体系，加快推进农业农村现代化。这标志着新时代中国将加快城乡融合发展的步伐。2019 年 5 月，中共中央、国务院发布的《关于建立健全城乡融合发展体制机制和政策体系的意见》明确指出了建立健全城乡融合发展体制机制和政策体系的指导思想、基本原则和主要目标，规划了城乡融合发展的崭新路线图。2020 年 4 月，国家发展和改革委员会印发的《2020 年新型城镇化建设和城乡融合发展重点任务》中提出要"突出以城带乡、以工促农，健全城乡融合发展体制机制，促进城乡生产要素双向自由流动和公共资源合理配置"。

综上所述，具体的制度安排影响着城乡关系的演变，推动城乡由分割走向融合。

三、市场是城乡融合的核心推动力量

资源是稀缺的，市场是影响资源配置的决定性因素。如果认为，在新中国成立初期，不存在市场的作用，那"工农产品剪刀差"又何以形成？如果认为，在改革开放初期的计划经济体制下，不存在市场的作用，那又怎么解释乡镇企业的自发产生呢？可以说，在城乡二元分割的

格局下特别是实行社会主义市场经济改革之前，正是由于市场的作用，我国城市和农村才不至于彻底地割裂，市场在这种"藕断丝连"的状态下起到了不可忽视的重要作用。而在实行社会主义市场经济改革之后，市场在资源配置中逐渐起到了决定性作用，市场逐渐成为推动城乡由分割走向融合的重要推动力。

前面大致谈了关于城市化经济和农村经济的一些问题，这里从市场推动城乡融合的角度，从几个方面进一步展开：

第一，从产品价格方面谈城乡关系的对立。新中国成立之后很长一段时间内（尤其是"九五"计划之前，形成了鲜明的"工农产品剪刀差"），优先发展重工业的战略，要求国内集中资源向工业产业转移，从区域主体来看，一个要求就是集中农村剩余资源向城市转移。但由于我国工业积累薄弱，无法实现自身积累，就需要政府干预经济，具体表现为：压低农村剩余农业产品价格，抬高城市工业产品价格，一方面扩大工业积累，另一方面阻止工业积累向农村地区转移。我国的工业体系在这样的"工农产品剪刀差"下逐渐建立，而正是"工农产品价格剪刀差"造成了工业产品和农业产品在国民经济中的不平等地位，这种经济上的不平等地位，又逐渐带来了城市与农村、市民与农民地位的不平等。

第二，乡镇企业是市场力量作用的产物。改革开放拉开了我国经济改革发展的序幕，我国经济体制仍然是原有的计划经济体制，但在一些领域，政府采取"不提倡也不反对"的态度，正是在这个背景下，乡镇企业这样具有市场经济特征的经济得以发展。尽管"七五"计划就提出要发展乡镇企业，尽管当时乡镇企业发挥的很大作用是吸收农村剩余劳动力，以阻止剩余劳动力向城镇流动。究其原因，乡镇企业的发展得益于农村家庭联产承包责任制改革极大地提高了农业生产力水平。农村生产力水平的提高带来了两个主要结果：一是农业经济剩余增加，为当时的社队企业发展提供了必要的资本原始积累。二是农业劳动生产率提高使压抑良久的农业劳动力剩余由隐性转为公开化，仅限于农业内部的结构分化已不足以解决劳动力剩余问题，需要有农业以外的就业门路（张晓山，2018），然而在当时的户籍制度管制下，农村剩余劳动力是不能自由向城市流动的。另外，城市经济发展面临着资金充裕但劳动力不足的情况。因此，一面是"钱找人"，另一面是"人找钱"，可农村人口又必须"离土不离乡"，如此一来，只能是城市的资金向农村地区倾斜，逐渐地形成乡镇企业。总的来看，乡镇企业的发展靠的就是市场机制。乡镇企业的生产一方面靠农村的剩余劳动力，另一方面靠城市的剩余资金，由于市场的存在，要素才得以在这块土壤上聚集。

第三，城乡融合发展是社会主义市场经济体制改革的必然要求。城市的形成源于要素在地理区位上的集聚，这种集聚主要指的就是规模经济和集聚经济，另外地理区位的选择只是一个比较优势的问题。同样，工业化靠的也是规模经济和集聚经济（或者更进一步地靠集群经济）。因此，我们说城市化进程伴随着工业化进程，也可以反过来说工业化进程伴随着城市化进程。既然城市和工业的发展需要规模经济和集聚经济，那么必然最终会吸引城市外围剩余要素向城市集聚，所谓的城市外围就是指农村地区。这就要求存在某种力量，即市场的力量驱使农村剩余要素向城市流动，而不论是改革开放之前，抑或是改革开放后的一段时间，农村剩余要素靠着仅有微弱的市场力量难以支撑城市化和工业化的发展。就算开始社会主义市场经济改革之后，市场的作用仍然有限，无法作用城乡要素双向自由流动。因此，城乡融合发展是社会主义市场经济体制改革的必然要求，只有建立健全城乡融合发展体制机制，城乡间的市场尤其是要素市场才能有效建立起来，城乡间要素才能双向自由流动。当农村剩余要素能自由、大量地转移到城市之后，城市化经济和工业化进程才能更好地发挥优势，而农村也得以在城乡融合的过程中收益。这一切都源自市场对资源配置的作用。

除此之外，城乡融合发展也需要有政府引导的市场经济。例如，"十三五"规划中提出加快建立城乡统一的建设用地市场，推进农村集体经营性建设用地与国有建设用地同等入市、同权同价。健全集体土地征收制度……完善被征地农民权益保障机制。开展宅基地融资抵押、适度流转、自愿有偿退出试点。完善工业用地市场化配置制度。这种土地市场的逐步探索，正是在保障农民根本利益的基础上进一步促进着城乡融合发展。

四、城乡融合发展是城乡全方位的融合与发展

我国城乡二元分割格局不仅仅表现在经济层面上，这种分割是包括基础设施、教育、医疗、社会保障等全方位的。我国从"统筹城乡发展"到"城乡经济社会一体化发展"再到现在的"城乡融合发展"，努力的目标一直全方位缩小城乡差距，全方位推动城乡由分割走向融合。

"八五"计划提出乡村建设以集镇为重点，以乡镇企业为依托，建设一批布局合理、节约土地、设施配套、交通方便、文明卫生、具有地方特点的新型乡镇。有步骤地加强农村能源、交通等基础设施的建设。

"九五"计划提出加快市政公用事业发展。2000 年村镇自来水普及率达到 42%，加强乡村基础设施建设，加快农村能源商品化进程，推广省柴、节煤炉灶和民用型煤，形成产业和完善服务体系。因地制宜，大力发展小型水电、风能、太阳能、地热能、生物质能，重点加强农村特别是贫困地区的义务教育，农村养老以家庭保障为主，坚持政府引导和农民自愿，发展多种形式的养老保险，逐步建立城镇社会统筹医疗基金与个人医疗账户相结合的医疗保险制度。因地制宜地发展和完善不同形式的农村合作医疗保险制度，重点改善农村医疗卫生条件。加强农村基层卫生组织建设，完善县乡村三级医疗预防保健网，改善农村居民饮用水质量和卫生状况，2000 年农村改水受益人口达到 90%[①]，坚持以农村为重点、预防为主、中西医并重、依靠科技进步、为人民健康和经济建设服务的方针，积极发展卫生保健事业，实现人人享有初级卫生保健的目标。

"十五"计划提出要把调整产业结构与调整所有制结构、地区结构、城乡结构结合起来。坚持城乡统筹就业的改革方向，推动城乡劳动

---

① 《中华人民共和国国民经济和社会发展"九五"计划和 2010 年远景目标纲要》，中国人大网，http://www.npc.gov.cn/wxzl/gongbao/2001-01/02/content_5003506.htm。

力市场逐步一体化。完成农村电网改造，实现城乡用电同网同价。努力解决无电地区的用电问题。加强农村通信基础设施建设，降低农村电信资费，实现城乡通话费同价。"十一五"到"十三五"时期，对城乡全方位融合的努力则又进一步。

尽管从"六五"时期就注意到了要发展农村地区的教育、提高农村地区的医疗水平，发展农村地区的基础设施建设，但实际上，之前的认识，只是单纯的要发展，做不到缩小城乡差距的程度，那种改变并没有触及城乡关系的本质，而是将城市和农村处于一种相对孤立的状态来进行发展的。

而如今一系列政策措施，如"统分结合的双层经营体制""三权分置"、宅基地试点改革、农村集体经营性建设用地入市，以及农民工医疗保险、随迁子女教育问题等一系列涉及广大农民群体切身利益的问题，是认识到了城市与农村之间需要全方位的互动，促进了城市和农村各要素之间的双向互动，是正确认识城乡融合发展是全方位的融合与发展的正确表现，这也是城乡融合发展的必然要求。

五、城乡融合是一个长期的融合过程

我国城乡二元分割格局是在当时特定的社会历史背景下建立起来的，同样，城乡之间若想全方位缩小差距实现城乡融合发展也不可能一蹴而就，是一个长期探索、发展的过程，正所谓久久为功。

我们以城乡融合发展最基本的要求——农业劳动力转移为例，纵观发达国家经验，将农业劳动力份额下降到10%以下，城市化水平提升至超过70%，美国用了80年，法国则用了119年时间，才基本实现城乡融合（刘俊杰，2020）。我国自2011年城镇人口首次超过农村人口（2011年城镇人口占比约为51.27%）之后，人口城镇化的速度呈现出递减的趋势，2019年农业人口比重刚突破40%——约为39.4%。[①]

---

① 国家统计局，https：//data. stats. gov. cn/easyquery. htm？cn = C01。

以农村最基本的生产问题来说明。从"八五"计划就提出了"要继续深化农村改革，稳定和完善以家庭联产承包为主的责任制，积极发展多种形式的社会化服务体系，逐步壮大集体经济实力，健全统分结合的双层经营体制"，在此之后，"双层经营体制"便一直作为我国农村的基本经营制度。尽管这种经营制度的优势仍没有充分发挥出来（虽然不排除确权等问题的影响），但不得不承认，农村的改革任重而道远。

从"八五"计划首次提出"统筹"城乡的思想至今也经历了接近30年，虽然取得了突飞猛进的进步，但仍然在各方面存在不同程度的短板，比如城乡居民的医疗、社保问题，进城务工人员随迁家属的安置问题等，仍在未来一段时间内得不到稳定、妥善的解决。因此，全面实现城乡融合发展仍然任重而道远。

六、城乡融合发展是实现城乡特色差异化发展

城乡融合发展是全方位的融合，全方位地缩小城乡差距，但这并非要实现城乡之间绝对的无差距，这既不现实也无必要。在实际改革过程中，也确实没有追求城乡之间绝对的平等。简而言之，从经济活动上来看，农业是一切经济活动的基础，不能抛弃农业的基础地位，在保证农业基础地位的原则上，将更多现代化要素注入传统的农业生产中，提高农业生产收益。例如，"十三五"规划中提出加强农产品流通设施和市场建设，完善农村配送和综合服务网络，鼓励发展农村电商，实施特色农产品产区预冷工程和"快递下乡"工程，这说明农村的发展有着其独特的发展规律，需要有针对性地解决问题；从保障人的发展的角度来看，因为农村与城市的生活、生存成本不同，我们允许农民与市民之间的保障存在差距，但这种差距应该仅限于基本生活层面，如消费层面。但当涉及生存层面，如医疗、教育等问题，我们应该极力缩小农村与城市的差距。例如，"十三五"规划中提出优先解决农村学生升学和参军进入城镇的人口，改善农村办学条件和教师工作生活条件，加强基层医疗卫生机构和乡村医生队伍建设。建立健全农村留守儿童和妇女、老人

关爱服务体系。加强和改善农村社会治理，完善农村治安防控体系，把社会事业发展重点放在农村和接纳农业转移人口较多的城镇，推动城镇公共服务向农村延伸，逐步实现城乡基本公共服务制度并轨、标准统一，我国的改革确实是按照这个逻辑进行的——坚持特色问题特色解决，最终实现共同富裕。

七、坚持党的集中统一领导才能实现城乡融合发展

实践已经证明，制度是影响城乡关系的直接因素。"党政军民学、东西南北中"党是领导一切的，坚持党的集中统一领导、集中力量办大事是我国国家制度和国家治理体系的显著优势，也是中国特色规划制度最突出的特色。这集中体现在党中央关于"五年"规划的"建议"上。习近平同志指出，"党的建议主要是管大方向、定大战略的"，"对'十四五'和2035年经济发展目标采取以定性表述为主、蕴含定量的方式。编制规划《纲要》时可在认真测算的基础上提出相应的量化指标"[1]。具体来说，"建议"是"纲要"的基础，"纲要"是年度计划的基础，先有"建议"后有"纲要"和年度计划。"建议"是方向性、战略性的，以定向为主；"纲要"是轮廓型、粗线条的，定性与定量相结合；年度计划是具体的、细线条的，主要以定量为主。在这三者关系中，党中央的集中统一领导是决定性的。同时，要把党的领导贯穿到规划实施的各领域和全过程，确保党中央的重大决策部署在规划期内得到认真贯彻落实。[2] 只有坚持党的全面领导才能实现制度创新，只有在党的领导下全面深化改革，推动制度创新，才能推动城乡融合发展。考虑十四个"五年"规划实施历程，我们必须坚持党的集中统一领导才能作出科学的城乡发展规划，才能将城乡融合发展思想付诸实践，才能全方位缩小

---

① 《中共中央关于制定国民经济和社会发展第十四个五年规划和二〇三五年远景目标的建议》，人民出版社2020年版，第54页。

② 林木西：《中长期规划是中国共产党治国理政的重要方式》，载于《经济学动态》2021年第5期，第31~40页。

城乡差距，实现真正的城乡融合发展。

第四节　城乡融合发展规划展望

2020 年 10 月，党的十九届五中全会通过的《中共中央关于制定国民经济和社会发展第十四个五年规划和二〇三五年远景目标的建议》中强调："坚持把解决好'三农'问题作为全党工作重中之重，走中国特色社会主义乡村振兴道路，全面实施乡村振兴战略，强化以工补农、以城带乡，推动形成工农互促、城乡互补、协调发展、共同繁荣的新型工农城乡关系，加快农业农村现代化。"又进一步提出"健全城乡融合发展机制，推动城乡要素平等交换、双向流动，增强农业农村发展活力。必须要坚持建立健全城乡融合发展体制机制，在具体实施过程中，要更加善于总结规律、利用规律，用以前的实践来引导实践。"①

一、创新城乡融合发展体制机制

制度是影响城乡关系的直接因素，只有实现制度创新才能改善城乡关系，才能推动城乡融合发展。何以推动制度创新？唯有深化改革。只有全面深化改革，才能有动力推动制度创新。必须用改革的办法破除这些阻碍城乡之间要素和资源合理流动的体制机制。要进一步改革户籍制度，在继续支持符合条件的农村居民在城市落户的基础上，还应该发展以县域经济为核心的中小城市，解决更大部分农民的市民化问题（吴丰华、韩文龙，2018）；要打破城乡之间的基础设施、公共服务和社会保障等二元体制，全方位缩小城乡差距，构建城乡均等的基础设施、公共服务和社会保障体系。对乡村供水、垃圾污水处理和农贸市场等有一定

---

①《中共中央关于制定国民经济和社会发展第十四个五年规划和二〇三五年远景目标的建议》，中国政府网，http://www.gov.cn/zhengce/2020 - 11/03/content_5556991.htm。

经济收益的设施,政府加大重视程度,积极引导社会资本进行投资建设,并引导农民投入;对乡村供电、电信和物流等经营性为主的设施建设,政府应采取措施,吸引经营性企业进行投资建设。推动优质公共服务向农村延伸,建立普惠共享、统筹城乡的公共服务一体化机制。健全农村教育资源配置机制、医疗卫生服务体系,提高农村的社会保障和社会救助水平;要打破城乡之间生态和文化隔离状态,构建城乡一体的生态文明和精神文明共享机制。推进城乡融合发展,应加强农村基础设施建设,实现城乡基本公共服务均等化,只有如此,才能为城乡融合发展提供基本的物质保障。加强农村基础设施建设也是发达国家农村发展的基本经验。在基础设施建设方面,政府应把城乡作为一个整体进行规划,并将城市基础设施不断向农村延伸。政府应重点加强乡村的交通、信息技术、物流网为重点的基础设施建设,合理规划布局农村交通网络,打通"断头路""瓶颈路",实现城乡路网的有效流通与衔接;应加大政府资金投入与技术支持,利用"互联网+"技术,加强乡村物流网络建设,提升网点覆盖率,促使城乡物流融汇共通。与此同时,政府应将实现基本公共服务均等化作为促进城乡融合发展的关键环节,着力解决城乡医疗教育等公共服务方面的差距。一方面,政府要加大资源倾斜力度,改变财政投资的城市偏向政策,使财政真正成为公共财政,重点强化对乡村医疗教育等公共服务方面的财政资金投入与政策支持,提高基本公共服务供给效率,满足农村基本公共服务建设的资金需要。同时,充分发挥社会资本的作用,实现政府投资与社会资本的有机结合。另一方面,应建立完善城乡教育、医疗卫生等公共资源均等化配置机制,通过机制创新和完善,为城乡公共服务均等化提供保证(曲延春,2020)。

二、加快以人为中心新型城镇化步伐

城镇和乡村是共生共存、互促互进的。要想将我国建设成为富强民主文明和谐的社会主义现代化强国,必然要求我们建设现代城市和现代乡村，正如《中共中央关于制定国民经济和社会发展第十四个五年规划和二〇三五年远景目标的建议》中提出的，到 2035 年实现新型工业化、信息化、城镇化、农业现代化，建成现代化经济体系。农业是国民经济的基石，没有农村的发展，城镇化就会缺乏根基；城镇化又是现代化的必由之路，是保持国民经济持续健康发展的强大动力，是解决"三农"问题的重要途径。

目前，我国社会、经济资源虽然高度向特大城市、大城市集中，但资源和要素继续投向大城市的效应正开始衰减，并带来了城市空间布局、经济结构不合理和资源环境承载力不匹配等问题，突出地体现在部分特大城市主城区人口压力偏大和城市病明显、中小城市集聚产业和人口不足、小城镇规模小、服务功能弱等方面。

实现以人为核心的新型城镇化，必然会发挥各地方比较优势，加快中小城市和小城镇的发展，为大城市城市病提供解决办法，并会进一步辐射周边农村，提高农业转移人口落户意愿，尤其是在小城镇、中小城市的落户意愿。另外，以人为核心的新型城镇化所带来的溢出效应，必然会带动农村经济发展，带动乡村振兴。农村产业振兴起来了，农民收入就提高了，乡村治理体系和治理能力也会得以提高，从而会带动农村全面发展，城乡差距进一步缩小。因此，实现以人为核心的新型城镇化战略，会进一步推动城乡融合发展。

三、加快建立城乡有效率循环的大市场

城乡二元分割格局的一个体制机制弊端就在于割裂了城乡之间要素流动，城乡融合发展就是要建立起相应的体制机制来实现城乡间劳动力、资金、技术等要素双向自由流动。这就要求在城乡间形成有效的要素市场，只有依靠市场经济规律，依靠市场的力量，才能实现城乡要素双向自由流动，才能进一步缩小城乡差距。这仅仅是从改善城乡关系的角度上来分析城乡有效市场的必要性。

2020 年 5 月 14 日，在中央政治局常务委员会会议上习近平总书记

明确指出,要从供需两方面入手,通过深化供给侧结构性改革和发挥超大市场优势刺激内需,构建国内国际"双循环"相互促进的新发展格局。[①] 这是"双循环"新发展格局的首次提出。5月23日,习近平总书记在参加全国政协十三届三次会议时强调,要坚持用全面、辩证、长远的眼光分析当前经济形势,努力在危机中育新机,于变局中开新局。面向未来,我们要把满足国内需求作为发展的出发点和落脚点,加快构建完整的内需体系,逐步形成以国内大循环为主体、国内国际双循环相互促进的新发展格局,培育新形势下我国参与国际合作和竞争新优势;[②] 8月24日,在经济社会领域专家座谈会上,习近平总书记强调,坚持供给侧结构性改革,扭住扩大内需这个战略基点,使生产、分配、流通、消费更多依托国内市场,即以国内大循环为主体,但新格局并不是封闭的国内循环,而是开放的国内国际双循环。[③] 9月1日,中央全面深化改革委员会第十五次会议指出,加快形成以国内大循环为主体、国内国际双循环相互促进的新发展格局,是根据我国发展阶段、环境、条件变化做出的战略决策,是事关全局的系统性深层次变革。

作为"双循环"新发展格局的主体——国内大循环,它的作用我们在这里不做深入的探讨。我们从国内大循环的要求来看,国内大循环要求构建完整的内需体系,发掘国内市场需求,推动国内消费市场消费能力释放,让消费成为国家经济增长的核心动力之一;要求畅通国内生产、分配、流通、消费等各个环节,促进生产要素时空间自由流动,提高产品及服务水平,推动产业升级,深化供给侧结构性改革,以高质量供给满足需求,提升供给体系对国内需求的适配性,形成需求牵引供给、供给创造需求的更高水平动态平衡。

---

① 《中共中央政治局常务委员会召开会议 习近平主持》,共产党员网,https://www.12371.cn/2020/05/14/ARTI1589456962744308.shtml。

② 《坚持用全面辩证长远眼光分析经济形势努力在危机中育新机于变局中开新局》,人民网,https://baijiahao.baidu.com/s?id=1667521698308039268&wfr=spider&for=pc。

③ 习近平:《在经济社会领域专家座谈会上的讲话》,载于《人民日报》,2020年8月25日。

因此，从国内大循环的建设来看，城乡间有效市场的形成是十分必要的，尤其是城乡间产品和服务的需求市场，对于国内大循环的建设尤为重要。我国当前社会主要矛盾是"人民日益增长的美好生活需要和不平衡不充分的发展之间的矛盾"，这个矛盾在城乡间的反映就是农民对于能够得到的商品和服务与自己想要的商品和服务之间的不匹配，就是说农民现在有意愿购买好的商品和服务但却买不到，这样的内需市场是有需求但却满足不了需求的，即存在供需错配。因此，如果能够打通城乡壁垒，建立城乡间有效市场，对于构建完整强大的内需体系、扩大内需市场、构建国内大循环具有十分积极的作用。

四、推动城乡治理体系和治理能力现代化

城乡融合发展就是要彻底破除城乡二元分割的格局，因此从建设我国治理体系和治理能力现代化的角度来看，城乡融合发展对推动城乡治理体系和治理能力现代化具有十分积极的作用。

尽管从经济总量上来看，第一产业在国民经济中的比重逐年下降，但从政治和安全的角度来看，乡村基础地位和农业在国民经济中的基础地位仍不可动摇。乡村治理作为一种基层治理，是国家治理体系的基础，具有不可替代的作用。因此，在城乡融合发展的过程中，农村地区的治理体系和治理能力必然会受到更多的政策支持或要求，更有利于将农村治理纳入国家治理体系中更为重要和突出的位置，在处理"空心村"等问题的时候，更会避免"治理真空"的情况。在治理领域方面，推动城乡融合发展结果就是城乡经济、社会、生态、文化等各方面协同发展。基于此，城乡规划一体化可作为打破城乡分割管理体制的突破口，更有利于在规划制定的过程中充分协调各方利益，提升农民群体话语权和利益的保障。

在农村生态环境治理方面，由于生态环境治理是典型的公共产品，因而政府应发挥重要主体作用，将农村生态环境保护与城市环境保护放在同等重要位置，加大财政投入力度，以生态宜居为目标，以农村垃圾

集中处理为突破口,推进乡村人居环境整治,提升农村生态文明建设水平。同时,在农村环境治理中,可以采取垃圾付费制度和环境治理付费制度,完善财政补贴和农户付费合理分担机制,积极鼓励农民加入乡村生态治理队伍中。另外,要坚持可持续发展理念,将技术工程的末端治理与生产生活的源头控制相结合(杜焱强,2019),通过加强宣传教育,培养农民保护乡村生态的环保意识,使其认识到绿水青山的重要性;通过宣传教育,使环保意识在农民当中不仅内化于心,而且外化于行,自觉保护生态环境(曲延春,2020)。增强村级组织开展公共管理、提供公共服务的功能。顺应乡村治理主体和客体的深刻变化,发挥自治、法治、德治各自在乡村治理中的优势。发挥农村集体经济组织在乡村治理上的资源整合优势,探索发展农村社区综合合作,提升农民的自我组织、自我管理、自我服务能力。

五、加快提升农村产业现代化水平

全面实施乡村振兴战略,是我国当前及今后"三农"工作的重点任务,其中一个重要内容就是农村产业振兴。若想持续、快速、高质量地促进乡村振兴,必须顺应农业农村发展的结构性、趋势性、转折性变化,充分发挥工业化城镇化深入发展产生的辐射作用,充分利用社会主要矛盾变化为彰显农业多种功能和乡村多元价值带来的历史机遇,充分遵循城镇化和乡村发展规律,以瞄准城乡市场需求为基础,以农业供给侧结构性改革为主线,以发展乡村"三新"经济和提升乡村生活品质为抓手,促进城乡产业合理分工和耦合互动,推动农村产业全面振兴。

围绕城乡居民对高品质农产品的需求,促进农业绿色化发展、规模化经营,提高农业生产的技术化水平,推动农业高质量发展;鼓励当地特色农产品品牌化,培育农产品的品质和品牌优势,提升农业的品质和品牌溢价,培育品质消费的市场文化,发挥品牌和认证的增信作用,推进农产品区域公用品牌建设,提升国内绿色、有机农产品认证的权威性和影响力;着力提升农产品质量安全水平,着力提升农业的价值创造和市场竞争能力。

围绕城乡居民对乡村新功能的需求,针对"人民对美好生活的向往",瞄准城乡居民对乡土风情、生态环境等方面的需求,促进乡村经济产业多元化,大力发展乡村新产业、新业态、新商业模式。强化城乡供需互动性,以城镇消费需求升级推动乡村产业结构调整。创新产业链组织连接模式,以新商业模式增强消费端与生产端的信息互动,以消费端的升级带动乡村产业质量品质的提升。促进乡村特色资源融合第三产业,有针对性地开发农村生态休闲、观光采摘、农耕文化体验、健康养老、民宿美食、户外探险、民族风情等新兴产业,通过为城市消费者提供丰富的体验创造新的产业价值。强化城乡产业互联性,形成城乡合理分工、有机融合的产业体系。依托乡村低密度、低成本优势有选择地承接城市无污染生产环节的转移。通过与城市产业链的分工协作、紧密互动,创造更丰富的乡村产业形态,拓展农村居民增收渠道。建立合理、共享的利益联结与收益分配机制,保护农民对乡村农业、生态、文化资源的所有权与收益权,促进乡村本地就业(叶兴庆等,2020)。

第九章

"一五"至"十四五"时期
宏观调控规划

第一节 宏观调控的内涵与外延

一、宏观调控内涵

在政府理论和社会层面，对"宏观调控"内涵的理解和界定并不规范和统一，物资部政策研究司认为宏观调控是指在国民经济和社会发展计划指导下，国家有关主管部门对全社会生产资料生产和流通进行法律、经济和行政方面的调节和控制。《理论与对策》课题组（1990）认为宏观调控是指国家对国民经济运行的调节与控制，是宏观经济管理的主要内容。徐澜波（2014）认为规范意义的宏观调控是政府以再生产需求总量调节方式、以经济总量所内含的经济参数手段和工具间接地影响国民经济稳定发展的真正的宏观调控，规范意义上的"宏观调控"是宏观调控法治化的基础，需要以我国宏观调控法治化加以保障并以宏观调控基本法来加以肯定和固定。张勇等（2009）建立了宏观调控概念的一个理论框架，并认为宏观调控与西方主流宏观经济学中的政府干预有着根本不同，是中国特有的经济现象，其基础是转型期的经济现实，是政府对市场经济的中国式干预。冯文荣（1993）认为对市场经济进行宏观调控的必要性在于对市场经济进行宏观调控是实现国民经济总量平衡的客观要求。保持国民经济总量平衡，可以为国民经济持续、稳定、协调发展创造良好的宏观环境，防止国民收入超分配和通货膨胀，避免经济的大起大落，保证市场经济平衡有效运作。张国平（1994）对宏观调控的定义是，从国民经济全局出发去控制和调节经济的运行，控制和调节经济活动的总量及其大结构。它包括相互衔接的两个方面，即确定所要实现的经济活动总量的平衡，协调经济大结构及其实现一定的经济增长速度。宏观调控，是经济体制改革中应运而生的经济范畴。在此之前，宏观经济活动中长期使用的是"宏观经济管理""国民经济综合平衡"。张松孝、张延孝（1994）认为建立社会主义市场经济体制，就是要发挥市场配置资源的基础作用。张朝尊、曹新（1995）认为社会总供给和总需求的平衡是宏观调控的理论基础和基本目标。宏观调控机制的运用，就是政府运用各种经济杠杆对宏观经济的调控。因此，宏观调控机制运用的主要问题是正确处理政府宏观调控和市场机制的关系。贺铿（2005）认为由于凯恩斯主义的理论基石不稳，长期实施扩张财政政策有可能导致经济滞胀。宏观调控要坚持以经济手段为主，注意总量控制与平衡，重点是调整国民收入分配格局，生产格局主要由市场决定。张晓晶（2015）概括了宏观调控新常态的九大特征，并指出宏观调控新常态不是被动适应经济新常态，而是引领新常态的重要抓手。

　　总结发现，宏观调控是国家综合运用各种手段对国民经济进行的一种调节与控制，是保证社会再生产协调发展的必要条件，是国家管理经济的重要职能。在市场经济中，商品和服务的供应及需求是受价格规律及自由市场机制影响。市场经济带来经济增长，但会引发通货膨胀，而高潮后所跟随的衰退却使经济停滞甚至倒退，这种周期波动对社会资源及生产力都构成严重影响。因此宏观调控是着重以整体社会的经济运作，通过人为调节供应与需求；保持国民经济的适度增长率；合理调整产业结构；保持物价总水平的基本稳定；实现劳动力的充分就业；公平的收入分配；国际收支平衡。

二、宏观调控流派

国外学术界有关宏观调控政策主要分为两派。一派以亚当·斯密为主要代表人，认为最好的宏观经济政策是自由放任，市场不需要政府的干预和调控，一切由市场这只"看不见的手"进行资源的配置。20 世纪 60 年代，以弗里德曼为代表的新自由主义经济学认为政府在经济活动中仅需要维持和稳定自由市场经济正常运行即可。而以凯恩斯为代表的另外一派则认为由于存在市场失灵的状况，政府需要对市场进行宏观调控。国家运用财政政策和货币政策进行调控，其目的是应对经济危机，增加就业。20 世纪 40 年代末期，新古典综合学派提出宏观经济政策的目标是充分就业、物价稳定、经济增长和国际收支平衡。后凯恩斯学派在制定宏观调控政策时，主张重点干预分配，实现收入均等化，在调控政策的制定方面主张首选财政政策，并以货币政策为辅。20 世纪 80 年代末期，新凯恩斯主义强调货币政策的重要性，认为货币政策与财政政策相结合是有效宏观调控的基础。

王立勇（2008）将我国的宏观调控流派分为了八大流派。第一种是"货币供应量"流派，该流派认为货币供应量与产出、物价之间有很大的相关性，可以通过利率、再贷款、公开市场操作进行调节，且通过控制货币供应量可以控制社会资金的有效需求，因此该流派将货币供应量作为调控的中心手段与货币政策的中介目标。第二种是"利率"流派，该流派以利率作为调控的中心手段。西方宏观调控的实践证明，利率是宏观调控中最好的微调工具，容易把握调控的力度，可以摒弃地方政府对宏观调控的影响，同时将利率作为货币政策中介目标有利于与国际接轨，调整国际收支，防范国际套利活动。不过"货币供应量"流派并不否认利率在宏观调控中的作用，认为利率仍是调控经济的重要手段。第三种是"汇率"流派，汇率是唯一与国际收支直接相关、能够迅速反映国际收支变化情况及趋势的变量，以汇率作为中介目标，符合我国经济由外向型向内需主导型转向的发展战略。第四种是"点刹式"流派，该流派主张运用频繁点刹（微调）的方式控制经济增长的加速度，延长繁荣时间。第五种是"高位控制"流派，高位控制模式的宏观调控共分为三种阶段，第一阶段是在经济出现过热迹象时，及时采取中等力度的紧缩措施，制止经济增长率继续攀升，使之转为下降，第二阶段以微调为主，逐步降低紧缩力度，这样既可以防止经济大滑坡也能防止过热反弹，第三阶段是在经济增长率从下降转为上升后，以微调为主，逐步加大紧缩力度防止经济过快增长，将其稳定在潜在增长率附近。高位控制模式既吸收了西方国家的微调模式中的提前调控与微调的优点，又避免了由于调控力度过小而耽误调控时机的弱点。第六种是"钉住失业率"流派，该流派认为就业是经济增长的目标所在，其宏观调控的首要目标就是增加就业，并强调就业问题不仅是当前经济运行的突出问题，也是未来经济发展不可回避的主要矛盾之一。第七种是"钉住通货膨胀率"流派，这一流派的主要观点是稳定货币是经济发展的前提，且物价稳定有助于实现总供给与总需求的平衡，因此该流派把稳定物价作为宏观调控的首要目标。第八种是"行政干预"流派，该流派认为我国的基本国情决定了运用较多的行政手段将成为当前和今后一段时期宏观调控的基本特点，但"行政干预"流派并未否认经济手段的作用，而是认为在当前条件下，行政手段更有效。

国内对于宏观调控的研究大多集中于宏观调控周期研究、宏观调控政策目标研究、宏观调控政策协同性研究、宏观调控政策体系、宏观调控政策效果五个方面。

三、宏观调控周期

经济周期是市场经济条件下一种固有的现象，它通过市场的自我完善功能对经济进行调节，以达到经济活动的均衡。刘伟、蔡志洲（2005），卢嘉瑞、徐圣银（2002），于震等（2019），鲁政委、翟鹏霄

（2016），陈乐一、杨云（2016）等学者经研究发现，宏观经济政策、经济体制改革与银行预期的周期变动会影响经济周期产生波动，因此要通过宏观调控来保证国民经济的持续、稳定增长。

经济周期波动是固有的经济规律，其波动程度或剧烈或缓和，不会消失。将我国的宏观经济周期以 1978 年为界划分为两个时期，武飞（2012）认为第一个时期，经济发展呈现出增长时间短、衰退时间长且波动剧烈的特点；第二个时期，宏观调控方式逐步成熟，经济自我调节能力逐步增强，逐步呈现出增长时间长、衰退时间短且波动逐步平滑的特点。李标、陈姝兴（2014）认为我国经济周期波动呈现出"错配、扁平、延伸"的特征，其原因既有体制变迁和政策调控两个外在因素，也有供给、需求和经济结构优化三个内在因素。以结构性调控为主、总量调控为辅的调控方式是中国宏观调控的最大特色。李扬（2015）认为我们应结合实体经济的状况确定宏观调控的目标，增加政策的透明度和可信度。刘达禹等（2016）发现世界经济景气变动的影响仅具有短期效应，它是发达国家经济发展的必然趋势，但与我国经济转型的相关性较弱。

在我国实施的七轮宏观调控中，五轮治理经济过热或偏快，两轮防止经济衰退。肖炎舜（2017），高惺惟（2019），徐文舸（2020），刘磊、卢周来（2019）等学者发现我国经济周期与财政政策的调控具有阶段性，改革开放以来，中国经济波动具有经济波动幅度整体收窄、经济运行更具韧性、与全球经济波动的协同性增强的特征，此时区间调控是宏观调控政策首选。但当前我国经济发展正处于增长速度换挡期、结构调整阵痛期、前期刺激政策消化期"三期叠加"的时期，要通过实行宏观政策逆周期调节以稳定总需求。刘安长（2019）、董昀（2019）梳理了我国 70 年来的逆周期财政政策与宏观调控思想的演变脉络，表明中国在探索中逐步形成了中国特色宏观调控体系，它从来不是孤立的，而是经济政策总体框架的一部分，是正确处理改革、发展与稳定关系的重要抓手。中国的宏观调控思想和政策框架体系是决策者从国情出发，长期艰辛探索的产物。未来我们要客观看待财政政策对宏观调控目标的作用，正视财政政策的调控成本，重新界定政府在宏观调控中的作用边界，反思宏观调控的凯恩斯主义路径的经验借鉴，并对新一轮逆周期财政政策调控做出了展望。

虽然影响经济周期产生经济波动的因素有很多，但每一时期我国都会运用不同的工具进行宏观调控以保持经济的稳定。随着我国经济的不断发展，宏观调控体系不断完善，当前我国经济发展正处于增长速度换挡期、结构调整阵痛期、前期刺激政策消化期"三期叠加"的时期，未来宏观政策逆周期调节将成为保持经济稳定的主要手段。

四、宏观调控政策目标

刘道兴（2006）、左峰（2008）、葛兆强（2009）、陈佳贵等（2010）、杨东辉（2010）、刘瑞（2011）等学者通过结合当下经济现状认为我国宏观调控的首要目标是经济持续增长，物价稳定，充分就业，国际收支平衡，收入分配合理，人与自然和谐。面对新的发展阶段，在社会主义市场经济条件下，政府要结合中国国情，与时俱进，不断创新，进一步完善宏观调控体系。雷丙寅、周人杰（2012）研究发现宏观调控的目标关系到宏观调控体系的完善与宏观调控水平的提高。中国社会主义宏观调控的本质是"制度调控"与"政策调控"的有机结合，根本目标是通过总供给与总需求的平衡来不断满足社会主义初级阶段人民群众日益增长的物质文化需要与落后的社会生产之间的基本矛盾。韩学广、高亮（2013）认为随着我国经济升级和社会转型步伐不断加快，宏观调控由目标管理转向区间管理具有内在的逻辑必然性。马建堂等（2015）总结了新常态下我国宏观调控思路和方式的重大创新，主要包括：一是以全球眼光和战略思维，扛起新常态背景下"双中高"发展的历史重任；二是将区域调控与定向调控有机结合，既拓展了宏观调控目标，也提高了宏观调控的精准度；三是宏观调控和深化改革两手并举，拓宽了宏观调控的内涵；四是长处着眼和短期入手相结合，延展了宏观调控时空，形成了"总量+结构""需求+供给""短期+长期"的政策组合；

五是通过创新指标体系和利用大数据，提高了宏观经济监测能力。张杰、翟福昕（2014），刘伟、苏剑（2014），张霞、李成勋（2018），杨飞虎、杨洋（2020），陈彦斌、王佳宁（2017）等学者研究发现，现阶段我国经济增长面临着风险，在"新常态"下，我国应该深化供给侧结构性改革，适度降低经济增长目标，加快产业结构调整和自主创新，实行供给和需求双扩张的政策组合，同时理顺政府与市场的关系，以经济长期可持续发展为基点，不断调整优化经济结构。未来宏观调控还应加强各种工具之间的协调，从而进一步提高调控效率。丁守海（2020）认为未来我国宏观调控将面临三重任务，即坚守底线思维，防止经济失速；注重发展质量，严防调控风险；培育新动能，变韧性优势为发展优势。纪飞峰、于军党（2020）认为面对新冠肺炎疫情，我国短期可采取金融刺激手段。但全球疫情持续不退，国际政治经济格局发生较大变化，宏观调控要根据价格信号的反馈来及时调整，尤其要防止企业炒房再度加杠杆。同时，应通过加大开放力度、发展数字经济、推动乡村振兴等措施，调整并优化系统结构，确保我国经济金融系统在新形势下的稳定高效运行。

不同时期我国面临的宏观调控目标皆有所不同，从最初的经济持续增长，物价稳定，充分就业，国际收支平衡，收入分配合理四大基本目标到后来结合实际情况提出供给侧结构性改革，各种宏观调控工具相互协调，走出了与西方国家完全不同的具有中国特色的宏观调控之路。我国宏观调控一直在完善，近期新冠肺炎疫情的肆虐，使未来我国经济发展要转向国内，扩大内需，培育新动能，实现国内国际的经济双循环。

五、宏观调控政策协同

武一（2001），范炜、娄依兴（2005），闫坤、张鹏（2009），何代欣（2020）等学者发现财政政策和货币政策是国家宏观调控的两大主要工具，两者各具所长，运行时需要合理搭配，相互取长补短。单一地、过量地使用任何一种宏观调控工具对国民经济的可持续发展都是不经济的，甚至是有害的。现阶段要构建适度宽松的货币政策和积极财政政策搭配的总体框架，对外参与全球联合行动，实现政策协同，对内科学分析和控制矛盾，推行审慎微调。推进大国治理下的国际政策协调，健全应对不确定性风险的宏观调控体系。张龙（2020），吴娅玲、潘林伟（2020），周佰成等（2020），黄益平等（2019）这些学者们认为虽然不同阶段，宏观经济的趋势性和波动性特征不同。但货币政策量价工具均具有宏观经济调控功效，在不同阶段、不同目标和评价指标下，政策当局应合理使用量价工具，提高宏观调控有效性，同时，要配合各经济区自身定位实施差异性货币政策，注重宏观审慎双支柱调控作用，进一步优化地区产业结构，促进经济长期健康稳定增长。党的十九届四中全会提出健全宏观调控体系，要求财政、货币及其他政策协调。姚东旻、严文宏（2020），袁富华、张平（2019），王阳、牟俊霖（2018），徐宁、丁一兵（2020），陈彦斌（2020），陈创练、林玉婷（2019），许光建（2019）等学者重新构建财政政策的定义，消除定义模糊性，为政策协调提供理论基础。同时发现混合型货币政策规则更有利于促进宏观经济稳增长和金融系统防风险的共同实现。因此未来我国宏观调控要充分重视政策设计的结构性、综合性和前瞻性。

财政政策和货币政策是我国宏观调控的两大主要工具，同时还辅以产业、税收、价格等其他政策共同进行宏观调控。党的十九届四中全会中提出要重视政策设计的结构性，综合性和前瞻性，增强宏观调控的前瞻性、针对性与协同性以改善宏观调控。实现政策协同，有利于提高宏观调控有效性，促进经济长期健康稳定增长。

六、宏观调控政策体系

董昀（2020）、何自力（2020）、刘瑞（2020）等学者研究发现，改革开放以来，我国宏观调控成就斐然，我国把"调"与"控"两类工具有机结合起来，将宏观调控作为正确处理改革、发展、稳定关系的重要抓手，构建起中国特色宏观调控体系。宏观调控体系是国家治理体系的有机组成部分之一。我国的宏观调控形成于社会主义经济体制转轨时期，结合了社会主义基本经济制度属性和一般市场经济治理方式方法，具有二重性。党的十八大以来，我国宏观调控体系逐步发展，形成了以新常态为大逻辑，以高质量发展为根本要求，以供给侧结构性改革为主线，以"要稳"和"有度"为施策原则的政策框架。当前，我国经济已由高速增长阶段转向高质量发展阶段，以供给侧结构性改革为主线，推动高质量发展，是构建供给管理与需求管理有机统一宏观调控体制、实现宏观调控体制创新的根本要求。陈彦斌等（2016）发现我国宏观经济政策框架存在着以宏观调控之名行微观干预之实，宏观调控目标过于宽泛，货币政策处于从属地位，弱化了宏观经济政策的逆周期调节能力这三个明显的缺陷，导致其调控效率不高。因此，苏剑、陈阳（2019），何代欣（2020），王喆、汪海（2018），楚尔鸣、曹策（2018）等学者认为未来中国的宏观调控应以总供求模型为理论基础，更加重视市场环境管理和供给管理在宏观调控中的作用，注重经济增长的质量，重视创新在宏观调控中的作用。未来的财政政策优化，要注重提高政策绩效，致力于加快建立现代财税制度，推进大国治理下的国际政策协调，健全应对不确定性风险的宏观调控体系。新一轮的经济体制改革，要着力完善产权制度，实现要素市场化配置。重视顶层设计，尊重首创精神，着眼长远正确处理利益关系，创造包容性、宽容性、建设性和参与性的改革氛围。宗良、范若滢（2018）从"有效的市场和有为的政府"有机结合的角度，研究发现，宏观调控是政府作用的重要形式，是一个兼具供给侧和需求侧调控的动态体系，既对宏观经济的短期平衡有重要作用，同时也能从长期影响经济的潜在增长。陆怡（2020）认为构建一个具有中国特色、顺应时代潮流、符合国家治理要求的现代化宏观调控体系，需要注意五个方面的内容：一是要坚决维护宏观调控的权威性与严肃性；二是要深刻认识宏观调控的规律性与科学性；三是要准确把握宏观调控的时代性与问题性；四是要全面增强宏观调控的体系性与协调性；五是要审慎对待宏观调控的有效性与有限性。沈少川、郭克莎（2020），任保平、王思琛（2020），肖昊宸、张克非（2020），刘达禹等（2020）等学者多角度分析我国宏观调控体系现状，随着经济基本面的持续向好和发展任务要求的扩充与提高，中国经济已经从新中国成立初期到改革开放前的恢复性调整阶段，进入当前新常态下以供给侧结构性改革为中心的全方位战略性调整阶段。目前疫情对经济的冲击具有广泛性、长期性和实际效应，疫情导致的价格通胀和需求萎缩尤为值得关注，对此应采取适度扩张的货币政策，认识到加强宏观经济预期管理，完善我国宏观经济预期管理的政策思路的重要性。未来宏观调控也要遵循维护稳定的安全原则、保持增长的发展原则、改善民生的普惠原则三条政策原则。

在新时代背景下，要在更高起点、更高层次、更高目标上构建高水平社会主义市场经济体制，实现社会主义市场经济改革方向与高质量发展目标的有机统一。要构建更加系统完备的高水平社会主义市场经济体制，在"四个全面"战略布局中推进市场经济体制改革，发挥各项政策举措的联动效应，处理好政府和市场的关系，同时发挥好二者作用，加强社会主义市场经济的制度化、法治化和伦理道德体系建设。

七、宏观调控政策效果

刘伟（2014），余斌、吴振宇（2014），郭克莎、汪红驹（2015），张勇（2015），陈杰、王立勇（2015）等学者认为宏观调控是我国社会主义市场经济体系和运行机制的重要组成部分，其主要调控目标在于熨平经济周期波动，并将通货膨胀率稳定在目标范围之内。客观评价宏观调控的有效性有助于政府反思调控政策制定过程中的不恰当行为，不断改进宏观调控水平，更好地实现调控目标。随着我国经济发展进入上中等收入阶段，约束我国经济增长的宏观条件发生了深刻的变化。现阶段，我国经济增速已落入中高速的范围，结构也正发生积极变化，但经济运行仍处于向新阶段转换的时期。确保向"新常态"顺利过渡是现阶段宏观调控的重点任务。"新常态"下我国经济发展面临多重风险和挑战，也面临着新的机遇。在此情境下，宏观调控的整体思路需要根据情况的变化做出调整。刘凤义（2020）、杨振（2020）、何代欣（2020）、张新宁（2021）、李松龄（2021）等学者纷纷提出自己的观点，如供给侧结构性改革，积极有为的财政政策，推动有效市场和有为政府更好结合，有效的市场机制与有度的宏观调控。也有学者如许光建（2020）、宋瑞礼（2019）、高培勇（2019）、张琦（2019）、庞明川（2019）认为中国特色宏观调控有利的一面在于，当面临外部冲击时，政府可以动用一切能够动用的政策工具，将外部冲击导致的总需求下滑迅速调整到经济的潜在增长率水平，随着经济进入高质量发展阶段，我国丰富的高质量劳动力资源、广阔的国内市场、充满活力的新经济动能、日益增强的宏观调控能力以及改革开放以来积累的雄厚的物质基础，为实现经济高质量发展提供了充分的支撑条件。

宏观调控是我国社会主义市场经济体系和运行机制的重要组成部分，客观评价宏观调控的有效性有助于政府反思调控政策制定过程中的不恰当行为，从而更好地实现调控目标。现阶段，我国经济进入新常态，经济发展在取得丰富成果的同时也面临多重风险和挑战。在此情境下，宏观调控的整体思路也要调整。增长目标从速度型向质量型转变，激发市场活力，培育增长动力，切实完善社会保障制度，为可持续增长创造条件。只要我们按照习近平新时代中国特色社会主义思想的指引，继续深化改革、进一步扩大开放，就一定能够实现国民经济平稳健康可持续发展。

八、宏观调控政策发展阶段

自改革开放以来，我国宏观调控经历了大约 40 年左右的时间。关于宏观调控政策的发展阶段，不同的学者分类方法有所不同。方福前（2019），张平（2018），杨小勇、吴宇轩（2020），李云庆、蔡定创（2018），张霞、李成勋（2018），师博（2018），任保平（2020）等学者将改革开放 40 年来我国宏观调控思路的演进划分为计划调控、间接调控、政策调控和稳进调控四个阶段。这四种宏观调控思路分别对应的是计划经济体制、有计划的商品经济体制、社会主义市场经济体制和建设社会主义现代化强国的新时代，这些思路是随着改革开放不断深入而发展演进的。也有学者如张琦（2019），张龙、刘金全（2019），宋瑞礼（2018），陈彬（2016），李文溥、焦建华（2020），刘安长（2020），任保平（2020），易信（2018）从宏观经济思想转变，货币政策宏观调控框架的组成，以市场化改革为主线的各个时期宏观调控的探索实践和政策体系的形成历程，宏观调控工具的构建与转变，财政的演变等角度对宏观调控政策发展阶段进行归纳总结。

  总的来说，我国宏观调控政策大体经历了三个阶段。分别是计划经济条件下的直接调控阶段，计划与市场相结合条件下的宏观调控探索阶段和社会主义市场经济条件下宏观调控能力趋于科学化和现代化的新阶段。近年来，伴随我国经济发展的变化，宏观调控思路也由粗放式逐步转向精准式宏观调控。社会主义宏观调控的成功机理在于，在中国共产党的领导下，坚持社会主义基本经济制度、不断深化改革、尊重客观规律，财政、货币、区域、产业、土地政策间相互协调，未来宏观调控要统筹好宏观调控中稳与进的关系，统筹好经济增长速度与质量的关系，统筹好经济发展中总量与结构的关系，统筹好资源配置中政府与市场的关系，统筹好国内国外两个市场的关系。展望未来，我国的宏观调控将更加现代化、科学化、精准化、高效化，使国民经济各部门之间实际实现的比例更趋近于应有比例，从而为早日实现中华民族伟大复兴中国梦发挥更好、更重要的作用。

第二节　宏观调控规划的内容

一、"一五"计划中的宏观调控[①]

  第一个五年计划主要采取高度集中的计划调控，并统一财政收支、

---

  ① 李富春：《关于发展国民经济的第一个五年计划的报告》，中国政府网，http://www.gov.cn/test/2008-03/06/content_910770.htm。

金融、物资、现金进行社会主义改造，同时大力发展工业，特别是重工业。在工业化建设方面，优先发展重工业，集中主要力量进行以苏联帮助中国设计的156个建设项目为中心、由限额以上的694个建设单位组成的工业建设，建立社会主义工业化的初步基础，对重工业和轻工业进行技术改造；生产现代化的工业设备。

对农业、手工业、资本主义工商业实行社会主义改造。将农业从分散的落后的生产方式转变为集体的先进的生产方式，发展农业生产合作社，鼓励个体农民根据自愿的原则组织生产合作、供销合作和信用合作，在集体化和机械化的基础上生产更多的粮食和工业原料；个体手工业从个体经营逐步地转变为集体经营，走向合作化的道路。资本主义工商业方面，国家对资本主义工商业采取利用、限制和改造的政策。国家通过国家行政机关的管理、国营经济的领导和工人群众的监督，利用资本主义工商业的有利于国计民生的积极作用，限制它们的不利于国计民生的消极作用，鼓励和指导它们转变为各种不同形式的国家资本主义经济，逐步以全民所有制代替资本家所有制。也就是通过公私合营、加工订货、代销经销等方式将资本主义工商业逐步地纳入国家资本主义的轨道，为私营工商业的社会主义改造建立基础。

在保证市场稳定方面，国家采取保持财政收支的平衡，增加财政和物资的后备力量；发展城乡和内外的物资交流，扩大商品的流通；对供应不足的某些主要的工业农业产品，在努力增产的基础上逐步地实施计划收购和计划供应的政策。

二、"二五"计划中的宏观调控[①]

"二五"计划主要分为"大跃进"和调整时期两个阶段。

1956年编制的《关于发展国民经济的第二个五年计划的建议》中

---

① 《第二个五年计划简介》，中华人民共和国国史网，http：//www.hprc.org.cn/wxzl/wx-ysl/wnjj/diergewnjh/200907/t20090728_3954115.html。

阐述了"二五"计划的基本任务，虽然反映了广大人民迫切要求改变国家经济落后状况的普遍愿望，但是却用主观愿望代替实事求是的科学态度。由于计划严重脱离实际，指标过高，加之自然灾害和苏联撕毁合同，使国民经济严重比例失调，陷入困境。

1960 年 8 月，根据经济发展不平衡的情况，形成了"调整、巩固、充实、提高"的八字方针。1963 年 9 月，中共中央决定，为继续完成调整国民经济的任务，再用 3 年时间（1963～1965 年），作为今后发展的过渡阶段，为第三个五年计划的实施创造条件。

三、"三五"计划中的宏观调控①

1964 年 5 月中旬，中共中央在京举行工作会议，重点讨论国家计委提出的《第三个五年计划（1966－1970 年）的初步设想》。该《设想》提出的"三五"计划的基本任务从发展农业、加强国防建设、发展运输业、商业、文化教育和科研事业，使国民经济有重点、按比例地向前发展等几方面做出了计划。1965 年 9 月 12 日，第三个五年计划又重新进行修改，修改后的"三五"计划把国防建设放在第一位，并特别强调了必须集中国家的人力、物力、财力，把三线的国防工业等相配套工业逐步建立起来，使三线成为初具规模的战略后方。

"三五"计划的执行，受到"文化大革命"的严重干扰和破坏。但是，由于"三五"计划是在 3 年调整的良好基础上执行的，加上计划规定的指标留有较大的余地，到 1970 年，计划主要指标基本上完成和超额完成。但"三线"建设步子过急，给整个经济协调发展带来影响。

---

① 《第三个五年计划简介》，中华人民共和国国史网，http：//www. hprc. org. cn/wxzl/wx-ysl/wnjj/disangewnjh/200907/t20090728_3954116. html。

四、"四五"计划中的宏观调控①

1970 年 8 月 23 日~9 月 6 日，党的九届二中全会在庐山举行。会议将经过修改的"四五"计划纲要（草案）作为会议参考文件印发。纲要（草案）增加了要求实行基建投资、财政收支和物资分配三大包干等内容。该纲要确定的主要任务是狠抓战备，集中力量建设大三线强大的战略后方，改善布局；大力发展农业，加速农业机械化的进程；狠抓钢铁、军工、基础工业和交通运输的建设；建立经济协作区和各自特点、不同水平的经济体系，做到各自为战，大力协同；大力发展新技术，赶超世界先进水平；初步建成我国独立的、比较完善的工业体系和国民经济体系，促进国民经济新飞跃。

"四五"计划开始执行后，遭到了林彪、江青两个反革命集团的干扰破坏，1973 年 7 月 1 日，国家计划委员会根据中共中央工作会议对"四五"计划提出的意见，拟订了《第四个五年计划纲要（修正草案）》。修正案中主要修改的部分包括：适当改变了以备战和三线建设为中心的经济建设思想，提出有重点建设内地战略后方的同时，必须充分发挥沿海工业基地的生产潜力，并且适当发展；把发展农业放在第一位；把钢铁的品种、质量放在第一位；经济协作区由 10 个改为 6 个。同时，还对一些计划指标进行了调整。但是，由于当时的历史条件所限，对计划不可能实行有力的调整措施。"四五"期间，国民经济主要比例严重失调，经济效益不断下降，人民生活问题积累成堆。经修订的"四五"计划纲要规定的主要经济指标有近一半未能完成计划。

---

① 《第四个五年计划简介》，中华人民共和国国史网，http：//www. hprc. org. cn/wxzl/wx-ysl/wnjj/disigewnjh/200907/t20090728_3954117. html。

五、"五五"计划中的宏观调控[①]

《1976—1985年发展国民经济十年规划纲要》规定，"五五"和"六五"期间，发展国民经济的奋斗目标是：在1980年建成中国独立的比较完整的工业体系和国民经济体系；到1985年进一步完善全国的经济体系，各个部门的主要环节基本掌握现代先进技术，在全国基本建成六个大区不同水平、各有特点、各自为战、大力协同、农轻重比较协调发展的经济体系。由于经济建设指导思想急躁冒进，受"左"倾错误影响，该《纲要》规定的目标、任务，严重脱离国情、国力，具体指标规定偏高，自1978年下半年开始，进一步扩大了基本建设投资规模，加剧了国民经济比例失调。

1978年12月，党的十一届三中全会做出了把工作重点转移到社会主义现代化建设上来的战略决策，从指导思想上实现了拨乱反正。1979年4月5日~28日，中共中央召开工作会议，重点讨论经济调整问题。会议同意中共中央提出的"调整、改革、整顿、提高"的方针。会议决定，从1979年起要用3年时间进行调整，坚决把各方面严重失调的比例关系基本上调整过来，继续整顿好现有企业，积极、稳妥地改革工业管理和经济管理体制，使整个国民经济真正纳入有计划、按比例健康发展的轨道。会议对"五五"计划指标做了较大幅度的调整，提出在以后2年要压缩基本建设投资，降低重工业增长速度，努力发展农业、轻工业，逐步开展多种经营形式和开辟多种流通渠道，大力安置城镇青年就业，改善人民生活。1980年底国民经济主要比例关系开始逐步改善，生产和建设也取得较大发展。

---

① 《第五个五年计划简介》，中华人民共和国国史网，http://www.hprc.org.cn/wxzl/wx-ysl/wnjj/diwugewnjh/200907/t20090728_3954118.html。

六、"六五"计划中的宏观调控[①]

"六五"计划期间，财政政策和货币政策两大支柱初步建立，国家开始采用积极的财政政策与宽松的货币政策通过价格、税收、信贷等工具调整总供求，尝试通过市场进行调控。

继续贯彻执行"调整、改革、整顿、提高"的方针，进一步解决过去遗留下来的阻碍经济发展的各种问题，取得实现财政经济状况根本好转的决定性胜利。

财政支出的安排首先是保证重点建设，逐步增加教育、科学、文化、卫生、体育事业的开支，同时保证军政费用必不可少的需要，按期偿还国外借款的本息，适当照顾其他方面的开支。

必须正确贯彻执行计划经济为主、市场调节为辅的原则，把大的方面用计划管住，小的方面放开，主要通过工商行政管理和运用经济杠杆加以制约。

应该改革税制，加快以税代利的步伐。重点是做三件事：一是对国营企业逐步推行以税代利，改进国家和企业的关系；二是发挥中心城市的作用，解决"条条"和"块块"的矛盾；三是改革商业流通体制，促进商品生产和商品交换。通过这三项工作，把整个经济体制改革工作带动起来。

七、"七五"计划中的宏观调控[②]

第七个五年计划时期是中国经济发展战略和经济体制进一步由旧模式向新模式转换的关键时期。"七五"计划宏观调控的工作重点是要逐

---

① 赵紫阳：《关于第六个五年计划的报告》，中国政府网，http：//www. gov. cn/test/2008 – 03/11/content_916744. htm。

② 《中华人民共和国国民经济和社会发展第七个五年计划（摘要）》，中国人大网，http：//www. npc. gov. cn/wxzl/gongbao/2000 – 12/26/content_5001764. htm。

步地从直接控制为主转到运用经济政策和经济手段进行间接控制为主的、更全面的宏观管理的轨道上来。该时期内宏观调控工具的多样性增加，国家综合运用经济、行政、法律、纪律和思想政治等手段进行宏观调控，这一时期的财政政策由扩张转为紧缩，货币政策的重点在于控制通货膨胀。

"七五"时期的工作部署，大体分为前两年和后三年两个阶段。前两年，在经济建设方面，要着重解决固定资产投资规模过大、消费基金增长过猛的问题，使社会总需求和总供给实现基本平衡；后三年，在做好这些工作的基础上，进一步推进体制改革和生产建设，全面完成第七个五年计划的各项任务。

"七五"时期逐步完善了各种经济手段和法律手段，并辅之以必要的行政手段，来控制和调节经济的运行。经济体制改革方面，配套地搞好计划体制、价格体系、财政体制、金融体制和劳动工资制度等方面的改革，形成一整套把计划和市场、微观搞活和宏观控制有机结合起来的机制和手段。税收方面，进一步完善财政税收制度，合理设置税种和调整税率，逐步过渡到按税种划分中央税、地方税和中央地方共享税的体制。银行方面，中国人民银行要通过综合信贷计划、金融政策、外汇管理和信贷、利率、汇率、准备金等各种调节手段，有效地控制货币供应量和贷款总规模。工资方面，改革工资制度，健全经济立法和监督，建立经济信息网络，逐步调整政府经济管理机构。

八、"八五"计划中的宏观调控①

"八五"计划期间，国家坚定市场经济改革，控制通货膨胀，实现经济软着陆，调控手段从直接调控逐渐转为利用工具间接调控，并采取适当从紧的财政政策和货币政策，配合中央计划进行调控，明确市场对

---

① 《中华人民共和国国民经济和社会发展十年规划和第八个五年计划纲要》，中国人大网，http：//www.npc.gov.cn/wxzl/gongbao/2000 - 12/28/content_5002538.htm。

资源配置起基础性作用。具体表现在以下几个方面。

积极发展社会主义的有计划商品经济,实行计划经济与市场调节相结合,努力促进国民经济持续、稳定、协调发展。实行以按劳分配为主体、其他分配方式为补充的分配制度,允许和支持一部分人、一部分地区通过诚实劳动和合法经营先富起来,鼓励先富起来的帮助未富起来的,以利于全体人民和各个地区逐步实现共同富裕。

坚持国民经济持续、稳定、协调发展,始终把提高经济效益作为全部经济工作的中心。坚持社会总需求与总供给的基本平衡,在经济建设和人民生活的安排上认真执行量力而行的原则,稳扎稳打,注意防止和克服急于求成的倾向。合理确定和安排国民经济发展的重大比例关系,保持全国财政、信贷、物资、外汇各自的和相互间的基本平衡。既要充分发挥各种资源的潜力,促进经济增长,又要防止国民收入超分配,重新诱发通货膨胀。必须坚持速度与效益的统一,注重产业结构的调整,把科学技术进步和加强管理放在突出位置,不断提高经济增长的质量。

完善以公有制为主体的所有制结构,改革企业体制,发展社会主义市场体系,改革财政税收体制,改革金融体制,改革工资制度,改革计划体制和投资体制,加强经济调控体系建设。逐步建立经济、行政、法律手段综合配套的宏观调控体系和制度,特别要加强间接调控体系的建设,更好地运用价格、税率、利率、汇率等手段调节经济的运行,以促进国家计划和宏观调控目标的实现。

按照保持全国经济的统一性和灵活性、发挥中央和地方两个积极性的原则,对各层次事权、财权和经济调控权进行必要的调整和明确划分。努力增强中央宏观调控的能力,提高宏观调控的有效性和权威性,并适当扩大地方政府运用经济杠杆的权限。逐步建立比较完备的经济法规体系,使各方面的经济关系和经济活动有法可依。切实加强经济监督和经济司法工作,改变有法不依的现象。

九、"九五"计划中的宏观调控①

"九五"期间，我国成功应对了亚洲金融危机，刺激消费，扩大内需，促进增长，采用积极的财政政策与稳健的货币政策，建立以需求侧为主线的宏观调控体系。具体表现在：积极推进经济体制和经济增长方式的根本转变。从计划经济体制向社会主义市场经济体制转变，经济增长方式从粗放型向集约型转变。把抑制通货膨胀作为宏观调控的首要任务，避免经济出现大的波动。要继续加强和改善宏观经济调控。保持合理的固定资产投资规模和在建规模，加大投资结构调整力度，提高投资效益。继续实行适度从紧的财政政策和货币政策。继续完善税制，调整有关税率，扩大税源基础，取消税收减免，加强税收征管，努力增收节支，逐步减少财政赤字，实现财政收支基本平衡。要适当控制货币供应总量，保持币值的稳定。根据产业政策和信贷原则调整贷款结构，提高资金使用效率。保持国际收支基本平衡，进一步增强国际支付能力。

十、"十五"计划中的宏观调控②

明确宏观调控需要国家计划、财政政策、货币政策相互配合，财政政策货币政策双稳健，扩大内需，促进经济结构调整。首次提出把促进经济增长、增加就业、稳定物价、保持国际收支平衡作为主要目标。

"十五"计划前期，为了保持国民经济持续快速健康发展，要继续实施积极的财政政策和稳健的货币政策，以促进投资、消费和鼓励出口，同时也要注意防范财政风险和通货膨胀。

综合运用计划、财政、金融等手段，发挥价格、税收、利率、汇率

---

① 《中华人民共和国国民经济和社会发展"九五"计划和 2010 年远景目标纲要》，中国人大网，http：//www. npc. gov. cn/wxzl/gongbao/2001 – 01/02/content_5003506. htm。

② 《中华人民共和国国民经济和社会发展第十个五年计划纲要》，中国政府网，http：//www. gov. cn/gongbao/content/2001/content_60699. htm。

等杠杆作用，引导和促进经济结构调整，保证经济稳定增长。坚持扩大国内需求的方针，根据经济形势实施相应的宏观调控政策。近期要继续实行积极的财政政策，并带动企业和社会投资，促进消费。进一步完善分税制。积极推进财政预算制度改革。完善财政转移支付制度。积极稳妥地推进税费改革。健全税收制度，强化税收征管。逐步提高国家财政收入占国内生产总值的比重和中央财政收入占全国财政收入的比重，提高财政保障能力，注意防范财政风险。严格财政监督管理。逐步建立适应社会主义市场经济要求的公共财政框架。

深化金融改革，完善金融组织体系、市场体系、监管体系和调控体系。实行稳健的货币政策，适时调节货币供应量，维护人民币币值稳定，支持经济结构调整和经济增长。稳步推进利率市场化改革。改进金融服务，增强我国金融企业竞争能力。按照现代银行制度对国有独资商业银行进行综合改革。完善和发挥政策性银行功能。发展保险业，拓展保险市场，改善保险企业的经营管理。强化金融监管，防范和化解金融风险，提高金融资产质量。保持国际收支基本平衡。完善以市场供求为基础的、有管理的浮动汇率制度。

十一、"十一五"规划中的宏观调控[①]

"十一五"规划的主要目标是宏观经济平稳运行，保持经济平稳较快发展。要进一步扩大国内需求，调整投资和消费的关系，合理控制投资规模，增强消费对经济增长的拉动作用。正确把握经济发展趋势的变化，保持社会供求总量基本平衡，避免经济大起大落，实现又快又好发展。立足扩大国内需求推动发展，把扩大国内需求特别是消费需求作为基本立足点，促使经济增长由主要依靠投资和出口拉动向消费与投资、内需与外需协调拉动转变。因此"十一五"规划期间采用了保持国家

---

① 《中华人民共和国国民经济和社会发展第十一个五年规划纲要》，中国政府网，http：//www.gov.cn/gongbao/content/2006/content_268766.htm。

计划的政策，同时新增了国家规划和产业政策作为调控工具，运用积极的财政政策与适度宽松的货币政策，并成功应对世界金融危机，使我国经济复苏。具体表现在以下几个方面。

坚持和完善基本经济制度，坚持公有制为主体、多种所有制经济共同发展的基本经济制度。毫不动摇地巩固和发展公有制经济，毫不动摇地鼓励、支持和引导个体、私营等非公有制经济发展。深化国有企业改革；健全国有资产监管体制；深化垄断行业改革；鼓励非公有制经济发展。着力推进行政管理体制改革，推进政府职能转变，健全政府决策机制，深化投资体制改革。

推进财政税收体制改革，主要是调整和规范中央与地方、地方各级政府间的收支关系，建立健全与事权相匹配的财税体制。实行有利于促进科技进步、转变增长方式、优化经济结构的财税制度。完善财政体制；加快公共财政体系建设，明确界定各级政府的财政支出责任，合理调整政府间财政收入划分。完善税收制度，在全国范围内实现增值税由生产型转为消费型。适当调整消费税征收范围，合理调整部分应税品目税负水平和征缴办法。适时开征燃油税。合理调整营业税征税范围和税目。完善出口退税制度。统一各类企业税收制度。实行综合和分类相结合的个人所得税制度。改革房地产税收制度，稳步推行物业税并相应取消有关收费。改革资源税制度。完善城市维护建设税、耕地占用税、印花税。

加快金融体制改革。主要是深化金融企业改革，健全自我约束机制、风险调控机制和风险补偿机制。加快发展直接融资；积极发展股票、债券等资本市场，稳步发展期货市场。健全金融调控机制；加强货币政策与其他宏观政策的相互协调配合，完善金融调控体系。建立健全货币市场、资本市场、保险市场有机结合、协调发展的机制，维护金融稳定和金融安全。稳步发展货币市场，理顺货币政策传导机制，推进利率市场化改革。完善有管理的浮动汇率制度，逐步实现人民币资本项目可兑换。完善金融监管体制；建立金融风险识别、预警和控制体系，防范和化解系统性金融风险。

加强统筹协调。继续做好总需求与总供给的平衡，特别要加强制度协调、规划协调和政策协调。统筹协调政策目标和政策手段，搞好财政政策、货币政策、产业政策、区域政策、社会政策和政绩考核间的配合，防止国家政策部门化。统筹协调长期发展与短期发展，近期措施要有利于解决长期性发展难题，改革体制、制定政策、安排投资、确定发展速度，都要充分考虑可持续性，防止急于求成。

十二、"十二五"规划中的宏观调控①

采用积极的财政政策与稳健的货币政策，将国家发展战略和规划作为导向，增加价格政策，将市场对资源配置的作用从基础性修改为决定性，并取消计划手段。稳增长，调结构，提出供给侧结构性改革。

坚持把经济结构战略性调整作为加快转变经济发展方式的主攻方向。构建扩大内需长效机制，促进经济增长向依靠消费、投资、出口协调拉动转变。使经济平稳较快发展，价格总水平基本稳定，国际收支趋向基本平衡，经济增长质量和效益明显提高。巩固和扩大应对国际金融危机冲击成果，把短期调控政策和长期发展政策有机结合起来，加强财政、货币、投资、产业、土地等各项政策协调配合，提高宏观调控的科学性和预见性，增强针对性和灵活性，合理调控经济增长速度，更加积极稳妥地处理好保持经济平稳较快发展、调整经济结构、管理通胀预期的关系，实现经济增长速度和结构质量效益相统一。

建立扩大消费需求的长效机制。把扩大消费需求作为扩大内需的战略重点，通过积极稳妥推进城镇化、实施就业优先战略、深化收入分配制度改革、健全社会保障体系和营造良好的消费环境，增强居民消费能力，改善居民消费预期，促进消费结构升级，进一步释放城乡居民消费潜力，逐步使我国国内市场总体规模位居世界前列。调整优化投资结

---

① 《国民经济和社会发展第十二个五年规划纲要》，中国政府网，http：//www.gov.cn/2011lh/content_1825838.htm。

构。发挥投资对扩大内需的重要作用，保持投资合理增长，促进投资消费良性互动，把扩大投资和增加就业、改善民生有机结合起来，创造最终需求。

坚持和完善基本经济制度。坚持公有制为主体、多种所有制经济共同发展的基本经济制度，营造各种所有制经济依法平等使用生产要素、公平参与市场竞争、同等受到法律保护的体制环境。深化国有企业改革；完善国有资产管理体制；支持和引导非公有制经济发展。

推进行政体制改革。按照转变职能、理顺关系、优化结构、提高效能的要求，加快建立法治政府和服务型政府。加快转变政府职能；完善科学民主决策机制；推行政府绩效管理和行政问责制度；加快推进事业单位分类改革。

加快财税体制改革。深化财政体制改革；完善预算管理制度；改革和完善税收制度理顺各级政府间财政分配关系，健全公共财政体系，完善预算制度和税收制度，积极构建有利于转变经济发展方式的财税体制。

深化金融体制改革。全面推动金融改革、开放和发展，构建组织多元、服务高效、监管审慎、风险可控的金融体系，不断增强金融市场功能，更好地为加快转变经济发展方式服务。

强化内部治理和风险管理，提高创新发展能力和国际竞争力。完善金融调控机制；优化货币政策目标体系，健全货币政策决策机制，改善货币政策的传导机制和环境。完善以市场供求为基础的有管理的浮动汇率制度，推进外汇管理体制改革，扩大人民币跨境使用，逐步实现人民币资本项目可兑换。改进外汇储备经营管理，拓宽使用渠道，提高收益水平。加强金融监管，完善金融监管体制机制，加强金融监管协调，健全金融监管机构之间以及与宏观调控部门之间的协调机制。

十三、"十三五"规划中的宏观调控①

采用积极的财政政策和松紧适度的稳健型货币政策，将价格政策替换为区域政策，注重经济协调发展，并加入就业政策。提高全要素生产率，强调经济发展质量，稳增长，促改革，调结构，惠民生，防风险，保稳定。

贯彻落实新发展理念、适应把握引领经济发展新常态，必须在适度扩大总需求的同时，着力推进供给侧结构性改革，使供给能力满足广大人民日益增长、不断升级和个性化的物质文化和生态环境需要。必须用改革的办法推进结构调整，加大重点领域关键环节市场化改革力度，调整各类扭曲的政策和制度安排，完善公平竞争、优胜劣汰的市场环境和机制，最大限度激发微观活力，优化要素配置，推动产业结构升级，扩大有效和中高端供给，增强供给结构适应性和灵活性，提高全要素生产率。必须以提高供给体系的质量和效率为目标，实施宏观政策要稳、产业政策要准、微观政策要活、改革政策要实、社会政策要托底的政策支柱，去产能、去库存、去杠杆、降成本、补短板，加快培育新的发展动能，改造提升传统比较优势，夯实实体经济根基，推动社会生产力水平整体改善。

健全宏观调控体系，创新宏观调控方式，增强宏观政策协同性，更加注重扩大就业、稳定物价、调整结构、提高效益、防控风险、保护环境，更加注重引导市场行为和社会预期，为结构性改革营造稳定的宏观经济环境。

完善以财政政策、货币政策为主，产业政策、区域政策、投资政策、消费政策、价格政策协调配合的政策体系，增强财政货币政策协调性。坚持总量平衡、优化结构，把保持经济运行在合理区间、提高质量

---

① 《中华人民共和国国民经济和社会发展第十三个五年规划纲要》，中国政府网，http://www.gov.cn/xinwen/2016–03/17/content_5054992.htm。

效益作为宏观调控的基本要求和政策取向，在区间调控的基础上加强定向调控、相机调控，采取精准调控措施，适时预调微调。稳定政策基调，改善与市场的沟通，增强可预期性和透明度。更好发挥财政政策对定向调控的支持作用。完善货币政策操作目标、调控框架和传导机制，构建目标利率和利率走廊机制，推动货币政策由数量型为主向价格型为主转变。

加强经济监测预测预警，提高国际国内形势分析研判水平。强化重大问题研究和政策储备，完善政策分析评估及调整机制。建立健全重大调控政策统筹协调机制，有效形成调控合力。建立现代统计调查体系，推进统计调查制度、机制、方法创新，注重运用互联网、统计云、大数据技术，提高经济运行信息及时性、全面性和准确性。加快推进宏观调控立法工作。深化投融资体制改革，建立企业投资项目管理权力清单、责任清单制度，更好落实企业投资自主权。

十四、"十四五"规划中的宏观调控①

完善宏观经济治理。健全以国家发展规划为战略导向，以财政政策和货币政策为主要手段，就业、产业、投资、消费、环保、区域等政策紧密配合，目标优化、分工合理、高效协同的宏观经济治理体系。完善宏观经济政策制定和执行机制，重视预期管理，提高调控的科学性。加强国际宏观经济政策协调，搞好跨周期政策设计，提高逆周期调节能力，促进经济总量平衡、结构优化、内外均衡。加强宏观经济治理数据库等建设，提升大数据等现代技术手段辅助治理能力。坚持和完善社会主义基本经济制度，充分发挥市场在资源配置中的决定性作用，更好发挥政府作用，推动有效市场和有为政府更好结合。

激发各类市场主体活力。毫不动摇巩固和发展公有制经济，毫不动

---

① 《中共中央关于制定国民经济和社会发展第十四个五年规划和二〇三五年远景目标的建议》，中国政府网，http://www.gov.cn/zhengce/2020-11/03/content_5556991.htm。

摇鼓励、支持、引导非公有制经济发展。深化国资国企改革,做强做优做大国有资本和国有企业。加快国有经济布局优化和结构调整,发挥国有经济战略支撑作用。

坚持扩大内需这个战略基点,加快培育完整内需体系,把实施扩大内需战略同深化供给侧结构性改革有机结合起来,以创新驱动、高质量供给引领和创造新需求。畅通国内大循环。依托强大国内市场,贯通生产、分配、流通、消费各环节,打破行业垄断和地方保护,形成国民经济良性循环。优化供给结构,改善供给质量,提升供给体系对国内需求的适配性。推动金融、房地产同实体经济均衡发展,实现上下游、产供销有效衔接,促进农业、制造业、服务业、能源资源等产业门类关系协调。破除妨碍生产要素市场化配置和商品服务流通的体制机制障碍,降低全社会交易成本。完善扩大内需的政策支撑体系,形成需求牵引供给、供给创造需求的更高水平动态平衡。

促进国内国际双循环。立足国内大循环,发挥比较优势,协同推进强大国内市场和贸易强国建设,以国内大循环吸引全球资源要素,充分利用国内国际两个市场两种资源,积极促进内需和外需、进口和出口、引进外资和对外投资协调发展,促进国际收支基本平衡。完善内外贸一体化调控体系,促进内外贸法律法规、监管体制、经营资质、质量标准、检验检疫、认证认可等相衔接,推进同线同标同质。优化国内国际市场布局、商品结构、贸易方式,提升出口质量,增加优质产品进口,实施贸易投资融合工程,构建现代物流体系。

全面促进消费。增强消费对经济发展的基础性作用,顺应消费升级趋势,提升传统消费,培育新型消费,适当增加公共消费。以质量品牌为重点,促进消费向绿色、健康、安全发展,鼓励消费新模式新业态发展。推动汽车等消费品由购买管理向使用管理转变,促进住房消费健康发展。健全现代流通体系,发展无接触交易服务,降低企业流通成本,促进线上线下消费融合发展,开拓城乡消费市场。发展服务消费,放宽服务消费领域市场准入。完善节假日制度,落实带薪休假制度,扩大节假日消费。培育国际消费中心城市。改善消费环境,强化消费者权益保护。

第三节 宏观调控规划的规律

一、保持宏观经济平稳发展是主要目标

从 1953 年至 2020 年，我国经济完成了十三个五年规划，虽然不同时期的历史背景不同、国情不同，但一直以来我国的宏观调控目标都是保持宏观经济稳定。

"一五"计划初始时期，我国物价飞涨，通货膨胀情况严重，虽然还未建立起完整的宏观调控体系，但国家采取了高度集中的计划调控，对财政收支、金融、物资、现金等方面进行统一调控。随着"一五"计划的实施，物价逐渐相对稳定，通货膨胀得到了抑制。"二五"计划时期与"三五"计划时期，我国 GDP 增长率发生了极大的波动，1958 年 GDP 增长率为 21.2%，[①] 在 1961 年也就是"二五"计划的末期，GDP 增长率降低到了 - 27.28%，[②] 这种情况在 1963 年才开始得到好转，达到 10.23%。[③] 此时我国正处于三年过渡时期，"二五"计划时期我国经济受到"大跃进"运动的严重冲击，计划脱离实际，国民经济严重失衡，因此国家决定用三年时间进行调整，恢复经济，同时为"三五"计划做铺垫。1966 年也就是"三五"计划的初始之年，GDP 增长率达到了 10.75%，[④] 调整初见成效。

1966 年至 1975 年是"三五"计划与"四五"计划的实行时期，在这一时期中，受到"文化大革命"的干扰，我国经济再次受到冲击，在 1967 年达到了第二次低谷，GDP 增长率为 - 5.67%。[⑤] 随着国家开始以计划调控为主，财政政策为辅，通过财政政策增收节支，人民的相

---

①②③④⑤ 《中国统计年鉴1999》，国家统计局网站，http://www.stats.gov.cn/yearbook/indexC.htm。

对生活得到了改善，GDP 增长率也在 1970 年达到了 19.37%。[1] 得益于"三五"计划的良好实行，"四五"计划期间 GDP 增长率呈现逐年递增的趋势。由于受一些重大事件的影响，1976 年 GDP 增长率降低到了 -1.59%,[2] 1978 年 12 月，党的十一届三中全会提出了把工作的重点转移到社会主义现代化建设上来，从思想上实现了拨乱反正。"五五"期间 GDP 增长率呈现较为平稳的趋势。

"六五"时期我国宏观调控体系初见雏形，财政政策与货币政策两大支柱初步建立，国家经济工作的重心是提高经济效益，GDP 增长率在这一时期呈现明显的递增趋势。1986～1988 年，GDP 增长率基本保持平稳，但却在 1987 年出现了下降，并一直持续到了 1990 年。出现这种现象的原因是直接的计划调控已经不能满足我国当时的宏观经济管理制度，计划工作的重点，要逐步地从直接控制为主转到运用经济政策和经济手段进行间接控制为主的、更全面的宏观管理的轨道上来。

1991 年以后，也就是从"八五"规划至今，我国的 GDP 增长率一直处于较为平稳的状态，虽然期间受到金融危机的多次冲击，但并没有表现出像前几十年大起大落的趋势。这表明我国保持宏观经济稳定的目标已经基本实现，虽然不同时期面临着不同的形势、不同的国情，但我国一直以保证宏观经济稳定作为调控的目标。

二、宏观调控手段逐渐丰富

"一五"计划至"五五"计划期间，我国主要以计划调控为主，其中"一五""二五"期间，实行的是高度集中的计划调控，这一时期我国的政策目标是统一财政收支，消除财政赤字，抑制通货膨胀；"三五"计划开始将财政政策加入宏观调控的手段中，开始了以计划调控为主，财政政策为辅的调控。这种调控形式从"三五"计划一直延续到

---

[1][2] 《中国统计年鉴 1999》，国家统计局网站，http://www.stats.gov.cn/yearbook/indexC.htm。

了"六五"计划，在"六五"计划时期，我国宏观调控体系初见雏形，不仅在调控中运用积极的财政政策与宽松的货币政策，还辅以价格、税收、信贷等工具，并尝试通过市场进行调控。

从"七五"计划开始，我国的宏观调控手段逐渐丰富。"七五"时期我国采用紧缩的财政政策，财政政策的重点在控制通货膨胀，同时综合运用了经济、行政、法律、纪律和思政等手段进行调控。通过各种经济手段和法律手段以及必要的行政手段，来控制和调节经济的运行。把计划工作的重点逐步转到主要运用经济政策和价格、税收、信贷、利率、汇率、工资等经济杠杆，对宏观经济进行全面管理与调节的轨道上来。注重加强经济信息和决策咨询系统，建立健全各项经济法规和经济司法工作，充实加强各级经济检查监督机构，以保证各种经济活动沿着健康的轨道运行。"八五"时期采用适度从紧的财政政策与货币政策，并将调控手段从直接调控逐渐转为利用工具间接调控。运用价格、税率、利率、汇率等手段更好地调节经济的运行。建立了比较完备的经济法规体系，使各方面的经济关系和经济活动有法可依。"九五"时期国家采取积极的财政政策与稳健的货币政策，建立了以需求侧为主线的宏观调控体系。

"十五"时期，明确宏观调控需要国家计划、财政政策、货币政策的相互配合。通过综合运用计划、财政、金融等手段，发挥价格、税收、利率、汇率等杠杆作用，引导和促进经济结构调整，保证经济稳定增长。"十一五"规划在保持国家计划不变的同时，新增了产业政策与国家规划作为调控工具，并采取积极的财政政策与适度宽松的货币政策。"十二五"规划中，国家将市场对资源的配置作用从基础性改为决定性，并取消了计划手段同时新增价格政策进行调控。该时期的主要任务是巩固和扩大应对国际金融危机冲击成果，把短期调控政策和长期发展政策有机结合起来，加强财政、货币、投资、产业、土地等各项政策协调配合，提高宏观调控的科学性和预见性，增强针对性和灵活性，合理调控经济增长速度，更加积极稳妥地处理好保持经济平稳较快发展、调整经济结构、管理通胀预期的关系，实现经济增长速度和结构质量效益相统一。"十三五"规划的调控工具将价格政策替换为区域政策，加入就业政策，采用积极的财政政策与松紧适度的货币政策，调控更加强调注重经济的发展质量。完善了以财政政策、货币政策为主，产业政策、区域政策、投资政策、消费政策、价格政策协调配合的政策体系，增强财政货币政策协调性。在区间调控的基础上加强定向调控、相机调控，采取精准调控措施，适时预调微调。完善货币政策操作目标、调控框架和传导机制，构建目标利率和利率走廊机制，推动货币政策由数量型为主向价格型为主转变。可以看出随着规划的制定，调控手段从单一的直接调控转为直接间接相结合，并辅以多种其他工具，可以运用的宏观调控工具也越来越丰富多样，我国的宏观调控体系也更加完善。

三、宏观调控体系逐渐完善

回顾宏观调控体系框架的建立，共经历了 50 年左右的时间。1949～1961 年，这段时间我国主要实施高度集中的计划调控。该周期横跨了"一五"计划和"二五"计划两个时期，此周期中没有独立的财政政策，国民经济的运行施行高度集中的计划调控，国家集中统一计划调配财政、物资和现金，财政配合落实国家计划。计划经济体制被确立，计划调控使我国在基础设施破坏严重、经济基础薄弱、物价飞涨且生产方式落后的状态下，稳定经济、恢复生产，初步建立了现代工业体系，为之后中国经济腾飞打好了基础。在"二五"计划的末期与"三五"计划的初期也就是 1962～1967 年，由于之前采取的宏观政策违背了经济规律，导致了国民经济的混乱。这段时期国家开始重视财政政策的应用。1966 年也就是"三五"计划时期，才开始加入财政政策进行调控，开始了以计划调控为主，财政政策为辅的宏观调控模式。1968～1990年，"三五"计划末期至"七五"计划时期，这段时期我国经历了宏观调控政策缺位导致国民经济运行混乱和超前发展理念导致宏观调控政策独立性缺失。直到 1998 年，宏观调控体系才初步建立。随着经济的发展，宏观调控的手段也越来越丰富，调控的体系也逐渐完善。国家开始运用财政政策、货币政策并辅以价格、信贷、税收等工具调节总供求，运用经济、行政、法律、纪律、思政等手段进行宏观调控。

宏观调控体系的建立持续了从"一五"计划到"九五"计划的九个五年计划。"八五"计划时期逐步建立了以国家计划为主要依据的经济、行政、法律手段综合配套的宏观调控体系和制度，在建立调控体系时必须理顺计划、财政、银行以及其他经济部门的关系，发挥计划部门进行综合平衡、执行国家产业政策和综合协调经济杠杆的作用，使计划、财政、银行之间合理分工、紧密配合、协调动作。加强和改进审计、统计、物价、税务、信息、计量、工商行政管理等部门的工作，建立健全国民经济的核算体系，建立健全科学的统计、监测方法和制度，更好地为调控经济运行服务。1997 年，党的十五大报告中提出我国宏观调控体系框架已经初步建立。在我国宏观调控体系建立后，"九五"计划就提出了以需求侧为主线的宏观调控。"十五"计划也提出了调整经济结构，保证经济稳定增长，扩大国内需求的方针。"十二五"计划里首次将市场对资源的配置起基础性作用改为了决定性作用。并把以需求侧为主线改为供给侧。到了"十三五"规划，我国的宏观调控体系全面升级，一方面我们已经建立了完备的经济体系，另一方面我国经济发展进入新常态，经济发展方式由要素驱动向创新驱动转变，增长质量稳步提高；经济结构发生变化，内生增长动力增强。因此"十三五"规划的重点放在了稳增长、促改革、调结构、惠民生、防风险、保稳定、提高全要素生产率上，更加强调经济发展的质量。

四、政府职能逐渐发生转变

"一五"计划时期，政府对生产进行统一调配，统购统销；这种计划调控一直持续到"五五"计划时期，"六五"计划时期，为了使行政管理体制和行政机构设置适应于经济体制改革，部分省份进行了试验，这些试验在精简机构、减少层次、提高效率方面取得了很好的效果。"七五"计划时期，随着国家对企业的管理转为间接控制，政府机构管理经济的职能也相应地发生转变。各级政府的经济部门把过去那种将主要精力放在定指标、批项目、分资金、分物资上的做法,逐步转到主要搞好统筹规划、掌握政策、组织协调、提供服务、运用经济调节手段和加强检查监督方面来。随着管理职能的变化,综合性经济管理部门和经济检查监督机构得到了充实和加强,专业性管理部门进行了适当合并和精简。

"八五"计划主要理顺了各级政府职能部门之间的关系。对干部人事制度进行改革,加强廉政建设,纠正不正之风,精简机构,减少层次,裁减冗员,转变作风,提高办事效率。"九五"计划时期,实行政企职责分开,加强政府部门自身建设,精简机构,提高管理水平和工作效率的措施。各级政府按照发展社会主义市场经济的要求转变职能,把综合经济部门逐步调整和建设成为职能统一、具有权威的宏观调控部门;把专业经济管理部门逐步改组为不具有政府职能的经济实体,或改为国家授权经营国有资产的单位,或改为行业管理组织。"十五"计划进一步转变了政府职能,政企之间要实现分开。政府要集中精力搞好宏观经济调控和创造良好的市场环境,不直接干预企业经营活动,减少对经济事务的行政性审批。继续改革和精简政府机构,建立廉洁高效、运转协调、行为规范的行政管理体制。"十一五"规划对政府职能的要求变成了按照精简、统一、效能的原则和决策、执行、监督相协调的要求,建立决策科学、权责对等、分工合理、执行顺畅、监督有力的行政管理体制,加快建设服务政府、责任政府、法治政府。"十二五"规划按照转变职能、理顺关系、优化结构、提高效能的要求,加快建立法治政府和服务型政府。"十三五"规划更加注重政府的简政放权,要求加快政府职能转变,持续推进简政放权、放管结合、优化服务,提高行政效能,激发市场活力和社会创造力。

政府职能在十三个五年规划中经历了从一开始占主要地位,决定生产分配计划到"十三五"规划中的简政放权,提高政府监管效能,优化政府服务的转变,可以看出实行"一五"计划时期,我国的经济体系并不完善,市场无法起到预期的作用,此时必须要依靠政府的调节,对生产进行调配，但随着经济的发展，市场逐渐趋于完善，为了创造良好的市场环境，政府应当减少对微观环境的干预，将政企分开、政资分开、政事分开以及政府与市场中介组织分开。提高市场在资源配置中的作用，从而使政府与市场间的关系变成有为政府与有效市场。

五、企业改革不断推进与深化

"一五"计划时期，国家对私营工商业进行社会主义改造，将部分私营工业转变为公私合营，废除了资本家对工人的剥削。这种管理方法一直持续到"六五"计划时期。但对国营企业实行统收统支、"吃大锅饭"的管理办法，严重束缚了生产力的发展，因此"六五"计划中把企业改革的重点放在了通过对价格体系的改革提高企业的经济效益上。具体体现在管好实行指令性计划的骨干企业的生产和分配，把实行市场调节的小企业和小商品放活。通过试点摸索实行指导性计划的企业和产品的管理办法。逐步合理地调整企业的隶属关系。对国营大中型企业实行税利并存；对小型国营企业，推行由集体或职工个人承包，租赁等多种经营方式，实行国家征税、资金付费、自负盈亏的制度。

"七五"时期，企业改革的重点发生了转变，从提高企业经济效益转变成增强企业活力，使其成为自主经营、自负盈亏的社会主义商品生产者和经营者。这一时期国家对企业的管理逐步由直接控制为主转向间接控制为主。为此国家适当缩小指令性计划，减免调节税，提高折旧率，完善厂长（经理）负责制，实行各种不同形式的经济责任制，改革企业的工资奖励制度和劳动制度等，以进一步扩大企业的生产经营自主权，使企业真正具有自我积累、自我改造、自我发展的能力。同时，完善企业的行为机制，加强企业的自我约束。这一政策一直延续到了"八五"计划时期。"九五"计划时期，企业改革的目标再次发生变化，从增强企业活力转变为建立现代企业制度。国有大中型骨干企业建立起现代企业制度，放活国有小企业。"九五"期间国家将安排一笔资金，用于鼓励企业兼并，冲销破产企业债务，把相当一部分"拨改贷"形成的债务转为国家资本金，降低企业资产负债率。所有企业都要面向市场，建立商业信誉，减少和避免资金拖欠。"十五"计划时期，国有企业改革仍然是经济体制改革的中心环节。国有大中型企业要进一步深化改革，建立产权清晰、权责明确、政企分开、管理科学的现代企业制度，鼓励国有大中型企业通过规范上市、中外合资和相互参股等形式，实行股份制。进一步放开搞活国有中小企业。

"十一五"规划中对国有企业的改革更多地落在了股份制上，规划中提出要加快国有大型企业股份制改革，将绝大多数国有大型企业改制为多元股东的公司。改善国有企业股本结构，发展混合所有制经济，实现投资主体和产权多元化，建立和完善现代企业制度，形成有效的公司法人治理结构，增强企业活力。发展具有较强竞争力的大公司大企业集团。继续深化集体企业改革，发展多种形式的集体经济。"十二五"规划要求推动具备条件的国有大型企业实现整体上市，不具备整体上市条件的国有大型企业要加快股权多元化改革，有必要保持国有独资的国有大型企业要加快公司制改革，完善企业法人治理结构。"十三五"规划要求深化国有企业改革，坚定不移把国有企业做强做优做大，培育一批具有自主创新能力和国际竞争力的国有骨干企业，增强国有经济活力、控制力、影响力、抗风险能力，更好地服务于国家战略目标。加快国有企业公司制股份制改革，完善现代企业制度、公司法人治理结构。

从以上内容中可以看出，国有企业随着我国经济的发展也在不断变强，从一开始的公私合营、合作社经济到"七五"计划中成为自主经营、自负盈亏的经营者，并逐渐发展建立了现代的企业制度，从"十一五"规划后，企业的改革更多地落在了股份制改革、企业上市以及培育具有自主创新能力的企业上，"十三五"规划中更是重点强调了企业创新，说明随着改革的不断深化，企业创新在实施创新驱动发展战略中有着重要的地位。未来我国将着力打造有国际竞争力的创新型领军企业，建设国家技术创新中心，以形成具有强大带动力的创新型城市和区域创新中心。

六、中国特色市场体系建设不断完善

"六五"计划中关于市场方面的政策包括：改革商业流通体制，促进商品生产和商品交换。打破地区封锁，克服城乡堵塞，积极开辟各种流通渠道，减少流通环节，真正形成统一的社会主义的商品市场，做到货畅其流。到了"七五"计划时期，我国进一步发展社会主义的商品市场，逐步完善市场体系。继续扩大消费品市场。积极发展城乡之间、地区之间、城市之间在商品流通方面的横向联系。逐步减少国家分配调拨物资的种类和降低其在总资源中的比重，扩大生产资料市场。有步骤地开拓和建立资金市场、技术市场，促进劳动力的合理流动。"八五"计划进一步完善消费资料市场，扩大生产资料市场。继续深化商业、物资体制改革，逐步建立在国家指导和管理下的、高效畅通的商品流通体系。努力发展资金市场、技术市场、信息市场、房产市场和劳务市场等，逐步使它们与商品市场的发展相协调。努力消除各种形式的关卡壁垒，改变地区封锁、条块分割的状况，促进统一市场的形成。加强市场的组织管理和制度建设，建立市场交易规则，反对不正当竞争，健全市场秩序。"九五"计划注重培育统一开放、竞争有序的市场体系。发展社会主义市场经济，必须采取积极而又稳妥的步骤，形成比较完善的金融市场和房地产、劳动力、技术、信息等要素市场。要继续完善商品市场，发展连锁经营和代理制等新的营销方式。加强市场管理和质量监督，整顿流通秩序，创造公平竞争环境，保护生产者和消费者的合法权益。

"十五"计划中市场得到进一步开放，同时建立和完善全国统一、公平竞争、规范有序的市场体系。打破了部门、行业垄断和地区封锁，进一步放开价格，发挥市场在资源配置和结构调整中的基础性作用。继续发展商品市场，重点培育和发展要素市场，促进生产要素合理流动。"十一五"规划要求健全全国统一开放市场，进一步打破行政性垄断和地区封锁，完善商品市场，健全资本、土地、技术和劳动力等要素市场。规范发展产权交易市场。积极发展技术市场。逐步建立城乡统一的劳动力市场。完善价格形成机制，积极稳妥地推进资源性产品价格改革。规范市场主体行为和市场竞争秩序。加强价格监管，禁止价格欺诈、价格操纵等行为。"十三五"规划要求建立统一开放、竞争有序的市场体系，建立公平竞争保障机制，打破地域分割和行业垄断，着力清除市场壁垒，促进商品和要素自由有序流动、平等交换。推进价格形成机制改革，减少政府对价格形成的干预，全面放开竞争性领域商品和服务价格，维护公平竞争。健全竞争政策，完善市场竞争规则，实施公平竞争审查制度。放宽市场准入，健全市场退出机制。健全统一规范、权责明确、公正高效、法治保障的市场监管和反垄断执法体系。

可以看出市场体系的建设不断完善，"六五"计划时期我国市场建设的重点在于促进商品的生产与交换，形成统一的商品市场。到"七五"计划时期以后，对市场的建设重点就放在了市场的完善上，如发展商品市场，完善消费品市场，完善金融市场与要素市场等。这一时期劳动力得到了合理的流动，营销方式也得到了创新，市场监管的质量也在加强。从第十个五年计划开始，我国开始注重市场的开放，强调市场在资源配置中的作用，同时致力于打破地区之间的封锁垄断。随着调控的不断进行，我国的市场体系将更加有序，要素流动更加自由，竞争更加公平，监管更加全面。

七、宏观调控政策的重点是合理管控好投资和货币

"六五"计划期间，财政赤字严重，因此国家要求通过发展生产，提高经济效益，开辟财源，使国家财政收入由下降转为上升。在财政方面具体做到合理安排和控制各项财政开支，加强财政监督，把财政赤字压缩到最低限度，严格控制货币发行量，确保财政收支和信贷收支基本平衡。固定投资方面做到基本建设投资的规模必须同国力相适应，保持一定规模的固定资产投资，不断扩大社会再生产的能力，进行新的基本建设和现有企业的技术改造。"七五"计划有关投资方面的措施是严格

控制固定资产投资规模，特别是基本建设投资规模，并对投资结构做出了调整，提高了更新改造投资占全民所有制单位固定资产投资的比重与改建扩建工程投资占全民所有制基本建设投资的比重；增加能源、交通、通信业投资占全民所有制单位基本建设投资比重；压缩除必要的旅游设施以外的办公大楼、展销大楼、各种中心等非生产性建设，稳步地进行住宅建设，使非生产性建设和生产性建设的投资保持恰当的比例。把现有企业技术改造、改建扩建的投资，重点投在东部地带；把能源、原材料新建工程的投资，重点投在中部地带，积极作好开发西部地带的准备。

"八五"计划在努力发展生产、全面厉行节约、大力提高经济效益的基础上，采取适当的办法和步骤，合理调整收入分配格局，增加国家财政收入特别是中央财政收入，并严格控制财政支出，减少财政补贴，逐步改善财政收支不平衡状况。同时，保持合理的信贷规模和结构，严格控制货币发行。"九五"时期物价上涨的压力很大，必须把抑制通货膨胀作为宏观调控的首要任务，避免经济出现大的波动。要保持合理的固定资产投资规模和在建规模，加大投资结构调整力度，提高投资效益。继续实行适度从紧的财政政策和货币政策。继续完善税制，调整有关税率，扩大税源基础，取消税收减免，加强税收征管，努力增收节支，逐步减少财政赤字，实现财政收支基本平衡。要适当控制货币供应总量，保持币值的稳定。

"十五"计划进一步完善了分税制。积极推进财政预算制度改革。完善财政转移支付制度。积极稳妥地推进税费改革。健全税收制度，强化税收征管。逐步提高国家财政收入占国内生产总值的比重和中央财政收入占全国财政收入的比重，逐步建立适应社会主义市场经济要求的公共财政框架。实行稳健的货币政策，适时调节货币供应量，维护人民币币值稳定，支持经济结构调整和经济增长。"十一五"规划更加注重加快公共财政体系建设，明确界定各级政府的财政支出责任，合理调整政府间财政收入划分。完善中央和省级政府的财政转移支付制度，逐步推进基本公共服务均等化。"十二五"规划提出要发挥投资对扩大内需的重要作用，保持投资合理增长，完善投资体制机制，明确界定政府投资范围，规范国有企业投资行为，鼓励扩大民间投资，有效遏制盲目扩张和重复建设，促进投资消费良性互动，把扩大投资和增加就业、改善民生有机结合起来，创造最终需求。"十三五"规划提出要围绕有效需求扩大有效投资，优化供给结构，提高投资效率，发挥投资对稳增长、调结构的关键作用。更好发挥社会投资主力军作用，营造宽松公平的投资经营环境，鼓励民间资本和企业投资，激发民间资本活力和潜能。充分发挥政府投资的杠杆撬动作用，加大对公共产品和公共服务的投资力度，加大人力资本投资，增加有利于供给结构升级、弥补小康短板、城乡区域协调、增强发展后劲的投资，启动实施一批全局性、战略性、基础性重大投资工程。

全国居民消费价格指数在 1953~2019 年间波动幅度十分明显，如图 9-1 所示，特别是 1958~1965 年间和 1987~1998 年间，其他时间虽有波动，但波动幅度较为轻微。居民消费价格指数在一定程度上反映了通货膨胀的严重程度以及货币购买力变动的情况，价格指数越高，反应的通货膨胀程度越严重，同时也意味着货币购买力的下降和实际工资的减少。在 1961 年、1988 年以及 1994 年的居民消费价格指数都十分高，这段时间内的通货膨胀情况也较为严重，导致通货膨胀的原因是全社会固定资产投资的过热与货币超发。2009 年居民消费价格指数下降明显是因为受到了美国金融危机的影响，从 2009 年以后居民消费价格指数波动逐渐平稳下来，我国也进入了"十一五"计划时期，该时期的主要目标是宏观经济平稳运行。从图 9-2 中也可以看出，1992~1997 年 M1 和 M2 的供应量的变化较大，是由于受到亚洲金融危机的影响，与之相对的 1992~1997 年的全国居民消费价格指数的变化也很大，金融危机过后，M1 和 M2 的货币供应量变化逐渐稳定下来，此时的全国居民消费价格指数也显现稳定的情况。

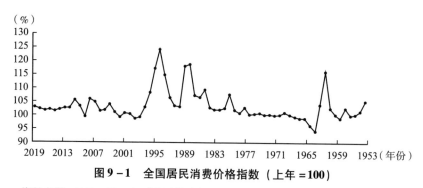

图9-1 全国居民消费价格指数（上年 = 100）

资料来源：1999～2012 年《中国统计年鉴》，国家统计局网站，http：//www. stats. gov. cn/tjsj/ndsj/。

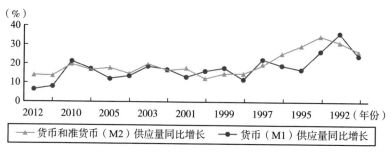

图9-2 1991～2012 年货币供应量变化

资料来源：1999～2012 年《中国统计年鉴》，国家统计局网站，http：//www. stats. gov. cn/tjsj/ndsj/。

结合规划中的内容可以看出，70 年来我国历次通货膨胀均是来源于过热的全社会固定资产投资和货币超发，而且对投资过热与货币超发采取严格的管控手段均对经济增长产生了严重的影响。特别是改革开放以来，货币—债务—投资增长模式虽然驱动了中国经济快速增长，但也埋下了巨大的隐患。

第四节 宏观调控规划展望

"十三五"时期是全面建成小康社会决胜阶段，这一时期我国取得了丰硕的成果。经济运行总体平稳,经济结构持续优化。创新型国家建设成果丰硕,决战脱贫攻坚取得全面胜利。农业现代化稳步推进,区域重大战略扎实推进。污染防治力度加大,主要污染物排放总量减少目标超额完成,资源利用效率显著提升,生态环境明显改善。金融风险处置取得重要阶段性成果。对外开放持续扩大,共建"一带一路"成果丰硕。人民生活水平显著提高,教育公平和质量较大提升。新冠肺炎疫情防控取得重大战略成果,应对突发事件能力和水平大幅提高。公共文化服务水平不断提高,文化事业和文化产业繁荣发展。国防和军队建设水平大幅提升,军队组织形态实现重大变革。国家安全全面加强,社会保持和谐稳定。"十三五"规划目标任务胜利完成,我国经济实力、科技实力、综合国力和人民生活水平跃上新的大台阶。

随着"十三五"规划的顺利完成,我国经济发展进入新常态。新型工业化、信息化、城镇化、农业现代化深入发展,新的增长动力正在孕育形成,新的增长点、增长极、增长带不断成长壮大。进入"十四五"规划时期,我国发展环境仍然面临深刻复杂变化。当今世界正经历百年未有之大变局,国际环境日趋复杂,不稳定性不确定性明显增加,新冠肺炎疫情影响广泛深远,世界经济陷入低迷期,经济全球化遭遇逆流,国际经济政治格局复杂多变,单边主义、保护主义、霸权主义对世界和平与发展构成威胁。虽然我国已转向高质量发展阶段,制度优势显著,经济长期向好,物质基础雄厚,人力资源丰富,市场空间广阔,发展韧性强劲,社会大局稳定,继续发展具有多方面优势和条件。但我国发展不平衡不充分问题仍然突出,重点领域关键环节改革任务仍然艰巨,创新能力不适应高质量发展要求,农业基础还不稳固,城乡区域发展和收入分配差距较大,生态环保任重道远,民生保障存在短板,社会治理还有弱项。针对以上问题,本书从以下六个方面对未来宏观调控进行展望。

一、以财政货币政策为主，创新与完善宏观经济治理体系的建设

在调控战略上，"十三五"规划与"十四五"规划都指出未来宏观调控应完善以财政政策、货币政策为主，产业政策、区域政策、投资政策、消费政策、价格政策协调配合的宏观经济治理体系，增强财政政策与货币政策协调性。但两者间也存在不同之处，相较于"十三五"规划，"十四五"规划中新增了就业政策与环保政策作为辅助手段进行调节，并且更加明确地指出宏观经济治理体系的建设要目标优化、分工合理、高效协同。这说明在进入经济新发展格局后，我国调控政策与调控手段逐渐细化，各领域共同发力进行宏观调控。在调控方式上，两个规划均采用合理把握经济增长、就业、价格、国际收支等调控目标，在区间调控基础上加强定向调控、相机调控和精准调控的调控方式。但"十四五"规划又强调了要搞好跨周期政策设计，提高逆周期调节能力。这说明国际环境的日益复杂为我国宏观调控带来了挑战，不论是海外疫情的蔓延还是逆全球化的加剧，对我国宏观调控都提出了较高的要求。做好跨周期的政策设计，不仅要对疫情冲击进行短期调节，更要注意避免不合意的短期调节可能引发的中长期问题。

积极的财政政策可以通过减少税收，增加投资扩大内需来促进经济发展。需求端一侧，我国具有规模广阔、需求多样的国内市场，供给端一侧又拥有最完整、规模最大的工业体系。同时自"六五"计划以来，国内消费一直是经济增长的稳定动力。我国正处于增长速度换挡期、结构调整阵痛期、前期刺激政策消化期"三期叠加"阶段，有必要扩大内需。积极的财政政策要更加积极有为。要大力优化财政支出结构，基本民生支出只增不减，重点领域支出要切实保障，一般性支出要坚决压减，严禁铺张浪费。各级政府必须真正过紧日子，中央政府要带头，中央本级支出安排负增长。要大力提质增效，各项支出务必精打细算，一定要把每一笔钱都用在刀刃上、紧要处。综合运用降准降息、再贷款等

手段，保持人民币汇率在合理均衡水平上基本稳定，创新直达实体经济的货币政策工具。因此，在整体的宏观调控上，不仅要建设以财政政策货币政策为主、各政策协调配合的宏观经济治理体系，调控方式上采用定向、区间、相机、精准调控，还要做好调控政策的预警机制，运用好跨周期调节的政策设计，积极运用互联网、大数据技术作为辅助手段，使调控更加及时化、准确化。

二、调控推动形成强大国内市场为依托的新格局

"十三五"规划中就曾提出要释放有效需求，促进消费升级，扩大有效投资，增强发展新动能。"十四五"规划更是直接提出坚持扩大内需这个战略基点，加快培育完整内需体系，把实施扩大内需战略同深化供给侧结构性改革有机结合起来，以创新驱动、高质量供给引领和创造新需求，加快构建以国内大循环为主体、国内国际双循环相互促进的新发展格局。这说明未来我国将更加注重构建国内大循环，建设消费和投资需求旺盛的强大国内市场。深入实施扩大内需战略，就是增强消费对经济发展的基础性作用和投资对优化供给结构的关键性作用；畅通国内大循环就是要提升供给体系适配性，促进资源要素顺畅流动，强化流通体系支撑作用；推进国内国际双循环就是要推动进出口协同发展，提高国际双向投资水平。

习近平在经济社会领域专家座谈会上的讲话中指出，"随着外部环境和我国发展所具有的要素禀赋的变化，市场和资源两头在外的国际大循环动能明显减弱，而我国内需潜力不断释放，国内大循环活力日益强劲，客观上有着此消彼长的态势"[①]。自2008年国际金融危机以来，我国经济已经在向以国内大循环为主体转变，经常项目顺差同国内生产总值的比率由2007年的9.9%降至现在的不到1%，国内需求对经济增长

---

① 习近平：《在经济社会领域专家座谈会上的讲话》，新华网，http://www.xinhuanet.com/2020-08/24/c_1126407772.htm。

的贡献率有 7 个年份超过 100%。^① 未来一个时期，国内市场主导国民经济循环特征会更加明显，经济增长的内需潜力会不断释放。我们要坚持供给侧结构性改革这个战略方向，扭住扩大内需这个战略基点，使生产、分配、流通、消费更多依托国内市场，提升供给体系对国内需求的适配性，形成需求牵引供给、供给创造需求的更高水平动态平衡。新发展格局也绝不是封闭的国内循环，而是开放的国内国际双循环。我国在世界经济中的地位将持续上升，同世界经济的联系会更加紧密，为其他国家提供的市场机会将更加广阔，成为吸引国际商品和要素资源的巨大引力场。

三、调控助力构建高水平社会主义市场经济体制

坚持公有制为主体、多种所有制经济共同发展，毫不动摇巩固和发展公有制经济，毫不动摇鼓励、支持、引导非公有制经济发展一直是我国的基本经济制度。"十四五"规划中关于经济体制的构建论述为：充分发挥市场在资源配置中的决定性作用，更好发挥政府作用，推动有效市场和有为政府更好结合，其相较于"十三五"规划，更加重点强调了政府与市场间的关系。

市场的建设主要在建立统一开放、竞争有序的市场体系上，强调打破地域分割和行业垄断，清除市场壁垒，促进商品和要素自由有序流动、平等交换。实施公平竞争审查制度，放宽市场准入，健全市场退出机制。政府方面更强调简政放权，加快政府职能转变，放管结合，激发市场活力与社会创造力。随着中国经济进入中高速增长，经济增速逐渐放缓，同时带来的还有产能过剩的问题。僵尸企业挤占宝贵资源，市场出清缓慢，生产与消费无法适应消费需求，这就迫使我们将宏观调控从需求管理为主转向供给管理，进行经济结构的转型升级。我们应当进一

---

① 《中国统计年鉴 2020》，国家统计局网，http：//www.stats.gov.cn/tjsj/ndsj/2020/indexch.htm。

步放开物价，减少政府对价格形成的干预作用，培育发展新动力。

因此，结合当前我国的经济发展情况，未来我国宏观调控的方向应该继续全面深化改革，构建高水平的社会主义市场经济体制。首先要激发各类市场主体活力，培育更有活力、创造力和竞争力的市场主体。加快国有经济布局优化和结构调整，推动国有企业完善中国特色现代企业制度，健全管资本为主的国有资产监管体制，优化民营企业发展环境，促进民营企业高质量发展。其次要建立高标准的市场体系，健全市场体系基础制度，坚持平等准入、公正监管、开放有序、诚信守法，形成高效规范、公平竞争的国内统一市场。全面完善产权制度，推进要素市场化配置改革，强化竞争政策基础地位，健全社会信用体系。最后要坚持和完善社会主义基本经济制度，使市场在资源配置中起决定性作用，更好发挥政府作用，营造长期稳定可预期的制度环境。要加强产权和知识产权保护，建设高标准市场体系，完善公平竞争制度，激发市场主体发展活力，使一切有利于社会生产力发展的力量源泉充分涌流。

要与时俱进全面深化改革。更加注重改革的系统性、整体性、协同性，提高改革综合效能。要优化政府管理和服务，全面推行权力清单、责任清单、负面清单制度，加快构建亲清政商关系。要进一步激发和弘扬企业家精神，依法保护企业家合法权益，依法保护产权和知识产权，激励企业家干事创业。以深化改革激发新发展活力。改革是解放和发展社会生产力的关键，是推动国家发展的根本动力。我国改革开放已进行40多年，取得举世公认的伟大成就。社会是不断发展的，调节社会关系和社会活动的体制机制随之不断完善，才能不断适应解放和发展社会生产力的要求。随着我国迈入新发展阶段，改革也面临新的任务，必须拿出更大的勇气、更多的举措破除深层次体制机制障碍，坚持和完善中国特色社会主义制度，推进国家治理体系和治理能力现代化。我们要守正创新、开拓创新，大胆探索自己未来发展之路。要坚持和完善社会主义基本经济制度，使市场在资源配置中起决定性作用，更好发挥政府作用，营造长期稳定可预期的制度环境。要加强产权和知识产权保护，建设高标准市场体系，完善公平竞争制度，激发市场主体发展活力，使一切有利于社会生产力发展的力量源泉充分涌流。

四、坚持创新在中国特色宏观调控中的引领作用

要坚持创新在我国现代化建设全局中的核心地位，把科技自立自强作为国家发展的战略支撑，面向世界科技前沿、面向经济主战场、面向国家重大需求、面向人民生命健康，深入实施科教兴国战略、人才强国战略、创新驱动发展战略，完善国家创新体系，加快建设科技强国。强化科技创新引领作用，深入推进大众创业万众创新，构建激励创新的体制机制，实施人才优先发展战略，拓展发展动力新空间。实施创新驱动发展战略就是把发展基点放在创新上，以科技创新为核心，以人才发展为支撑，推动科技创新与大众创业万众创新有机结合，塑造更多依靠创新驱动、更多发挥先发优势的引领型发展。创新驱动发展战略自实施以来，创业创新蓬勃发展，全要素生产率得到了明显提高。科技与经济深度融合，创新要素配置更加高效，重点领域和关键环节核心技术取得重大突破，自主创新能力全面增强，我国开始迈进创新型国家和人才强国行列。

要以科技创新催生新发展动能。实现高质量发展，必须实现依靠创新驱动的内涵型增长。我们更要大力提升自主创新能力，尽快突破关键核心技术。这是关系我国发展全局的重大问题，也是形成以国内大循环为主体的关键。我们要充分发挥我国社会主义制度能够集中力量办大事的显著优势，打好关键核心技术攻坚战。要依托我国超大规模市场和完备产业体系，创造有利于新技术快速大规模应用和迭代升级的独特优势，加速科技成果向现实生产力转化，提升产业链水平，维护产业链安全。要发挥企业在技术创新中的主体作用，使企业成为创新要素集成、科技成果转化的生力军，打造科技、教育、产业、金融紧密融合的创新体系。基础研究是创新的源头活水，我们要加大投入，鼓励长期坚持和大胆探索，为建设科技强国夯实基础。要大力培养和引进国际一流人才和科研团队，加大科研单位改革力度，最大限度调动科研人员的积极

性，提高科技产出效率。要坚持开放创新，加强国际科技交流合作。要实现高质量发展，就必须要依靠创新驱动的内涵型增长。我们更要大力提升自主创新能力，尽快突破关键核心技术。这是关系我国发展全局的重大问题，也是形成以国内大循环为主体的关键。党的十九届五中全会指出，要把科技自立自强作为国家发展的战略支撑。要强化国家战略科技力量，提升企业技术创新能力，激发人才创新活力，完善科技创新体制机制。

五、调控推进现代产业与经济体系优化升级

近几年数字经济发展势头迅猛，但实体经济一直是我国经济的重要支柱。"十四五"规划指出，把发展经济的着力点放在实体经济上，加快推进制造强国、质量强国建设，促进先进制造业和现代服务业深度融合，强化基础设施支撑引领作用，构建实体经济、科技创新、现代金融、人力资源协同发展的现代产业体系。

深入实施制造强国战略，加强产业基础能力建设，提升产业链、供应链现代化水平，推动制造业优化升级，实施制造业降本减负行动。支持战略性新兴产业的发展，瞄准技术前沿，把握产业变革方向，围绕重点领域，优化政策组合，拓展新兴产业增长空间，抢占未来竞争制高点。构建新兴产业发展新格局，支持产业创新中心、新技术推广应用中心建设，支持创新资源密集度高的城市发展成为新兴产业创新发展策源地。推动新兴产业链、创新链快速发展，加速形成特色新兴产业集群。

完善新兴产业发展环境，发挥产业政策导向和促进竞争功能，构建有利于新技术、新产品、新业态、新模式发展的准入条件、监管规则和标准体系。要提升新兴产业支撑作用，发展壮大战略性新兴产业，构筑产业体系新支柱，前瞻谋划未来产业。聚焦产业转型升级和居民消费升级需要，扩大服务业有效供给，提高服务效率和服务品质，构建优质高效、结构优化、竞争力强的服务产业新体系。

要坚定不移实施创新驱动发展战略，培育新动能，提升新势能，建

设具有全球影响力的科技和产业创新高地。要围绕产业链部署创新链、围绕创新链布局产业链，前瞻布局战略性新兴产业，培育发展未来产业，发展数字经济。要加大基础研究和应用基础研究投入力度，发挥深圳产学研深度融合优势，主动融入全球创新网络。

六、推动形成高水平对外开放合作共赢新局面

逆全球化、单边主义、贸易保护主义的盛行使国际环境的不确定性加剧，再加上海外疫情的蔓延，"十四五"规划提出了构建以国内大循环为主、国内国际双循环的经济新发展格局。这并不是说我国要减少在国际市场的份额或者脱离国际市场，反而要坚持实施更大范围、更宽领域、更深层次对外开放，依托我国超大规模市场优势，促进国际合作，实现互利共赢，推动共建"一带一路"行稳致远，推动构建人类命运共同体。

以"一带一路"建设为统领，丰富对外开放内涵，提高对外开放水平，协同推进战略互信、投资经贸合作、人文交流，努力形成深度融合的互利合作格局，开创对外开放新局面。完善对外开放战略布局，全面推进双向开放，促进国内国际要素有序流动、资源高效配置、市场深度融合，加快培育国际竞争新优势。健全对外开放新体制，完善法治化、国际化、便利化的营商环境，健全有利于合作共赢、同国际投资贸易规则相适应的体制机制。推进"一带一路"建设，秉持亲诚惠容，坚持共商共建共享原则，开展与有关国家和地区多领域互利共赢的务实合作，打造陆海内外联动、东西双向开放的全面开放新格局。"十四五"规划中也指出，坚持实施更大范围、更宽领域、更深层次对外开放，依托我国超大规模市场优势，促进国际合作，实现互利共赢，推动共建"一带一路"行稳致远，推动构建人类命运共同体。建设更高水平开放型经济新体制，推动共建"一带一路"高质量发展，积极参与全球治理体系改革和建设。

以高水平对外开放打造国际合作和竞争新优势。当前，国际社会对

经济全球化前景有不少担忧。国际经济联通和交往仍是世界经济发展的客观要求。我国经济持续快速发展的一个重要动力就是对外开放。对外开放是基本国策,我们要全面提高对外开放水平,建设更高水平开放型经济新体制,形成国际合作和竞争新优势。要积极参与全球经济治理体系改革,推动完善更加公平合理的国际经济治理体系。要优化升级生产、分配、流通、消费体系,深化对内经济联系、增加经济纵深,增强畅通国内大循环和联通国内国际双循环的功能,加快推进规则标准等制度型开放,率先建设更高水平开放型经济新体制。要在内外贸、投融资、财政税务、金融创新、出入境等方面,探索更加灵活的政策体系、更加科学的管理体制,加强同"一带一路"沿线国家和地区开展多层次、多领域的务实合作。越是开放越要重视安全,统筹好发展和安全两件大事,增强自身竞争能力、开放监管能力、风险防控能力。党的十九届五中全会指出,要建设更高水平开放型经济新体制,全面提高对外开放水平,推动贸易和投资自由化便利化,推进贸易创新发展。因此更应实行高水平的对外开放,开拓合作共赢新局面。

参 考 文 献

[1] 阿尔弗雷德·马歇尔:《经济学原理》,章洞易译,北京联合出版公司 2015 年版。

[2] 阿格拉:《欧洲共同体经济学》,戴炳然、伍贻康译,上海译文出版社 1985 年版。

[3] 爱德华·张伯伦:《垄断竞争理论》,周文译,华夏出版社 2017 年版。

[4] 白雪洁、孟辉:《新兴产业、政策支持与激励约束缺失——以新能源汽车产业为例》,载于《经济学家》2018 年第 1 期。

[5] 白永秀、王颂吉:《马克思主义城乡关系理论与中国城乡发展一体化探索》,载于《当代经济研究》2014 年第 2 期。

[6] 白重恩、张琼:《中国的资本回报率及其影响因素分析》,载于《世界经济》2014 年第 10 期。

[7] 包希超:《浅谈开放条件下我国内需与外需的关系》,载于《山东纺织经济》2012 年第 6 期。

[8] 保罗·萨缪尔森:《经济学》,萧琛译,人民邮电出版社 2008 年版。

[9] 北京大学中国经济研究中心宏观组:《产权约束、投资低效与通货紧缩》,载于《经济研究》2004 年第 9 期。

[10] 并木信义:《瑕瑜互见——日美产业比较》,唱新、刁永祚译,中国财政经济出版社 1990 年版。

[11] 毕维铭:《国土整治与经济建设》,首都师范大学出版社 1993 年版。

［12］伯特尔·奥尔曼:《市场社会主义——社会主义者之间的争论》,段忠桥译,新华出版社 2000 年版。

［13］蔡昉:《人口转变、人口红利与刘易斯转折点》,载于《经济研究》2010 年第 4 期。

［14］蔡之兵:《空间经济学视角下的产业政策研究》,载于《经济学家》2017 年第 9 期。

［15］曹正汉:《产权的社会建构逻辑——从博弈论的观点评中国社会学家的产权研究》,载于《社会学研究》2008 年第 1 期。

［16］曾煜、陈旦:《供给侧改革背景下绿色信贷的制度创新》,载于《江西社会科学》2016 年第 4 期。

［17］陈彬:《我国宏观调控政策的发展及走向》,载于《宏观经济管理》2016 年第 5 期。

［18］陈创练、林玉婷:《财政政策反应函数与宏观调控政策取向研究》,载于《世界经济》2019 年第 2 期。

［19］陈健:《中国农村产权制度改革历程与新时代实践》,载于《经济体制改革》2019 年第 6 期。

［20］陈杰、王立勇:《改革开放以来我国宏观调控的有效性研究》,载于《宏观经济研究》2015 年第 3 期。

［21］陈乐一、杨云:《经济体制改革对经济周期波动的调节和缓解作用研究》,载于《经济社会体制比较》2016 年第 3 期。

［22］陈明、商静:《区域规划的历程演变及未来发展趋势》,载于《城市发展研究》2015 年第 12 期。

［23］陈天宝:《中国农村集体产权制度创新研究》,2005 年中国农业大学博士论文。

［24］陈伟、罗来明、林进:《现代产权理论与国有企业改革》,载于《经济体制改革》2002 年第 4 期。

［25］陈锡文、罗丹、张征:《中国农村改革 40 年》,人民出版社 2018 年版。

［26］陈锡文:《深化对统筹城乡经济社会发展的认识　扎实推进

社会主义新农村建设》，载于《小城镇建设》2005 年第 11 期。

[27] 陈小亮、陈彦斌：《供给侧结构性改革与总需求管理的关系探析》，载于《中国高校社会科学》2016 年第 3 期。

[28] 陈彦斌、刘哲希：《国宏观经济政策体系面临的困境与改革方向》，载于《中国人民大学学报》2016 年第 5 期。

[29] 陈彦斌、王佳宁：《中国宏观调控的现实功用与总体取向》，载于《改革》2017 年第 3 期。

[30] 陈彦斌：《中国特色宏观调控如何更好发挥政府与市场作用》，载于《财经问题研究》2020 年第 3 期。

[31] 陈彦勋：《国有企业产权改革研究反思——国有企业产权改革研究评述》，载于《河北经贸大学学报》2011 年第 2 期。

[32] 陈云：《陈云文选》（第三卷），人民出版社 1995 年版。

[33] 陈志钢、周云逸、樊胜根：《全球视角下的乡村振兴思考》，载于《农业经济问题》2020 年第 2 期。

[34] 成为杰：《主体功能区规划"落地"问题研究——基于 19 个省级规划的分析》，载于《国家行政学院学报》2014 年第 1 期。

[35] 程承坪、张旭、程莉：《工资增长对中国制造业国际竞争力的影响研究——基于中国 1980 – 2008 年数据的实证分析》，载于《中国软科学》2012 年第 4 期。

[36] 程恩富：《加快完善社会主义市场经济体制的"四个关键词"》，载于《经济研究》2013 年第 2 期。

[37] 程恩富：《经济思想发展史上的当代中国社会主义市场经济理论》，载于《学术研究》2017 年第 2 期。

[38] 程俊杰、章敏、黄速建：《改革开放四十年国有企业产权改革的演进与创新》，载于《经济体制改革》2018 年第 5 期。

[39] 程霖、陈旭东：《改革开放 40 年中国特色社会主义市场经济理论的发展与创新》，载于《经济学动态》2018 年第 12 期。

[40] 迟国泰、陈洪海：《基于固定效应变截距回归的区域规划政策效果评价研究》，载于《运筹与管理》2016 年第 2 期。

［41］楚尔鸣、曹策：《新时代中国特色宏观调控：范式、理论与框架》，载于《经济学家》2018 年第 11 期。

［42］戴锦：《产权改革、竞争环境与政策工具：观照国企改革理论》，载于《改革》2013 年第 11 期。

［43］戴翔：《内需与外需的动态关系——来自中国的经验》，载于《首都经贸大学学报》2012 年第 2 期。

［44］道格拉斯·诺斯：《制度、制度变迁与经济绩效》，杭行译，格致出版社 2008 年版。

［45］邓明翔、李巍：《基于国际案例分析的气候变化因素纳入我国区域规划研究》，载于《生态经济》2017 年第 2 期。

［46］《邓小平文选》（第二卷），人民出版社 1994 年版。

［47］《邓小平文选》（第三卷），人民出版社 1993 年版。

［48］丁任重：《关于供给侧结构性改革的政治经济学分析》，载于《经济学家》2016 年第 3 期。

［49］丁守海：《中国经济的短期压力、长期韧性与宏观调控》，载于《中国高校社会科学》2020 年第 6 期。

［50］董香书、肖翔：《三大区域政策提高了劳动报酬比重吗？——基于中国工业企业数据的实证研究》，载于《经济学动态》2016 年第 8 期。

［51］董昀：《中国宏观调控思想七十年演变脉络初探——基于官方文献的研究》，载于《金融评论》2019 年第 5 期。

［52］董昀：《中国特色社会主义宏观调控的实践探索与理论创新》，载于《马克思主义研究》2020 年第 8 期。

［53］杜焱强：《农村环境治理 70 年：历史演变、转换逻辑与未来走向》，载于《中国农业大学学报（社会科学版）》2019 年第 5 期。

［54］段毅才：《西方产权理论结构分析》，载于《经济研究》1992 年第 8 期。

［55］恩格斯：《反杜林论》，人民出版社 1995 年版。

［56］樊纲：《论当前国有企业产权关系的改革》，载于《改革》

1995 年第 1 期。

　　［57］范鹏：《从五年计划发展历程看其在全面深化改革中的重大作用》，载于《求实》2014 年第 12 期。

　　［58］范炜、娄依兴：《我国财政货币政策协同效应绩效研究》，载于《财政研究》2005 年第 2 期。

　　［59］范小仲、郭广迪：《超越西方经济学理论的中国经验——以我国供给侧结构性改革为例》，载于《中南民族大学学报》2019 年第 6 期。

　　［60］方创琳：《国外区域发展规划的全新审视及对中国的借鉴》，载于《地理研究》1999 年第 1 期。

　　［61］方福前：《从消费率看中国消费潜力与实现路径》，载于《经济学家》2020 年第 8 期。

　　［62］方福前：《我国宏观调控思路的历史性进展》，载于《理论探索》2019 年第 1 期。

　　［63］方志权：《农村集体经济组织产权制度改革若干问题》，载于《中国农村经济》2014 年第 7 期。

　　［64］费·李斯特：《政治经济学的国民体系》，陈万煦译，商务印书馆 1997 年版。

　　［65］费尔南·布罗代尔：《15 至 18 世纪的物质文明、经济和资本主义》，顾良、施康强译，上海三联书店 2002 年版。

　　［66］冯文荣：《建立以间接调控为主的政府宏观调控体系——市场经济理论观点综述之四》，载于《学习与研究》1993 年第 13 期。

　　［67］付朝阳：《外国直接投资对我国出口增长和出口商品结构的影响》，载于《国际贸易问题》2003 年第 11 期。

　　［68］甘小军、潘永强：《国有企业产权改革的理论问题研究》，载于《财会月刊》2018 年第 13 期。

　　［69］干春晖、郑若谷、余典范：《中国产业结构变迁对经济增长和波动的影响》，载于《经济研究》2011 年第 5 期。

　　［70］干春晖、郑若谷：《改革开放以来产业结构演进与生产率增长研究——对中国 1978～2007 年"结构红利假说"的检验》，载于

《中国工业经济》2009 年第 2 期。

[71] 淦未宇、徐细雄、易娟：《我国西部大开发战略实施效果的阶段性评价与改进对策》，载于《经济地理》2011 年第 1 期。

[72] 高波、孔令池：《中国城乡融合发展的经济增长效应分析》，载于《农业技术经济》2019 年第 8 期。

[73] 高鸿业：《西方经济学》，中国人民大学出版社 2014 年版。

[74] 高培勇：《理解、把握和推动经济高质量发展》，载于《经济学动态》2019 年第 8 期。

[75] 高惺惟：《强化宏观政策逆周期调节的理论与实践》，载于《理论视野》2019 年第 7 期。

[76] 葛兆强：《宏观调控目标实现有赖于有效就业的增加》，载于《中国金融》2009 年第 4 期。

[77] 龚艳萍、周维：《我国出口贸易结构与外国直接投资的相关分析》，载于《国际贸易问题》2005 年第 9 期。

[78] 龚志民、陈笑：《收入分配"合理性"与消费需求》，载于《消费经济》2019 年第 5 期。

[79] 顾昕、张建君：《挑选赢家还是提供服务？——产业政策的制度基础与施政选择》，《经济社会体制比较》2014 年第 1 期。

[80] 顾准：《试论社会主义制度下的商品生产和价值规律》，载于《经济研究》1957 年第 3 期。

[81] 郭彩琴：《马克思主义城乡融合思想与我国城乡教育一体化发展》，载于《马克思主义研究》2010 年第 3 期。

[82] 郭光磊：《对北京农村产权制度改革的理论思考》，载于《农村工作通讯》2012 年第 13 期。

[83] 郭军、张效榕、孔祥智：《农村一二三产业融合与农民增收——基于河南省农村一二三产业融合案例》，载于《农业经济问题》2019 年第 3 期。

[84] 郭俊华、魏宇杰：《供给侧结构性改革的文献评述》，载于《西安财经学院学报》2017 年第 1 期。

［85］郭克莎、汪红驹:《经济新常态下宏观调控的若干重大转变》,载于《中国工业经济》2015年第11期。

［86］郭克莎:《中国产业结构调整升级趋势与"十四五"时期政策思路》,载于《中国工业经济》2019年第7期。

［87］郭强:《中国农村集体产权的形成、演变与发展展望》,载于《现代经济探讨》2014年第4期。

［88］郭晓蓓:《改革开放40年我国产业结构演进历程与新时代重大战略机遇》,载于《当代经济管理》2019年第4期。

［89］郭晓蓓:《新中国产业结构的演进及优化升级》,载于《开放导报》2019年第5期。

［90］郭晓鸣:《中国农村土地制度改革:需求、困境与发展态势》,载于《中国农村经济》2011年第4期。

［91］郭垚、陈雯:《区域规划评估理论与方法研究进展》,载于《地理科学进展》2012年第6期。

［92］郭垚、陈晓:《区域规划实施结果评估——以〈江苏省沿江开发总体规划〉为例》,载于《长江流域资源与环境》2013年第4期。

［93］国家行政学院经济学教学部:《中国供给侧结构性改革》,人民出版社2015年版。

［94］哈里德·德姆塞茨:《竞争的经济、法律和政治维度》,陈郁译,上海三联出版社1992年版。

［95］哈罗德·德姆塞茨、银温泉:《关于产权的理论》,载于《经济社会体制比较》1990年第6期。

［96］韩乾、洪永淼:《国家产业政策、资产价格与投资者行为》,《经济研究》2014年第12期。

［97］韩文龙、吴丰华:《新时代城乡融合发展的理论内涵与实现路径》,载于《马克思主义与现实》2020年第2期。

［98］韩喜平、金光旭:《城乡融合赋能新时代东北振兴的政治经济学分析》,载于《学术交流》2020年第11期。

［99］韩学广、高亮:《宏观调控管理思路嬗变:从目标管理到区

间管理》，载于《中国行政管理》2013 年第 11 期。

[100] 韩永辉、黄亮雄、王贤彬：《产业政策推动地方产业结构升级了吗？——基于发展型地方政府的理论解释与实证检验》，载于《经济研究》2017 年第 8 期。

[101] 韩永辉、黄亮雄、邹建华：《中国经济结构性减速时代的来临》，载于《统计研究》2016 年第 5 期。

[102] 蒿慧杰：《城乡融合发展的制度困境及突破路径》，载于《中州学刊》2019 年第 11 期。

[103] 何代欣：《大国财政政策之路：导向、模式与策略》，载于《财政研究》2020 年第 10 期。

[104] 何代欣：《中国经济转型中财政政策的成效与优化》，载于《经济纵横》2020 年第 10 期。

[105] 何自力：《努力形成中国特色宏观调控体制》，载于《红旗文稿》2020 年第 2 期。

[106] 贺铿：《关于宏观调控的理论与实践》，载于《中国国情国力》2005 年第 3 期。

[107] 贺娜：《总需求管理在供给侧改革中的重要作用探讨》，载于《商业经济研究》2017 年第 13 期。

[108] 侯方宇、杨瑞龙：《新型政商关系、产业政策与投资"潮涌现象"治理》，载于《中国工业经济》2018 年第 5 期。

[109] 侯江源：《基于产权改革背景下国有企业改革的分析》，载于《山西经济管理干部学院学报》2017 年第 4 期。

[110] 胡鞍刚、周邵杰、任皓：《供给侧结构性改革——适应和引领经济新常态》，载于《清华大学学报》2016 年第 2 期。

[111] 胡鞍钢：《关于全面深化社会主义市场经济体制改革的若干建议》，载于《国家行政学院学报》2013 年第 3 期。

[112] 胡鞍钢：《中国独特的五年计划转型》，载于《开放时代》2013 年第 6 期。

[113] 胡家勇：《试论社会主义市场经济理论的创新和发展》，载

于《经济研究》2016 年第 7 期。

［114］胡凯、吴清：《制度环境与地区资本回报率》，载于《经济科学》2012 年第 4 期。

［115］胡序威：《区域与城市研究》，科学出版社 1998 年版。

［116］胡序威：《中国工业布局与区域规划的经济地理研究》，载于《地理科学》1985 年第 4 期。

［117］胡序威：《中国区域规划的演变与展望》，载于《城市规划》2006 年第 1 期。

［118］华源、张圆：《经济发展度量指标的理论设计》，载于《财经理论与实践》1991 年第 3 期。

［119］黄茂兴、李军军：《技术选择、产业结构升级与经济增长》，《经济研究》2009 年第 7 期。

［120］黄群慧、贺俊：《中国制造业的核心能力、功能定位与发展战略——兼评〈中国制造 2025〉》，载于《中国工业经济》2015 年第 6 期。

［121］黄少安、孙圣民、宫明波：《中国土地产权制度对农业经济增长的影响——对 1949—1978 年中国大陆农业生产效率的实证分析》，载于《中国社会科学》2005 年第 3 期。

［122］黄铁苗、徐常建：《中国特色社会主义市场经济的独特优势》，载于《马克思主义研究》2019 年第 11 期。

［123］黄先海、杨君、肖明月：《资本深化、技术进步与资本回报率：基于美国的经验分析》，载于《世界经济》2012 年第 9 期。

［124］黄新华、马万里：《从需求侧管理到供给侧改革政策变迁的内在逻辑》，载于《新视野》2017 年第 6 期。

［125］黄延信、余葵、师高康、王刚、黎阳、胡顺平、王安琪：《对农村集体产权制度改革若干问题的思考》，载于《农业经济问题》2014 年第 4 期。

［126］黄益平、曹裕静、陶坤玉、余昌华：《货币政策与宏观审慎政策共同支持宏观经济稳定》，载于《金融研究》2019 年第 12 期。

［127］霍冰影：《关于新常态下完善市场经济体制改革目标的探

计》，载于《现代营销（经营版）》2020 年第 5 期。

[128] 纪飞峰、于军党：《外部冲击下的经济金融系统稳定与调控策略》，载于《和平与发展》2020 年第 5 期。

[129] 贾康、苏京春：《"供给侧学派"溯源与规律初识》，载于《全球化》2016 年第 2 期。

[130] 贾生华：《论我国农村集体土地产权制度的整体配套改革》，载于《经济研究》1966 年第 12 期。

[131] 简新华、余江：《市场经济只能建立在私有制基础上吗？——兼评公有制与市场经济不相容论》，载于《经济研究》2016 年第 12 期。

[132] 简新华：《中国社会主义市场经济体制的新探索》，载于《广西财经学院学报》2019 年第 5 期。

[133] 建筑科学院区域规划与城市规划研究室：《区域规划编制理论与方法的初步研究》，建筑工业出版社 1958 年版。

[134] 江飞涛、李晓萍：《当前中国产业政策转型的基本逻辑》，载于《南京大学学报（哲学·人文科学·社会科学)》2015 年第 3 期。

[135] 江飞涛、李晓萍：《改革开放四十年中国产业政策演进与发展——兼论中国产业政策体系的转型》，载于《管理世界》2018 年第 10 期。

[136] 江锦凡：《外国直接投资在中国经济增长中的作用机制》，载于《世界经济》2004 年第 1 期。

[137] 江小涓：《经济转轨时期的产业政策》，上海三联书店 1996 年版。

[138] 江小涓：《经济转轨时期的产业政策——对中国经验的实证分析与前景展望》，格致出版社、上海三联书店、上海人民出版社 2014 年版。

[139] 姜作培：《城乡一体化：统筹城乡发展的目标探索》，载于《南方经济》2004 年第 1 期。

[140] 蒋智华：《凯恩斯与我国的宏观经济调控》，载于《陕西师

范大学学报（哲学社会科学版)》1998 年第 2 期。

[141] 金碚：《供给侧政策功能研究——从产业政策看政府如何有效发挥作用》，载于《经济管理》2017 年第 7 期。

[142] 金成武：《中国城乡融合发展与理论融合——兼谈当代发展经济学理论的批判借鉴》，载于《经济研究》2019 年第 8 期。

[143] 金丽红、杜文洁、林红斌：《供给管理政策在我国宏观调控中的应用》，载于《金融与经济》2011 年第 6 期。

[144] 荆林波、王雪峰：《消费率决定理论模型及应用研究》，载于《经济学动态》2011 年第 11 期。

[145] 景维民、田卫民：《市场社会主义所有制理论演进与评析》，载于《南开学报（哲学社会科学版)》2008 年第 3 期。

[146] 卡尔·E. 凯斯：《经济学原理（下)》，李明志译，清华大学出版社 2003 年版。

[147] 卡尔·马克思：《资本论》，吴半农译，商务印书馆 1934 年版。

[148] 约翰·梅那德·凯恩斯：《就业、利息和货币通论》，中国华侨出版社 2017 年版。

[149] 柯善咨、赵曜：《产业结构、城市规模与中国城市生产率》，载于《经济研究》2014 年第 4 期。

[150] 孔丹凤：《西方市场经济模式演进的现实思考》，载于《山东大学学报（哲学社会科学版)》1998 年第 2 期。

[151] 雷丙寅、周人杰：《论社会主义宏观调控的目标》，载于《中国流通经济》2012 年第 6 期。

[152] 黎文靖、郑曼妮：《实质性创新还是策略性创新？——宏观产业政策对微观企业创新的影响》，《经济研究》2016 年第 4 期。

[153] 李爱民：《"十一五"以来我国区域规划的发展与评价》，载于《中国软科学》2019 年第 4 期。

[154] 李爱民：《通货膨胀下老百姓的生存法则》，人民日报出版社 2009 年版。

［155］李标、陈姝兴：《我国经济周期波动的"错配化、扁平化、延伸化"研究》，载于《统计与决策》2014 年第 3 期。

［156］李稻葵、徐欣、江红平：《中国经济国民投资率的福利经济学分析》，载于《经济研究》2012 年第 9 期。

［157］李凤梧、池金明：《我国经济发展指标体系的设计》，载于《山西财经学院学报》1991 年第 6 期。

［158］李建平：《认识和掌握社会主义市场经济三个层次的规律》，载于《经济研究》2016 年第 3 期。

［159］李建伟：《投资率和消费率的演变规律及其与经济增长的关系》，载于《经济学动态》2003 年第 3 期。

［160］李金华：《新中国 13 个五年计划的历史贡献与未来启示》，载于《东南学术》2019 年第 5 期。

［161］孙早、许薛璐：《产业创新与消费升级：基于供给侧结构性改革视角的经验研究》，载于《中国工业经济》2018 年第 7 期。

［162］李平：《国有企业产权改革的一些理论研究和实践探索》，载于《中国工业经济》2001 年第 8 期。

［163］李顺德：《改革开放引领中国知识产权制度的成长》，载于《中国对外贸易》2019 年第 10 期。

［164］李松龄：《构建有效经济体制的理论认识与制度安排》，载于《江汉论坛》2021 年第 1 期。

［165］李万明、吴奇峰、王能：《西部开发政策效率评价与反思》，载于《开发研究》2014 年第 2 期。

［166］李伟民：《金融大辞典》，黑龙江人民出版社 2002 年版。

［167］李文溥、焦建华：《从茫然、应然到实然——论宏观经济调控的形成》，载于《厦门大学学报（哲学社会科学版)》2020 年第 4 期。

［168］李晓萍、罗俊：《欧盟产业政策的发展与启示》，《学习与探索》2017 年第 10 期。

［169］李秀敏、王艳真、刘明明：《东北振兴中区域财政转移支付政策的效果评价》，载于《当代经济研究》2015 年第 11 期。

[170] 李扬：《新常态下的宏观调控要有新思路》，载于《国家行政学院学报》2015 年第 5 期。

[171] 李义平：《继续深化供给侧结构性改革的几点认识》，载于《财经科学》2017 年第 12 期。

[172] 李源峰：《改革开放以来城乡发展的历史考察与现实观照》，载于《学校党建与思想教育》2018 年第 13 期。

[173] 李云庆、蔡定创：《实施三层级宏观调控促进经济高质量发展》，载于《宏观经济管理》2018 年第 9 期。

[174] 《理论与对策》课题组：《宏观经济调控的理论与对策研究》，载于《世界经济文汇》1990 年第 4 期。

[175] 连立帅、陈超、白俊：《产业政策与信贷资源配置》，《经济管理》2015 年第 12 期。

[176] 林坚：《土地发展权、空间管制与规划协同》，载于《城市规划》2014 年第 12 期。

[177] 林金忠：《社会主义市场经济再认识》，载于《学术研究》2012 年第 2 期。

[178] 林木西、黄泰岩：《国民经济学》，经济科学出版社 2010 年版。

[179] 林平、李嫣怡：《外资并购的国家安全审查：概念、国际经验和政策建议》，载于《产业经济评论》2009 年第 1 期。

[180] 林毅夫、李永军：《比较优势、竞争优势与发展中国家的经济发展》，载于《管理世界》2003 年第 7 期。

[181] 林毅夫、李永军：《出口与中国的经济增长：需求导向的分析》，载于《经济学（季刊）》2003 年第 3 期。

[182] 林毅夫、刘明兴：《经济发展战略与中国的工业化》，载于《经济研究》2004 年第 7 期。

[183] 林毅夫、巫和懋、邢亦青：《"潮涌现象"与产能过剩的形成机制》，载于《经济研究》2010 年第 10 期。

[184] 林毅夫、张军、王勇、寇宗来：《产业政策总结、反思与展

望》，北京大学出版社 2018 年版。

[185] 林毅夫：《发展战略、自生能力和经济收敛》，载于《经济学（季刊）》2002 年第 1 期。

[186] 刘安凤：《我国农村集体产权制度改革方向研究》，载于《学术论坛》2016 年第 10 期。

[187] 刘安长：《我国财政定位的演变：从宏观调控工具到国家治理的基础与支柱》，载于《青海社会科学》2020 年第 2 期。

[188] 刘安长：《我国逆周期财政政策 70 年：演进、镜鉴与展望》，载于《经济学家》2019 年第 12 期。

[189] 刘冰、马宇：《产业政策演变、政策效力与产业发展——基于我国煤炭产业的实证分析》，载于《产业经济研究》2008 年第 5 期。

[190] 刘秉镰、刘勇：《我国区域产业结构升级能力研究》，载于《开放导报》2006 年第 16 期。

[191] 刘达禹、刘金全、赵婷婷：《中国经济"新常态"下的宏观调控——基于世界经济景气变动的经验分析》，载于《经济学家》2016 年第 10 期。

[192] 刘达禹、徐斌、刘金全：《不确定性冲击、产业波动与经济政策调控——基于三次疫情时期的对比研究》，载于《浙江社会科学》2020 年第 9 期。

[193] 刘道兴：《我国宏观调控目标新取向与积极财政政策创新》，载于《中州学刊》2006 年第 5 期。

[194] 刘地久：《改善供给：扩大需求，促进增长的根本出路》，载于《管理世界》2001 年第 12 期。

[195] 刘凤义：《论社会主义市场经济中政府和市场的关系》，载于《马克思主义研究》2020 年第 2 期。

[196] 刘国光：《促进消费需求提高消费率是扩大内需的必由之路》，载于《财贸经济》2002 年第 5 期。

[197] 刘国光：《关于社会主义市场经济理论的几个问题》，载于《经济研究》1992 年第 10 期。

[198] 刘国光：《中国社会主义政治经济学若干问题》，载于《政治经济学评论》2010 年第 4 期。

[199] 刘俊杰：《我国城乡关系演变的历史脉络：从分割走向融合》，载于《华中农业大学学报（社会科学版）》2020 年第 1 期。

[200] 刘磊、卢周来：《邓小平关于经济改革和发展论述中蕴含的宏观调控思想》，载于《党的文献》2019 年第 5 期。

[201] 刘明越：《国企产权制度改革的逻辑与问题研究》，2013 年复旦大学博士学位论文。

[202] 刘奇、王飞：《论统筹城乡经济社会发展》，载于《中国农村经济》2003 年第 9 期。

[203] 刘瑞：《我国宏观调控目标再认识》，载于《企业经济》2011 年第 12 期。

[204] 刘瑞：《在中国特色宏观调控范式下完善宏观调控体系研究》，载于《经济纵横》2020 年第 11 期。

[205] 刘瑞翔、安同良：《中国经济增长的动力来源与转换展望——基于最终需求角度的分析》，载于《经济研究》2011 年第 7 期。

[206] 刘伟、蔡志洲：《经济增长新常态与供给侧结构性改革》，载于《求是学刊》2016 年第 1 期。

[207] 刘伟、蔡志洲：《经济周期与宏观调控》，载于《北京大学学报（哲学社会科学版）》2005 年第 2 期。

[208] 刘伟、苏剑：《"新常态"下的中国宏观调控》，载于《经济科学》2014 年第 4 期。

[209] 刘伟、张辉：《中国经济增长中的产业结构变迁和技术进步》，载于《经济研究》2008 年第 11 期。

[210] 刘伟：《发展混合所有制经济是建设社会主义市场经济的根本性制度创新》，载于《经济理论与经济管理》2015 年第 1 期。

[211] 刘伟：《经济"新常态"对宏观调控的新要求》，载于《上海行政学院学报》2014 年第 5 期。

[212] 刘伟：《我国供给侧结构性改革与西方"供给管理"的根本

区别》，载于《中共中央党校学报》2017 年第 6 期。

[213] 刘伟：《中国经济改革对社会主义政治经济学根本性难题的突破》，载于《中国社会科学》2017 年第 5 期。

[214] 刘伟平、傅一敏、冯亮明、董加云、卢素兰：《新中国 70 年集体林权制度的变迁历程与内在逻辑》，载于《林业经济问题》2019 年第 6 期。

[215] 刘霞辉：《供给侧的宏观经济管理》，载于《经济学动态》2013 年第 10 期。

[216] 刘辛元、刘秀光：《供给管理和需求管理的理论演进与政策分析》，载于《西部论坛》2016 年第 4 期。

[217] 刘艳：《农村土地流转中的产权制度法律化问题探讨》，载于《中国土地科学》2014 年第 11 期。

[218] 刘尧飞、沈杰：《经济转型升级背景下供给侧改革分析》，载于《理论月刊》2016 年第 4 期。

[219] 刘永强、苏昌贵、龙花楼、侯学钢：《城乡一体化发展背景下中国农村土地管理制度创新研究》，载于《经济地理》2013 年第 10 期。

[220] 刘允岩：《四大举措促进我国新消费发展》，载于《人民论坛》2020 年第 4 期。

[221] 卢嘉瑞、徐圣银：《宏观调控与我国的经济周期》，载于《生产力研究》2002 年第 6 期。

[222] 卢现祥：《环境、外部性与产权》，载于《经济评论》2002 年第 4 期。

[223] 卢现祥：《论产权失灵》，载于《福建论坛（经济社会版）》2002 年第 10 期。

[224] 卢向前、戴国强：《人民币实际汇率波动对我国进出口的影响：1994－2003》，载于《经济研究》2005 年第 5 期。

[225] 卢中原：《产业结构对地区经济发展影响的分析》，载于《经济研究》1996 年第 7 期。

[226] 鲁迪格·多恩布什、斯坦利·费希尔、理查德·斯塔兹：

《宏观经济学》，中国人民大学出版社 2010 年版。

［227］鲁政委、翟鹏霄：《中国经济波动：理论假说与宏观调控》，载于《社会科学辑刊》2016 年第 5 期。

［228］陆大道：《中国区域发展的理论与实践》，科学出版社 2003 年版。

［229］陆铭：《供求匹配讨论中国问题如何走出二元对立》，载于《中国证券期货》2016 年第 2 期。

［230］陆怡：《宏观调控、中国特色与国家治理现代化》，载于《现代经济探讨》2020 年第 9 期。

［231］路德维希·艾哈德：《大众福利》，祝世康、穆家骥译，商务印书馆 2017 年版。

［232］罗成书、周世锋：《浙江省海洋空间规划"多规合一"的现状、问题与重构》，载于《海洋经济》2017 年第 3 期。

［233］罗楚亮、颜迪：《消费结构与城镇居民消费不平等：2002－2018 年》，载于《消费经济》2020 年第 6 期。

［234］罗仲伟：《中国国有企业改革：方法论和策略》，载于《中国工业经济》2009 年第 1 期。

［235］吕月英：《促进消费需求增长的思考》，载于《宏观经济管理》2013 年第 4 期。

［236］马建堂、慕海平、王小广：《新常态下我国宏观调控思路和方式的重大创新》，载于《国家行政学院学报》2015 年第 5 期。

［237］马娜、刘士林：《区域规划实施效果评估指标体系构建研究》，载于《区域经济评论》2015 年第 4 期。

［238］马秀贞：《五年规划对我国经济现代化的推进》，载于《江汉大学学报（社会科学版）》2020 年第 1 期。

［239］马永欢、刘清春：《对我国自然资源产权制度建设的战略思考》，载于《中国科学院院刊》2015 年第 4 期。

［240］曼昆：《宏观经济学》，中国人民大学出版社 2011 年版。

［241］毛汉英、方创琳：《新时期区域发展规划的基本思路及完善

途径》，载于《地理学报》1997 年第 1 期。

[242] 毛盛勇：《我国居民消费需求分析》，载于《统计研究》2007 年第 6 期。

[243]《毛泽东选集》（第二卷），人民出版社 1991 年版。

[244] 孟斌、迟国泰：《基于关键因素的国家重大区域规划实施效果评价》，载于《运筹与管理》2017 年第 1 期。

[245] 米尔顿·弗里德曼：《资本主义与自由》，张瑞玉译，商务印书馆 2004 年版。

[246] 米尔顿·弗里德曼、安娜·雅各布森·施瓦茨：《美国货币史（1867－1960）》，巴曙松、王劲松译，北京大学出版社 2009 年版。

[247] 苗新建、孟全省：《农村集体经济产权制度改革的理论与实践研究——以北京市昌平区为例》，载于《中国集体经济》2012 年第 13 期。

[248] 缪小林、高跃光：《城乡公共服务：从均等化到一体化——兼论落后地区如何破除经济赶超下的城乡"二元"困局》，载于《财经研究》2016 年第 7 期。

[249] 穆克瑞：《新发展阶段城乡融合发展的主要障碍及突破方向》，载于《行政管理改革》2021 年第 1 期。

[250] 聂辉华：《产业政策的有效边界和微观基础》，载于《学习与探索》2017 年第 8 期。

[251] 农业部课题组：《推进农村集体经济组织产权制度改革》，载于《中国发展观察》2006 年第 12 期。

[252] 欧阳峣、傅元海、王松：《居民消费的规模效应及其演变机制》，载于《经济研究》2016 年第 2 期。

[253] 潘家栋、肖文：《互联网发展对我国出口贸易的影响研究》，载于《国际贸易问题》2018 年第 12 期。

[254] 潘雅茹、罗良文：《廉洁度、基础设施投资与中国经济包容性增长》，载于《中南财经政法大学学报》2020 年第 1 期。

[255] 庞凤喜、牛力：《论新一轮减税降费的直接目标及实现路

径》，载于《税务研究》2019 年第 2 期。

　　[256] 庞明川：《新中国 70 年宏观调控的转型、创新与基本经验》，载于《财经问题研究》2019 年第 11 期。

　　[257] 庞增安：《社会主义市场经济理论的形成机制》，载于《南通大学学报（社会科学版）》2012 年第 2 期。

　　[258] 彭光良、罗晓云：《从产权理论看我国国有企业改革》，载于《技术经济》2003 年第 9 期。

　　[259] 彭斯达、陈继勇、杨余：《我国对外贸易商品结构和方式与经济增长的相关性比较》，载于《国际贸易问题》2008 年第 3 期。

　　[260] 戚自科：《美国 20 世纪 80 年代供给管理政策实践研究——暨我国当前宏观调控转向思考》，载于《北京工商大学学报（社会科学版）》2009 年第 2 期。

　　[261] 祈京梅：《我国消费需求趋势研究及实证分析》，中国经济出版社 2008 年版。

　　[262] 钱凯：《我国供给管理宏观经济政策的观点综述》，载于《经济研究参考》2014 年第 24 期。

　　[263] 乔榛、陈俊宏：《供给管理的中国式选择、逻辑及政策取向》，载于《商业研究》2017 年第 8 期。

　　[264] 秦朵、宋海岩：《改革中的过度投资需求和效率损失——中国分省固定资产投资案例分析》，载于《经济学（季刊）》2003 年第 3 期。

　　[265] 琼·罗宾逊：《不完全竞争经济学》，王翼龙译，华夏出版社 2013 年版。

　　[266] 曲福田、田光明：《城乡统筹与农村集体土地产权制度改革》，载于《管理世界》2011 第 6 期。

　　[267] 曲延春：《从"二元"到"一体"：乡村振兴战略下城乡融合发展路径研究》，载于《理论学刊》2020 年第 1 期。

　　[268] 饶品贵、岳衡、姜国华：《经济政策不确定性与企业投资行为研究》，载于《世界经济》2017 年第 2 期。

　　[269] 任保平、李禹墨：《新时代我国高质量发展评判体系的构建

及其转型路径》，载于《陕西师范大学学报（哲学社会科学版）》2018
年第 3 期。

[270] 任保平、王思琛：《新时代高水平社会主义市场经济体制升
级版的构建》，载于《经济与管理评论》2020 年第 4 期。

[271] 任保平：《高质量目标下社会主义市场经济体制建设的基本
要求、框架与路径》，载于《中国高校社会科学》2020 年第 2 期。

[272] 萨伊：《政治经济学概论》，陈福生译，商务印书馆 1963
年版。

[273] 邵挺：《金融错配、所有制结构与资本回报率：来自 1999～
2007 年我国工业企业的研究》，载于《金融研究》2010 年第 9 期。

[274] 邵宇佳、王光：《新时代下中国供给管理的创新实践与理论
贡献》，载于《当代经济管理》2020 年第 5 期。

[275] 沈国兵、袁征宇：《互联网化、创新保护与中国企业出口产
品质量提升》，载于《世界经济》2020 年第 11 期。

[276] 沈坤荣、赵倩：《以供给侧结构性改革推进经济创新发展》，
载于《经济纵横》2016 年第 9 期。

[277] 沈利生：《"三驾马车"的拉动作用评估》，载于《数量经
济技术经济研究》2009 年第 4 期。

[278] 沈少川、郭克莎：《新时期我国加强宏观经济预期管理的思
路》，载于《经济纵横》2020 年第 1 期。

[279] 盛辉：《马克思恩格斯城乡融合思想及其时代意蕴》，载于
《改革与战略》2018 年第 1 期。

[280] 师博：《中国特色社会主义新时代高质量发展宏观调控的转
型》，载于《西北大学学报（哲学社会科学版）》2018 年第 3 期。

[281] 施炳展：《互联网与国际贸易——基于双边双向网址链接数
据的经验分析》，载于《经济研究》2016 年第 5 期。

[282] 舒元、张莉、徐现祥：《中国工业资本收益率和配置效率测
算及分解》，载于《经济评论》2010 年第 1 期。

[283] 宋方敏：《我国国有企业产权制度改革的探索与风险》，载

于《政治经济学评论》2019 年第 1 期。

[284] 宋凌云、王贤彬：《重点产业政策、资源重置与产业生产率》，载于《管理世界》2013 年第 12 期。

[285] 宋瑞礼：《新形势下中国宏观调控取向与对策研究》，载于《宏观经济研究》2019 年第 11 期。

[286] 宋瑞礼：《中国宏观调控 40 年：历史轨迹与经验启示》，载于《宏观经济研究》2018 年第 12 期。

[287] 苏常禄：《中国经济改革的产权逻辑》，载于《商业经济》2019 年第 12 期。

[288] 苏东水：《产业经济学》，高等教育出版社 2000 年版。

[289] 苏剑、陈阳：《中国特色的宏观调控政策体系及其应用》，载于《经济学家》2019 年第 6 期。

[290] 苏剑：《供给管理政策及其在调节短期经济波动中的应用》，载于《经济学动态》2008 年第 6 期。

[291] 苏剑：《如何治理滞胀》，载于《北京行政学院学报》2012 年第 1 期。

[292] 苏剑：《新供给经济学：宏观经济学的一个发展方向》，载于《中国高校社会科学》2016 年第 3 期。

[293] 苏科伍、马小利：《中国对外开放不断扩大的辉煌历程——基于对外贸易视角的思考》，载于《毛泽东邓小平理论研究》2018 年第 7 期。

[294] 苏明、韩凤芹、付阳：《"十二五"时期西部大开发财税政策效果评估及"十三五"时期政策建议》，载于《经济研究参考》2015 年第 13 期。

[295] 苏小方：《国有企业产权制度的侵权性质及改革》，载于《制度经济学研究》2004 年第 4 期。

[296] 孙楚仁、田国强、章韬：《最低工资标准与中国企业的出口行为》，载于《经济研究》2013 年第 2 期。

[297] 孙洁：《城乡统筹：构建农村社会保障体系的支点》，载于

《甘肃理论学刊》2004 年第 2 期。

[298] 孙津：《城乡统筹是一种综合性要素统筹的创制》，载于《中国发展》2008 年第 4 期。

[299] 孙久文、苏玺鉴、闫昊生：《东北振兴政策效果评价——基于 Oaxaca – Blinder 回归的实证分析》，载于《吉林大学社会科学学报》2020 年第 2 期。

[300] 孙娟、崔功豪：《国外区域规划发展与动态》，载于《城市规划汇刊》2002 年第 2 期。

[301] 孙早、许薛璐：《产业创新与消费升级：基于供给侧结构性改革视角的经验研究》，载于《中国工业经济》2018 年第 7 期。

[302] 孙天阳、陆毅、成丽红：《资源枯竭型城市扶助政策实施效果、长效机制与产业升级》，载于《中国工业经济》2020 年第 7 期。

[303] 孙叶飞、夏青、周敏：《新型城镇化发展与产业结构变迁的经济增长效应》，载于《数量经济技术经济研究》2016 年第 11 期。

[304] 孙早、席建成：《中国式产业政策的实施效果：产业升级还是短期经济增长》，载于《中国工业经济》2015 年第 7 期。

[305] 汤筠、孟芊、杨永恒：《区域规划理论研究综述》，载于《求实》2009 年第 2 期。

[306] 铁瑛、张明志：《工资上升对中国出口贸易的影响——基于工业行业面板数据的实证研究》，载于《国际贸易问题》2015 年第 11 期。

[307] 涂圣伟：《城乡融合发展的战略导向与实现路径》，载于《宏观经济研究》2020 年第 4 期。

[308] 万银锋：《城镇化进程中城乡结合部的社会治理转型与创新》，载于《中州学刊》2017 第 11 期。

[309] 王得新：《我国实施供给管理为主导的宏观经济政策理论探讨》，载于《商业时代》2012 年第 27 期。

[310] 王得新：《转向以供给管理为主导的宏观经济政策》，载于《中国天津市委党校学报》2012 年第 3 期。

[311] 王东京：《中国经济体制改革的理论逻辑与实践逻辑》，《管

理世界》2018 年第 4 期。

[312] 王积业：《国民收入适合于作经济发展综合指标》，载于《中国经济问题》1983 年第 4 期。

[313] 王建梅：《改革开放 30 年我国国有企业产权制度改革评述》，载于《经济研究参考》2008 年第 49 期。

[314] 王凯、陈明：《近 30 年快速城镇化背景下城市规划理念的变迁》，载于《城市规划学刊》2008 年第 1 期。

[315] 王克敏、刘静、李晓溪：《产业政策、政府支持与公司投资效率研究》，载于《管理世界》2017 年第 3 期。

[316] 王乐君、寇广增：《促进农村一二三产业融合发展的若干思考》，载于《农业经济问题》2017 年第 6 期。

[317] 王磊、沈建法：《空间规划政策在中国五年计划/规划体系中的演变》，载于《地理科学进展》2013 年第 8 期。

[318] 王立勇：《我国宏观调控的 8 大流派述评》，载于《理论参考》2008 年第 3 期。

[319] 王升泉、陈浪南、李涵静：《我国中部崛起政策有效性的实证研究》，载于《当代经济科学》2017 年第 2 期。

[320] 王文、孙早、牛泽东：《产业政策、市场竞争与资源错配》，载于《经济学家》2014 年第 9 期。

[321] 王文甫、明娟、岳超云：《企业规模、地方政府干预与产能过剩》，载于《管理世界》2014 年第 10 期。

[322] 王文华、郑洁：《关于合理编制区域经济规划的若干思考》，载于《时代金融》2017 年第 14 期。

[323] 王霞：《以供给政策促进结构调整与经济发展——供给学派革命的启示》，载于《商业时代》2013 年第 23 期。

[324] 王显贵：《中国外贸依存度过高了吗?》，载于《财贸经济》2004 年第 7 期。

[325] 王小鲁、樊纲、刘鹏：《中国经济增长方式转换和增长可持续性》，载于《经济研究》2009 年第 1 期。

［326］王小鲁：《改革 20 年和今后 20 年：投资对经济增长的贡献》，载于《国家行政学院学报》2001 年第 4 期。

［327］王晓玲、方杏村：《东北老工业基地经济振兴效率评价及影响因素分析》，载于《商业研究》2017 年第 1 期。

［328］王学锋：《探索省域城镇体系规划实施的有效途径——以江苏省为例》，载于《规划师》2003 年第 5 期。

［329］王燕武、李文溥、李晓静：《基于单位劳动力成本的中国制造业国际竞争力研究》，载于《统计研究》2011 年第 10 期。

［330］王阳、牟俊霖：《经济周期、宏观调控政策与就业增长——基于符号限制的向量自回归模型的估计》，载于《宏观经济研究》2018 年第 7 期。

［331］王勇：《食品价格波动对城乡家庭消费的影响研究》，载于《价格理论与实践》2017 年第 5 期。

［332］王喆、汪海：《现代化经济体系建设与新一轮经济体制改革方略》，载于《改革》2018 年第 10 期。

［333］王子军、冯蕾：《外商直接投资与中国出口竞争力——对我国按不同技术类别细分的制成品出口的实证分析》，载于《南开经济研究》2004 年第 4 期。

［334］魏后凯：《深刻把握城乡融合发展的本质内涵》，载于《中国农村经济》2020 年第 6 期。

［335］魏杰、杨林：《实行供给侧改革优化供给结构》，载于《财税论坛》2016 年第 2 期。

［336］魏杰、张宇：《对市场经济与计划经济的再认识》，载于《中国社会科学》1993 年第 2 期。

［337］温家隆、张满银、何维达：《东北振兴规划实施成效评估研究——基于多层次模糊综合评价方法》，载于《经济问题》2020 年第 7 期。

［338］文丰安、王星：《新时代城乡融合高质量发展：科学内涵、理论基础与推动路径》，载于《新视野》2020 年第 3 期。

［339］文余源、段娟：《区域规划研究进展与我国区域规划重大问题探讨》，载于《北京行政学院学报》2019 年第 4 期。

［340］巫强、刘志彪：《中国沿海地区出口奇迹的发生机制分析》，载于《经济研究》2009 年第 6 期。

［341］吴崇宇、华斌、王裕雄：《我国居民消费的主要影响因素及居民消费预测研究——基于"缓冲储备储蓄模型"的理论扩展》，载于《经济问题探索》2015 年第 8 期。

［342］吴丰华、韩文龙：《改革开放四十年的城乡关系：历史脉络、阶段特征和未来展望》，载于《学术月刊》2018 年第 4 期。

［343］吴汉东：《知识产权本质的多维度解读》，载于《中国法学》2006 年第 5 期。

［344］吴丕斌：《略谈社会总供给与总需求平衡状况的分析与核算》，载于《经济研究》1991 年第 10 期。

［345］吴孝政、刘佳刚：《扩大消费需求与改善心理预期环境》，载于《消费经济》2000 年第 6 期。

［346］吴娅玲、潘林伟：《政策不确定性、货币政策与区域经济增长的异质调控》，载于《上海金融》2020 年第 6 期。

［347］吴易风：《马克思的产权理论——纪念〈资本论〉第一卷出版 140 周年》，载于《福建论坛（人文社会科学版)》2008 年第 1 期。

［348］武飞：《我国宏观经济周期与调控政策的回顾与反思》，载于《中国流通经济》2012 年第 11 期。

［349］武剑：《储蓄、投资和经济增长——中国资金供求的动态分析》，载于《经济研究》1999 年第 11 期。

［350］武力：《新中国实施十一个五年计划和规划的历史经验》，载于《党的文献》2009 年第 4 期。

［351］武一：《宏观调控中的政策协同与匹配》，载于《社会科学研究》2001 年第 6 期。

［352］物资部政策研究司：《关于物资宏观调控若干理论问题》，载于《中国物资流通》1989 年第 10 期。

[353] 肖昊宸、张克非：《新中国经济结构调整的类型变迁与政策逻辑》，载于《上海经济研究》2020 年第 6 期。

[354] 肖炎舜：《中国经济周期与财政政策调控的阶段性》，载于《财政科学》2017 年第 1 期。

[355] 小宫隆太郎、奥野正宽等编：《日本的产业政策》，国际文化出版公司 1988 年版。

[356] 徐春秀、汪振辰：《中部崛起政策对地区产业升级的异质性影响与机制分析——基于 PSM – DID 方法的一项拟自然实验》，载于《产经评论》2020 年第 11 期。

[357] 徐澜波：《规范意义的"宏观调控"概念与内涵辨析》，载于《政治与法律》2014 年第 2 期。

[358] 徐宁、丁一兵：《混合型货币政策规则的宏观调控效应研究——基于宏观经济稳增长和金融系统防风险双重视角》，载于《浙江社会科学》2020 年第 4 期。

[359] 徐文舸：《中国经济波动特征的典型化事实研究：现象、原因及启示》，载于《宏观经济研究》2020 年第 11 期。

[360] 徐秀军：《新国际形势下构建更高水平开放格局的挑战、机遇与对策》，载于《国际税收》2020 年第 10 期。

[361] 许彩玲、李建建：《城乡融合发展的科学内涵与实现路径——基于马克思主义城乡关系理论的思考》，载于《经济学家》2019 年第 1 期。

[362] 许光建、许坤、卢倩倩：《经济新常态下货币政策工具的创新：背景、内容与特点》，载于《宏观经济研究》2019 年第 4 期。

[363] 许光建：《经济高质量发展的重要支撑与引擎动力》，载于《人民论坛》2020 年第 2 期。

[364] 许经勇：《改革开放以来中国经济制度变迁回顾与思考》，载于《西部论坛》2021 年第 1 期。

[365] 亚当·斯密：《国富论》，谢祖钧译，中华书局 2014 年版。

[366] 亚当·斯密：《国富论》，郭大力、王亚南译，商务印书馆 2011 年版。

［367］鄢波：《国有企业产权制度改革回顾与展望》，载于《重庆科技学院学报（社会科学版）》2010 年第 8 期。

［368］延谈：《国民生产总值应当作为衡量经济发展的综合指标》，载于《经济与管理研究》1987 年第 2 期。

［369］闫坤、张鹏：《当前我国宏观经济形势与财政政策分析》，载于《税务研究》2009 年第 2 期。

［370］颜鹏飞、高震华、窦珂歧：《兼容理论：西方市场经济理论的新进展》，载于《经济评论》1998 第 6 期。

［371］颜鹏飞：《西方市场经济理论和实践的启示与借鉴——兼论我国计划经济体制向市场经济体制的历史性转变》，载于《新疆师范大学学报（哲学社会科学版）》1996 年第 4 期。

［372］晏艳阳、王娟：《产业政策如何促进企业创新效率提升——对"五年规划"实施效果的一项评价》，载于《产经评论》2018 年第 3 期。

［373］杨灿明：《减税降费：成效、问题与路径改革》，载于《财贸经济》2017 年第 9 期。

［374］杨翠迎、黄祖辉：《建立和完善我国农村社会保障体系——基于城乡统筹考虑的一个思路》，载于《西北农林科技大学学报（社会科学版）》2007 年第 1 期。

［375］杨东辉：《相机抉择：中国特色的宏观调控》，载于《学术交流》2010 年第 11 期。

［376］杨飞虎、杨洋：《新中国 70 年宏观调控政策的回顾及展望》，载于《当代财经》2020 年第 5 期。

［377］杨洁：《对我国区域规划工作的回顾与展望》，载于《经济研究参考》1998 年第 29 期。

［378］杨近平：《五年计划视域中我国社会主义工业化历程及思考》，载于《贵阳学院学报（社会科学版）》2018 年第 2 期。

［379］杨沐：《产业政策研究》，上海三联书店 1989 年版。

［380］杨瑞龙、侯方宇：《产业政策的有效性边界——基于不完全

契约的视角》，载于《管理世界》2019 年第 10 期。

[381] 杨天宇、荣雨菲：《区域发展战略能促进经济增长吗——以振兴东北老工业基地战略为例》，载于《经济理论与经济管理》2017 年第 10 期。

[382] 杨小凯：《杨小凯谈经济》，中国社会科学出版社 2004 年版。

[383] 杨小勇、吴宇轩：《社会主义宏观调控内在规定性及成功机理研究》，载于《毛泽东邓小平理论研究》2020 年第 1 期。

[384] 杨秀惠、田学斌：《居民消费不足的成因与对策》，载于《财贸经济》2002 年第 11 期。

[385] 杨永恒：《"十三五"回顾与"十四五"前瞻》，载于《人民论坛》2020 年第 29 期。

[386] 杨永忠：《"赶超型"产业政策与市场绩效：基于东亚地区国际竞争力的比较视角》，载于《国际贸易问题》2006 年第 7 期。

[387] 杨钊霞：《论加快完善现代产权制度》，载于《现代商贸工业》2019 年第 36 期。

[388] 杨振：《激励扭曲视角下的产能过剩形成机制及其治理研究》，载于《经济学家》2013 年第 10 期。

[389] 杨振：《供给侧结构性改革的历史逻辑、学理逻辑与实践逻辑》，载于《理论学刊》2020 年第 2 期。

[390] 姚东旻、严文宏：《财政政策定义的重构——来自两百年间的文献研究与中国实践的启示》，载于《财政研究》2020 年第 5 期。

[391] 叶兴庆、程郁、赵俊超、宁夏：《"十四五"时期的乡村振兴：趋势判断、总体思路与保障机制》，载于《农村经济》2020 年第 9 期。

[392] 伊特韦尔：《新帕尔格雷夫经济学大辞典》，经济科学出版社 1996 年版。

[393] 依绍华：《新消费崛起促进消费和产业双升级》，载于《人民论坛》2020 年第 21 期。

[394] 易信：《当前经济发展态势及政策取向建议》，载于《宏观经济管理》2018 年第 6 期。

［395］于斌斌：《产业结构调整与生产率提升的经济增长效应——基于中国城市动态空间面板模型的分析》，载于《中国工业经济》2015年第 12 期。

［396］于立、张杰：《中国产能过剩的根本成因与出路：非市场因素及其三步走》，载于《战略改革》2014 年第 2 期。

［397］于楠：《我国区域经济规划现状及成渝经济区发展远景——基于"十一五"时期区域发展的回顾》，载于《西南金融》2010 年第 6 期。

［398］于慎澄：《当前消费不足的因素分析与扩大消费需求长效机制的建立》，载于《理论学习》2012 年第 2 期。

［399］于震、丁尚宇：《银行预期与中国经济周期波动》，载于《西安交通大学学报（社会科学版）》2019 年第 5 期。

［400］余斌、吴振宇：《中国经济新常态与宏观调控政策取向》，载于《改革》2014 年第 11 期。

［401］余文烈、刘向阳：《当代市场社会主义六大特征》，载于《国外社会科学》2000 年第 5 期。

［402］袁富华、张平：《宏观调控：产业政策和财政金融政策相互关系的视角》，载于《中共中央党校（国家行政学院）学报》2019 年第 5 期。

［403］袁富华：《长期增长过程的"结构性加速"与"结构性减速"：一种解释》，载于《经济研究》2012 年第 3 期。

［404］袁莉：《基于系统观的中国特色城乡融合发展》，载于《农村经济》2020 年第 12 期。

［405］袁志刚、张冰莹：《中国投资结构变化、效率演变及其对增长质量的影响》，载于《东南学术》2020 年第 6 期。

［406］约翰·梅纳德·凯恩斯：《就业利息和货币通论》，高鸿业译，商务印书馆 2014 年版。

［407］约翰·罗默：《社会主义的未来》，余文烈译，重庆出版社1997 年版。

［408］约翰·梅纳德·凯恩斯：《就业、利息和货币通论》，金华

译，立信会计出版社 2017 年版。

[409] 约翰·梅纳德·凯恩斯：《就业利息和货币通论》，高鸿业译，商务印书馆 2014 年版。

[410] 张斌：《减税降费的理论维度、政策框架与现实选择》，载于《财政研究》2019 年第 5 期。

[411] 张斌：《新时代深化农村集体产权制度改革的思考》，载于《中州学刊》2019 年第 9 期。

[412] 张朝尊、曹新：《马克思关于宏观调控理论基础问题的研究》，载于《中国人民大学学报》1995 年第 4 期。

[413] 张道根：《国有企业产权改革中的几个问题》，载于《中国工业经济》1996 年第 11 期。

[414] 张凤兵、乔翠霞：《基于要素配置的城乡利益格局"断裂"与"重构"：文献梳理与展望》，载于《农业经济问题》2019 年第 6 期。

[415] 张国平：《论宏观调控的理论要点》，载于《海南金融》1994 年第 3 期。

[416] 张杰：《基于产业政策视角的中国产能过剩形成与化解研究》，载于《经济问题探索》2015 年第 2 期。

[417] 张杰、翟福昕：《多重目标下宏观调控思路调整与政策匹配》，载于《改革》2014 年第 9 期。

[418] 张军：《资本形成、工业化与经济增长：中国的转轨特征》，载于《经济研究年》2002 年第 6 期。

[419] 张可云：《区域经济政策》，商务印书馆 2005 年版。

[420] 张克俊、杜婵：《从城乡统筹、城乡一体化到城乡融合发展：继承与升华》，载于《农村经济》2019 年第 11 期。

[421] 张莉、朱光顺、李世刚、李夏洋：《市场环境、重点产业政策与企业生产率差异》，载于《管理世界》2019 年第 3 期。

[422] 张连成：《经济学教程》，经济日报出版社 2007 年版。

[423] 张龙、刘金全：《货币政策宏观调控框架研究：共识、分歧与展望》，载于《财贸研究》2019 年第 5 期。

[424] 张龙：《货币政策量价工具与宏观经济动态效应——兼论经济不确定性的货币政策调控弱化效应》，载于《现代经济探讨》2020 年第 9 期。

[425] 张路路、蔡玉梅、郑新奇：《省级主体功能区规划实施评价》，载于《国土资源科技管理》2016 年第 1 期。

[426] 张满银：《建国 70 年中国区域规划的回顾与展望》，载于《工业技术经济》2019 年第 38 期。

[427] 张满银：《中国特色区域规划体系研究》，载于《中国软科学》2020 年第 5 期。

[428] 张鹏飞、徐朝阳：《干预抑或不干预？——围绕政府产业政策有效性的争论》，载于《经济社会体制比较》2007 年第 4 期。

[429] 张平：《从"摸着石头过河"到"大国模型"——改革开放四十年中国宏观经济学理论的演变》，载于《文化纵横》2018 年第 6 期。

[430] 张琦：《改革开放以来中国宏观经济理论与政策的演变》，载于《经济与管理研究》2019 年第 4 期。

[431] 张倩肖、董瀛飞：《渐进工艺创新、产能建设周期与产能过剩——基于"新熊彼特"演化模型的模拟分析》，载于《经济学家》2014 年第 8 期。

[432] 张蕊：《减税降费政府收入"减法"换来经济发展新动能》，载于《中国财政》2017 年第 4 期。

[433] 张松孝、张延孝：《宏观调控的理论思考》，载于《黑龙江财专学报》1994 年第 3 期。

[434] 张卫东：《国企产权改革 30 年》，载于《湖北社会科学》2008 年第 7 期。

[435] 张文武、欧习、徐嘉婕：《城市规模、社会保障与农业转移人口市民化意愿》，载于《农业经济问题》2018 年第 9 期。

[436] 张五常：《经济解释（三卷本）》，花千树出版社（香港）2002 年版。

[437] 张霞、李成勋：《我国市场经济宏观调控的路径指向——基

于〈资本论〉中的按比例发展理论》，载于《毛泽东邓小平理论研究》2018 年第 7 期。

[438] 张晓晶：《试论中国宏观调控新常态》，载于《经济学动态》2015 年第 4 期。

[439] 张晓山：《改革开放四十年与农业农村经济发展——从"大包干"到城乡融合发展》，载于《学习与探索》2018 年第 12 期。

[440] 张新宁：《有效市场和有为政府有机结合——破解"市场失灵"的中国方案》，载于《上海经济研究》2021 年第 1 期。

[441] 张亚斌：《"一带一路"投资便利化与中国对外直接投资选择——基于跨国面板数据及投资引力模型的实证研究》，载于《国际贸易问题》2016 年第 9 期。

[442] 张勇、周达、刘瑞：《宏观调控概念解读：政府干预经济的中国式框架》，载于《青海社会科学》2009 年第 5 期。

[443] 张勇：《我国宏观调控的结构优化目标分析》，载于《中国特色社会主义研究》2015 年第 3 期。

[444] 张宇：《论公有制与市场经济的有机结合》，载于《经济研究》2016 年第 6 期。

[445] 张玉敏：《知识产权的概念和法律特征》，载于《现代法学》2001 年第 5 期。

[446] 赵昌文、许召元、朱鸿鸣：《工业化后期的中国经济增长新动力》，载于《中国工业经济》2015 年第 6 期。

[447] 赵德起、沈秋彤：《权力配置、政府约束、契约完备推进市场供求均衡的理论分析》，载于《经济学家》2019 年第 7 期。

[448] 赵全海、张志强、Joseph Giacalone：《贸易保护与政治利益关系的研究》，载于《当代财经》2008 年第 10 期。

[449] 赵伟、栾玉蓉：《城市经济增长对房地产开发投资依赖度的时空演变趋势——基于 281 个城市面板数据的空间计量分析》，载于《工业技术经济》2020 年第 2 期。

[450] 赵玉川、胡富梅：《中国可持续发展指标体系建立的原则及

结构》，载于《中国人口·资源与环境》1997 年第 4 期。

[451] 折晓叶、陈婴婴：《产权怎样界定——一份集体产权私化的社会文本》，载于《社会学研究》2005 年第 4 期。

[452] 郑成思：《知识产权法教程》，法律出版社 1993 年版。

[453] 郑若谷、干春晖、余典范：《转型期中国经济增长的产业结构和制度效应——基于一个随机前沿模型的研究》，载于《中国工业经济》2010 年第 2 期。

[454] 郑世林、周黎安、何维达：《电信基础设施与中国经济增长》，载于《经济研究》2014 年第 5 期。

[455] 郑展鹏、岳帅、李敏：《中部崛起战略的政策效果评估：基于合成控制法的研究》，载于《江西财经大学学报》2019 年第 5 期。

[456]《马克思恩格斯全集》第 25 卷，人民出版社 1963 年版。

[457]《马克思恩格斯文集》第 10 卷，人民出版社 2009 年版。

[458]《马克思恩格斯文集》第 1 卷，人民出版社 2009 年版。

[459]《马克思恩格斯文集》第 3 卷，人民出版社 2009 年版。

[460]《马克思恩格斯文集》第 7 卷，人民出版社 2009 年版。

[461]《马克思恩格斯文集》第 9 卷，人民出版社 2009 年版。

[462]《马克思恩格斯选集》第 1 卷，人民出版社 1972 年版。

[463]《马克思恩格斯选集》第 1 卷，人民出版社 2012 年版。

[464] 中国社会科学院经济研究所宏观经济调控课题组、陈佳贵、刘树成、张晓晶、汤铎铎：《宏观调控目标的"十一五"分析与"十二五"展望》，载于《经济研究》2010 年第 2 期。

[465] 中国社会科学院经济研究所课题组、黄群慧：《"五年规划"的历史经验与"十四五"规划的指导思想研究》，载于《经济学动态》2020 年第 4 期。

[466] 钟文晶、罗必良：《农户为什么成为农地产权的主体——基于产权理论的历史考察》，载于《农村经济》2015 年第 7 期。

[467] 钟真、黄斌、李琦：《农村产业融合的"内"与"外"——乡村旅游能带动农业社会化服务吗》，载于《农业技术经济》2020 年第

4 期。

[468] 周佰成、王晗、王姝:《我国货币政策对产业结构宏观调控能否实现双轮驱动?——兼论产业优化与结构效应》,载于《当代经济研究》2020 年第 4 期。

[469] 周春山、谢文海、吴吉林:《改革开放以来中国区域规划实践与理论回顾与展望》,载于《地域研究与开发》2017 年第 1 期。

[470] 周灏:《中国产业安全的逻辑和路径研究——基于反倾销与产业升级的协同演化》,载于《社会科学》2018 年第 1 期。

[471] 周立:《乡村振兴的核心机制与产业融合研究》,载于《行政管理改革》2018 年第 8 期。

[472] 周林、杨云龙、刘伟:《用产业政策推进发展与改革——关于设计现阶段我国产业政策的研究报告》,载于《经济研究》1987 年第 3 期。

[473] 周密、刘秉镰:《供给侧结构性改革为什么是必由之路?——中国式产能过剩的经济学解释》,载于《经济研究》2017 年第 2 期。

[474] 周其仁:《农地产权与征地制度——中国城市化面临的重大选择》,载于《经济学(季刊)》2004 年第 4 期。

[475] 周勤、余晖:《转型时期中国产业组织的演化:产业绩效与产业安全》,载于《管理世界》2006 年第 10 期。

[476] 周叔莲、吕铁、贺俊:《新时期我国高增长行业的产业政策分析》,载于《中国工业经济》2008 年第 9 期。

[477] 周学东:《我国国有企业产权改革最优路径研究》,2013 年武汉大学博士学位论文。

[478] 周雪光:《“关系产权”:产权制度的一个社会学解释》,载于《社会学研究》2005 年第 2 期。

[479] 周宇:《论中国高速经济增长的动因:基于国际比较视角的分析》,载于《世界经济研究》2019 年第 11 期。

[480] 周振华:《产业政策的经济理论系统分析》,中国人民大学

出版社 1991 年版。

[481] 周志太、程恩富:《新常态下中国经济驱动转换:供求辩证关系研究》,载于《当代经济研究》2016 年第 3 期。

[482] 朱李鸣:《对完善省级规划体系的几点认识与建议》,载于《浙江经济》2006 年第 9 期。

[483] 朱天星、高丽峰、李丹、薛海龙:《我国长三角地区国家区域政策效果评价研究——基于偏相关和多元分布滞后模型》,载于《华东经济管理》2014 年第 1 期。

[484] 朱希伟、沈璐敏、吴意云、罗德明:《产能过剩异质性的形成机理》,载于《中国工业经济》2017 年第 8 期。

[485] 朱艳春、柳思维:《消费品质量安全问题对消费需求的影响机理分析》,载于《消费经济》2019 年第 3 期。

[486] 宗良、范若滢:《宏观调控理论的创新思维、模型构建与中国实践》,载于《国际金融研究》2018 年第 11 期。

[487] 左峰:《基于和谐社会视角的宏观调控目标体系创新研究》,载于《中央财经大学学报》2008 年第 9 期。

[488] Chang H. J. , 2003: *Kicking Away the Ladder*: *Development Strategy in Historical Perspective.* London: Anthem Press, pp. 3 – 22.

[489] Chang H – J, Andreoni A. , 2016: *Industrial Policy in a Changing World*: *Basic Principles*, *Neglected Issues and New Challenges.* Cambridge Journal of Economics 40 Years Conference, Cambridge.

[490] Darwent D F. Growth Poles and Growth Centers in Regional Planning—A Review [J]. *Environment & Planning*, 1969, 1.

[491] Douglass C. North, Institutions, Institutional Changeand Economic Performances. Cambridge University Press, 1990.

[492] Douglass C. North, The Rise of the Western World: A New Economic History. Cambridge: Cambridge University Press, 1973.

[493] Fox S, Foisy I, De La Parra Venegas R, Galván Pastoriza B E, Graham R T, Hoffmayer E R, Holmberg J, Pierce S J. Population struc-

ture and residency of whale sharks Rhincodon typus at Utila, Bay-Islands, Honduras [J]. Journal of fish biology, 2013, 83 (3).

[494] Lall: Sanjaya, 1994: *Industry policy: the role of government in promoting industrial and technological development*, Oxford: UNCTAD Review.

[495] Michael Peneder. Industrial structure and aggregate growth [J]. Structural Change and Economic Dynamics, 2003, 14 (4).

[496] Oliver E. Williamson. Transaction – Cost Economics: The Governance of Contractual Relations. Journal of Law and Economics, 1979.

[497] Oskar Lange: On the Economic Theory of Socialism. The Review of Economic Studies, Vol. 4, No. 1, 1936.

[498] Peter Newman, John Eatwell. The New Palgrave A Dictionary of Economics. Palgrave Macmillan, 1986.

[499] Pincus S A, 2009: *The First Modern Revolution*. New Haven: Yale University Press.

[500] R H Coase. The Institutional Structure of Production. Journal des Economistes et des Etudes Humaines, 1993.

[501] R H Coase. The Problem of Social Cost. Palgrave Macmillan UK, 1960.

[502] W. W. Rostow. Fluctuations in Trade, Industry, and Finance: A Study of British Economic Development, 1850 – 1860. J. R. T. Hughes [J]. W. W. Rostow, 1961, 33 (4).